法学研究
CHINESE JOURNAL OF LAW

《法学研究》专题选辑

陈甦 / 总主编

中国共犯理论的研究进展

Research Progress of the Chinese Accomplice Theory

钱叶六　主编

社会科学文献出版社
SOCIAL SCIENCES ACADEMIC PRESS (CHINA)

总　序

回顾与反思是使思想成熟的酵母，系统化的回顾与专业性的反思则是促进思想理性化成熟的高效酵母。成熟的过程离不开经常而真诚的回顾与反思，一个人的成长过程是如此，一个学科、一个团体、一本期刊的发展过程也是如此。我们在《法学研究》正式创刊40年之际编写《〈法学研究〉专题选辑》，既是旨在引发对有关《法学研究》发展历程及其所反映的法学发展历程的回顾与反思，也是旨在凝聚充满学术真诚的回顾与反思的思想结晶。由是，《〈法学研究〉专题选辑》是使其所刊载的学术成果提炼升华、保值增值的载体，而非只是重述过往、感叹岁月、感叹曾经的学术纪念品。

对于曾经的法学过往，哪怕是很近的法学过往，我们能够记忆的并非像我们想象的那样周全、那样清晰、那样深刻，即使我们是其中许多学术事件的亲历者甚至是一些理论成就的创造者。这是一个时空变化迅捷的时代，我们在法学研究的路上走得很匆忙，几乎无暇暂停一下看看我们曾经走过的路，回顾一下那路上曾经的艰辛与快乐、曾经的迷茫与信念、曾经的犹疑与坚定、曾经的放弃与坚持、曾经的困窘与突破，特别是无暇再感悟一下那些“曾经”中的前因后果与内功外力。法学界同仁或许有同样的经验：每每一部著述刚结句付梓，紧接着又有多个学术选题等待开篇起笔，无参考引用目的而只以提升素养为旨去系列阅读既往的法学精品力作，几为夏日里对秋风的奢望。也许这是辉煌高远却又繁重绵续的学术使命造成的，也许这是相当必要却又不尽合理的学术机制造成的，也许这是个人偏好却又是集体相似的学术习惯造成的，无论如何，大量学术作品再阅读的价值还是被淡化乃至忽略了。我们对没有被更充分传播、体现、评价及转化的学术创造与理论贡献，仅仅表达学人的敬意应该是不够的，真正的学术尊重首先在于阅读并且一再阅读映现信念、智慧和勇气的学术作品。《〈法学研究〉专题选辑》试图以学术史研究的方法和再评价的方式，向学界同行表达我们的感悟：阅读甚至反复阅读既有成果本该是学术生活的重要部分。

我曾在另外一本中国当代法学史著作的导论中描述道：中国特色社会主义法治建设之路蜿蜒前行而终至康庄辉煌，中国法学研究之圃亦蔓延蓬勃而于今卓然大观。这种描述显然旨在鼓舞而非理解。我们真正需要的是理解。理解历史才能理解现在，理解现在才能理解未来，只有建立在对历史、现在和未来的理解基础上，在面对临近的未来时，才会有更多的从容和更稳妥的应对，才会有向真理再前进一步的勇气与智慧。要深刻理解中国法学的历史、现在以及未来，有两种关系需要深刻理解与精准把握：一是法学与法治的关系，二是法学成果与其发生机制的关系。法学与法治共存并互动于同一历史过程，法学史既是法律的知识发展史，也构成法治进步史的重要组成部分。关于法、法律、法治的学术研究，既受制于各个具体历史场景中的给定条件，又反映着各个历史场景中的法律实践和法治状况，并在一定程度上启发、拨动、预示着法治的目的、路径与节奏。认真对待中国法学史，尤其是改革开放以来的法学史，梳理各个法治领域法学理论的演进状态，重估各种制度形成时期的学术供给，反思当时制度设计中背景形塑和价值预设的理论解说，可以更真实地对法治演变轨迹及其未来动向作出学术判断，从中也更有把握地绘出中国法学未来的可能图景。对于既有法学成果，人们更多的是采取应用主义的态度，对观点内容的关注甚于对观点形成机制的关注。当然，能够把既有学术观点纳入当下的理论创新论证体系中，已然是对既往学术努力的尊重与发扬，但对于学术创新的生成效益而言，一个学术观点的生成过程与形成机制的启发力远大于那个学术观点内容的启发力，我们应当在学术生产过程中，至少将两者的重要性置于等量齐观的学术坐标体系中。唯其如此，中国法学的发展与创新才会是一个生生不息又一以贯之的理性发展过程，不因己悲而滞，不因物喜而涨，长此以往，信者无疆。

作为国内法学界的重要学术期刊之一，《法学研究》是改革开放以来中国法学在争鸣中发展、中国法治在跌宕中进步的一个历史见证者，也是一个具有主体性、使命感和倡导力的学术过程参与者。《法学研究》于1978年试刊，于1979年正式创刊。在其1979年的发刊词中，向初蒙独立学科意识的法学界和再识思想解放价值的社会各界昭示，在办刊工作中秉持“解放思想、独立思考、百家争鸣、端正学风”的信念，着重于探讨中国法治建设进程中的重大理论和实践问题，致力于反映国内法学研究的最新成果和最高学术水平，热心于发现和举荐从事法学研究工作的学术人才。创刊至今40年来，《法学研究》虽经岁月更替而初心不改，虽有队伍更新而使命不坠，前后八任主编、50名编辑均能恪守“严谨、务实、深入、学术”的办刊风格，把《法学研究》作为自己学术生命的存续载体和学术奉献的展示舞台。或许正因如此，《法学研究》常被誉为“法学界风格最稳健、质量最稳定的期刊”。质而言之，说的是刊，看的是物，而靠的是人。我们相信，《法学研究》及其所刊载的文章以及这些文章的采编过程，应该可以视为研究中国改革开放以来法学发展、法治进步的一个较佳样本。也正因如此，我们有信心通过《〈法学研究〉专题选辑》，概括反映改革开放以来中国法学发展的思想轨迹以及法学人的心路历程。

本套丛书旨在以《法学研究》为样本，梳理和归整改革开放以来中国法学在一个个重要历史节点上的思想火花与争鸣交织，反思和提炼法学理论在一个个法治建设变奏处启发、拨动及预示的经验效果。丛书将《法学研究》自创刊以来刊发的论文分专题遴选，将有代表性的论文结集出版，故命名为“《法学研究》专题选辑”。考虑到《法学研究》刊发论文数量有限，每个专题都由编者撰写一篇2万字左右的“导论”，结合其他期刊论文和专著对该专题上的研究进展予以归纳和提炼。

丛书第一批拟出版专题15个。这些专题的编者，除了《法学研究》编辑部现有人员外，多是当前活跃在各个法学领域的学术骨干。他们的加入使得我们对这套丛书的编选出版更有信心。

所有专题均由编者申报，每个专题上的论文遴选工作均由编者主要负责。为了尽可能呈现专题论文的代表性和丰富性，同一作者在同一专题中入选论文不超过两篇，在不同专题中均具代表性的论文只放入其中的一个专题。在丛书编选过程中，我们对发表时作者信息不完整的，尽可能予以查询补充；对论文中极个别受时代影响的语言表达，按照出版管理部门的要求进行了细微调整。

不知是谁说的，“原先策划的事情与实际完成的事情，最初打算写成的文章与最终实际写出的文章，就跟想象的自己与实际的自己一样，永远走在平行线上”。无论“平行线”的比喻是否夸张，极尽努力的细致准备终归能助力事前的谨慎、事中的勤勉和事后的坦然。

我思故我在。愿《法学研究》与中国法学、中国法治同在。

陈　甦

2019 年 10 月 8 日

于沙滩北街 15 号

目录

Contents

导　论*

钱叶六**

在教义学上，共犯论历来都是各国刑法诸家们所热衷研究的重要课题，正如日本刑法学者西村克彦所言，“共犯，几乎成了永恒的主题”。[①] 但另一方面，共犯论又有刑法学中“最黑暗、最混乱的一章”、“绝望之章”之称，涉及的理论和实践问题复杂而又艰深，一度令我国学者“望而生畏”，不敢问津，这直接影响和制约着我国共犯理论研究的深入和发展。陈兴良教授曾一针见血地道出了我国以往共犯论研究的落后状况，“在刑法学处于恢复和重建初期的20世纪80年代，我国刑法学的学术园地可以说是满目疮痍，而共犯论更是一片废墟”，[②] 且不说有分量的共犯论著在当时的市面上难得一见，就连相关论文成果亦是寥若晨星。但到了21世纪初，随着我国刑法学研究队伍的不断壮大尤其是新生研究力量的逐渐崛起，刑法学的研究开始变得日益活跃起来。其中，共犯论作为刑法学研究中一个重要的学术增长点，也获得了长足的发展，有关共犯问题的研究成果如雨后春笋般不断涌现。[③]

---

* 本文刊发于《上海政法学学报》2018年第3期，略有修改。

** 钱叶六，华东师范大学法学院教授。

① 转引自陈兴良《共同犯罪论》，中国社会科学出版社，1992，前言第9页。

② 参见江溯《犯罪参与体系研究——以单一正犯体系为视角》，中国人民公安大学出版社，2010，序言第1页。

③ 2000年以来，有关共同犯罪问题的论著差不多有20部。而在论文方面，笔者以“共同犯罪”和“共犯”为篇名对中国知网所刊发的有关共同犯罪问题的文章分时段（1979年1月1日—1999年12月31日和2000年1月1日—2017年10月16日）进行了粗线条的搜索和统计，具体数据如下：在第一个时段里，刊发相关文章分别为111篇和65篇（合计176篇），年均发文量不足10篇；而在第二个时段里，刊发相关文章分别为949篇和1050篇（合计1999篇），年均发文量110余篇，相当于前一时段的年发文量的10倍还多。

而作为中国重要法学期刊阵地之《法学研究》，便同其他诸法学期刊一道，共同担当起刊发和展示共犯理论最新研究成果的要务，“第一现场”地见证了共犯理论的发展脉络和轨迹，为当代中国共犯理论的发展积聚了不可替代的历史文本。对于这些承载我国共犯理论发展轨迹、具有时代价值的共犯研究作品，本文无意逐一品评其优劣和比较每种观点的高下，而主要旨在以《法学研究》刊发的共犯论文为主要素材，同时参考相关共犯论著以及其他学术期刊刊载的有关共犯主题的论文，在对我国共犯理论研究进行回顾性评价的基础上，侧重对我国共犯理论研究中的重要问题及其论争予以总结和述评，以期形塑出当前我国共犯论学术推进的“整体影像”，并对我国未来共犯理论研究的发展方向进行前瞻性的展望。

当然，需要特别向本文所涉及的文献作者及读者诸贤交代的是，近四十年来，我国共犯理论研究成果浩如烟海，仅就论文发表总数而言，就有千篇以上之多，这一数量可谓相当可观。由于笔者才疏学浅，笔力有限，本文无法对该时期内的所有共犯理论研究成果一一加以详细述评和研析，而只能就我们认为对学术推进具有重要意义的共犯理论研究成果进行一番刍荛之议，难免有作品取舍不当、误读原作、评述疏漏乃至讹误之处，尚祈作（读）者诸贤不吝赐教指正。

一　共犯论研究的总体性回顾和评价

鉴于在刑法学中的重要性，自 20 世纪 80 年代起，共犯问题便开始受到一些刑法学者的青睐和关注，并有《论共犯》①、《论教唆犯》②、《共同犯罪理论与司法实践》③、《论共同犯罪》④ 等具有开拓性的专著问世。特别是 1992 年陈兴良教授的博士毕业论文《共同犯罪论》的出版，将我国共同犯罪的研究层次推向了一个新的高度。该书分为上篇（总论）和下篇（各论），立足我国刑事立法和司法实际，并借鉴域外立法例和理论，主要对共同犯罪的性质、共同犯罪的范围、共同犯罪的构成、共同犯罪的形

① 李光灿：《论共犯》，法律出版社，1981。

② 吴振兴：《论教唆犯》，吉林人民出版社，1986。

③ 林文肯、茅彭年：《共同犯罪理论与司法实践》，中国政法大学出版社，1987。

④ 李光灿、马克昌、罗平：《论共同犯罪》，中国政法大学出版社，1987。

式、共同犯罪人的分类及其处罚、共同犯罪与身份、共同犯罪与犯罪形态、共同犯罪与罪数、共同犯罪与认识错误等问题作了系统、深入的研究，勾画了我国共同犯罪理论的基本图景和框架，成为我国共同犯罪学术史上的标志性作品。马克昌先生在为该书所作的序中评价道，该书“对共同犯罪进行了系统而全面的研究，规模宏大，构思精密，材料丰富，内容充实……将本书放在共同犯罪理论著作发展史上来考察，可以看出，这是一本发展了前人研究成果、对共同犯罪理论作出贡献的力作”。[①] 但在其后的差不多十年里，因受制于当时法学研究水平整体落后的状况，我国关于共犯理论的研究不尽如人意，可以说基本上未能突破该书的理论框架和水平。

总体看来，这一阶段的共犯理论研究尚存在以下问题或不足。

第一，研究的广度和深度有限，体系性思考和创新性思考明显不足。从该阶段的研究内容观之，多是围绕共同犯罪的成立条件、共同犯罪的形式、共犯人的分类及其刑事责任、共同犯罪与身份、共同犯罪与犯罪形态等几个有限的问题展开，[②] 相关论述可谓“千人一面”，“似曾相识”，低水平重复现象较为严重。而对于共犯体系、共同犯罪的本质、共犯与正犯关系、共犯的处罚根据、共犯的因果性等架构共犯论“大厦”的本源性、基础性问题，学界几未涉足，相关研究远未获得充分、深入的展开，这些都在整体上制约了我国共犯理论研究的发展。

第二，理论或观点陈旧、过时，难以有效地指导和应用于司法实践。例如，关于共犯（主要是指教唆犯）的处罚根据问题，虽然我国学界鲜有作为专门问题加以探讨，但一般认为，教唆犯之所以要受处罚，是因为教唆犯唆使具有刑事责任能力、没有犯罪故意的他人产生犯罪故意，从而使其堕落，[③] 这实际上采取的是缺陷丛生的责任共犯论。又如，在共犯的性质（共犯行为有无独立的实行性）问题上，我国多数学者采取的是将心情

---

① 陈兴良：《共同犯罪论》，中国社会科学出版社，1992，序言第 8 页。

② 参见张明楷《刑法学》（上），法律出版社，1997，第 275 页以下；高铭暄、马克昌《刑法学》，北京大学出版社、高等教育出版社，2000，第 166 页以下；高铭暄主编《刑法学原理》（第二卷），中国人民大学出版社，2005，第 396 页以下；马克昌主编《犯罪通论》，武汉大学出版社，1999，第 502 页以下。

③ 参见高铭暄、马克昌《刑法学》，北京大学出版社、高等教育出版社，2000，第 181 页。

刑法、思想刑法发挥到极致的共犯独立性说。[①] 另外，有些学者虽然采取的是二重性说，[②] 但究其实质，所谓的“二重性说”依然是独立性说。[③] 再如，在共同犯罪的本质问题上，否定“责任个别作用”的犯罪共同说一直在我国学界和实务界大行其道。[④] 诸如此类，俯拾皆是。

第三，在研究范式上，因受长期占据学说“帝统”地位之四要件犯罪构成体系的影响，传统的共犯教义学基本上都是沿用四要件体系关于犯罪认定的简单套路分析和讨论共犯问题，对很多复杂问题采用“绕开走”的办法，导致对很多问题的讨论只能是浮光掠影、浅尝辄止，远远不能满足司法实务的需要。例如，在共同犯罪的成立条件上，传统的刑法理论只是简单地将共同犯罪的主体要件由单独犯的一人置换为“二人以上”，至于其他要件则是沿用讨论单独犯的思路。这具体表现在：①共同犯罪中之“罪”，是指符合犯罪成立全部要求的行为。如此一来，也就要求所有的参与人都必须达到法定责任年龄，具有刑事责任能力。②共同故意犯罪之“共同”，是指二人以上具有相同的故意，亦即参与人实施的行为必须符合同一犯罪构成。但是，这种过于硬性强调责任共同之思考方法，不仅有违“责任个别作用”的基本原理，而且在共犯诸多问题的解释上日益捉襟见肘。[⑤]

令人感到欣喜的是，自 20 世纪末始，随着我国学术开放的步伐加快和

---

① 参见高铭暄、马克昌《刑法学》，北京大学出版社、高等教育出版社，2000，第 184 页；高铭暄主编《刑法专论》（上编），高等教育出版社，2002，第 331 页；谢望原主编《刑法学》，北京大学出版社，2003，第 261 页；贾宇主编《刑法学》，西安交通大学出版社，2005，第 140 页；刘宪权主编《刑法学》（上）（第二版），上海人民出版社，2008，第 241 页；孙国祥《刑法基本问题》，法律出版社，2007，第 399 页。

② 参见马克昌《论教唆犯》，《法律学习与研究》1987 年第 5 期，第 16 页；陈兴良《论教唆犯的未遂》，《法学研究》1984 年第 2 期，第 61—62 页；赵秉志、魏东《论教唆犯的未遂——兼议新刑法第 29 条第 2 款》，《法学家》1999 年第 3 期，第 31 页。

③ 参见何庆仁《我国刑法中教唆犯的两种涵义》，《法学研究》2004 年第 5 期，第 51 页；张明楷《论教唆犯的性质》，载陈兴良主编《刑事法评论》第 21 卷，北京大学出版社，2007，第 82 页；钱叶六《共犯论的基础及其展开》，中国政法大学出版社，2014，第 161—163 页。

④ 参见高铭暄、马克昌主编《刑法学》，北京大学出版社、高等教育出版社，2000，第 169 页；王作富主编《刑法学》（第二版），中国人民大学出版社，2004，第 134 页；谢望原《共同犯罪成立范围与共犯转化犯之共犯认定》，《国家检察官学院学报》2010 年第 4 期，第 80—83 页。

⑤ 参见钱叶六《我国犯罪构成体系的阶层化及共同犯罪的认定》，《法商研究》2015 年第 2 期，第 147—150 页。

中外刑法学交流的日益深入，域外刑法学理论渐次被引介进来，尤其是，德、日阶层式犯罪论体系和共犯理论的引入，不仅拓宽了中国刑法学者的研究视域，而且激发了一大批有志于共犯问题研究的学者的兴趣和热情，共犯理论的研究如火如荼，不断向前深入推进，饱含学术含量的专题性著作和论文成果如雨后春笋般不断涌现，引人注目，中国共犯论研究一直故步自封、停滞不前的局面已经或者正在得到改变。就研究内容观之，可以说是“全面开花”，几乎辐射了共犯领域中的所有宏观和微观问题。在理论立场或学术观点上，不再是“人云亦云”，而是不断趋于争锋和对立。例如，关于共犯本质，虽然完全共同犯罪说已日渐式微，但部分犯罪共同说和行为共同说的争论依然激烈，且各有自己的学术“市场”；在不同身份者共同实施犯罪的定性问题上，更是百家争鸣，见仁见智，存在主犯决定说、实行犯决定说、分别定罪说、主职权行为决定说、义务重要者正犯说和想象竞合犯说等学说的分野。在思考范式上，我们在比较研究、理性审视、合理借鉴及本土语境转换的基础上，引入并确立了阶层式犯罪论体系思维和违法层面意义上的犯罪概念，借此展开对共犯体系、共犯处罚根据、共犯本质、共犯与正犯的关系等诸多本源性问题的追问和深度研讨，进而初步构筑起全新的、相对合理的共犯教义学体系。

二 共犯论中的重要问题及其研究进展

回顾近四十年来的共犯理论研究，相关文献可谓浩如烟海，数不胜数，所涉及的论题亦是头绪纷繁，让人眼花缭乱、目不暇接。本文以下主要就学界广泛聚焦、争议较大的话题，从基础理论和具体问题两个方面展开梳理和评析，以收管中窥豹之效。

（一）基础理论

1. 共犯的立法体系

在二人以上共同参与犯罪的场合，各参与人加功、作用于犯罪事实的行为往往形态各异、表现不一，既有直接实行符合构成要件行为的情形，亦有仅仅对犯罪实施起诱发、促进或者加功作用的情形。关于如何处理这种复杂的参与现象，大体上有两种立法体系。一种是“单一制”。该体系对犯罪参与者不予区分，认为凡是对构成要件的实现作出原因性贡献的每一个人，均为正犯，或者虽然区分行为人的参与形态，但在不法的价值上不予区分，至于各参与者对于不法构成要件结果的实际重要性，则留待量刑阶段由法官根据各参与者的性质和作用予以裁量。采用单一制的代表立法例有意大利刑法、奥地利刑法、丹麦刑法等。与此相对，另一种是“区分制”，是指刑法法规不仅在概念上将参与人二元地区分为正犯与共犯，而且在原则上对两者的不法内涵予以不同的评价，并设置轻重不同的刑罚。采用该体系的代表立法例有德国刑法、日本刑法、韩国刑法及我国台湾地区“刑法”等。一个国家（地区）在立法上采取什么样的共犯体系，直接关系到该国（地区）的刑法教义学将会构筑什么样的共犯论体系。由此，在学理上厘清我国共犯体系的性质，对于促进我国共犯论体系的理性构筑及合理地解决各参与人的定罪和量刑问题，就具有十分重要的意义。

我国以往的共犯教义学鲜有明确论及共犯体系问题的，但从一些学者相关著述来看，几乎都是在定罪层面讨论组织犯、实行犯、教唆犯和帮助犯，在量刑层面讨论主犯、从犯和胁从犯，[①] 而当我们通常在定罪层面言及正犯与共犯时，也就表明学者们事实上多是基于区分制的立场建构和发展自己的共犯论体系。[②] 然而，江溯博士在其2010年公开出版的博士论文《犯罪参与体系研究——以单一正犯体系为视角》中颇有创见性地对刑法第25条至第29条作出了不同于以往通说的解读，认为我国刑法采取的是单一制而非区分制，在此立场之下，江溯博士体系性地就我国共犯论体系和共犯诸问题进行了全新的构建和诠释。[③] 该论著的出版，引发了学界关于共犯体系问题的深入思考和热烈的讨论，并揭开了我国共犯体系究竟是单一制抑或区分制的论战之序幕。

阎二鹏教授在解释论上也得出了中国刑法的规定在本质上倾向的是一元参与体系的结论。他指出，我国刑法总则中关于共同犯罪人的规定并不是着眼于“构成要件的实现方式”，“直接实现构成要件”与“间接实现

---

① 参见马克昌《犯罪通论》，武汉大学出版社，1999，第541页；周光权《刑法总论》，中国人民大学出版社，2007，第299页以下；冯军、肖中华主编《刑法总论》，中国人民大学出版社，2008，第420页。

② 何庆仁：《归责视野下的区分制与单一制》，《法学研究》2016年第3期，第141页。

③ 参见江溯《犯罪参与体系研究——以单一正犯体系为视角》，中国人民公安大学出版社，2010。

构成要件”两种构成要件观念的差别并未在立法中得以体现，所以，此种立法模式与区分制仍存在本质区别。相反，我国刑法中虽有所谓的“参与类型”，也就是主犯、从犯，但其着眼点在于量刑，法官在判断共同犯罪事实中何者为主犯、何者为从犯时，需要综合整个案件事实的所有主客观因素进行判断，这些无限多的因素或许只能抽象为主要与次要作用，而其判断标准与构成要件无涉，如此，主犯、从犯的立法模式只是就参与程度（即量刑）层面进行分类，而在参与类型（即定罪）层面则根本没有区分共犯人类型，所以，总体而言，在参与类型上我国刑法的规定大体倾向于一元参与体系，即在定罪层面不区分参与类型。①

回望近些年来共犯理论研究的发展和进步，刘明祥教授可谓厥功至伟，其主要学术贡献在于，基于单一制的鲜明立场，对共犯领域中的一系列问题进行了体系性的解释。② 刘教授基于以下解释论上的根据，认为我国刑法采取的是单一制。第一，我国刑法第 25 条规定表明，二人以上只要是基于共同故意，实施了侵害刑法所保护法益的行为，就构成共同犯罪。也就是说，所有参与犯罪或者为犯罪创造条件构成犯罪的人，都是共同犯罪人，并且，所有参与犯罪的人构成犯罪即共同犯罪人的条件完全相同，这与区分制所设定的正犯与共犯的成立条件不同这一点有着重大的差别。第二，各共同犯罪人，不论其参与的行为形态是实行行为（正犯行为）还是教唆行为或帮助行为，对于其是否构成犯罪或者能否成为犯罪人并不具有重要意义，因而没有必要加以区分。这也不同于在定罪阶段就必须将正犯与共犯严格区分开来的区分制。第三，在我国，对各个共同犯罪人也都是适用相同的法定刑来量刑，不存在共犯与正犯适用于不同的法定刑的规定，也不存在以正犯的法定刑作为处刑基准，对共犯予以从轻或者减轻处罚的规定。至于各参与人的刑罚量定问题，则依据其参与的程度和性质，

---

① 阎二鹏：《犯罪参与类型再思考——兼议分工分类与作用分类的反思》，《环球法律评论》2011 年第 5 期，第 100 页。

② 详见刘明祥《“被教唆的人没有犯被教唆的罪”之解释》，《法学研究》2011 年第 1 期，第 139 页以下；刘明祥《主犯正犯化质疑》，《法学研究》2013 年第 5 期，第 113 页以下；刘明祥《间接正犯概念之否定——单一正犯体系的视角》，《法学研究》2015 年第 6 期，第 98 页以下；刘明祥《不能用行为共同说解释我国刑法中的共同犯罪》，《法律科学》2017 年第 1 期，第 61 页以下；刘明祥《区分制理论解释共同过失犯罪之弊端及应然选择》，《中国法学》2017 年第 3 期，第 202 页以下。

确定其在共同犯罪中发挥的作用大小，分别认定主犯、从犯或者胁从犯，给予不同轻重的刑罚，以充分体现区别对待的刑事政策精神。[①]

针对上述单一制的解释论，学界纷纷撰文表示反对或者批判，主要学者代表有周光权教授和何庆仁博士等。

周光权教授在《“被教唆的人没有犯被教唆的罪”之理解——兼与刘明祥教授商榷》一文中，从“我国刑法总则的共同犯罪规定不符合单一制的特征”、“不能将我国刑法规定朝着单一正犯概念的方向解释”和“我国刑法分则的某些规定明确承认区分制和共犯从属性”等三个方面就我国共犯体系属于区分制而非单一制进行了说明和论证。[②] 特别值得一提的是，虽然同是坚持区分制的解释论立场，但在正犯、教唆犯、帮助犯和主犯、从犯的关系上，周光权教授作出了明显不同于通说的解释，在他看来，通过对我国刑法规定的主犯和从犯予以规范化以及将学理上的共犯与正犯予以实质化，正犯、帮助犯就与主犯、从犯合二为一。析言之，我国刑法规定的主犯就是正犯；关于从犯的规定就是帮助犯的规定，其中刑法第27条关于“次要作用”或“辅助作用”的规定都是用来说明帮助犯这一对象的，是无意义的重复；而刑法第28条规定的胁从犯是对情节较轻的帮助犯（被胁迫的帮助犯）的规定，不是新的行为人类型。[③]

何庆仁博士在《归责视野下共同犯罪的区分制与单一制》一文中别具一格地从归责论的角度论证了其区分制的立场。在何博士看来，区分制与单一制的对立并非在于是否区分了不同的参与类型，也不是法条用语等形式上的表现，而应立足于归责理论加以分析。共同犯罪应被视为一种共同归责的不法形态。当然，构成要件可能只由部分人亲自实现，但该实现是所有共同犯罪人的共同作品。正因为如此，全体共同犯罪人要作为整体对构成要件的实现共同负责。但是，基于构成要件明确性和一般预防的考虑，有必要依其行为贡献份额表达出的意义在归责中的重要程度，区分出共同归责内部不同参与者的份额：归责的核心人物是正犯，归责的边缘人

---

① 参见刘明祥《论中国特色的犯罪参与体系》，《中国法学》2013年第6期，第119页。

② 参见周光权《“被教唆的人没有犯被教唆的罪”之理解——兼与刘明祥教授商榷》，《法学研究》2013年第4期，第182—185页。

③ 参见周光权《“被教唆的人没有犯被教唆的罪”之理解——兼与刘明祥教授商榷》，《法学研究》2013年第4期，第183页。

物是共犯。主犯和从犯的分类和上述前提几乎完全一致，因为所谓主从既意味着各方行为人是一个整体，否则无所谓主从，又意味着在同一个整体内有进一步区分主次的必要。[①]

笔者亦是区分制的坚定拥护者，并在拙文《双层区分制下正犯与共犯的区分》中提出了我国共犯体系属于“双层区分制”的命题。在教义学上，应当认为，我国对参与人在类型上作了正犯、教唆犯、组织犯和帮助犯的区分，由此，我国的共犯立法体系在性质上应归结为区分制。但是，中国刑法和德日刑法同采区分制，其类型和体系却有本质上的差异。析言之，德日刑法对正犯与共犯的定罪和量刑采取的是单层次的分类操作模式，即在刑罚的设置上，是以正犯为中心，共犯依正犯之刑处断或者减等处罚，因而只要明确了正犯和共犯，其刑罚也就相应地得到了解决。此种立法模式虽然在一定程度上简化了参与人分类的操作过程，但混淆了参与人的定罪和量刑的功能和界限，难以圆满地解决参与人的量刑问题。与此相对，中国刑法中的区分制在解释论上可归结为“双层区分制”，即不仅按照分工分类标准将参与人区分为正犯和教唆犯、帮助犯等犯罪类型，以解决共犯的定罪问题，尤其是着手和从属性的问题，而且进一步地按照作用分类法将参与人进行主犯、从犯的划分，[②] 并明定其处罚原则，以解决共犯的量刑问题。如此一来，正犯、共犯（参与类型）和主犯、从犯（参与程度）之间便是“并行不悖，功能各异”，参与人的定罪、量刑的功能和界限因此得以明晰化。应当说，双层区分制遵循的是先形式后实质、先解决定性问题后解决量刑问题的思维过程，不仅维持了构成要件在共犯论中的定性意义，而且可以比较灵活、圆满地解决共犯人的量刑问题。相较而言，这是一种更为可取的区分制模式。[③]

---

① 何庆仁：《归责视野下共同犯罪的区分制与单一制》，《法学研究》2016 年第 3 期，第 150 页以下。

② 至于胁从犯，学界的认识不尽一致，主要有以下两种观点。一种观点认为，胁从犯在类型上一般属于帮助犯，只有个别情况下才是实行犯，至于其所起的作用应是小于或者等于从犯。参见陈忠魁《略论胁从犯》，《法学研究》1986 年第 5 期，第 28 页。另一种观点则认为，胁从犯并非一种独立的共同犯罪人，而是共同犯罪中的一个法定减轻或者免除处罚情节。参见陈兴良《共同犯罪论》（第二版），中国人民大学出版社，2006，第 543 页。

③ 参见钱叶六《双层区分制下的正犯与共犯的区分》，《法学研究》2012 年第 1 期，第 129 页。丁胜明博士亦采双层区分制的立场，参见丁胜明《刑法教义学研究的中国主体性》，《法学研究》2015 年第 2 期，第 48 页。

2. 共犯人的分类

共犯人的分类是刑法教义学由来已久的话题。而较早给予关注并作系统研究的学者是吴文瀚，他在《略谈共犯中的几个问题》一文中，从解释论上得出了我国 1979 年刑法第 23—26 条将共同犯罪人分为主犯、从犯、胁从犯、教唆犯四种（理论上称之为“四分法”）的结论。[①]“四分法”一直占据学说通说地位，不过后来在提法上多是采用“以作用分类为主、分工分类为辅”这一表述。

对于上述共犯人分类的提法或观点，张明楷教授率先发难，他指出，事物的每一种分类必须根据同一标准，否则会出现分类重叠与分类过宽的逻辑错误。分工分类法和作用分类法属于不同的分类方法，两者不能同时采用，不能因为刑法中出现了“教唆犯”这一名称，就推论教唆犯是共犯人中的独立种类。我国 1979 年刑法第 26 条规定，“教唆他人犯罪的，应当按照他在共同犯罪中所起的作用处罚”。这明确表明，对于教唆犯，应当根据情况，分别按主犯或者从犯论处，即将教唆犯归入主犯或从犯。既然教唆犯是根据情况分别归入主犯或从犯，那么，就不能与主犯、从犯相并列而成为共犯人的种类。[②] 与上述观点针锋相对，有观点主张，对共犯的分类应改作用分类法为分工分类法，即宜将共同犯罪人分为组织犯、实行犯、帮助犯和教唆犯。[③]

上述争论引发了学界关于两种分类是否绝对不能并存问题之思考。对此，陈兴良教授在《论共同犯罪立法与司法的完善》一文中给出了肯定的答案：两种分类方法虽然在同一层次上不能并存，但完全可以在不同层次上并存，并各自承载不同的功能。亦即，在共同犯罪的定罪层面上，按照分工分类法，对实行犯、组织犯、教唆犯和帮助犯分别加以明确，解决其定罪问题。共同犯罪的量刑，按照作用分类法，将共同犯罪人分为主犯、从犯和胁从犯，分别解决其量刑问题。如此一来，分工分类法和作用分类法并存：同一个共同犯罪人具有双重身份。在定罪的时候，考察其在共同

① 参见吴文瀚《略谈共犯中的几个问题》，《法学研究》1982 年第 1 期，第 14—16 页。

② 参见张明楷《教唆犯不是共犯人的独立种类》，《法学研究》1986 年第 3 期，第 42—44 页。

③ 参见赵秉志主编《刑法修改研究综述》，中国人民公安大学出版社，1990，第 156 页。

犯罪中的分工；在量刑的时候，考察其在共同犯罪中的作用。①

依笔者之见，陈兴良教授上述建言值得立法机关倾听。但遗憾的是，1997 年刑法及其后的多次刑法修正案，基本上都未涉及共同犯罪的修改。尽管如此，在解释论上，也不是完全不可以认为我国刑法对共犯人进行双层次的区分，且这两种分类方法“并行不悖，功能各异”，参与人的定罪和量刑功能和界限因此得以明晰化。②

3. 共同犯罪的本质

共犯的本质所涉及的问题是，二人以上的参与人在犯罪的哪些方面共同才能成立共同犯罪，理论上主要存在犯罪共同说（具体可分为完全犯罪共同说与部分犯罪共同说）和行为共同说的分歧。

完全犯罪共同说认为，共犯是数人共同实施特定的一罪（一个犯罪），因此，各共犯人的罪名必须具有同一性（罪名的从属性）。我国传统刑法理论从刑法第 25 条第 1 款和完整意义上的犯罪概念出发，主张成立共同犯罪，不仅要求二人以上达到责任年龄、具有责任能力，而且要求具有共同的犯罪行为和共同犯罪的故意。③ 如此一来，共同犯罪不仅要求不法的共同，而且要求责任的共同。

完全犯罪共同说的理论基础在于要求责任共同之“责任共犯论”。但是，过于强调责任共同之观点不仅漠视了数行为人共同侵害法律的事实，导致共犯成立范围的不当限缩，④ 而且严重违反自近代刑法以来就确立的“个人责任”原则。正因为如此，完全犯罪共同说已是“日薄西山”，目前主要是部分犯罪共同说和行为共同说之对立。

部分犯罪共同说在我国是一种有力的学说。该说主张，应对完全犯罪共同说的内容或要求予以缓和，认为即使就不同犯罪而言，也可以在两罪的构成要件重合的限度内成立共同犯罪。但由于犯罪毕竟只有一部分“共

① 参见陈兴良《论共同犯罪立法与司法的完善》，《法学研究》1989 年第 6 期，第 23—24 页；陈兴良《共同犯罪论》（第二版），中国人民大学出版社，2006，第 543 页。

② 参见钱叶六《双层区分制下正犯与共犯的区分》，《法学研究》2012 年第 1 期，第 128—129 页。

③ 参见高铭暄、马克昌主编《刑法学》，北京大学出版社、高等教育出版社，2000，第 167—169 页；马克昌主编《刑法学》，武汉大学出版社，1999，第 505 页以下；王作富主编《刑法学》（第二版），中国人民大学出版社，2004，第 133—135 页。

④ 参见钱叶六《共犯与正犯关系论》，《中外法学》2013 年第 4 期，第 780 页。

同”，所以对共犯人存在分别定罪的可能性。[①] 可见，部分犯罪共同说在问题思考过程上同样提出了“罪名同一性或从属性”的要求，在结论上却又坚持罪名的非同一性。对此，学界提出的反对意见是，部分犯罪共同说本质上还是“共同犯罪说”，其在共犯关系的判断中，混入了作为主观责任要素之故意内容，结果是将客观归因和主观归责混为一谈，难说妥当。[②] 部分犯罪共同说关于“罪名同一性”的要求，不仅没有实际意义，而且导致一些案件不能得到妥当的处理。[③]

行为共同说的基本要义是，对于共同犯罪，应从数人通过共同实施“行为”，实现各自的犯罪的角度来加以理解。所以，共犯的本质在于“数人共犯数罪”，而非“数人共犯一罪”。在我国，黎宏教授率先表达了支持行为共同说的立场。[④] 张明楷教授以往主张部分犯罪共同说，[⑤] 但在近期转向支持行为共同说。“共同犯罪是违法形态，共同犯罪中的‘犯罪’首先是指违法层面意义上的犯罪。而完全意义上的犯罪包括符合构成要件的违法与责任两个层面，所以，对共同犯罪应采取行为共同说。换言之，共同犯罪是指数人共同实施了刑法上的违法行为，而不是共同实施特定的犯罪。”[⑥] 从我国实定法的规定来看，采行为共同说也不存在任何障碍。析言之，对于我国刑法第 25 条第 1 款关于“二人以上共同故意犯罪”的规定，完全可以作“二人以上共同去故意犯罪”之解释，而未必要解释为“二人以上共同故意去犯罪”。由此，刑法第 25 条第 1 款只是限定了共同犯罪的

---

① 参见周光权《刑法总论》，中国人民大学出版社，2007，第 294 页；赵秉志主编《当代刑法学》，中国政法大学出版社，2009，第 216 页；阮齐林《刑法学》（第 3 版），中国政法大学出版社，2008，第 173、179—180 页；陈家林《共同正犯研究》，武汉大学出版社，2004，第 73 页以下。

② 黎宏：《共同犯罪行为共同说的合理性及其应用》，《法学》2012 年第 11 期，第 114 页。

③ 详见张明楷《共犯的本质——“共同”的含义》，《政治与法律》2017 年第 4 期，第 9—14 页；钱叶六《共犯与正犯关系论》，《中外法学》2013 年第 4 期，第 780—782 页。

④ 参见黎宏《刑法总论问题思考》，中国人民大学出版社，2007，第 477 页以下。

⑤ 参见张明楷《刑法的基本立场》，中国法制出版社，2002，第 268 页以下；张明楷《刑法学》（第三版），法律出版社，2007，第 319—321 页。

⑥ 张明楷：《刑法学》（第四版），法律出版社，2011，第 358 页。其他支持行为共同说的学者观点，详见陈洪兵《共犯论思考》，人民法院出版社，2009，第 43 页以下；阎二鹏《共犯本质论之我见——兼议行为共同说之提倡》，《中国刑事法杂志》2010 年第 1 期，第 27—29 页；钱叶六《共犯与正犯关系论》，《中外法学》2013 年第 4 期，第 782—785 页。

成立范围，而不是否认了行为共同说。[①]

4. 共犯的处罚根据

共犯处罚根据论是共犯的理论基础，[②] 涉及的问题是：共犯并不直接实施符合构成要件的违法行为，何以要受处罚？（共犯规定是“刑罚的扩张事由”）我国以往的共犯理论多是从形式的角度认为，共犯之所以要受处罚，在于其符合了教唆犯、帮助犯之类的修正的犯罪构成，而没有对问题进行实质性的研讨。近年来，随着德日刑法理论的引入，共犯处罚根据问题开始为学界所关注和思考，并形成了责任共犯论与因果共犯论的分野。

责任共犯论（亦称“堕落说”）认为，共犯是因为将正犯引诱至责任与刑罚中而受处罚。其经典表述是“正犯实行了杀人行为，教唆犯制造了杀人犯”。张明楷教授在《共同犯罪的认定方法》一文中对责任共犯论进行了批驳。第一，根据责任共犯论，共犯的成立以正犯具有构成要件符合性、违法性、有责性（极端从属性说）为前提。可见，责任共犯论实际上认为共同犯罪是不法且有责的形态，这有违“个人责任”原则。第二，根据责任共犯论，甲唆使乙重伤甲自己的身体的，乙成立故意伤害罪，甲成立故意伤害罪的教唆犯。这种观点明显不当。第三，根据责任共犯论，共犯尤其是教唆犯的危害在于使被教唆者堕落。换言之，不管被教唆者实施何种犯罪，教唆犯侵害的都是被教唆者的自由、名誉、社会地位等综合性利益，然而，若说教唆犯犯的是一种使人“堕落罪”，刑法就应当对其规定独立的法定刑。可是，一方面，教唆犯与正犯侵害的法益是相同的，如故意伤害罪的教唆犯与其正犯侵犯的法益一样，都是被害人的健康；另一方面，各国刑法并没有对教唆犯规定独立的法定刑。[③]

正是由于责任共犯论存在诸多缺陷，目前几无学者支持。

当今的通说为因果共犯论（亦称“惹起说”），着眼于从共犯行为和具体的法益侵害的联系中探寻共犯的处罚根据是该说的特色。在该说看来，与单个人犯罪一样，共同犯罪的本质也是侵害法益。单独正犯表现为直接引起法益侵害，共同正犯表现为共同引起法益侵害，间接正犯通过支配他

---

① 张明楷：《刑法学》（第四版），法律出版社，2011，第 359 页。

② 陈兴良：《刑法的知识转型（学术史）》，中国人民大学出版社，2012，第 559 页。

③ 张明楷：《共同犯罪的认定方法》，《法学研究》2014 年第 3 期，第 10 页。

人的行为间接地引起法益侵害，教唆犯与帮助犯则通过对正犯的协力或者加功，间接地引起法益侵害。换言之，之所以要处罚共犯，是因为其与他人引起的法益侵害之间具有因果性，即其诱使、促成了正犯直接侵害法益。在因果共犯论内部，基于共犯和正犯之间的不法关系之不同认知，形成了纯粹惹起说、混合惹起说和修正惹起说之分野。

纯粹惹起说认为，和正犯一样，共犯因为自身符合了构成要件且造成违法的事态才受罚，而与正犯的不法无关，即共犯存在固有的法益侵害，其不法对正犯的不法不具有依存性。该说既肯定“无共犯的正犯”（即便存在正犯的不法，共犯也可能不违法），又肯定“无正犯的共犯”（即便不存在正犯的不法，也可能存在共犯的不法）。该说的问题在于：其一，从因果共犯论来看，共犯并不直接参与构成要件行为的实行，而是通过正犯为媒介间接地侵害法益，所以，脱离正犯的法益侵害而独立地去把握共犯的违法性，不得不说在一定程度上背离了因果共犯论的旨趣；[①] 其二，纯粹惹起说所强调之共犯独立的不法，由于摆脱了从属性之教条，招致了可罚性的无根据扩张，会放弃基于从属性的约束而对共犯行为所勾勒的法治国家轮廓。可以说它所忽视的正是，共犯的本质是由正犯的不法决定的，要从正犯的不法中推导出共犯不法的本质性要素。[②]

鉴于纯粹惹起说所存在的固有缺陷，该说在我国学界几乎得不到支持。目前，在共犯处罚根据问题上，主要是修正惹起说和混合惹起说的论争和对立。二说争论的焦点在于是否例外地承认共犯违法的相对性。

修正惹起说全面肯定违法的连带性，认为共犯的违法性表现在：通过参与正犯的侵犯法益的行为，并同正犯一起，共同惹起不法结果。所以，在共同犯罪的场合，惹起构成要件结果实现的行为可能只由部分人实施，但该实现是所有共同犯罪人的“作品”。既然是共同“作品”，违法的相对性便失去了存在的空间。亦即，法益侵害对于所有的参与人是共同的，一方的行为被评价为违法的话，另一方的行为也应被评价为违法。该说的要义可归结为坚持违法的从属性和连带性，否认违法的相对性，不仅否定“无正犯的共犯”（如若不存在正犯的不法，就不存在共犯的不法），也否

① 参见〔日〕曾根威彦《刑法的重要问题（总论）》，成文堂，2005，第306—307页。

② 参见〔日〕高桥则夫《共犯体系与共犯理论》，冯军、毛乃纯译，中国人民大学出版社，2010，第121页。

定“无共犯的正犯”（只要正犯违法，共犯也必定违法）。在我国，黎宏教授、杨金彪博士等主张该说。[1]

与此相对，混合惹起说主张，共犯的违法行为由来于自身的违法性和正犯行为的违法性。亦即，共犯的不法是由共犯的法益侵害这种独立的、固有的要素和从正犯行为导出的从属性要素构成的。作为其理论归结：一方面，否定“无正犯的共犯”。共犯是通过正犯的不法行为间接地实现对法益的侵害，具有对正犯的不法的从属性。另一方面，消极地、例外地承认“无共犯的正犯”，即便存在正犯的不法，共犯也可能例外地不违法。具体地说，从共犯的角度来说，在行为没有惹起符合构成要件的结果，或者说没有形成于共犯而言也是受保护法益的场合，共犯就消极地不具有违法性。

在我国，混合惹起说是一种有力的学说，得到了周光权、刘凌梅、陈洪兵等学者的广泛认同和支持。如刘凌梅博士指出，共犯的不法是由其本身侵害法益所形成的独立、固有的要素与从正犯行为的不法性所导出的从属的要素构成。一方面，共犯本身必须侵犯了对他而言也应受到保护的法益才能惩处。如果正犯行为侵犯的法益对共犯者来说是不可能侵犯的，则不存在共犯者。因此，在共犯者本身必须侵害了对他而言应受到保护的法益的意义上，共犯的不法是独立的。但是，另一方面，从限制正犯概念的立场出发，共犯本身并不能直接侵害法益，其必须通过正犯的行为，才能侵害法益，即共犯法益侵害性的形成，通过共犯行为与正犯行为、正犯行为结果的因果关联才能实现。……在这一意义上，共犯的不法受正犯不法的制约，即共犯从属于正犯。[2]

张明楷教授在《共同犯罪的认定方法》一文中虽然未直接言明其学说立场，但从其关于共犯处罚根据问题的具体论述来看，实际上采取的是混合惹起说。“共犯的违法性由来于共犯行为自身的违法性和正犯行为的违法性。共犯行为的自身的违法性，并不是指共犯行为本身具有行为无价

---

① 参见黎宏《刑法学》，法律出版社，2012，第267—269页；杨金彪《共犯的处罚根据》，中国人民公安大学出版社，2008，第165页以下。

② 刘凌梅：《帮助犯研究》，武汉大学出版社，2003，第41页。其他学者的观点，参见周光权《刑法总论》，中国人民大学出版社，2007，第318页；陈洪兵《共犯论思考》，人民法院出版社，2009，第30页。

值，而是指共犯不具有违法阻却事由（承认违法的相对性）。其一，正犯必须实施了符合构成要件的违法行为，否则，不能处罚教唆者与帮助者。所以，教唆未遂（教唆行为失败）是不可罚的，但未遂的教唆（被教唆者着手实行犯罪而未得逞）具有可罚性。其二，在正犯实施了符合构成要件的违法行为时，只要共犯没有违法阻却事由，就必须肯定共犯行为也是违法的。换言之，如果正犯侵犯的法益，不是教唆者、帮助者不得损害的法益（共犯具有违法阻却事由），则只有正犯的行为成立犯罪。概言之，只有当共犯不具有违法阻却事由时，才能承认违法的连带性。反过来说，应当在例外情况下承认违法的相对性。”①

5. 共犯的因果性

共犯的因果性是共犯处罚的基础。一般而言，教唆犯的行为与正犯结果之间所具有的心理的因果性，不难认定。需要讨论的是帮助行为的因果性，对此，主要存在实行行为促进说和正犯结果说之分歧。刘凌梅、黎宏等学者主张前者。如刘凌梅博士认为，“虽然行为促进通常也是结果促进，然而还是有必要将两者区分开来，特别是在帮助的因果关系问题上，以促进实行行为说更为合适些。因为，第一，帮助行为直接加功的对象是实行行为，而不是正犯的结果。第二，在正犯实行行为未遂的场合，帮助行为并没有促进犯罪结果而只是对实行行为有促进作用，如果采取的是结果促进说，就否认了对未遂犯帮助的可罚性。因此，只要承认对未遂犯的帮助，那么就应该区别‘行为的促进’与‘结果的促进’。”② 黎宏教授认为，“成立帮助犯，被帮助者（正犯）必须实施了实行行为，造成了侵害、威胁法益的结果，换言之，帮助行为和正犯行为之间必须具有因果关系。认定帮助犯的因果关系，必须充分地意识到，帮助犯是为正犯提供方便，促进正犯引起侵害法益的结果。……这样说来，帮助犯的因果关系，只要从其和正犯的实行行为之间的关系的角度来考虑就可以了，没有必要考虑其和正犯结果之间的关系。”③

正犯结果说认为，只有当帮助行为与正犯结果之间具有因果性时，才能承认帮助犯的因果性。张明楷教授支持该说，其在《共同犯罪的认定方

① 张明楷：《共同犯罪的认定方法》，《法学研究》2014 年第 3 期，第 10—11 页。
② 参见刘凌梅《帮助犯研究》，武汉大学出版社，2003，第 97—98 页。
③ 参见黎宏《刑法学总论》（第二版），法律出版社，2012，第 291 页。

法》一文中具体阐释和表达了其立场。

首先，既然采取因果共犯论，就只能采取正犯结果说。根据因果共犯论，共犯的处罚根据，在于通过正犯引起符合构成要件的法益侵害结果。因此，只有当帮助行为从物理上或者心理上促进、强化了正犯结果时，才能为帮助犯的处罚提供根据。如果帮助行为对构成要件结果的出现没有产生影响，就不可能将结果归属于帮助行为，帮助者就不可能承担既遂的责任。其次，只要区分对未遂的帮助与对既遂的帮助，就必须采取正犯结果说。如果将对结果没有促进作用的行为作为对既遂的帮助予以处罚，就使得对未遂的帮助与对既遂的帮助之间丧失了界限。最后，因果关系是归责的必要条件，对帮助犯也不例外。就单独正犯以及共同犯罪中的正犯而言，因果关系是将结果客观归责于正犯的必要条件。如果结果发生与正犯的行为之间没有因果关系，就不可能令正犯对结果负责。帮助犯是刑罚的扩张事由，既然将结果归责于正犯以因果关系为前提，那么，对于帮助犯而言，也必须提出这样的要求；否则，就与帮助犯的这种刑罚扩张事由明显不相当。①

依笔者之见，根据因果共犯论，共犯之所以要处罚，在于通过正犯行为惹起法益侵害的结果。由于危险结果也是一种结果，所以，只要帮助行为促进了正犯的实行行为之实行，从而具有惹起法益侵害结果的现实、紧迫的危险的，就构成帮助犯。当然，这只是属于对未遂的帮助。要构成对既遂的帮助，则要求该帮助行为所加功、协力的实行行为最终惹起了法益侵害的结果。由此看来，在帮助犯的因果性问题的解释上，实行行为促进说和正犯结果说之间并无二致，仅仅是在对既遂的帮助的成立上，特别需要强调结果的发生而已。如此看来，虽有帮助行为，但倘若该帮助行为对结果的发生事实上未起到任何作用的，就不能以帮助犯论处。

共犯的因果性不仅关系到共犯的成立，而且关系到共犯应在什么范围内承担责任，共犯的脱离便与此问题息息相关。共犯的脱离所涉的问题是，共犯放弃或者被迫停止共犯行为后，由他人导致结果的发生时，在何种情况下，否认共犯的先前行为与正犯结果之间的因果性（即肯定共犯的脱离），从而只让共犯承担中止犯或者未遂犯的责任。② 对于共犯的脱离，

---

① 参见张明楷《共同犯罪的认定方法》，《法学研究》2014 年第 3 期，第 20 页。

② 参见张明楷《共同犯罪的认定方法》，《法学研究》2014 年第 3 期，第 23 页。

我国早期刑法理论基于缺乏“有效性”要件而一般性主张成立既遂，至于“提前脱离”这一事实，可作为酌定量刑情节考虑。[①] 然而，共犯的脱离本质上是共犯的因果性问题，具体是指同时消除已经实施的共犯行为与结果之间的物理性和心理因果性。[②] 如果脱离者在犯罪过程中适时抽身而出，并真正消除了已经实施的行为与结果之间的因果性的话，就缺乏将由其他人的行为惹起的结果归责于脱离者而让其承担既遂责任的根据。

6. 共犯的性质

在共犯论领域，共犯性质（共犯的实行从属性有无），是共犯与正犯关系论最核心、最原始的课题。[③] 从学说的发展轨迹来看，其发轫于大陆法系刑法中的旧派（客观主义）和新派（主观主义）有关共犯何时成立的争论，[④] 并形成了独立性说、二重性说和从属性说之学说分野。采用不同的学说和立场，直接攸关我国刑法第 29 条第 2 款“被教唆的人没有犯被教唆的罪”的含义和范围界定。

（1）独立性说的提出及其影响。首倡独立性说的学者是余淦才先生，他在明确教唆犯的从属性说和教唆犯的独立性说的基本要义的基础上，在解释论上论证了我国刑法关于教唆犯的独立性说的立场。他指出：独立性说和从属性说的基本理论表明，教唆犯的刑事责任的认定，从立法根据、分析方法乃至如何适用刑罚上看，都是根本不同的；应用到具体案件上，结论有时甚至是相反的。在一部刑法里，要么采取独立性说，即完全以教唆人所教唆之罪作为定罪的基础，要么采取从属性说，即完全以被教唆人所实施之罪作为定罪的基础。很难想象，在一部刑法里可以合二为一，或者说具有所谓的“二重性”。就 1979 年刑法第 26 条第 1 款（现行刑法第 29 条第 1 款——笔者注）规定的教唆犯而言，其罪责需要从横的方面加以解释，依其在共同犯罪中所起的作用处罚，这与共同犯罪的处罚原则是一致的。不可能也不应该从这一规定中得出教唆犯是从属于实行犯的结论。

---

① 参见马克昌《犯罪通论》，武汉大学出版社，1999，第 595 页。

② 参见张明楷《共同犯罪的认定方法》，《法学研究》2014 年第 3 期，第 23 页。

③ 〔日〕十河太郎：《身份犯的共犯》，成文堂，2009，第 172 页。

④ 严格说来，共犯的性质所要讨论的问题是共犯行为是否具有实行行为性和共犯未遂成立时点问题。但由于预备行为极其例外地可罚，所以，理论界才约定俗成地认为，共犯从属性说和独立性说之争所要论及的是，要处罚共犯是否以正犯实施实行行为为必要，亦即关涉的是共犯的成立时点的问题。

就1979年刑法第26条第2款（现行刑法第29条第2款——笔者注）规定的教唆犯来说，其属于单个犯罪，其罪责只需从纵的方面确定。因为这时不存在实行犯，而只有教唆犯。由于在这种单个犯罪条件下，被教唆人没有犯被教唆的罪，从而不致造成实际危害结果，所以处罚可以适当从轻或减轻，这与从属性的含义当然更是风马牛不相及的。1979年刑法第26条第1款的立法精神，同该条第2款一样，都是体现确定教唆犯刑事责任的独立性，对实行犯并不存在任何的从属性。①

虽然我国学界少有学者明确采用“独立性说”这一表述，但从多数刑法教科书或者论著所主张的“教唆犯的着手以实施教唆行为为标志”以及“教唆失败、无效的教唆均可罚”的观点来看，② 共犯独立性说在我国学界还是拥有广泛的“市场”的。

（2）二重性说。本质上是独立性说。伍柳村教授在《试论教唆犯的二重性》一文中，以我国刑法关于教唆犯的规定为依据，从解释论的角度阐释和论证了教唆犯的二重性立场。在他看来，我国1979年刑法第26条（现行刑法第29条——笔者注）的规定正是反映了教唆犯的二重性。其中，第1款关于“教唆他人犯罪的，应当按照他在共同犯罪中所起的作用处罚”的规定，体现的是教唆犯对实行犯的从属性。亦即，教唆犯不是独立犯罪，一定要通过被教唆人去实施他所教唆的犯罪行为，才能看出他的教唆行为在共犯中所起的作用。第2款关于“如果被教唆的人没有犯被教唆的罪，对于教唆犯，可以从轻或者减轻处罚”的规定，则体现了教唆犯的相对对立性。因为，被教唆的人没有犯被教唆的罪，此时，被教唆人本无犯罪可言，如果认为教唆犯仅仅具有单纯的从属性，那么教唆犯也就随之而无罪，不该受处罚了。可是，刑法却明确规定要受处罚，这便反映了教唆犯的独立性。③

---

① 余淦才：《试论教唆犯的刑事责任》，《安徽大学学报》（哲学社会科学版）1983年第2期，第63—64页。

② 参见高铭暄、马克昌《刑法学》，北京大学出版社、高等教育出版社，2000，第184页；高铭暄主编《刑法专论》（上编），高等教育出版社，2002，第331—332页；谢望原主编《刑法学》，北京大学出版社，2003，第261页；贾宇主编《刑法学》，西安交通大学出版社，2005，第140页；刘宪权主编《刑法学》（上）（第二版），上海人民出版社，2008，第241页；孙国祥《刑法基本问题》，法律出版社，2007，第399页。

③ 伍柳村：《试论教唆犯的二重性》，《法学研究》1982年第1期，第17页。

“教唆犯二重性”的命题甫一提出，便在学界引起了较大的反响，使得教唆犯的属性问题成为我国共同犯罪理论研究中的一个热点。时隔两年，陈兴良教授便撰文对伍柳村教授的二重性说予以回应和支持。他指出，在实行犯没有实行教唆犯所教唆的犯罪的情况下，关于教唆犯所处的犯罪阶段问题，理论上存在三种观点：①预备说；②未遂说；③既遂说。对此，可以认为，预备说是共犯从属性理论的观点，既遂说是共犯独立性理论的观点。两者之所以不能正确地解决在实行犯没有实行教唆犯所教唆的犯罪的情况下，教唆犯所处的犯罪阶段问题，就在于共犯从属性理论和共犯独立性理论都没有科学地揭示教唆犯的本质特征。共犯从属性理论否定教唆犯的独立性，表现为客观主义；共犯独立性理论否定教唆犯的从属性，表现为主观主义。陈兴良教授坚持主观和客观相统一的原则，认为教唆犯是独立性和从属性的统一，由此阐发教唆犯在共同犯罪中的特殊地位。从教唆犯是独立性和从属性的统一出发，必然得出在实行犯没有实行教唆犯所教唆的犯罪的情况下，教唆犯是犯罪未遂的结论。①

马克昌先生也主张二重性说。他认为，教唆犯具有二重性，但独立性是主要的。刑法第 29 条第 1 款规定的教唆犯，只有在被教唆人实施犯罪时才能成立（可谓“作为共犯的教唆犯”），这体现了犯罪成立上的从属性。第 2 款规定的教唆犯，是指被教唆人没有犯被教唆之罪的情况，此种场合，教唆犯与被教唆人根本不成立共同犯罪关系（可谓“作为非共犯的教唆犯”），刑法却仍然对之规定了刑事责任，这里的教唆犯既无犯罪成立上的从属性，也无刑罚上的从属性，亦即只有独立性。②

赵秉志教授也支持二重性说。他认为，二重性说总体上贯彻了主客观相统一的原则，正确地解决了教唆犯的性质问题。教唆犯的犯罪意图只有通过被教唆人的决意并且去实施所教唆的犯罪行为，才能发生危害结果，所以就教唆犯与被教唆的人的关系而言，教唆犯处于从属地位，具有从属性。另外，教唆犯教唆他人犯罪的行为本身具有严重的社会危害性，无论

① 参见陈兴良《论教唆犯的未遂》，《法学研究》1984 年第 2 期，第 61—62 页。陈兴良教授后来在相关论著中多次重申了其“二重性说”的立场。具体详见陈兴良《本体刑法学》，中国人民大学出版社，2001，第 531—532 页；陈兴良《共同犯罪论》（第二版），中国人民大学出版社，2006，第 364—365 页。

② 参见马克昌《论教唆犯》，《法律学习与研究》1987 年第 5 期，第 16 页；马克昌《犯罪通论》，武汉大学出版社，1999，第 556—557 页。

被教唆的人是否实施了被教唆的行为，教唆行为都构成犯罪。从这种意义上讲，教唆犯在共犯中处于相对对立的地位，具有独立性。这说明，教唆犯具有从属性和相对独立性，是二者有机的统一。[①]

二重性说虽然在我国获得了较为广泛的认同而处于通说地位，但对该学说的批评声音却是不绝于耳。如张明楷教授批评道："二重性说在逻辑上有自相矛盾之嫌。这种学说不但没有能够解决教唆犯的一系列问题，反而带来了理论上的复杂化。因为教唆犯从属性说与独立性说的理论根底截然相反，各自对具体案件的处理结果也大相径庭。所以，要把两种非此即彼的观点加以融合只能带来理论上的混乱。"[②] "共犯从属性说与共犯独立性说，不管是就基本观点而言，还是就理论基础而言，都是非此即彼，完全对立的，无论如何也看不出来二者可以调和、折中。"[③]

何庆仁博士也明确指出，二重性说是一种缺乏立场的学说。教唆犯要么从属于正犯，要么独立于正犯，不可能既从属于正犯又独立于正犯，从属性说与独立性说是两种无论在任何方面都针锋相对的观点，绝无调和之可能。在此理论基础上，何庆仁博士颇有创意地指出，我国刑法第 29 条规定的是广义教唆犯，广义教唆犯是狭义教唆犯（通常意义上的教唆犯）加上以教唆的行为方式实施的间接正犯。其中，刑法第 29 条第 1 款规定的教唆犯既不具有独立性，也不具有二重性，而仅仅具有从属性。刑法第 29 条第 2 款规定的教唆犯，则属于以教唆的行为方式实施的间接正犯。[④]

陈兴良和周光权教授也明确反对二重性说。如果说教唆犯具有二重性，就意味着教唆犯既有实行的独立性，又有实行的从属性。但是，将分属不同学派的非此即彼、完全对立的观点加以融合、折中的做法，不仅存在说理上的荒谬性，而且也会导致司法上的无所适从。因为，在逻辑上，有关共犯的成立是否要求正犯着手实行犯罪的问题，答案只有"是"或者"否"，两者不可能统一。要不然，在正犯未着手实行犯罪时，就会得出共

---

① 赵秉志、魏东：《论教唆犯的未遂——兼议新刑法第 29 条第 2 款》，《法学家》1999 年第 3 期，第 31 页。

② 张明楷：《论教唆犯的性质》，载陈兴良主编《刑事法评论》第 21 卷，北京大学出版社，2007，第 82 页。

③ 张明楷：《刑法学》（上）（第五版），法律出版社，2016，第 409 页。

④ 参见何庆仁《我国刑法中教唆犯的两种涵义》，《法学研究》2004 年第 5 期，第 46—47 页。

犯既无罪又有罪的荒谬结论。[①]

从从属性说和独立性说所争论的核心问题来考察，真正的从属性说和独立性说都容易得出与其理论根基相一致的结论，即教唆犯的成立标准应是唯一的。从理论上来看，主张二重性说的学者都承认教唆犯具有独立性，即教唆犯不依赖于实行犯的存在而存在，毋宁说，“二重性说”本质上就是独立性说。[②]

陈兴良教授后来也意识到了这一问题的存在，并多次进行了观点反思：“根据从属性与独立性的标准来衡量，我国《刑法》第 29 条第 2 款明文规定处罚教唆犯的未遂犯，即没有正犯的共犯，因而不存在实行的从属性。换言之，从我国《刑法》第 29 条第 2 款规定不得不得出我国《刑法》采共犯独立性说的结论”；[③]“我现在的观点认为，刑法关于教唆犯的规定是一个整体，只要具有独立性就不可能具有从属性。在这个意义上，二重性说确实难以证立。因为教唆未遂是否可罚，是考察一部刑法采用共犯从属性说还是采用共犯独立性说的标志。”[④]

（3）从属性说的有力化。长期以来，共犯独立性说一直居于我国共犯学说的绝对支配性地位。但近年来，随着客观主义刑法观逐渐被学界认同和接受，从属性说日益变得有力。该说从犯罪的本质是侵犯法益这一认知出发，认为教唆犯之所以要处罚，在于其通过正犯实施实行行为，参与对法益的侵犯。单纯的教唆行为不具有实行行为性，欠缺对法益侵害的现实、紧迫危险，因而，原则上，只有当正犯着手实行犯罪，使法益受到具体的、紧迫的危险威胁时，才有处罚教唆犯的必要。周光权教授在《“被教唆的人没有犯被教唆的罪”之理解——兼与刘明祥教授商榷》一文中详尽阐释了从属性说的立场。他指出：在共同犯罪领域，刑法主观主义典型地表现在共犯独立性说上，该说是将行为人的危险性格作为处罚根据的主观主义犯罪理论的产物。根据这种立场，在行为人的危险性格表现于外部时，就必须进行处罚。除此之外，无法为处罚行为人找到理由。依照这一

---

① 陈兴良、周光权：《刑法学的现代展开》，中国人民大学出版社，2006，第 19 页。

② 参见张明楷《论教唆犯的性质》，载陈兴良主编《刑事法评论》第 21 卷，北京大学出版社，2007，第 82 页；何庆仁《我国刑法中教唆犯的两种涵义》，《法学研究》2004 年第 5 期，第 51 页。

③ 参见陈兴良《教义刑法学》，中国人民大学出版社，2010，第 652 页。

④ 陈兴良：《刑法知识论的转型（学术史）》，中国人民大学出版社，2012，第 544—545 页。

观点，教唆行为即便没有引发他人的行为，甚至教唆信息没有传递给他人，教唆犯自身的行为也能够解释教唆犯个人的危险性格，故要处罚教唆犯。但是，如果从客观主义立场来看，教唆行为本身应当是引发他人犯意的行为，他人根本没有由此产生犯意的，或者虽接受教唆但没有实施任何行为的，教唆行为并未直接面对行为客体，共犯行为本身不会对法益产生侵害，当然不能处罚教唆犯。在刑法客观主义的重要性得以彰显的今天，对我国刑法第 29 条第 2 款规定的解释，必须考虑刑法客观主义的世界潮流，而不能朝着刑法主观主义的方向进行解释。亦即，刑法第 29 条第 2 款规定的被教唆的人“没有犯被教唆的罪”，仅指教唆犯教唆他人犯罪，被教唆人已经着手实行犯罪但“没有达到既遂状态”的情形。对于教唆犯教唆他人犯罪，被教唆人仅有预备行为但“没有着手犯被教唆的罪”的情形，即便要处罚（重罪预备犯的）教唆犯，也应该适用预备罪的法理，适用刑法第 22 条第 2 款的规定进行处罚，而与教唆未遂和共犯从属性原理无关。[①]

从以上论述来看，以教唆犯尤其是以刑法第 29 条第 2 款规定之解释论为中心，我国刑法学界展开了对共犯的性质问题的热烈讨论，这一讨论从 20 世纪 80 年代初一直持续至今，仍然未能达成共识。依笔者之见，基于客观主义刑法立场、犯罪未遂的构造原理、因果共犯论和刑法规范的体系性解释等几点理由，对刑法第 29 条第 2 款进行形式、直观之解读的独立性说是不可取的，相反，立基于法益侵害说的立场，主张采取从属性说之实质解释论是妥当的。[②]

7. 共犯的要素从属性

要素从属性所要论及的问题是，为了肯定共犯的成立，正犯必须具备哪些犯罪成立要件或者要素，德国学者 M. E. 迈耶率先提出了可能存在的四种从属学说：夸张从属性说、极端从属性说、限制从属性说和最小从属性说。夸张从属性说认为，共犯的成立以正犯行为具备构成要件符合性、

---

① 参见周光权《“被教唆的人没有犯被教唆的罪”之理解——兼与刘明祥教授商榷》，《法学研究》2013 年第 4 期，第 186 页以下。主张实行从属性说的其他学者观点，详见张明楷《刑法学》（第四版），法律出版社，2011，第 376—379 页；黎宏《刑法总论问题思考》，中国人民大学出版社，2007，第 514 页；杨金彪《共犯的处罚根据》，中国人民公安大学出版社，2008，第 148—152 页。

② 参见钱叶六《共犯的实行从属性说之提倡》，《法学》2012 年第 11 期，第 123—125 页。

违法性和有责性为前提，同时，正犯个人刑罚加重、减轻事由对共犯的处罚亦产生影响。该说明显违反个人责任原则和刑罚个别化原则，几乎不为各国刑法立法及理论所采纳。

我国传统刑法理论采用四要件犯罪论体系，因而以往鲜见有学者将要素从属性作为问题加以专门研究，但从通说关于共同犯罪的成立条件及教唆犯构造的分析和论述来看，实际上采行的是要求正犯具有责任能力之极端从属性说的立场——构成共同犯罪的主体必须是达到法定责任年龄，具有刑事责任能力的人。一个有刑事责任能力的人，教唆或者帮助一个未达法定责任年龄的人或者无刑事责任能力的精神病人实施危害行为的，教唆者或者帮助者以间接正犯论处。[①] 但极端从属性说遭到了学界强烈的质疑。第一，极端从属性说以在学界遭到严厉声讨并逐渐遭到抛弃的责任共犯论为理论基础，并不可取。[②] 第二，极端从属性说旨在弥补处罚漏洞，而将间接正犯作为共犯的替补角色来看待，这明显有违间接正犯作为本来意义上的正犯，因而应先于共犯予以独立判断的观念。[③] 第三，在误以为正犯达到法定责任年龄或具有刑事责任能力时而实施教唆或者帮助时，坚持极端从属性说，会导致出现处罚上的间隙。[④]

在要素从属性问题上，居学说支配性地位的是限制从属性说，亦即，共犯的成立以正犯的行为具备构成要件符合性和违法性为已足。然而，缓和要素的从属形式，并非主张扩张的共犯论而否定间接正犯的概念和现象存在。间接正犯作为本来、固有的正犯形态，与采用何种要素从属性理论是两个不同层面的问题，其正犯性应独立、优先地加以判断。但凡将他人当作单纯的犯罪工具加以支配、利用的情形，应认定成立间接正犯。张明楷、黎宏、周光权等教授主张此说。如周光权教授指出，处于折中立场的学说即限制从属性说是合理的，因为共犯的从属性是行为的从属，而非行

---

① 参见高铭暄、马克昌主编《刑法学》，北京大学出版社、高等教育出版社，2000，第 167 页；马克昌主编《刑法学》，武汉大学出版社，2003，第 161 页；马克昌主编《犯罪通论》，武汉大学出版社，1999，第 505 页。

② 关于责任共犯论的缺陷的分析，参见陈洪兵《共犯论思考》，人民法院出版社，2009，第 8—10 页；杨金彪《共犯的处罚根据》，中国人民公安大学出版社，2008，第 40 页以下；黎宏《刑法总论问题思考》，中国人民大学出版社，2007，第 502 页以下。

③ 参见黎宏《刑法总论问题思考》，中国人民大学出版社，2007，第 94 页以下。

④ 参见钱叶六《共犯与正犯关系论》，《中外法学》2013 年第 4 期，第 775 页。

为人的从属，这样，采取极端从属形式或者最极端从属形式是没有道理的。根据限制从属性说，只要正犯具备构成要件符合性、违法性，共犯就成立。教唆或者帮助他人正当防卫的，正犯具备构成要件该当性，但缺乏违法性，教唆行为、帮助行为也就不具有违法性，所以，共犯不成立。教唆无刑事责任能力的人实施刑法分则规定的实行行为的，因为正犯的罪状符合性、违法性都具备，所以共犯成立。当然，虽然教唆犯的成立不要求正犯有责任能力，但被教唆的人也不能是高度精神病患者或者幼儿，否则，教唆者成立间接正犯。①

与此相对，王昭武、阎二鹏、周啸天等少数学者主张最小从属性说，主张只要正犯行为具有构成要件符合性即可成立共犯，正犯行为是否具有违法性或者有责性，不影响共犯的成立。如王昭武教授基于违法相对性论指出，教唆他人实施正当防卫、紧急避险等行为时，尽管正犯可阻却违法性，但其实行行为仍产生了法益侵害的结果，教唆人应从属于此实行行为，原则上应成立教唆犯，至于是否值得处罚，则另当别论。② 但众所周知，刑法之所以规定正犯和狭义的共犯等参与类型并给予严厉的否定性评价，就在于他们的参与行为实质上侵犯了法益，即具有违法性。所以，对于诸如正当防卫、紧急避险等合法行为，无论如何都不具备将之作为正犯予以否定性评价的前提或者根据。相应地，对于教唆或者帮助他人实施这些合法行为的，自然难以评价为不法，从而也就缺乏认定为共犯的正当根据。③

从“共同犯罪是一种不法形态”及“责任个别作用”的原理来看，正犯违法但不具有责任，而共犯（包括教唆犯、帮助犯或共同正犯）既违法

---

① 参见周光权《刑法总论》（第二版），中国人民大学出版社，2011，第229页。持同样立场的学者的观点，详见张明楷《刑法学》（第四版），法律出版社，2011，第379页；黎宏《刑法学》，法律出版社，2012，第269—270页；杨金彪《共犯的处罚根据》，中国人民公安大学出版社，2008，第152页以下；陈洪兵《共犯论思考》，人民法院出版社，2009，第63页以下。

② 参见王昭武《论共犯的最小从属性说——日本共犯从属性理论的发展与借鉴》，《法学》2007年第11期，第107页。其他支持最小从属性说的学者观点，详见阎二鹏《从属性观念下共犯形态之阶层考察——兼议构成要件符合形态论之提倡》，《法学论坛》2013年第4期，第71页以下；周啸天：《最小从属性说的提倡：以对合法行为的利用为中心》，《法律科学》2015年第6期，第77页以下。

③ 参见钱叶六《共犯与正犯关系论》，《中外法学》2013年第4期，第772页。

又具有责任，完全可能存在。所以，共犯的成立不以正犯具有责任为必要条件的限制从属性说是妥当的。[①] 只是，采用限制从属性说，有必要重新界定和诠释刑法上的犯罪（罪）的含义。析言之，犯罪（罪）不只是指具备全部犯罪成立条件的行为，有时可能指违法层面上的犯罪，即与行为人的责任无关，为刑法所禁止的侵犯法益的客观违法行为。[②] 如此理解刑法第25条、第27条、第29条中的犯罪（罪）概念的话，采用限制从属性说也就不会存在实定法上的障碍。

（二）具体问题

1. 正犯与共犯的区分

在区分制之下，共犯理论被称为刑法理论最混乱、最黑暗的一章，在很大程度上缘于正犯与共犯区分标准的理论争议。然而，正犯与共犯的区分应当采取何种学说，不能脱离一个国家（地区）的立法。因为一个国家（地区）的共犯理论是以该国（地区）刑法关于共犯的规定为前提的，属于解释论的范畴。[③] 脱离共犯立法的共犯理论体系，不论多么精致，其实践意义都会大打折扣。

从德日学说发展史来看，早期主要是主观说和形式客观说的对立，此后是形式客观说和实质客观说的争论，但目前逐渐趋向于实质客观说（德国是犯罪支配说，日本则是重要作用说）的发展动向。这一学说立场的转向，不是学理上的随意选择，而是根源于其实定法上的规定。德日刑法在参与人的分类上，采取的是单一的分工分类法，其中，正犯处于核心地位，并“一身兼二任”，不仅具有解决参与人参与类型和定性问题的功能，更为重要的是具有直接评判参与人在共同犯罪中所起的作用大小的意义。在这一立法框架下，若彻底贯彻传统的形式客观说，就会将那些虽未参与构成要件行为的实行但在共同犯罪中起重要作用的人论定为共犯而处以较轻的刑罚，这势必导致罪刑失衡。基于刑事处罚合理性的需要，在正犯和共犯的判断上，德日学界及实务界逐渐突破实行行为的传统边界而加以实

---

① 参见钱叶六《共犯与正犯关系论》，《中外法学》2013年第4期，第776页。

② 参见张明楷《刑法学》（第四版），法律出版社，2011，第379页；黎宏《我国犯罪构成体系不必重构》，《法学研究》2006年第1期，第46页。

③ 参见陈兴良《教义刑法学》，中国人民大学出版社，2010，第631页。

质的解释——纵使没有参与构成要件行为的实行，但如果对共同犯罪的不法事实具有支配力或者发挥了重要作用，亦能成为正犯。相反，即便直接参与了构成要件行为的实行，但倘若对不法事实缺乏支配力或者对结果的发生所起的作用较小，亦可成立共犯（主要是指帮助犯）。如此一来，正犯这种原本按照形式上的分工标准划分和确定的犯罪类型在事实上也就成为按照实质上的作用分类标准所确定的“主犯”。[①]

我国传统刑法理论支持形式客观说，但近年来，受域外刑法理论的影响，实质客观说成为有力的学说。主张实质客观说的学者阵营中，张明楷、周光权教授支持犯罪支配说，[②] 刘艳红教授则赞同重要作用说。[③] 这实际在规范上将刑法中的正犯、帮助犯的功能进行了实质化，并与主犯、从犯合二为一。但问题是，分工分类法和作用分类法并不是简单的技术性分类标准，其背后代表的规范意义分别侧重于定罪与量刑，在这一点上两者相互取代，如果强行将按两种不同的分类标准所划分出的类型进行一一对应与相互混同的话，那么只能使上述规范功能失去意义。[④]

笔者基于中国刑法关于共犯人分类所采取的“参与类型（分工）与参与程度（作用）”双层次操作的特色，在《双层区分制下正犯与共犯的区分》一文中明确表达了形式客观说（实行行为说）的立场：德、日等大陆法系国家（地区）刑法在参与人的分类上，并未进行参与类型和参与程度的双层次分类和操作，而是着眼于定罪量刑的一体性解决。在此种区分制下，弃实行行为说而采实质客观说是为了实现刑事处罚合理性所做的万不得已的选择。但是，我国刑法中的正犯、共犯和主犯、从犯功能是分开的，二者之间不存在一一对应的关系问题。正犯只是在行为分工或类型上与组织犯、教唆犯、帮助犯等犯罪形态相区别，涉及的领域主要是构成要件，旨在解决共犯人的定性及其之间的关系问题。与此相对，主犯、从犯的划分主要揭示的是共犯人在共同犯罪中的参与程度或者所起的作用大小，旨在解决共犯人的量刑问题。可见，两种分类方法功能各异，并行不

① 参见钱叶六《双层区分制下正犯与共犯的区分》，《法学研究》2012 年第 1 期，第 132 页。

② 参见张明楷《刑法学》（第四版），法律出版社，2011，第 405 页。

③ 参见刘艳红《论正犯理论的客观实质化》，《中国法学》2011 年第 4 期，第 139 页。

④ 阎二鹏：《犯罪参与类型再思考——兼议分工分类与作用分类的反思》，《环球法律评论》2011 年第 5 期，第 101 页。

悖，遵循的是先解决定罪问题后解决量刑问题的思维过程。……立足于我国刑法中正犯功能的单一性及同主犯功能存在的实质差异性，正犯与共犯的区分宜坚持以构成要件概念为核心的形式客观说（实行行为说）。[①]

对于这里的"实行行为"，宜做规范的理解，即对于虽不亲自实施构成要件行为，但将他人当作工具加以利用，能在规范层面上评价为如同自己亲自动手实施犯罪的情形，也认为是正犯，此即所谓的间接正犯。[②] 我国学者丁胜明、张开骏博士等亦撰文讨论了此一问题，并表达了近似笔者所主张的"规范的实行行为说"之立场。[③]

2. 过失共同犯罪

过失共同犯罪是否成立共同犯罪，是刑法理论上一个争论不休的话题。侯国云、苗杰是较早关注过失共同犯罪问题的学者，他们在《论共同过失犯罪》一文中，率先针对我国刑法（具体是指 1979 年刑法——笔者注）否定过失共同犯罪的立法现状进行诘问和发难：这种状况很不利于司法实践中对过失犯罪的处理，往往造成不枉即纵的结果。为此，二位学者基于全面肯定过失共同犯罪的立场，系统地对共同过失犯罪的基本问题如共同过失犯罪的定义和成立条件、共同过失犯罪的类型、共同过失犯罪人的分类、追究共同犯罪刑事责任的基本原则等进行了思考和探究。论者认为，共同过失犯罪，是指二人或者二人以上的过失行为共同造成一个或者数个危害结果所构成的犯罪。要成立共同过失犯罪，在主观上，各行为人必须具有共同的过失；在客观上，必须存在共同的过失行为，亦即，每个人的过失行为在客观上都是危害结果发生的原因。从参与类型来看，过失共同犯罪人可以分为过失实行犯、过失教唆犯和过失帮助犯。对于过失共同犯罪的处罚，应坚持分别定罪处罚、身份从重和区别责任原则。[④]

现在看来，该文虽然在过失共同犯罪何以能够成立共同犯罪的论证上有些不尽如人意以及全面承认过失共犯的观点尚有商榷的余地，但瑕不掩

---

① 参见钱叶六《双层区分制下正犯与共犯的区分》，《法学研究》2012 年第 1 期，第 132—134 页。

② 参见钱叶六《双层区分制下正犯与共犯的区分》，《法学研究》2012 年第 1 期，第 135 页。

③ 参见丁胜明《刑法教义学研究的中国主体性》，《法学研究》2015 年第 2 期，第 44 页以下；张开骏《区分制犯罪参与体系与"规范的形式客观说"正犯标准》，《法学家》2013 年第 4 期，第 65 页以下。

④ 参见侯国云、苗杰《论共同过失犯罪》，《法学研究》1993 年第 2 期，第 29 页以下。

瑜，该文作为研究过失共同犯罪的标志性成果，其重要学术价值在于，掀起了我国刑法是否需要承认过失共犯及在何种范围内承认过失共犯的研究热潮。

学界一般认为，过失教唆或帮助的现象在现实生活中确有可能发生，从类型上看，一般包括两种：一是过失教唆行为引起他人故意犯罪；二是过失教唆行为引起他人实施过失犯罪。但是，不论在解释论上抑或立法论上，都没有承认过失的教唆犯和过失的帮助犯的必要。其一，从语义学的角度来看，教唆、帮助是一种有意识的行为，即旨在通过正犯的实行行为引起法益侵害，而过失的教唆、帮助显然难以包括在教唆犯、帮助犯的类型之中。其二，刑法第 15 条第 2 款规定，过失犯罪，法律有规定的才负刑事责任。而我国刑法分则明文规定的过失犯仅限于实行行为，并不包括刑法总则规定的教唆行为和帮助行为，将过失教唆、帮助作为过失共犯处罚，会与刑法第 15 条例外地处罚过失犯的规定相抵触。[①] 如果论之为故意正犯之教唆犯或者帮助犯（在正犯系故意犯罪的场合），则有违责任主义原理。[②]

关于是否承认过失的共同正犯，目前学界一般是从解释论和立法论两个角度分析。

黎宏教授从解释论的角度论证和阐释了过失共同正犯否定说的立场。他指出，在我国现行刑法的规定之下，将共同过失引起危害结果的行为作为共同正犯处理，违反罪刑法定原则，背离共同犯罪的成立条件，会导致共同正犯认定标准的松弛，人为扩大共犯处罚范围的后果。在现行刑法理论之下，对于所谓的共同过失犯罪行为，即便不认定为共同正犯，也能作出恰当的处理。同时，黎教授指出，在二人以上过失造成法益侵害结果，但不能证明是谁的行为导致该法益侵害结果的场合，虽造成了处罚上的空当，但这也是一种无可奈何的选择。相反，如果按照肯定说的见解，有时不免会造成刑罚范围的不当扩大，有推行早已为近代刑法所排斥的连坐刑

① 参见张明楷《共同过失与共同犯罪》，《吉林大学社会科学学报》2003 年第 2 期，第 42 页；黎宏《“过失共同正犯”质疑》，《人民检察》2007 年第 14 期，第 23 页；郑泽善《论过失共同正犯》，《政治与法律》2014 年第 11 期，第 10—11 页。

② 参见郑泽善《论过失共同正犯》，《政治与法律》2014 年第 11 期，第 10—11 页。

之嫌。[①]

的确，在我国明确否定过失共同犯罪成立共同犯罪的立法框架下，试图从解释论上肯定过失共同犯罪，几乎不可能。但问题是，如若不承认过失共同犯罪，一方面，会导致一些应当作为犯罪处理的行为（如二人以上共同过失行为致他人死亡，却不能查明是谁的行为导致死亡结果）不能当作犯罪处理，从而导致处罚上的间隙。这种“处罚上的间隙”正是否定说的致命缺陷。另一方面，也会出现司法上基于填补处罚间隙、保护法益的考虑，在没有认定为过失共同正犯的情况下，悄悄地适用“部分实行全部责任”原则的现象，但这有侵蚀罪刑法定原则之危险。为此，有必要在立法上承认过失共同正犯，目前这也是学界的共识，代表性学者有张明楷、郑泽善、邹兵等。[②] 而就承认过失共同正犯的正当性和合理性，张明楷教授做了精当的分析。

首先，认定是否成立共同正犯，在于是否适用“部分实行全部责任”的原则。故意与过失都是责任的要素或形式（种类），故意犯与过失犯都有各自的实行行为，从现实上看，二人以上既可能共同实施故意犯罪，也可能共同实施过失犯罪。既然对故意犯的共同实行行为能够适用该原则，就没有理由否认对过失犯的共同实行行为适用该原则。其次，之所以对共同正犯适用该原则，从客观上而言，是因为二人以上的行为共同引起了法益侵害，然而，对是否“共同”引起了法益侵害只能进行客观的判断；从主观上来说，是因为二人以上具有意思联络。意思联络不应当限定为犯罪故意的联络，只要共同实施构成要件的不法行为具有一般意义的联络即可。正因为这种意思联络的存在，才促进、强化了对方不注意履行义务的作用，从而使一方的行为与他方行为造成的结果具有客观上的因果性，因而任何一方对他方造成的事实、结果，只要具有预见可能性，就必须承担责任。[③]

3. 片面共犯

片面共犯理论所要解决的是行为人单方面地参与他人犯罪是否成立共

---

① 参见黎宏《“过失共同正犯”质疑》，《人民检察》2007 年第 14 期，第 28 页。

② 参见张明楷《共同过失与共同犯罪》，《吉林大学社会科学学报》2003 年第 2 期，第 45 页；郑泽善《论过失共同正犯》，《政治与法律》2014 年第 11 期，第 11 页；邹兵《过失共同正犯研究》，人民出版社，2012，第 211 页以下。

③ 参见张明楷《共同过失与共同犯罪》，《吉林大学社会科学学报》2003 年第 2 期，第 45 页。

同犯罪问题，这在学理上存在肯定论和否定论的对立。否定论认为，共同犯罪人之间必须存在相互沟通、意思联络，而在所谓的“片面共犯”的场合，只有行为人单方面的主观上一厢情愿的“共同”犯罪故意，而根本就没有意思联络的存在，不是真正意义上的“共同”犯罪故意，因而不能认定成立共犯。“片面共犯”行为，实质上属于利用他人为工具，实现自己犯罪目的的情形，应认定为间接正犯。[①] 但是，利用他人的行为实施犯罪这一点并非间接正犯的本质特征。实际上，共同犯罪中的各个共犯人之间也同样存在利用关系，但显然不能将帮助行为、教唆行为也视为间接正犯。关于间接正犯的本质，无论是道具理论、规范障碍说还是行为支配说，都表明间接正犯与被利用者之间存在一种前者支配、后者从属的关系。从间接正犯这一本质特征出发，显然难以认为“片面共犯”成立间接正犯。

在学理上，肯定论一直都是多数说。较早关注片面共犯问题的陈兴良教授在《论我国刑法中的片面共犯》一文中率先探讨了片面共犯的教义学根据和存在范围。在陈教授看来，“共同故意”具体包括两种情形：一是各共同犯罪人之间具有相互认识的全面共同故意；二是各共同犯罪人之间具有单方认识的片面共同故意。据此，共同犯罪可相应地被分为全面共犯和片面共犯。全面共犯（双方的共犯），是指各共同犯罪人在客观上具有共同犯罪的行为，在主观上具有全面的共同故意，亦即共同犯罪人不仅认识到自己在故意地参与共同犯罪，而且认识到其他共同犯罪人和他一起参与共同犯罪。与此相对，片面共犯，是指各共同犯罪人在客观上虽存在共同的犯罪行为，但主观上只具有片面的共同故意，即一方故意参与他人实施的犯罪，而另一方没有认识到有他人和自己共同实施犯罪。全面共犯和片面共犯之间并不是共同故意有无的区别，而是主观联系方式的区别。或者说，全面共犯和片面共犯在共同犯罪故意的内容上只有量的差别，没有质的差别。[②] 从陈教授的上述解释路径来看，实际上他对“共同故意”作了相较于通说更为缓和的理解，即放弃了其中的“彼此之间存在意思联络”的要素，从而即便是基于与他人共同犯罪的“单项意思联络”，对行为人来说，也属于“共同故意”。

---

① 参见钱毅《我国刑法中不存在片面共犯》，《中南政法学院学报》1990 年第 4 期，第 80—81 页；赵秉志《“片面共犯”不能成立共同犯罪》，《检察日报》2004 年 7 月 8 日第 3 版。

② 参见陈兴良《论我国刑法中的片面共犯》，《法学研究》1985 年第 1 期，第 50 页。

田鹏辉博士基于因果性原理认为，在客观上，不论是片面的实行犯、片面的帮助犯，还是片面的教唆犯，其行为与危害结果之间都存在因果性，即都引起了法益侵害的结果；在主观上，片面合意是共同故意的最低标准。一般而言，共同故意是典型的共同故意，但并非共同故意的全貌。片面合意或者单向的意思联络亦是一种共同故意。在上述立论基础上，田鹏辉博士得出结论：应当肯定片面共犯的现象及其可罚性。①

张明楷教授则是基于共犯的因果性原理来解释片面共犯。他指出，在片面共犯的场合，虽然各参与人之间不存在相互沟通、彼此联络所产生的心理上的影响，但一方暗中参与他人犯罪，物理地或者客观上促进了犯罪的实行与结果的发生，从共同犯罪的物理的因果性出发，应承认片面共犯。② 笔者也认为，基于因果共犯论，只要行为人基于故意的参与、协力行为客观上与他人的行为及其引起的危害结果具有因果性，就应肯定共犯的成立，至于被协力、被参与的一方有没有认识到并不重要。易言之，在共犯的认定上，共犯人之间的相互意思沟通和彼此联络未必是不可或缺的。③

李强博士在《片面共犯肯定论的语义解释根据》一文中独具匠心地运用语义解释方法为片面共犯提供教义学上的根据。他主张，基于刑法客观主义的立场，坚持法益侵害说，重视客观存在的共同犯罪的物理因果关系；在语义解释上，刑法第 25 条第 1 款的规定所表达的是“二人以上共同地、故意地犯罪”之意，从而主张片面共犯肯定论，对片面共犯行为依照共同犯罪论处。④

4. 实行过限

实行过限，亦称共犯的过剩，是指正犯的行为与结果超出了共同犯罪的故意内容的情形。对于过限行为人，应当依据其行为和主观责任来确定其罪责，这不存疑问。但该如何认定实行过限以及如何解决其他共犯人的罪责问题，对此学界则存在争议。

在实行过限的判断上，我国通说采用的是“超出故意范围说”，即根

① 参见田鹏辉《片面共犯研究》，中国检察出版社，2005，第 72 页以下。

② 参见张明楷《刑法学》（第四版），法律出版社，2011，第 392—393 页。

③ 参见钱叶六《共犯论的基础及其展开》，中国政法大学出版社，2014，第 148 页以下。

④ 李强：《片面共犯肯定论的语义解释根据》，《法律科学》2016 年第 2 期，第 56 页以下。

据实行行为是否超出共同犯罪的故意的范围来加以判断。[1] 在共同实行的场合，对于部分共犯是否超出共同故意的范围的判断上，陈兴良教授提出了“容忍说”。该说认为，若共犯人对实行犯所实施的超出谋议的行为知情，即表明其主观上对该犯罪行为的容忍态度，尽管他没有亲手实行，也应该承担刑事责任。[2]

姚诗博士在《先前行为与实行过限下知情共犯人的刑事责任》一文中，主要就对实行过限知情的共犯人的刑事责任问题作了深度研讨。首先，她对“容忍说”提出了质疑。“容忍说”思考问题的过程是：“知情”等同于“容忍”，“容忍”即可拟制为“同意”甚至是“犯意沟通”，亦即，只要共犯人在一旁目睹了实行犯实施超出谋议的行为，即便内心不同意，其容忍的态度也体现了事实上的同意，并与实行犯达成新的共同故意，因而成立共同犯罪。但是，“知情”充其量只能是单方面知悉；更重要的是，共犯人袖手旁观时，未必是一种心理上的“帮助”，相反，对实行犯的行为其可能并不赞同。另外，在共同犯罪过程中，实行犯临时起意实施新的犯罪时，“共犯人”在场是其参与前一个共同犯罪的附随状态，只要其没有通过语言、动作、眼神等对实行犯进行心理上的鼓励，与实行犯达成新的犯罪协议，仅凭其“在场”的事实，无论如何不可能成立共犯。因此，“容忍说”应予抛弃。[3] 在进行上述批判性论述的基础上，姚博士提出了“结果回避义务不履行说”。在共同犯罪中，虽然过限行为由某个实行犯直接造成，但若共犯人之前参与的犯罪行为给侵害的发生提供了客观助力，其因此要承担结果回避义务（包括阻止其他共犯人实施过限行为和阻止不及的情况下对被害人的救助）。否则，要对过限结果承担不作为的责任。而共犯人是否承担避免结果发生的作为义务，取决于其所参与的共同犯罪行为是否符合监督危险源或保护法益的“先前行为”。当共犯行为符合监督危险源或保护法益的先前行为类型时，共犯即对实行犯的过

① 参见高铭暄、马克昌《刑法学》，北京大学出版社、高等教育出版社，2000，第 170 页；马克昌主编《刑法学》，武汉大学出版社，2003，第 163 页；马克昌主编《犯罪通论》，武汉大学出版社，1999，第 513 页；王作富主编《刑法学》（第二版），中国人民大学出版社，2004，第 135 页。

② 参见陈兴良《论共同犯罪中的实行过限》，《法学杂志》1989 年第 6 期，第 14 页。

③ 参见姚诗《先前行为与实行过限下知情共犯人的刑事责任》，《法学研究》2013 年第 5 期，第 126—127 页。

限行为有结果回避义务，共犯人不履行该义务时可追究其不作为的责任，并将之和先前的行为共同作为犯罪，按照罪数理论予以处理。[①]

5. 共犯与身份

身份犯问题本身就是刑法理论中的一个难点，而当身份与共犯交织在一起时，问题便更显复杂，以至于陈兴良教授形象地喻之为“共犯理论中的沼泽地”，一不小心陷进去就会遭受灭顶之灾。[②] 正因为如此，在20世纪80年代，“共犯与身份”问题在我国尚是一片未开垦的“荒芜之地”，相关研究基本上是个空白。马克昌先生发表的《共同犯罪与身份》一文及时填补了这一研究空白，在该文中，马克昌先生主要借鉴了域外立法和理论，结合我国立法规定和司法实践，对“共犯与身份”所涉的基本问题进行了探索和研究，该文也成为我国系统研究共犯与身份问题的开篇之作。[③]该文的主要理论贡献在于：①刑法中的身份可分为构成身份和影响刑罚轻重的身份（加减身份），身份犯因此可以区分为真正身份犯和不真正身份犯。②唯有有身份者，才能构成真正身份犯罪的实行犯，无身份者只能构成真正身份犯罪的教唆犯、帮助犯。至于该当如何处罚，则应根据其在共同犯罪中所起的作用来确定。③在有身份者教唆或者帮助无身份者实施真正身份犯罪的场合，由于无身份者不能构成该罪的实行犯，因而有身份者只能构成间接正犯，无身份者只能构成有身份者所实施犯罪的从犯、胁从犯。④关于无身份者与有身份者共同实施犯罪的定罪，应采实行行为说。无身份者教唆或者帮助有身份者实施身份犯罪的，无身份者依照身份犯罪的教唆犯或者帮助犯处理；无身份者与有身份者一起共同实施犯罪，应当按照无身份的犯罪和有身份的犯罪分别定罪。

如今时隔三十年，刑法学界关于共犯与身份的研究已经相当深入，但从我国共犯教义学的发展谱系来看，该文对后述的研究所具有的奠基性作用不容忽视。事实上，此后的研究基本上也都是在该文的理论框架下所做的拓展性研究。目前，在身份犯的共犯问题上，学界能够达成共识的是：无身份者因缺乏构成身份，不能直接侵害刑法分则规定某种身份犯罪所保

① 参见姚诗《先前行为与实行过限下知情共犯人的刑事责任》，《法学研究》2013年第5期，第133页以下。

② 陈兴良：《身份犯之共犯：以比较法为视角的考察》，《法律科学》2013年第4期，第79页。

③ 参见马克昌《共同犯罪与身份》，《法学研究》1986年第5期，第20—25页。

护法益，但可以通过参与有身份者实施的犯罪间接地造成对法益的侵害，构成身份犯的教唆犯或者帮助犯。至于身份的加减效力，则不及于没有该身份的人。对此，张明楷教授在《受贿罪的共犯》一文中，就刑法第382条第3款的性质进行讨论时，进一步地做了教义学上的分析和论证。他认为，根据刑法总则关于共同犯罪的规定，完全可以得出“一般主体与特殊主体共同故意实施以特殊身份为要件的犯罪的，均应认定为共犯”的结论。首先，刑法在总则中设定共犯规定的原因之一，就是刑法分则所规定的主体均为实行犯。所以，刑法分则所规定的国家工作人员等特殊主体仅就实行犯而言；至于教唆犯与帮助犯，则完全不需要特殊身份。其次，虽然我国刑法没有像日本刑法第65条那样就身份犯的共犯作出规定，但我国刑法有关共犯人的规定已经指明了这一点。例如，刑法第29条第1款前段规定：“教唆他人犯罪的，应当按照他在共同犯罪中所起的作用处罚。”这表明，只要被教唆的人犯被教唆的罪，教唆犯与被教唆犯就构成共犯。刑法第27条第1款规定：“在共同犯罪中起次要作用或者辅助作用的，是从犯。”单个人犯罪无所谓主从犯，从犯只能存在于共同犯罪之中。这证明，起帮助作用的人，也与被帮助的人成立共犯。当然，帮助犯也可能是胁从犯，但第28条的规定说明，胁从犯也只存在于共犯之中。这三条足以表达以下含义：一般主体教唆、帮助特殊主体实施以特殊身份为构成要件的犯罪的，以共犯论处。基于此，张教授得出结论：刑法第382条第3款属于注意规定，即便没有该规定，对于一般公民与国家工作人员相勾结、伙同贪污的，也应当根据刑法总则的规定，以贪污罪的共犯论处。[①]

但是，对于不同身份者各自利用其身份共同实施犯罪（即“身份犯的竞合”）的定性问题，学术界进行了此起彼伏的争鸣，主要存在“主犯决定说”、“实行犯决定说”、“分别定罪说”、“主职权行为决定说”、“义务重要者正犯说”和“想象竞合说”等学说的分歧。[②] 学理上的争论虽有利于学术探讨的深入，但长此以往未免会招致司法上的无所适从或者混乱。

---

① 张明楷：《受贿罪的共犯》，《法学研究》2002年第1期，36—37页。

② 有关该问题的学说争议的全面梳理，详见周光权《论身份犯的竞合》，《政法论坛》2012年第5期，第125页以下；陈洪兵《共犯与身份的中国问题》，《法律科学》2014年第6期，第63—65页。在无身份者和有身份者共同实行犯罪时如何定罪的问题上，亦存在主犯决定说、实行犯决定说和分别定罪说的分歧。

所以，在加强学术交流和沟通的基础上，尽快建立起学术共识，终结“自说自话”的局面，是所有刑法学人共同努力的方向。当然，从立法论上看，合理地甄别和吸收刑法学界的相关研究成果，在我国刑法总则中确立处理共犯与身份关系的通则性规范，[①] 或许是解决共犯与身份难题之正解。

6. 教唆或者帮助自杀

一般而言，法益主体的自损行为不具有违法性，因而教唆或者帮助他人实施自损行为的，亦不具违法性。但是，教唆或者帮助他人自杀的行为是否具有可罚性，则是共犯教义学不可回避的重要话题。刑法通说主张，教唆或者帮助他人自杀与自杀者的死亡结果之间存在因果关系，因而应按照故意杀人罪定罪处罚。但考虑到自杀者本人具有意思决定的自由，因而社会危害性较小，宜依照情节较轻的故意杀人予以从轻、减轻或者免除处罚。[②] 我国司法实务界的倾向性态度则是，教唆或者帮助自杀的，应成立故意杀人罪。

笔者也主张教唆、帮助自杀行为可罚，但是，在论证思路和结论上则与通说观点及司法实务意见大相径庭，具体言之，主要是立足于自杀行为具有违法性（不值得处罚的违法性）和共犯从属性原理进行分析和论证：生命法益属于个人法益，但由于生命法益是个人一切价值和权利赖以存在的物质载体和本源，生命的放弃意味着对生命个体及附随于个人而存在的自由和价值的彻底否定，是对包括个人享有的自己决定权在内的权益的永久剥夺，所以，在生命的保护上应例外地承认保护本人利益的“家长主义”，否定法益主体对自己生命的处分权。这样一来，故意杀人罪中的“人”就不限于他人，而且包括自己。由此，自杀行为符合故意杀人罪的构成要件，也具有违法性。但考虑到自杀源于法益主体本人的决定，故不值得处罚；从刑事政策的视角来看，也欠缺处罚自杀者的必要性和合理性。但教唆或者帮助自杀的行为，系对故意杀人行为的协力或加功，从因果共犯论来看，其间接地引起了侵害他人生命法益的结果，教唆或者帮助自杀者应构成故意杀人罪的教唆犯或者帮助犯。[③]

---

① 参见舒洪水、贾宇《共同身份犯罪探析》，《政法论坛》2009 年第 2 期，第 68 页以下。

② 参见高铭暄、马克昌主编《刑法学》，北京大学出版社、高等教育出版社，2000，第 470 页；马克昌主编《刑法学》，武汉大学出版社，2003，第 479 页。

③ 参见钱叶六《参与自杀的可罚性研究》，《中国法学》2012 年第 4 期，第 103 页以下。

然而，近年来，随着域外自我答责理论的引入和共犯教义学研究的深入，对于教唆、帮助自杀的可罚性见解，一些学者提出了强烈质疑，但各自分析进路大相径庭。

冯军教授从自己决定权和自我答责理论出发，认为生命处分权属于自己决定权的范畴，是人的权利和自由，他人基于自己的意思所实施的自杀行为，在法律规范上属于完全自由地处置自己生命的行为，参与这种行为的，不是杀人行为。[①] 不仅如此，人不仅享有生的权利，也享有死的自由，个人并不对共同体负有生存的义务。根据被害人的意志而杀死被害人的行为，也不是刑法上的杀人行为；把同意杀人、教唆或者帮助杀人视为杀人罪的刑事立法，都违反了“自由是法的存在根据”这一原则，都忽视了自我决定的绝对价值。[②]

王钢博士同样从现代自由主义出发，强调对个人自由的尊重，权利主体按照自己的意愿处分与自己有关的权利，是其“自己决定自由”的体现，法律必须保障个人有这样的自由，而不能过多地进行干预。具体到自杀而言，是被害人自主决定的结果，体现着其处分自身生命法益的行为，而非法益侵害行为，因此法律规范没有限制自杀者处分自身生命的自由，尤其不能根据刑法家长主义否定自杀者对自己生命进行支配、处分的自由，更不能认为自杀是刑法意义上的不法行为。[③] 基于此，教唆或者帮助自杀的乃至对自杀者不予救助或者过失导致他人自杀等行为也不应当受到刑事处罚。我国司法实务所涉及的绝大部分“相约自杀”或者“教唆、帮助自杀”案件中，其实我们并不能认定被害人实施了自杀行为。对于这类并非真正意义上的自杀相关案件，从定性上应直接认定行为人成立间接正犯或者以不作为方式实施的故意杀人或者过失致人死亡。[④]

陈兴良教授从解释论和立法论两个层面对教唆或者帮助自杀的处理进行了探讨。自杀不是犯罪，其并不符合故意杀人罪的构成要件，因此，由于欠缺不法的主行为，教唆或者帮助他人自杀也不是可罚的共犯行为；又

① 参见冯军《刑法的规范化诠释》，《法商研究》2005 年第 6 期，第 68 页。

② 冯军：《刑法中的自我答责》，《中国法学》2006 年第 3 期，第 95 页。

③ 参见王钢《自杀行为违法性之否定——与钱叶六博士商榷》，《清华法学》2013 年第 3 期，第 161 页以下。

④ 参见王钢《自杀的认定及其相关行为的刑法评价》，《法学研究》2012 年第 4 期，第 173 页。

由于我国没有特别规定教唆、帮助自杀罪，根据罪刑法定原则，只能认为教唆、帮助自杀的行为不具有可罚性。在立法论上，有必要在刑法中特别规定教唆、帮助自杀罪。①

与上述观点不同，周光权教授立足于“法外空间”理论对教唆、帮助自杀的不可罚问题进行了细致、深入的分析。他指出，自杀行为既非合法行为，也非违法行为，而是违法、合法之外的第三种情形，即不是法律领域的负价值行为，而仅仅“是属于法律上不考虑违法、有责判断的‘法律空白领域’之内的放任行为”。换言之，对于自杀，国家只是默认和“只能如此”地接受，自杀并非畅通无阻的权利，而仅仅是法律不想作违法或合法评价的法外空间（“法律无评价的空间”）。基于这一立论，周光权教授指出，由于中国刑法未规定专门的自杀关联罪，因此，从自杀不违法出发，同时考虑客观归责的法理，不能对教唆、帮助他人自杀者论以故意杀人罪。②

由上可见，学理上关于教唆、帮助自杀的可罚性问题的争论还很激烈；也可以想见，相关争论还会持续。或许，妥当之计是由立法机关在未来修法时就教唆、帮助自杀的可罚性问题予以明确规定，以避免理论上不必要的纷争，同时也能为司法实务就此类案件的处理指出一条明路。

三　共犯理论研究的未来发展方向

基于上述，相较于三十余年前共犯理论少为学者问津、尚是一片“废墟”的当时现实状况，当下我国共犯理论的研究已经得到深入的推进和长足的发展，呈现一片欣欣向荣的景象，突出表现在：研究队伍不断壮大，研究视域逐渐拓宽，研究层次趋深、水平趋高，学术争鸣此起彼伏，智识成果增量可观和学术观点不断创新。当然，在肯定中国晚近共犯理论研究成果之于我国共犯理论的深化、共犯理论体系的合理构建及具体共犯问题的现实解决的积极作用的同时，我们还要清醒地认识到共犯理论研究中所存在的一些问题或者不足，诸如基础理论的研究还不深入、本土化关注不

① 参见陈兴良《判例刑法学》（教学版），中国人民大学出版社，2012，第203—204页。

② 参见周光权《教唆、帮助自杀行为的定性——“法外空间说”的展开》，《中外法学》2014年第5期，第1168页以下。

够、学术共识匮乏、体系化思考依然不足、主观主义倾向明显等。回首过去，是为了展望未来，笔者以为，要谋求共犯理论更加全面、更加深入的发展，未来的共犯理论研究应着力处理好以下几个方面的关系。

（一）具体问题和基础问题

以往因研究视域受限，共犯论的研究主要倾向于重视对具体问题的研究，尤其重视对法条进行简单的、分而论之的注读和解释，[①] 而缺乏对基础问题的关注和对理论的体系性思考，这不仅使得对共犯理论的认知停留在浅层次的注释法学的层面，而且在具体问题的思考上缺乏统一的理论根据和一以贯之的立场。可喜的是，这种状况在近年来逐渐得到改变，构建共犯理论大厦之根基性、本源性问题日益受到学界重视，不仅发表了大量有关共犯基础问题的论文，而且出版了相关专题的博士论文。[②] 特别是，已有一些学者开始在其体系教科书中涉及对这些问题的讨论。[③] 笔者以为，对共犯理论的研究必须关注基础性、本源性问题，并据此展开对共犯领域中的具体问题的解释和讨论。唯有如此，才能保证具体问题思考的立场一贯性和结论的合理性。例如，对刑法第 29 条第 2 款的解释必须建立在对共犯性质思考的基础上，只有明确了共犯行为的独立性和从属性的内涵，才不至于得出自相矛盾的“二重性说”的结论。又如，在共同犯罪成立条件问题上，如若不深入研究共同犯罪中的“共同”之本质内涵，而仅仅立足于对法条的形式化、直观的解读，就会容易得出共同犯罪的成立必须要求责任的共同之结论，这不仅有违“个人责任”原则，而且无益于实践中疑难共同犯罪案件的解决。再如，在嘱托杀人未遂以及正犯错误侵犯共犯利益的场合，倘若缺乏对共犯处罚根据论的深入探讨，不仅难以作出妥当的

---

① 以《法学研究》复刊后的 20 年里所刊发的共犯文章为例，所研究的主题多是聚焦于共犯人分类（教唆犯、主犯、从犯、胁从犯）、共同正犯、片面共犯、犯罪集团等问题，明显表现出注释法学的研究特点。

② 江溯：《犯罪参与体系研究——以单一正犯体系为视角》，中国人民公安大学出版社，2010；杨金彪：《共犯的处罚根据》，中国人民公安大学出版社，2008；陈世伟：《论共犯的二重性》，中国检察出版社，2008；许富仁：《共犯本质研究》，世界图书出版公司，2013。

③ 代表性学者主要有张明楷、黎宏、周光权等。详见张明楷《刑法学》（第三版），法律出版社，2007，第 335 页以下；周光权《刑法总论》，中国人民大学出版社，2007，第 312 页以下；黎宏《刑法学》，法律出版社，2012，第 261 页以下。

处理，而且，只是将这些问题作为个别的问题分而论之，从而也就缺乏进行体系性思考的统一的理论根据。

应予肯定的是，近年来，学界对于构建共犯理论大厦的根基性问题（如共犯体系、共同犯罪的本质、共犯的处罚根据、共犯的性质等问题）体系性地进行了深入的研究，从而实质性地推动了我国共犯理论的发展。笔者以为，未来共犯论的研究还应继续保持对共犯基础问题的深度关注和研究，这无论对于我国共犯理论体系的合理建构，还是对于具体问题的体系性思考，都是不可或缺的。但需要注意的是，共犯基础问题的研究对于体系性的思考固然重要，但不能因此忽视具体问题的研究。特别是，在具体问题的研究上，必须立足于司法实务，回应司法实务的需求。唯有观照司法实务，具有实践品格，方能保证理论研究不至于变得空洞和脱离实际。

（二）合理引进与本土化观照

在世界范围内，犯罪具有共同点，刑法也具有共同点，持续研究了几百年的外国刑法理论，也就自然有值得我们借鉴和学习的地方。事实上，我国近年来的刑法学研究就明显表现出对德日知识论的认同和接受的倾向，共犯理论的研究亦概莫能外。但是，刑法的教义学研究终究以尊奉法条为圭臬，是对一个国家或者地区的刑法进行解释而形成的知识体系，如此就要承认刑法教义学知识的国界性或者地方性。换言之，一种刑法理论是否适宜，除了自身的科学性之外，还必须考虑到其赖以存在的法律语境或者生存的土壤，脱离一个国家或地区的实定法的规定，不加甄别地采取“拿来主义”，势必会产生“水土不服”的问题。令人担忧的是，在共犯理论的研究中，“教义学知识”的国界性或地区性有时被学者们所遗忘或者忽视，以至于不符合中国现行法规定的域外理论往往被径直照搬进来，如此一来，中国学者的主体性在教义学知识的生产过程中就完全丧失，而这种拿来的教义学知识也可能无益于中国问题的解决。以正犯与共犯的界分为例，学界盛行的实质客观说，就是未考虑到我国刑法中的正犯（实行犯）与德日刑法中的正犯的本质和功能的差异性所致。在过失共犯问题上，德日刑法虽然不存在肯定过失共同正犯之实定法的障碍，但受限于我国刑法第 25 条第 2 款的规定，就难以有承认过失共同正犯的余地。鉴于此，包括共犯理论在内的刑法学教义学研究，虽然需要关注外国的刑法学知识，但其落脚点还要回归到本土的法律规定和实践上来。特别是，对中国刑法中特有的规定和中国司法实践中面临的特殊问题，要展开自己的研究，形成本土的原创理论。最终能被称为中国刑法教义学知识的，永远应当“于中国刑法有据”，永远不应脱离中国刑法的具体规定。[①]

（三）学术争鸣与学术共识

目前，我国共犯知识体系或理论正在面临深刻的变革和转型，旧有的共犯理论已经被批得体无完肤，并日趋衰退，但新的理论体系尚未真正形成，在诸多问题上，都是见仁见智，学说林立。以共犯处罚根据为例，虽然因果共犯论已经取代了责任共犯论，并占据学说支配性地位，但是，在支持因果共犯论的阵营内部，其学术见解也存在重大分歧：有的主张“共犯违法连带性”的修正惹起说，有的则支持“共犯违法相对性”（共犯例外地不违法）的混合惹起说。又如，对于不同身份者利用各自身份共同实行犯罪时的定罪问题，争论尤为激烈，形成了“百家争鸣、学说纷呈”的局面。

不容置疑，“真理会越辩越明”，学术的进步和发展在于不断地争鸣。但是，学理上的无休止的论争无疑会加大共识达成的难度，而共识的匮乏反过来会制约共犯理论的发展，并且，长此以往未免会招致司法上的无所适从或者混乱。所以，一方面，学者们之间有必要加强对话和交流，并尽可能地在一些问题上消弭争端，建立起学术共识，以减少一些不必要的学术内耗，并助益于司法适用上的统一。另一方面，司法实务人员应注重刑法知识体系和理论的更新，不断提升自己的专业知识水平和理论修为，增强对学说或理论的甄别力，以能从诸家学说中选择出最具可接受性的学说或理论，以求达到法律的正确、恰当适用之目标。同时，还要在适用过程中加强说理，就所选择的学说或者理论的正当性和合理性作出令人信服的说明。

（四）问题思考与体系思考

“共犯论是体系论的试金石”，共犯论的研究不仅要着力于共犯问题的

---

① 参见丁胜明《刑法教义学研究的中国主体性》，《法学研究》2015 年第 2 期，第 55 页。

具体解决，更为重要的是，还必须重视体系的思考，应当将问题置于体系之中，通过体系解释问题，以问题的思考推动体系的完善。

在我国以往的共犯理论研究中，体系化的思考严重不足，导致在诸多疑难共犯问题解决上的无能为力。这突出表现在：在方法论上，我们习惯性地采用依托于平面性、整体性的四要件犯罪构成的问题思考方法，导致在共同犯罪是否成立的判断上，不仅要求违法行为的共同，而且要求“责任”的共同。众所周知，这一问题思考方法的致命缺陷在于严重背离近代刑法确立的“个人责任”原则，不仅难以对共同犯罪的本质、共犯的处罚根据、共犯的要素从属性等问题作出合理的、立场一贯的解释，而且在疑难共犯案件的处理上存在偏差，饱受质疑。近年来，基于妥当解决包括共犯在内的诸多具体刑法问题的现实考量，我国刑法学界受启示于德日刑法的三阶层构成体系，创立了以不法和责任为支柱的立体式、阶层式犯罪构成体系。以该体系为前提，区分了“违法意义上的犯罪”和“责任意义上的犯罪”（犯罪概念的多元化），并以违法意义上的犯罪概念为核心，构建起以不法归责为支柱的全新的共犯论体系。不容争辩，相较于传统的平面四要件犯罪构成体系，阶层式犯罪构成体系不仅能够对共犯的本质、共犯的处罚根据、共犯的要素从属性等问题作出一以贯之的、妥当的解释，而且为解决疑难共犯问题提供了正确的方向或出路。可以说，在我国晚近刑法学发展进程中，没有哪一个理论的发展比阶层式犯罪构成体系的引入及其带来的刑法学研究方法论上的根本变化这一点更引人注目了。但不容忽视的是，阶层式犯罪构成体系虽已引入，但脚跟仍未站稳，平面四要件犯罪构成体系在学理上仍居重要地位，其影响依然十分广泛，尤其在实践中更是如此。为让学界尤其司法界全面接受和认同阶层式犯罪构成体系，并自觉地形成运用该体系解决问题的思考方法，有必要对区分违法和责任的阶层式犯罪构成体系进行广泛、深入的推介。唯有如此，方能真正构筑起以不法归责为中心的合理的共犯理论体系。

（五）解释论与立法论

法律具有稳定性，不可能“朝令夕改”，而且，法律规范一旦制定，意义即已确定；因而“法律不应当被嘲笑，而应被信仰”，这几乎已然成为信条。既然要信仰法律，就不要随意批评法律，更不要随意主张修改法律。解释者要以善意解释刑法为己任，而不能像批评家那样，总是用批判的眼光对待刑法。[①] 法学家们相信，只要解释者们正确地解释并运用法律，正义便包含其中。所以，解释论远比立法论显得重要，“刑法理论应当将重点置于刑法的解释，而不是批判刑法”。[②] 受这一观念的影响，晚近的刑法学研究在方法论上的一个重大变化就是从立法论转向解释论——过去盛行的以立法批判与建议为宗旨的立法论研究呈明显的衰退态势，带有浓重德日教义学色彩的解释论研究异军突起，并迅速在学术圈内获得支配性的地位。[③]

诚然，在研究方法上重视解释论自当值得肯定，但并非因此就表明刑法学的研究必须固守“立法论”与“解释论”的楚河汉界而不可逾越，更不意味着立法论的思考就完全毫无价值和意义。相反，刑法学理论必须保持对立法的批判意识和批判能力。这是因为，所有法律人的目标，不只是实现“法律之治”，更重要的是要塑造一部“良好的法律”，实现“良法善治”。[④] 就我国刑法而言，受限于立法时的社会现实和立法者的水平、认识上的局限性，其本身并非完美无憾，不存在任何漏洞。当然，其中存在的一些漏洞可以通过解释来填补，因而并非真正的漏洞；但也有一些漏洞，无论怎样解释都无法进行填补，因而是真正的漏洞。对此，唯有寄希望于法律的修改。具体到共同犯罪的立法来说，虽然 1997 年以后的十次刑法修正均未涉及共同犯罪的规定，但这并非意味着我国的共同犯罪立法不存在任何问题或者漏洞，从学界一直提出的应该修改和完善关于共犯人分类的规定、增设过失共同正犯及共犯与身份的规定等建言来看，便可管中窥豹。由此可见，在未来的共犯理论研究中，在重视共犯教义学研究、努力解释好现有共犯规定的同时，应带着批判的眼光发现并正视共犯立法所存在的缺陷或者不足，并加强立法论上的研究，以为将来刑法修订时提供可资参考或采纳的立法建言或者方案。

---

① 参见张明楷《刑法学研究中的十大关系论》，《政法论坛》2006 年第 2 期，第 4 页。

② 张明楷：《刑法学研究中的十大关系论》，《政法论坛》2006 年第 2 期，第 5 页。

③ 参见劳东燕《刑法学知识论的发展走向与基本问题》，《法学研究》2013 年第 1 期，第 29 页。

④ 付立庆：《“70 后”刑法学人的自觉与自省》，《法商研究》2017 年第 6 期，第 4 页。

略谈共犯中的几个问题*

吴文翰**

摘　要：共犯是相对个犯而言的。共犯无论在社会危害性、犯罪能量还是犯罪方法与手段以及逃避制裁等方面，都必须格外关注。共犯分为事先有通谋的共犯与事先无通谋的共犯。事先有通谋的共犯应当分为一般有通谋的共犯与犯罪集团。在处理共犯案件中，应当注意划清主犯、从犯、胁从犯、教唆犯之间的界限，并根据他们各自所犯罪行的性质、情节、危害程度和他们在共同犯罪中所起作用的大小，确定刑事责任的大小。

关键词：共犯　犯罪集团　四分法

当前，谈论共犯问题有两点意义：第一，在依法从重从快打击严重刑事犯罪中，更应着眼于对犯罪集团和犯罪结伙首要分子的打击；第二，进一步明确有关共犯的理论问题，借以划清主犯、从犯、胁从犯和教唆犯之间的界限，达到分化瓦解、区别对待的目的。

共犯是相对个犯而言的，其社会危害程度要更大，尤其那些特殊共犯——犯罪集团，如反革命集团、贪污集团、抢劫集团、盗窃集团、走私集团、流氓集团等，他们耳目灵活，作案诡诈，方法阴险，手段毒辣。为了维持社会治安，巩固安定团结，保证“四化”建设，及时依法打击他们，是形势所需，不能心慈手软。

---

* 本文原载《法学研究》1982年第1期，略有修改。

** 吴文翰，西北师范大学教授［注：该文发表时，作者系西北师范学院（西北师范大学前身）教授，2004年辞世］。

一 共犯法制的沿革

在漫长的中国封建统治时期，历代王朝无不以严刑峻法镇压人民。一人罹罪而祸及九族；朋党牵引，瓜蔓抄斩。据《史记》记载，秦始皇三十四年，丞相李斯上疏奏请："臣请史官非秦记皆烧之。……有敢偶语诗书者弃市。"所谓"偶语"就是二人聚语。偶语诗书，就构成诽谤罪的共犯，一律杀头。1975年在湖北省云梦县卧虎地十一号秦墓中发现的秦律简书中有关于共犯分主从的问答，如："夫盗千钱，妻所匿三百，可（何）以论妻？妻智（知）夫盗而匿之，当以三百论为盗；不智（知），为收。"也就是夫为主犯，妻知情为从犯，不知情不是共犯。又有"五人盗"（五人结伙盗窃）即使赃值仅一钱，也要斩掉左脚再判黥面的五年徒刑。这是对集团犯罪加重处罚的规定。刘邦入关，收买人心，废"诽谤者族，偶语者弃市"的苛法。

共犯除共同实行犯外，概分主、从，自古如此。如《尚书·周书·康诰》云："凡民自得罪：寇攘奸宄，杀越人于货，暋不畏死，罔弗憝。"这里所谓"凡民自得罪"，依《集传》的解释，凡罪犯不是因为他人的诱唆、胁迫而犯罪的，都应单独自负责任；至于被人诱陷、胁迫而犯罪的是从犯。处罚从犯，较主犯为轻。

清人龚自珍所著《春秋决事比》（即以《春秋》经义判断诉讼案件的意思）里有关于共犯问题的答问二则："庚问：'今律（按：即清律），犯罪分首从，中《春秋》某律？又《春秋》仅如是乎？'答：'《春秋》密矣！今律但分首从，《春秋》从之中又分从。……'"这说明《春秋》里把罪犯分为主、从，而从犯里又分从。"壬问：'今律（清律），大盗不分首从皆死，何所祖？'答：'昭二十二年刘子、单子以王猛居于皇。'何休曰：'不举重者，二子尊同权等。'此不分首从律所祖。"可知不分主、从的原因是共犯人在犯罪中地位相同，力量相若，所以同处一刑。

汉制有"唱首先言，谓之造意"的规定；[①] 有"首恶"族诛的事例

① 《晋书·刑法志》引张裴《律表》。

（如主父偃、伍被均因为“首恶”被诛）；有造意必办，胁从可赦的记载。[①]

魏制有“惟举首事”规定，如“毌丘俭之诛，党羽七百余人，传侍御史杜友治狱，惟举首事十人，余皆奏散”；[②] 又如诸葛诞一案，“其淮南将吏士民诸为诞所胁略者，惟诛其首逆，余皆赦之”。[③]

晋人张裴著《律表》有言：“唱首先言，谓之造意；二人对议，谓之谋；制众建计，谓之率；……三人谓之群……谋反之同伍，实不知情，当从刑。”这一段对“造意”、“通谋”、“组织领导”、“聚众”以及“胁从”等概念进行了解释。[④]

《唐律》里也有同样规定：“诸共犯罪者，以造意为首，随从者减一等。”[⑤] 现在，一般把教唆犯认为是“造意犯”，实则，古制“造意”，固不限于教唆犯，即共犯中的为首倡导者，均属造意犯。造意犯就是首犯，首犯即今天的主犯。“侵损于人者，以凡人首从论。”[⑥] 这是指父子合家同犯，一律依一般共犯主从的规定处理，不只单独处罚长辈。“诸共犯罪而本罪别者，虽相因为首从，其罪各依本律首从论。”[⑦] 这是指五服内亲勾结外人殴打自亲和侵损、盗窃财物的，虽然是共犯，但本罪名不相同。如甲勾搭外人乙共同殴打其兄，这时甲为首犯（主犯），乙为一般殴打人的从犯，这叫相因为首从。

唐以后，明清因革损益，多沿唐制，都把共犯划为首犯、从犯两种，首犯即指造意犯而言。及至北洋军阀统治时期，才仿德、日法例，袭行“三分法”，即把共犯分成正犯、从犯、教唆犯三种。国民政府的刑法仍因袭“三分法”。新中国成立后，我国颁行了一些刑事单行法规，其中对共犯没有专门的全面规定，用语也不同，如：“组织者”、“主谋者”、“指挥者”、“罪恶重大者”、“积极参加者”等称谓。在地方性法规里，有的规定为“主犯”、“从犯”，或称“直接参加者”、“帮助他人者”；有的还规定“窝藏”、“包庇”、“庇护”、“不予举发”等。我国现行刑法，把共犯

---

① 《汉书·孙宝传》、《三国志·魏书·贾逵传》。

② 《三国志·魏书·毌丘俭传》注引《世语》。

③ 《三国志·魏书·诸葛诞传》。

④ 《晋书·刑法志》。

⑤ 《唐律·名例五》。

⑥ 《唐律·名例五》。

⑦ 《唐律·名例五》。

分为主犯、从犯、胁从犯和教唆犯四种，并分别规定按照犯罪人及其罪行的危害程度和情节轻重分别处罚。

资产阶级刑法首先对共同犯罪规定刑事责任的是1810年法国刑法典。它缩小了共犯范围，划清了共犯人分负的刑事责任，严格规定了共犯的构成条件。这比封建制的刑法大大前进了一步。恩格斯认为这是法国资产阶级革命的成果在法律方面的表现。[①] 法国刑法典把共犯分为正犯、从犯二种，把教唆犯和帮助犯一律按从犯处理。后来有些国家又把教唆犯独立出来，实行了“三分法”。苏联初行“三分法”，即实行犯、教唆犯和帮助犯。至1958年12月又采取“四分法”，即增加了组织犯。这是有关共同犯罪的法制沿革概况。

二　共同犯罪的形式

我国刑法对共犯之所以设立专章，目的在于与单独犯罪区别对待，一般地说，前者是从重的对象，有特别预防和重点打击之意。

共犯既以二人以上共同故意犯罪为条件，须有共同犯罪的故意且须有共同犯罪的行为，主客统一，方可成立。按共同故意，原含有事先通谋和临时凑合两个内容，事先有通谋的共犯自比临时凑合的共犯危害性大，犯罪能量也大，而犯罪集团又比一般有通谋的共犯社会危害性更大，组织力量更强，所以应该特别对待，二者不能一概而论。在这一理论指导下，根据司法实践的经验，共犯的形式可以分为事先有通谋的和事先无通谋的两种，在有通谋的共犯中又因社会危害性的大小而分为一般有通谋的共犯和犯罪集团两种较妥。

犯罪集团与一般有通谋的共犯，有共通之处，也有不同的地方。共通点都是二人以上事先通谋进行犯罪，不同的地方主要表现在：一般的事先通谋共犯，只要二人以上通谋结合犯罪即已构成，通谋不一定严密、具体，也不一定非事先把犯罪的具体目标、方法、步骤、时间、地点都确定了以后再实施犯罪行为，即使是笼统地、抽象地、大致地拟议一下，已足以构成这种共犯。而犯罪集团则不同，它是有组织、有领导、有计划，在

① 恩格斯：《反杜林论》，人民出版社，1956。

较长的时期里为进行某种犯罪活动而建立起来的具有相对稳定性的犯罪组织，如反革命、流氓、盗窃、抢劫、走私、投机倒把等犯罪集团即是。

有人说，犯罪集团要三人以上，[①] 苏联在 1948 年以前在审判实践中也有人认为犯罪集团必须有三人以上才能成立（1948 年 3 月 19 日苏联最高法院全体会议决议纠正了这种错误）。这种看法显然不对。词典引《晋书·刑法志》云"三人谓之群"；《唐律·名例六》曰："称众者三人以上。"认为犯罪集团是这种概念的因袭沿用。殊不知，"集团"二字与"结伙"同义，二人何尝不能结伙？有伴即为伙，二人可以合伙，犯罪集团二人以上即可成立，不需三人。按照我国现行刑法和世界各国立法例，率以二人以上共同故意犯罪为共犯，并非三人不可。但如刑法有"聚众……"特别规定的，自应三人以上，二人不能构成。

当前，在青少年犯罪中，结伙犯有相当的数量，一般叫犯罪结伙，它与犯罪集团不能相提并论。它的主要特点是：犯罪目标不大明确，组织较松，成员不定，计划分工粗略，作案多带偶发性。对这种犯罪结伙，不可轻视，一旦为惯犯操纵，有可能向犯罪集团发展。所以对这类犯罪与犯罪集团应严格划分。

在苏联，有人认为事前有着详细的分工，以实施一种或数种犯罪为目的的坚强犯罪组织，为有组织的犯罪集团。[②] 所谓"详细的分工"究竟详细到什么程度，只能根据罪犯在实施犯罪过程中的配合程度来决定。所谓"坚强犯罪组织"可以理解为，组织严密、牢固，犯罪能量高，社会危害性大。所以凡是事后的通谋或带有偶合的性质，一律不能认为是犯罪集团。

犯罪集团不一定要实施数种犯罪或必须拟有具体的计划、纲领等才可以认定，就是为实施一种犯罪，有了实施犯罪分工步骤的协议或默契，已经足以认定。苏联刑法教授杜尔曼诺夫主张有组织的犯罪集团既是一个稳固的、有组织的犯罪集团，又须是犯数种罪的集团。[③] 而维辛斯卡娅又认为有组织的盗窃集团必须认定事先协商过集团的成员、盗窃客体和盗窃方法各问题，必须认定有过关于拟订这一结伙的犯罪计划的预备犯罪活动

---

① 《法学词典》，上海辞书出版社，1980，第 164 页。

② 〔苏〕B. M. 契希瓦克节主编《苏维埃刑法总则》，法律出版社，1956，第 358 页。

③ 《社会主义法制》1947 年第 10 期，第 5 页。

(哪怕这一结伙是为了实施一种犯罪行为而联合在一起的) 以及其他活动。[①] 这两种观点，把有组织的犯罪集团的构成条件规定得过于严苛，容易轻纵犯罪集团的罪责，削弱执法机关同犯罪集团的斗争，会打击不力。但如果把犯罪集团的构成条件规定得太泛、过宽，又会人为地扩大打击面，不利于区别对待，分化瓦解。苏联学者库利诺夫和李斯科维茨把凡是二人或二人以上事先通谋实施共同犯罪的通通叫作有组织的犯罪集团，这种观点也是不足取的。

三 共同犯罪人及其刑事责任

根据我国刑法规定，共同犯罪人分主犯、从犯、胁从犯、教唆犯四种。理论上这叫四分法。

从立法例上讲，各国对共犯的分类是不一致的。如法国刑法把共犯分为正犯、从犯两种，把教唆犯或帮助犯都按从犯论处。所谓正犯，是指共犯中直接参加实施犯罪行为的人，又叫共同正犯，是相对于单独正犯而言的。我国刑法没有采用正犯的概念，但在一般的共犯形式里，所谓二人或二人以上共同实行犯罪行为的都是实行犯，也就是共同正犯，对共同的犯罪行为负共同的责任。我国刑法施行前，在《中华人民共和国惩治反革命条例》中分罪犯为“组织者”、“主谋者”、“指挥者”、“罪恶重大者”、“积极参加者”等，直接标名“共犯”是从《西南区禁绝鸦片烟毒治罪暂行条例》开始的，并分为“主犯”、“从犯”或“直接参加者”、“帮助他人者”等。

离开社会现实的共同犯罪现象，抽象地谈论共犯人的种类或者评论其得失，都是不妥的。且各国国情不同，历史亦异，并各有复杂的社会关系，立法不能强行一致。我国刑法根据共同犯罪的特点、共同犯罪人在共同犯罪中所处的地位和作用，将共同犯罪人分为四类，并分别规定他们的刑事责任。

---

① 〔苏〕库利诺夫:《盗窃国家财产和盗窃公共财产的刑事责任》，莫斯科，1948 年俄文版，第 25 页。

（一）主犯

根据刑法第23条第1款规定："组织、领导犯罪集团进行犯罪活动的或者在共同犯罪中起主要作用的，是主犯。"可见，主犯有两种，一种是犯罪集团中的主犯，一种是在一般共同犯罪中起主要作用的主犯。主犯的另一称呼，是刑法第86条规定的首要分子。由此解释，主犯是指犯罪集团中的组织者、领导者、策划者、指挥者和其他主犯，在聚众犯罪中起组织、策划、指挥作用的首要分子和在一般共同犯罪中起主要作用的分子。

所谓"起主要作用"是从实质上讲的，也就是在共同犯罪中实际上起主要作用的分子才是主犯。至于只有"头衔"而不起实际作用的，不能认为是主犯。只要在共同犯罪中起到实际的主要作用，就是主犯，故不论其为实行犯还是教唆犯均足以构成主犯。主犯，一案不限一人，但是从犯也不能任意升格为主犯。汉律规定：造意首恶，罪在必诛。《唐律》中有"共犯罪者，谓二人以上共犯，以先造意者为首，余并为从"的注解。"首"即今日的主犯，也就是首要分子。制造犯意，包括倡议先行或唆使他人犯罪，今天刑法虽把教唆犯列为共犯中的一员，但由于教唆犯的社会危害性较大，在审判实践中，多把教唆犯视为主犯而从重处罚。

主犯应负的刑事责任：

刑法第23条第2款规定："对于主犯，除本法分则已有规定的以外，应当从重处罚。"对于主犯的处罚，刑法分则有特别规定的依规定办理，没有特别规定的，应当从重处罚。应当从重，这是强行规定，不能任意变更。所谓"从重"，应当在法定刑的限度以内从重处罚（刑法第58条）。至于刑法分则规定的触犯第95条、第96条、第98条、第99条、第118条、第120条、第122条和第160条的首要分子，根据首犯从重原则，已明文规定了较重的刑罚，只要根据各该罪的条文规定办事就可以了，不应在较重的法定刑的基础上再加码处罚。同时，聚众扰乱公共场所秩序或交通秩序的首要分子都是打击重点，各有专条规定（刑法第158条、第159条），也不适用第23条第2款的规定。

犯罪集团的首要分子不仅应当对自己直接参与实行的具体犯罪行为负刑事责任，而且应当对其他成员按照犯罪计划或预谋所实行的一切犯罪行为负刑事责任。但是，如果其他成员所实行的犯罪不包括在犯罪集团的计划和预谋之内，首要分子不应对这种犯罪负刑事责任。当然，对首要分子要从重，但如果具备从轻的情节，如不满十八岁、自首、中止、认罪态度好等，可以酌情从轻或减轻。

不论是犯罪集团还是一般共同犯罪，主犯可能是一个，也可能是几个；是一个时，打击重点明确，是几个时，仍须比较其罪行程度，区别对待。

（二）从犯

旧律说“主谋为首，附和为从”，主次、首从均属相对的概念。

从犯，俗称帮助犯。过去说是帮助“正犯”，今天有的说是帮助实行犯，既然说是帮助犯，那么帮助的对象当然是主犯了，也以此推之，帮助犯不是自己在实行犯罪，而是协助他人实行犯罪。我国刑法第24条第1款规定：“在共同犯罪中起次要或者辅助作用的，是从犯。”那么，对从犯的解释应着眼于对共同犯罪的作用上，起主要作用的是主犯，起次要或辅助作用的是从犯，这是从共同犯罪的整体作用上比较出来的主从，而不是单从对主犯的帮助说的。同时，我国刑法第22条第1款规定：“共同犯罪是指二人以上共同故意犯罪。”所谓“共同故意犯罪”，它与“故意帮助犯罪”范围不同，概念亦异。所以，我国刑法对从犯的解释不曰“帮助实行犯者为从犯”，而曰“在共同犯罪中起次要或者辅助作用的，是从犯”。可知把“从犯”解释为“帮助犯”，显有未妥。况“从犯”也多为实行犯，只不过在共同犯罪中起次要或辅助作用罢了。当然，从犯里包括帮助犯也是毋庸多说的。

刑法第24条第2款规定：“对于从犯，应当比照主犯从轻、减轻处罚或者免除处罚。”这一款对于各种从犯都适用，即采必减主义，与“得减”及“可减”的任意斟酌不同。主犯、从犯的认定，是相互比照量刑的关键，而分辨和认定主从关系的业务能力，又是关键的核心，执法者不可不察。至于共同犯罪中的主从关系，自当根据犯罪事实和他们具体的作用分析，切不可人为地强划主从关系。

（三）胁从犯

我国刑法规定，“被胁迫、被诱骗参加犯罪的”是胁从犯。胁从犯不同于从犯，他们是被胁迫、被欺骗、精神上受压迫、身体上受强制因而不得已才参加犯罪的，罪行比从犯轻，所以刑法第 25 条规定：“对于被胁迫、被诱骗参加犯罪的，应当按照他的犯罪情节，比照从犯减轻处罚或者免除处罚。”

胁从犯，都是被迫参加犯罪集团的人，在一般共同犯罪中较少。他们居心原无犯罪故意，被动入伙，这是与从犯的区别所在。犯罪集团常定有残酷的所谓“纪律”，迫使被诱骗、被胁迫参加的分子欲罢不能、欲拔不得。为了争取多数，打击少数，对没有犯罪活动或罪行轻微的人，可以酌情不作为共犯处理。

（四）教唆犯

教唆他人犯罪的是教唆犯。教唆犯，古称“造意犯”。所谓“唱首先言，谓之造意”。用今天的话说，教唆犯就是制造犯罪意图的罪犯。教唆犯的教唆行为各式各样，举凡有意使被教唆者产生犯罪意图或者犯罪决心的语言、文字以及其他举动等都是。不过，如以强暴、胁迫手段使被教唆者失掉意志自由时，已成为间接实行犯，越出了教唆犯的界限。

我国刑法第 26 条规定：

> 教唆他人犯罪的，应当按照他在共同犯罪中所起的作用处罚。教唆不满十八岁的人犯罪的，应当从重处罚。
>
> 如果被教唆的人没有犯被教唆的罪，对于教唆犯，可以从轻或者减轻处罚。

根据这一条规定，在解释上，我们明确了下列问题。

（1）教唆他人犯罪的是教唆犯，即故意教唆行为一经实施，即构成教唆犯，不从属于被教唆人的犯罪实施。

（2）教唆犯的成立，不以被教唆人犯罪决心的形成为条件，即被教唆人对于教唆行为无动于衷时，也不妨碍教唆犯的成立。

（3）被教唆人没有犯被教唆的罪或者犯而未遂时，教唆犯照样成立，只是在量刑时可以从轻或者减轻处罚，不能叫作教唆未遂犯。

（4）被教唆人实施被教唆的罪而未遂时，教唆犯和被教唆人之间有共犯关系；被教唆人没有实施被教唆的罪，教唆犯与被教唆人之间没有共犯关系。对于前者应科教唆犯以所教唆的罪，对于后者，可以按他所教唆的罪从轻或减轻处罚，不能以犯罪的预备行为论处。

（5）被教唆人实施与教唆无关的犯罪行为，或出乎教唆范围而别犯其他罪行的，不能由教唆人负担责任。

（6）被教唆人实施犯罪产生了严重结果，例如“情节特别严重”，教唆者负责的程度，以教唆者能够预见的程度为限。

（7）教唆教唆犯，学说上叫作“间接教唆犯”，我国刑法虽无明文规定，但根据刑法犯罪构成的概念，也应定为教唆犯。

教唆犯是犯罪的传播者，社会危害性较大，尤其教唆青少年犯罪，腐蚀性大，侵害力强，必须严厉打击，所以有刑法第26条第1款的规定。至于利用无责任能力人以达到自己犯罪目的的，除应从重处罚外，并无共犯关系。

在处理共犯案件中，划清主犯、从犯、胁从犯、教唆犯之间的界限，并根据他们各自所犯罪行的性质、情节、危害程度和他们在共同犯罪中所起作用的大小，区别对待，令各负其刑责，是体现党的刑事政策的要旨所在。

试论教唆犯的二重性*

伍柳村**

摘　要：教唆犯在共同犯罪中所处的特殊地位，决定了教唆犯所具有的特殊性。就教唆犯与被教唆犯的关系来讲，教唆犯处于从属地位，具有从属性，因为教唆犯的犯罪意图必须通过被教唆人的决意并且去实施他所教唆的犯罪行为，才能发生危害后果。无论被教唆人是否去实行犯罪，教唆行为本身都应该被认定为犯罪。教唆犯在共犯中处于相对的独立地位，具有相对独立性。我国刑法第 26 条的规定反映了教唆犯的二重性，即从属性与相对独立性。

关键词：教唆犯　从属性　相对独立性

教唆犯是指他人本无犯罪意思，而教唆犯给予他人以犯罪的意图，唆使他人进行犯罪活动。即是说，教唆犯只是犯意的启示者，他不参加犯罪的实行，他的犯罪意图一定要通过被教唆人的决意并且去实施他所教唆的犯罪行为，才能发生危害结果。教唆犯在共同犯罪中处于这样一种特殊地位，从而就决定了教唆犯具有某些特殊性。

上文提到，教唆犯的犯罪意图必须通过被教唆人的决意并且去实施他所教唆的犯罪行为，才能发生危害结果，所以，就教唆犯与被教唆人的关系来讲，教唆犯处于从属地位，具有从属性。

---

* 本文原载《法学研究》1982 年第 1 期，略有修改。

** 伍柳村，西南政法大学教授（注：作者于 2006 年辞世）。

但是，教唆犯给予他人以犯罪意图这一行为，与单个人犯罪的犯意表示，其危害性是不相同的。单个人犯罪的犯意表示还没有发生社会关系，只是个人犯罪意思活动的流露而已，所以不能被认定为犯罪；而在共同犯罪中，教唆犯的教唆行为则是教唆犯与被教唆人已经发生了人与人之间的社会关系，而且在这种社会关系中，又已显示出教唆他人犯罪这一行为本身对社会危害的严重程度。无论被教唆人是否去实行犯罪，教唆行为本身都应该被认定为犯罪，当然在处罚时也必须考虑被教唆人是否犯了被教唆的罪这一事实。所以，从这个意义上讲，教唆犯在共犯中又处于相对的独立地位，又具有相对独立性。

由此可见，教唆犯具有二重性——从属性和相对独立性。

我国刑法第 26 条的规定正是反映了教唆犯的二重性。该条第 1 款规定："教唆他人犯罪的，应当按照他在共同犯罪中所起的作用处罚。……"这就说明教唆犯不是独立犯罪，一定要通过被教唆人去实施他所教唆的犯罪行为，才能看出他的教唆行为在共犯中所起的作用。所以，对于教唆犯应当按照他在共同犯罪中所起的作用来处罚。这也就是说，教唆犯对于实行犯来讲具有明显的从属性。该条第 2 款又规定："如果被教唆的人没有犯被教唆的罪，对于教唆犯，可以从轻或者减轻处罚。"这说明教唆犯罪又是相对的独立犯罪。因为被教唆的人没有犯被教唆的罪，此时，被教唆人本无犯罪可言，如果教唆犯也同其他共犯一样只具有单纯的从属性，那么教唆犯就应随之而无罪，不该受处罚了；可是，刑法却明明规定要受处罚，只不过是从轻、减轻罢了。这也就是说，教唆犯的教唆行为对社会的危害较大，纵使被教唆人没有犯被教唆的罪，也应该对他的教唆行为独立定罪，予以处罚。但是，由于被教唆人没有犯被教唆的罪，因而并未发生危害结果，当然应该从轻、减轻处罚，这才合理。所以，刑法的规定也反映了教唆犯的相对独立性。

在旧刑法学中，关于教唆犯在共犯中的地位和性质问题，有两种观点。一是从属性说。该说认为，教唆犯在共犯中处于从属地位，是从属于正犯（实行犯，亦即被教唆人）的，是从犯的一种。在犯罪发展阶段上，教唆犯也是按照正犯犯罪活动的进程而决定的。按照这一说法，其结果必然轻纵教唆犯。另一种是独立性说。该说认为教唆犯在共犯中处于独立的地位，并不从属于正犯，无论被教唆人是否实施他所教唆的犯罪行为，都应将他的教唆行为作为正犯独立定罪处罚。按照这一说法，其结果必然重罚教唆犯。

以上两种说法都不能如实地全面认识教唆犯在共犯中的地位和性质，因而也不可能正确地解决教唆犯一系列有关问题。例如，教唆犯在实施了教唆行为以后，如果被教唆人没有去犯被教唆的罪，这时，应该怎样定罪？目前有三种意见：①有人认为被教唆人既然未着手犯罪，而“着手”是划分预备与未遂的标志，因此，教唆犯的教唆行为处于犯罪的预备阶段；②又有人认为教唆犯教唆他人犯罪这一行为已经终了，只是由于教唆犯意志以外的原因——被教唆人没有去实行犯罪，预期的危害结果没有发生或者犯罪的目的未能达到，因此，教唆犯的教唆行为处于未遂阶段；③还有人认为教唆犯的特点只是教唆他人犯罪，教唆者本人并不参加犯罪的实行，因此，只要他的教唆行为已经终了，教唆犯的犯罪就是既遂。三种意见都各有一定理由，但都不能全面说明问题。

笔者认为，无论从刑法理论上来讲，还是从我国刑法第26条的规定来看，都肯定了教唆犯具有二重性——从属性和相对独立性。从具有从属性这一特点出发，教唆犯毕竟要通过被教唆人去实施犯罪行为，才能实现他的犯罪意图，发生危害结果，或者达到犯罪目的。因此，教唆犯的犯罪虽已成立，但在处罚时仍应考虑教唆犯在共犯中所起的作用来决定对他适用的刑罚。

再从其具有相对独立性这一特点出发，则教唆犯给予他人以犯罪的意图这一教唆行为一经实施终了，其犯罪就已成立。但能不能说它就是犯罪的既遂呢？不能。因为教唆犯与实行犯是共犯，被教唆人没有实行犯罪，既未发生危害结果，也未达到犯罪目的，怎能说它是犯罪的既遂呢？而且故意犯罪发展到既遂阶段，不能中止犯罪，也无未遂可言。可是，由于教唆犯不参加犯罪的实行这一特点，在被教唆人尚未实施被教唆的犯罪行为以前，教唆犯的教唆行为与被教唆人的实行行为之间尚存在相当的间隙。在这一间隙中，教唆犯还来得及中止他的教唆；如遇到外界其他障碍时，也还可能出现未遂。所以，不能说它是犯罪的既遂，只能说犯罪成立或者说构成犯罪。犯罪成立或构成犯罪并不等于既遂，诸如犯罪的预备、未遂和中止也能构成犯罪或者犯罪成立，当然，这些都不能说它是犯罪既遂。因此，在被教唆人没有犯被教唆的罪这种情况下，教唆犯的犯罪虽已成立，但并不属于犯罪发展阶段中的任何一个阶段。因为教唆行为一经实施终了，犯罪已经成立，当然不是预备，也不是未遂；如果作为既遂，在理论上有好多问题也难以解答。我们从实际出发，就叫它犯罪成立，教唆犯应该负担一定的刑事责任（即从轻、减轻处罚）。这是故意犯罪中极其个别的一种特殊犯罪，在共犯中也是处于一种特殊的地位。

本来在故意犯罪中，并不是一切犯罪都有发展阶段。有些犯罪不以发生物质性的危害结果为要件，这类犯罪（如反革命宣传煽动罪、诬告罪等），只需在客观方面有危害行为，在主观方面又有罪过（反革命宣传煽动罪还须具有反革命目的）就应该成立。对这类犯罪就无须说它是既遂。因为既遂和未遂是一对范畴，这类犯罪无所谓未遂，当然也就无所谓既遂。这犹如真与假也是一对范畴，在没有出现假的时候，也就没有人说它是真的一样。

教唆犯属于纵的共犯。纵的共犯的特点：一个是共同犯罪者相互间往往以“接力赛”的形式各自实施某一阶段犯罪行为，而各个行为又前后衔接；另一个是共同犯罪者的前后行为之间相继发生因与果的联系，也即是因果关系的延长。这些都是教唆犯与其他共犯的不同之处，从而也就决定了教唆犯的复杂性。

总之，教唆犯在共同犯罪中所处的特殊地位，就决定了教唆犯所具有的特殊性。必须首先弄清教唆犯的这些特殊性，才能正确解决教唆犯的刑事责任问题。

论我国刑法中的片面共犯*

陈兴良**

摘　要：全面共犯是共同犯罪的典型形式，片面共犯是共同犯罪的特殊形式，全面共犯和片面共犯在共同故意的内容上只有量的区别，而没有质的差别。从司法实践的客观要求出发，应该肯定在我国刑法中存在片面共犯。片面共犯一定要有帮助行为和教唆行为，因此不同于无形共犯。

关键词：片面共犯　全面共同故意　片面共同故意　同时犯

在刑法理论上，根据共同故意的形式，可以把共同犯罪分为全面共犯和片面共犯。所谓全面共犯又称为双方的共犯，是指各共同犯罪人在客观上具有共同犯罪行为，在主观上具有全面的共同故意。而所谓片面共犯又称为一方的共犯，是指各共同犯罪人在客观上虽然存在共同的犯罪行为，但主观上只具有片面的共同故意。例如，帮助犯明知实行犯在实行犯罪而故意地帮助实行犯，实行犯则并不知道帮助犯在暗中帮助自己实行犯罪。这种情况下不仅发生在帮助犯和实行犯之间，还发生在教唆犯和实行犯之间。因此，可以认为，全面共犯是共同犯罪的典型形式，而片面共犯是共同犯罪的特殊形式。

那么，我国刑法中是否存在片面共犯呢？我国刑法学界对这个问题存在否定和肯定两说。否定说认为共同犯罪构成的条件是二人以上基于共同

---

* 本文原载《法学研究》1985 年第 1 期，略有修改。

** 陈兴良，北京大学法学院教授。

故意实施了共同犯罪，这是全面的、相互的，如果是片面的故意，与共同犯罪的含义是矛盾的。肯定说认为，根据我国刑法关于共同犯罪的有关规定和司法实践的客观要求，不能否认我国刑法上存在片面共犯。至于片面共犯的内容和形式，则还需要进一步探讨。在笔者看来，否定说和肯定说之争的关键问题是如何正确理解我国刑法中的“共同故意”。

我国刑法第 22 条第 1 款规定：“共同犯罪是指二人以上共同故意犯罪。”笔者认为，共同故意像一般的犯罪故意一样，必须具有认识因素和意志因素。对于单独犯罪来说，犯罪故意的认识因素仅包括对于自己的行为和结果以及两者之间因果关系的认识。而对于共同犯罪来说，则犯罪故意的认识因素除对于自己的行为和结果以及两者因果关系的认识以外，还需要有互相的认识（全面共同故意）或单方的认识（片面共同故意）。如果各故意犯罪人之间在认识上不存在这种联系，则不构成共同犯罪，在刑法上把这种情形称为“同时犯”。例如，某处失火，甲乙二人趁火打劫，甲乙二犯并未通谋，只是偶然在同时同地一起犯罪，这就是同时犯。由上可知，我们对共同故意持广义的理解。也就是说，共同故意可以分为两种形式：一是各共同犯罪人之间具有互相认识的全面共同故意；二是各共同犯罪人之间具有单方认识的片面共同故意。而否定片面共犯的同志则对共同故意持狭义的理解，认为共同故意只能是全面的、相互的故意。也就是说，共同犯罪人不仅认识到自己在故意地参加实施共同犯罪，而且还认识到其他共同犯罪人和他一起参加实施共同犯罪。我们认为，根据各共同犯罪人的不同情况，可以而且应该对各共同犯罪人的认识因素实事求是地提出不同的要求。因此，全面共犯和片面共犯之间并不是共同故意有无的区别，而是共同故意形式的区别。或者说，全面共犯和片面共犯在共同故意的内容上只有量的差别，而没有质的差别。正如苏联著名刑法学者 A. H. 特拉伊宁在《犯罪构成的一般学说》一书中指出的：“在每个共犯对其他共犯所参加的活动缺乏互相了解的场合，也完全可能有共同犯罪。只是必须注意，只有在执行犯不了解其他参加人（教唆犯或帮助犯）的场合，缺乏相互了解才不排除共同犯罪：他（执行犯）可能不了解他是犯罪的教唆行为的牺牲品或者不知道帮助犯提供给了他犯罪工具。相反，如果执行犯了解其他人的帮助，但其他帮助执行犯的人不了解他的计划，那么就没有也不可能有共同犯罪了。”特拉伊宁正确地指出了片面共犯的存在，并且明确地限定了片面共犯存在的一定范围：只有在实行犯不了解帮助犯的帮助行为或教唆犯的教唆行为的情况下，才成立片面共犯。

一定的刑法理论总是为司法实践服务的。并且，司法实践又是检验刑法理论的真理性的唯一标准。在司法实践中有这样的案例：甲、乙与丙有仇，乙得知甲正寻刀杀丙，就在暗中故意地把杀人凶器放在显眼之处，甲拿到凶器后去杀丙，乙又在丙逃跑必经的路上偷偷地设置障碍，以致丙无法逃脱，被甲追上杀死。在上述案例中，虽然实行犯并不了解乙的帮助，但乙不仅主观上具有杀人的犯罪故意，而且客观上具有杀人的帮助行为，并且其行为的社会危害性已经达到应当受刑罚处罚的程度。但是，如果否认我国刑法中存在片面共犯，就失去了追究乙的刑事责任的法律依据。因为乙的帮助行为和甲的实行行为是丙死亡的共同原因。如果把乙的帮助行为和甲的实行行为割裂开来，而乙的帮助行为并不是我国刑法分则所规定的犯罪构成客观方面的行为，这样就不能根据我国刑法分则追究乙的刑事责任，这显然放纵了犯罪分子。所以，只有把乙的帮助行为和甲的实行行为有机地结合起来，根据我国刑法总则关于共同犯罪的规定和我国刑法分则关于故意杀人罪的条文，才能使乙受到应有的刑罚处罚。总之，从司法实践的客观要求出发，应该肯定在我国刑法中存在片面共犯。

肯定在我国刑法中存在片面共犯，是否会扩大我国刑法中共同犯罪的范围？笔者认为，共同犯罪是犯罪的一种特殊形态，而刑法中的共同犯罪制度不过是共同犯罪现象在法律上的反映。因此，共同犯罪的范围应当决定于社会上存在的共同犯罪现象以及处理共同犯罪的司法实践的客观要求。关于共同犯罪的范围，在刑法理论上历来存在行为共同说和犯意共同说的争论。行为共同说认为共同犯罪的成立以共同行为为标志。也就是说，只要具有共同犯罪行为，不论共同犯罪人主观上是否存在共同故意，都可以成立共同犯罪。行为共同说把共同过失行为、间接正犯等都归之于共同犯罪，这样就不适当地扩大了共同犯罪的范围。犯意共同说则认为共同犯罪的成立应以共同故意为准。所谓共同故意，按照犯意共同说的理解，一要有自己行为之观念，二要有他人行为之观念，三要有自我行为和他人行为互相补充之观念。犯意共同说不仅把片面共犯排斥在共同犯罪之外，而且以自我行为和他人行为互相补充之观念作为成立共同犯罪的条件之一，也并不符合共同犯罪的实际情况。例如，犯罪集团的各成员并非都互相了解；在一个实行犯联结两个帮助犯的场合，这两个帮助犯也不见得都互相了解。因此，犯意共同说就不适当地缩小了共同犯罪的范围。我国刑法从共同犯罪的实际情况和司法实践的客观需要出发，既不像行为共同说那样，不适当地扩大共同犯罪的范围，也不像犯意共同说那样，不适当地缩小共同犯罪的范围，而是以主观和客观相统一为原则，认为共同犯罪是共同的犯罪故意和共同的犯罪行为的辩证统一。在这个基础上，正确地阐述片面共犯存在的特殊条件，并没有扩大共同犯罪的范围，而是对社会上的共同犯罪现象的科学反映。

为了进一步明确片面共犯的概念，我们从刑法理论上对成立片面共犯的特殊条件进行一些初步的探讨。

如前所述，只有在帮助犯和教唆犯了解实行犯，实行犯并不了解帮助犯和教唆犯的情况下才能成立片面共犯。在实行犯了解他人的帮助行为，或者受到他人的言论的影响，实行犯实施了一定的犯罪行为，而他人并不了解实行犯的情况下，不能成立片面共犯。因为实行犯的实行行为是我国刑法分则所规定的犯罪构成客观方面的行为，实行犯具有独立性，可以直接适用刑法的有关规定处罚。具体地说，如果实行犯故意地利用他人的行为，而他人不自觉地帮助了实行犯，在这种情况下，帮助者缺乏罪过，因此，帮助者和实行犯不发生共犯关系。对于该实行犯可以依法定罪量刑。再比如，甲在无意中提供了某仓库晚上无人值班的情况，引起乙的犯意。当晚乙窜到某仓库盗窃财物若干。在这里，甲无意地引起了乙的犯罪意图。由于甲对于乙的盗窃行为并不了解，因此甲乙不成立共犯关系，对于乙可以直接依法处罚。片面共犯的成立之所以以帮助犯和教唆犯对于实行犯的了解为条件，就在于帮助行为和教唆行为是我国刑法分则所规定的犯罪构成客观方面的行为，它们在一定程度上从属于实行犯的实行行为。在这种情况下，如果否认在我国刑法中存在片面共犯，把帮助行为、教唆行为和实行行为割裂开来，对这些帮助犯和教唆犯就失去了定罪量刑的法律依据。

片面共犯一定要有帮助行为和教唆行为，在这一点上，片面共犯不同于无形共犯。刑法理论上的无形共犯是指甲对乙只有精神上的帮助和鼓励，而无有形的帮助行为。无形共犯在主观上具有全面的共同故意，精神上的帮助和鼓励虽然不是有形的帮助行为，但它是无形的帮助行为。因此，无形共犯仍不失为共犯。而在具有片面的共同故意的情况下，如果没有帮助和教唆行为，就不能成立片面共犯。例如，甲乙都和丙有仇，某日甲见乙去杀丙，甲希望乙把丙杀死，但主观上未与乙通谋，客观上并未实施任何帮助行为。在这种情况下，甲乙不得视为片面共犯。

片面共犯是共同犯罪的特殊形式。我们决不能因为在片面共犯的情况下，实行犯不了解帮助犯的帮助行为而使帮助犯免受刑事追究。尤其是在片面共犯中的教唆犯，往往利用未成年人认识能力和意志能力的不成熟性，以隐蔽的形式教唆其实施犯罪，致使未成年人走上犯罪道路，还不知自己是教唆犯的牺牲品，教唆犯由此得以逃避刑事追究。因此，根据我国刑法第 26 条第 1 款的规定精神，教唆不满十八岁的人犯罪，即使实行犯不知教唆犯的教唆行为，对于这样的教唆犯仍应从重处罚。

教唆犯不是共犯人中的独立种类*

张明楷**

摘　要： 我国刑法仅将共犯人分为主犯、从犯和胁从犯。刑法对教唆犯作了专门规定，但教唆犯不是共犯人中的独立种类，因为教唆犯根据情况分别归入主犯与从犯，就不能与主犯、从犯相并列而成为共犯人的独立种类。明确我国刑法中的教唆犯不是共犯人中的独立种类，而是分别归入主犯与从犯，有利于认识我国刑法的科学性，有利于与资产阶级的从属性与独立性说相区别，有利于给教唆犯以相应的刑罚处罚。

关键词： 共犯　教唆犯　非独立种类

我国刑法第22条规定了共同犯罪的概念，第23条至第26条分别对主犯、从犯、胁从犯、教唆犯作了规定。据此，法学界不少同志认为，我国刑法对共犯人采取了四分法，即将共犯人分为主犯、从犯、胁从犯和教唆犯。这样，教唆犯就成为共犯人中的独立种类了。我们认为，我国刑法仅将共犯人分为主犯、从犯和胁从犯，刑法对教唆犯作了专门规定，但教唆犯不是共犯人中的独立种类。

（一）犯罪是刑罚的前提，刑罚是犯罪的结果。这一基本原理不仅指明了罪与刑在质上的关系，而且指明了罪与刑在量上的关系。就是说，只有当行为人的行为构成犯罪时，才能给予刑罚处罚，而且刑罚要与罪行相

---

* 本文原载《法学研究》1986年第3期，略有修改。

** 张明楷，清华大学法学院教授。

适应，即刑罚要与犯罪的社会危害性大小相适应。共同犯罪比单个人犯罪的社会危害性大得多，但是，在共同犯罪中，由于各共犯人所处的地位和起的作用不同，因而各共犯人行为的社会危害性大小不同，应处的刑罚也就不同。我国刑法根据各共犯人在共同犯罪中所起的作用，对共犯人进行了如下分类：起主要作用的是主犯；起次要作用或者辅助作用的是从犯；主观上不完全愿意犯罪，客观上在整个犯罪活动中起较小作用的是胁从犯。进行这种分类，是为了区分各共犯人行为的社会危害性大小，从而处以相应的刑罚。因此，我国刑法分别给主犯、从犯和胁从犯规定了相应的刑罚：主犯从重处罚；从犯比照主犯从轻、减轻或者免除处罚；胁从犯比照从犯减轻或者免除处罚。

那么，教唆犯在共同犯罪中起什么作用呢？其行为的社会危害性大小如何呢？这要根据案件的具体情况进行具体分析，不可一概而论。在某些共同犯罪案件中，教唆犯起主要作用；而在另一些共同犯罪案件中，教唆犯只起次要作用。所以，在有的案件中，教唆犯应定为主犯，从重处罚；在有的案件中，教唆犯只能定为从犯，应当比照主犯从轻、减轻或者免除处罚。正因为如此，我国刑法规定："教唆他人犯罪的，应当按照他在共同犯罪中所起的作用处罚。"这就明确指出：对于教唆犯，应当根据情况，分别按主犯或从犯论处，即将教唆犯分别归入主犯与从犯（一般不会是胁从犯)。既然教唆犯是根据情况分别归入主犯与从犯，那么，就不能与主犯、从犯相并列而成为共犯人中的独立种类。

（二）分类是根据对象的共同点和差异点，将对象区分为不同种类的逻辑方法，任何分类（当然包括对共犯人的分类）都必须遵循一定的规则。首先，每一种分类必须根据同一个标准。由于客观事物具有多方面的属性，事物内部具有多方面的联系，因而分类的标准也是多种多样的。人们完全可以用不同的标准将事物进行不同的分类。但是，每一种分类必须根据同一标准，否则就会出现分类重叠与分类过宽的逻辑错误。世界各国刑事立法对共犯人的分类，无论是二分法、三分法还是四分法，尽管五花八门，但其分类标准无非两种：一是按照共犯人行为的性质与活动分工的特点，把共犯人分为实行犯、教唆犯、帮助犯，有的国家还加上一个组织犯；二是按照共犯人在共同犯罪中所起的作用，把共犯人分为主犯、从犯，有的国家还加上一个胁从犯。第一种分类方法是以实行行为为中心的形式主义法学观点所倡导的，这种分类不能反映各共犯人在共同犯罪中所起的作用大小，不能说明各共犯人行为的社会危害程度，因而不能圆满地解决量刑问题。第二种分类方法则是比较科学的，这一分类方法能够说明各共犯人行为的社会危害程度，能正确地解决刑事责任问题。我国刑法就是采取这一分类方法，把共犯人分为主犯、从犯和胁从犯。有的同志说，我国刑法在给共犯人分类时，把上述两种分类方法结合起来了，从而把共犯人分为主犯、从犯、胁从犯和教唆犯四类。在我们看来，上述两种不同的分类方法是不能结合采用的。因为划分标准不同，划分出来的子项也不同，将按不同标准划分出来的共犯人并列在一起，必然要出现一个罪犯同时具有并列的双重身份的混乱现象。例如，假设我国刑法是将共犯人分为主犯、从犯、胁从犯和教唆犯四类，那么，某甲教唆他人实施了犯罪行为，如果某甲在共同犯罪中起主要作用，则他既是教唆犯，又是主犯；如果某甲在共同犯罪中起次要作用，则他既是教唆犯，又是从犯。这样就出现了分类重叠的逻辑错误。只有当教唆犯分别归入主犯与从犯而不与主犯、从犯相并列时，才能避免这一逻辑错误。

旧中国从清末到国民政府的刑法，都是仿照德国、日本刑事立法体例，将共犯人分为正犯、教唆犯、从犯三类。从字面上看，这里似乎将两种不同的分类方法结合起来了。其实，这里的正犯是指实行犯；从犯是指“帮助正犯者”，与我国现行刑法中“从犯”的含义是不同的。可见，旧中国刑法中的正犯、教唆犯、从犯，实际上就是实行犯、教唆犯、帮助犯，这种分类完全是以共犯人行为的性质与活动分工的特点为标准的。

其次，由于事物具有多层次的特性，对事物的分类也必须按照一定的层次逐级进行，否则就会导致越级划分的逻辑错误。上述世界各国刑事立法所采取的两种分类，实际上是在不同的层次上进行的。在我国司法实践中，司法机关在认定共犯人行为的社会危害性大小时，一般是先看行为人是实行犯、帮助犯，还是教唆犯、组织犯，然后再分析他们在共同犯罪中所起的作用大小，即是主犯还是从犯或胁从犯。例如，某甲实施抢劫犯罪，查明系某乙教唆所致，于是先认定某甲是实行犯、某乙是教唆犯，再分析他们在共同犯罪中所起的作用大小，分别认定某甲、某乙是主犯还是从犯，然后根据刑法的规定处罚。这就说明，实行犯、组织犯、教唆犯和帮助犯是在低层次上进行分类所得出的子项，而主犯、从犯和胁从犯则是在高层次上进行分类所得出的子项。因此，我们不能把教唆犯与主犯、从犯、胁从犯并列起来，否则就犯了越级划分的逻辑错误。

再次，分类必须相应相称，即分类所得的子项之和应当与被分的母项正好相等。所有共犯人是母项，主犯、从犯、胁从犯则是分类所得的子项，正好与母项相等。如果把教唆犯加进去与主犯、从犯、胁从犯并列，则犯了分类过宽的逻辑错误。

总之，根据分类的逻辑规则，得出的结论只能是，我国刑法把共犯人分为主犯、从犯、胁从犯三类，教唆犯不是共犯人中的独立种类。

（三）有的同志担心，把共犯人分为主犯、从犯和胁从犯以后，教唆犯就无类可归了。理由是：教唆犯的情况复杂，既不能一律列入主犯，更不能一律列为从犯。我们认为，这一理由正说明有些教唆犯是主犯、有些教唆犯是从犯，说明教唆犯应分别归入主犯与从犯，不是无类可归，而是有两类可归。我们还可以说，帮助犯也不能一概列入从犯，更不能一概列入主犯；实行犯中也有少数没有起主要作用而不能列入主犯的。所以，教唆犯、实行犯、帮助犯都是根据他们在共同犯罪中所起的作用分别归入主犯、从犯与胁从犯的。我们认为，我国刑法在第26条规定教唆犯，不是因为教唆犯无类可归，不是因为教唆犯是共犯人中的独立种类，而是基于以下理由。第一，由于传统观念总想把教唆犯一概归入某一类共犯人（主犯），为了避免这种片面做法，刑法特别规定，“教唆他人犯罪的，应当按照他在共同犯罪中所起的作用处罚”。这就明确指出不能将教唆犯一律归入某一类共犯人，而应当根据不同情况，区别对待，分别以主犯或从犯论处。第二，为了保护青少年，防止坏人唆使、利用青少年进行犯罪活动，刑法规定对教唆不满十八岁的人犯罪的，应当从重处罚。第三，如果被教唆人没有犯被教唆之罪的，教唆犯仍然构成犯罪，只不过不存在共犯关系罢了，刑法对此应作规定，否则就会放纵许多犯罪分子。实行犯、帮助犯都不存在上述问题，故无须在刑法中作专门规定，自然是根据他们在共同犯罪中所起的作用处罚。

另外，不能因为刑法中出现了“教唆犯”这一名称，就推论教唆犯是共犯人中的独立种类。如果是这样，刑法中出现的“首要分子”也是共犯人中的一个独立种类了。这是难以为人赞同的。

明确我国刑法中的教唆犯不是共犯人中的独立种类，而是分别归入主犯与从犯，有利于认识我国刑法的科学性，有利于与资产阶级的教唆犯从属性说与独立性说相区别，有利于依据主客观事实，给教唆犯以相应的刑罚处罚。

共同犯罪与身份*

马克昌**

摘　要： 无身份者不能实施真正身份犯的实行行为，不能构成共同实行犯，但无身份者能构成我国刑法中的主犯甚至首要分子。无身份者与有身份者共同实行某种真正身份犯的行为，应按照无身份者在共同犯罪中所起的作用认定。影响刑罚轻重的身份有两种情况：身份不影响犯罪的性质，仅仅影响刑罚的轻重；身份影响犯罪的性质，同时影响刑罚的轻重。

关键词： 身份犯　构成身份　加减身份　实行行为说

刑法分则中的大多数犯罪任何人都可以构成，如杀人罪、伤害罪、抢劫罪等。但也有一部分犯罪，行为人必须具有某种特定的身份才能构成，如贪污罪、受贿罪，只有国家工作人员才能构成。这一类犯罪是特殊主体的犯罪，在刑法理论上通常叫作“身份犯”。行为人具有特定的身份是成立身份犯的要件，不具有特定身份的人自然不能单独构成这种犯罪，那么，能否与具有特定身份的人一起构成这种犯罪的共同犯罪呢？对于无特定身份者与有特定身份者共同实施犯罪应当怎样处罚呢？这些问题需要认真加以研究，予以适当的解决。

---

* 本文原载《法学研究》1986 年第 5 期，略有修改。

** 马克昌，武汉大学法学院教授（注：2011 年辞世）。

一

我国现行刑法总则没有关于共同犯罪与身份的规定。只是新中国成立初期公布实施的《中华人民共和国惩治贪污条例》第12条曾规定："非国家工作人员勾结国家工作人员伙同贪污者，应参照本条例第三、四、五、十、十一各条的规定予以惩治。"这虽是关于共同犯罪与身份的规定，但只是限于贪污罪，还不是解决这一问题的一般规范。而外国刑法和旧中国刑法在刑法总则中规定共同犯罪与身份问题的，却有不少立法例。如1974年《奥地利刑法典》第14条规定："(1)法律规定行为之可罚性、刑度系取决于与不法行为有关行为人之个人特定身份关系时，如参与人之中仅有一人具有此种关系时，所有参与人均适用此项规定。行为之不法系取决于行为人于直接实施犯行或以其他特定方式参与行为之际，应具备特殊身份关系者，亦同。(2)因特定身份关系，而免除刑责时，仅具有此种身份关系之参与人，始适用之。"《日本刑法》第65条规定："(一)凡参与因犯人身份而构成的犯罪行为的人，虽不具有这种身份，仍是共犯。(二)因身份致刑罚有轻重时，没有这种身份的人，仍判处通常的刑罚。"1935年《中华民国刑法》第31条规定："因身份或其他特定关系成立之罪，其共同实施或教唆帮助者，虽无特定关系，仍以共犯论。因身份或其他特定关系，致刑有重轻或免除者，其无特定关系之人，科以通常之刑。"此外，1976年《联邦德国刑法典》第28条，1968年《德意志民主共和国刑法典》第22条第4、5款，1971年《瑞士刑法典》第26条，1975年《韩国刑法典》第33条等均有类似规定。这些规定在研究共同犯罪与身份问题上值得我们参考。

"身份"一词，《辞海》的解释是："人的出身、地位或资格。"这是普通意义上的身份，它揭示了身份具有继续性的特征。刑法理论对身份的解释与此有所不同。不过，刑法理论对身份的解释也不一致，有的把身份解释得很宽。如日本判例解释说："刑法第65条所谓身份，不只是限于男女的性别、内外国人的差别、亲属关系、作为公务员那样的关系，而是指一切关于一定犯罪行为的犯人的人的关系的特殊地位或状态。"[①] 这里把身

① 转引自〔日〕团藤重光《刑法纲要总论》，创文社，1979，第392页。

份解释为包括特定关系。有的把身份解释得较窄，认为身份为特定关系之一种，特定关系包括身份和其他特定关系。所谓身份专指属于行为人的特定资格，如公务员、军人、男女性别、亲属关系等，其他特定关系，指身份以外的一切具有人的关系的特殊地位或状态，如依法逮捕的犯罪嫌疑人、依法应负扶养义务的人等。在我们看来，身份就其本来的意义而言，不包含其他特定关系，但为了研究的方便起见，不妨把身份作广义的解释。当然这也只能是属于有关人身的情况；属于人的主观方面的情况，如具有某种目的（反革命的目的、营利的目的等），自不应解释为身份。

身份从其形成上分，有自然的身份和法律上的身份。前者指基于一定的事实关系而形成的身份，如男女性别、亲属关系、本国人与外国人等；后者指基于法律所赋予而形成的身份，如国家工作人员、司法工作人员、邮电工作人员、证人、鉴定人、记录人、翻译人等。

身份从其在定罪量刑的作用上分，有犯罪构成要件的身份（或叫构成的身份）和影响刑罚轻重的身份（或叫加减的身份）。某种犯罪必须行为人具有一定的身份才能成立，不具备法律要求的特定身份，这种犯罪就不能成立。这种犯罪在刑法理论上叫真正身份犯。法律要求构成身份犯的犯罪主体所必须具有的身份，是犯罪构成要件的身份。刑法上没有规定必须具有一定的身份才能构成的犯罪，具有一定的身份犯这种罪时法律规定予以从重、加重或从轻、减轻处罚。这种犯罪在刑法理论上叫不真正身份犯。法律要求构成不真正身份犯时影响量刑从重、加重或从轻、减轻的身份，叫影响刑罚轻重的身份。此外，在刑法理论上还有一种叫作消极的身份，即由于具备一定的身份使刑法上规定的某种犯罪不能成立或免予处罚。对于与具有消极的身份的人共同犯罪如何处理呢？《日本刑法》第 244 条规定：“（一）直系血亲、配偶及同居的亲属之间，犯第 235 条的罪（按该条为盗窃），第 235 条之二的罪（按该条为侵夺不动产）及这些罪的未遂罪的，免除其刑罚。其他亲属之间犯上述罪时，告诉的才处理。（二）对于非亲属的共犯，不适用前项的规定。”我国刑法没有这样的规定，但最高人民法院、最高人民检察院《关于当前办理盗窃案件中具体应用法律的若干问题的解答》中指出，“要把偷窃自己家里或近亲属的，同在社会上作案的加以区别”。它虽没有明确提出前者不构成犯罪，但实际的意思是：“对此类案件，一般可不按犯罪处理；对确有追究刑事责任必要的，在处理时也应同在社会上作案的有所区别。”在司法实践中，对家庭成员之间的盗窃，一般也是不作为盗窃罪处理的。如果非家庭成员伙同家庭成员共同实行盗窃，数额较大的，根据具体情况，对家庭成员可以不以盗窃论罪，但对非家庭成员仍应以盗窃罪追究刑事责任。由于这方面的问题不多，所以只在这里连带说明，下面不再专门论述。

二

有些犯罪，行为人具有一定的身份才能构成，行为人的一定身份，在我国刑法理论上叫作犯罪的特殊主体。不具有该种身份的人，固然不能直接构成该种犯罪，但与有一定身份者构成共同犯罪，在理论上已为大家所公认。至于能构成什么样的共犯，即除了能够构成教唆犯、帮助犯或组织犯外，能否构成共同实行犯（共同正犯），却还有不同的看法。一种是否定说，认为无身份者不能与有身份者构成真正身份犯的共同实行犯，而只能构成真正身份犯的教唆犯、帮助犯或组织犯。如苏联著名刑法学者特拉伊宁说，在社会主义刑法体系中，非公职人员参与实施渎职罪应负责任是不容怀疑的。但是，必须注意，渎职罪中的共犯毕竟有某些不容忽视的特点。问题的实质在于，非公职人员可以是渎职罪的组织犯、教唆犯或帮助犯，但是渎职罪的执行犯却只能是公职人员。之所以有这个特点，是因为在实际中只有公职人员才是公务职能的执行者；由他们发布命令，签署文件等。因此，事实上，也只有他们才能构成渎职罪。因此，职务行为的唯一执行者——公职人员——自然也就是渎职罪的唯一执行犯。由此得出结论：在渎职罪的共犯中，非公职人员只能作为组织犯、教唆犯或帮助犯负责。[①] 又如日本学者小野清一郎说：“共同正犯本来系正犯（即实行者）；身份犯仅有其身份者可实行之。如此解释时，则在此所称之‘加功’，系实行以外之加功，所谓‘共犯’意味着教唆犯或从犯。”[②] 另一种是肯定说，认为无身份者能够与有身份者共同构成真正身份犯的共同实行犯。例

① 〔苏〕特拉伊宁：《犯罪构成的一般学说》，薛秉忠等译，中国人民大学出版社，1958，第243—244页。

② 转引自〔日〕木村龟二《日本刑法判例评释选集》，洪福增译，汉林出版社，1977，第133页。

如，在日本主张共谋共同正犯和共同意思主体说的学者们认为："在无身份者作为共犯参与到真正身份犯的场合，'换言之，二人以上的异心别体的个人，为实现构成一定的身份犯这一共同目的，变为同心一体，在构成这种身份犯的场合，该共同意思主体便构成了身份犯'，……所以无身份者参与真正身份犯，不论是作为共同正犯，还是作为教唆犯或从犯，都以真正身份犯论……"① 此外，持共犯独立性见解的学者如木村龟二，虽认为这种情况不能成立共犯，但由于《日本刑法》第 65 条第 1 项的规定，而例外地将此视为共犯而予以处罚，可以适用于共同正犯、教唆犯及从犯所有的共犯形式。② 我们认为，真正身份犯或者说特殊主体的犯罪，毕竟只有具有一定身份的特殊主体实行犯罪才可能构成，无身份者是不可能实施真正身份犯的实行行为的，例如我国刑法中规定的背叛祖国罪，只有我国公民才能构成，外国人是不可能实行我国刑法中的背叛祖国罪的。因而除非法律特别规定无身份者与有身份者可以构成真正身份犯的共同实行犯外，实际是不可能构成真正身份犯的共同实行犯的。在真正身份犯中无身份者只能作为教唆犯、帮助犯（从犯）或组织犯。我国刑法是将共同犯罪人分为主犯、从犯、胁从犯和教唆犯的，从我国刑法看来，无身份者能够与有身份者构成真正身份犯的共同犯罪，不仅可以构成真正身份犯的教唆犯、从犯、胁从犯，也可以构成主犯甚至首要分子，这应根据其在共同犯罪中所起的作用来确定。构成什么样的身份犯，则应根据有身份者的实行行为来确定。

在刑法中，强奸罪是以男子为犯罪主体的犯罪，但妇女可以作为教唆或帮助男子实施强奸的共犯，则为我国刑法学界所公认。最高人民法院、最高人民检察院、公安部《关于当前办理强奸案件中具体应用法律的若干问题的解答》中明确指出："妇女教唆或帮助男子实施强奸犯罪的，是共同犯罪，应当按照她在强奸犯罪活动中所起的作用，分别定为教唆犯或从犯，依照刑法有关条款论处。"司法实践中正是这样处理的。马某（女）协助梁某（男）实施强奸案就是一个例子。梁某、马某均无业，在一起鬼混。1980 年 5 月某日晚，见一少女白某（15 岁）在街上游转，梁某即起

---

① 转引自日本《刑法讲座》（四），有斐阁，1963，第 163 页。

② 参见〔日〕木村龟二《刑法总论》（增补版），有斐阁，1984，第 425 页。

歹意。经询问得知，白某系从外地来此寻母未遇，无处投宿，梁某让她吃饭后，即找地方住下，三人同睡一床。10 时许，梁某让白某脱裤子，白某不从，梁某遂让马某抓住白某的左手，梁某一手抓住白某的右手，一手将白某的裤子脱掉，实施了强奸。白某被强奸后，机智地逃出呼救，随后被告人被抓获。某市区人民法院审理此案时，因马某是女性，对其能否与梁某共同定为强奸罪没有把握，遂向省高级人民法院请示，批复认为，马某虽为女性，但在这一案件中的罪行是协助梁某强奸少女，故已构成犯罪，可定为强奸犯梁某的同案犯，负强奸共犯的责任。这是无身份者作为真正身份犯的从犯的实例。

同时，在司法实践中，还有无身份者作为真正身份犯的主犯的情况。主犯是无身份者，能不能定为真正身份犯呢？由于对这一问题认识不清，因而这类案件容易引起争论。李某指使温某贪污案就是如此。1980 年 4 月，某公社合作商店出纳员温某利用职务之便，先后四次挪用公款 740 元，借给恋爱对象李某，李某因无钱归还，多次动员温某窃取公款，还拉拢待业青年王某一起策划窃取公款办法：由温某在 7 月 9 日下午下班时，先窃走自己经管的保险柜内的现金 1000 元，再把商店大门和保险柜的钥匙放在厕所里面，夜间李某伙同王某取得钥匙，潜入商店，伪造被盗现场，掩盖温某窃取公款的罪行。然后李某将他们的谋划告诉温某，温某表示同意，按照李某的策划将公款盗出，放妥钥匙。当晚李某亦按照预谋伙同王某在商店里伪造了现场。温某将窃出的 1000 元公款全部交给了李某，李某怕搜查，除分给王某 120 元外，其余赃款都转移到自己寝室里窝藏。在审理过程中，对此案如何定罪，意见不一。有的认为应定盗窃罪，理由是：李某在共同犯罪中起了组织、策划、教唆的作用，而且亲自伪造现场，转移目标，窝藏赃款，是本案的首要分子。因此，本案应根据李某行为的性质定为盗窃罪。有的认为应定贪污罪，理由是：温某是利用出纳的职务之便，监守自盗，其行为具备了贪污罪的特征，应根据她的国家工作人员身份将本案定为贪污罪。这一案件在定罪问题上之所以发生争论，就是由于不明确认定犯罪性质的根据是什么。刑法理论认为，案件的性质依犯罪的实行犯的行为性质来确定，认定是否构成真正身份犯以及构成怎样的真正身份犯，应当以有身份者所实施的犯罪构成要件的行为为根据，而不以谁在共同犯罪中所起作用最大为转移。本案温某是出纳员，她利用职务之便，窃取公款，其实行行为符合贪污罪的特征。实行犯行为的性质既然是贪污罪，本案自应以贪污罪定罪。温某直接完成犯罪，是本案的主犯。李某是本案的教唆犯、策划者，又伪造现场，转移目标，在共同犯罪中起了更大的作用，亦应定为本案（贪污罪）的主犯。但他毕竟不是直接实行犯罪的人，即不是实行犯，因而不能以他起的作用更大，将本案定为盗窃罪。至于王某在本案共同犯罪中所起的作用较小，应定为从犯，自不待言。

我国刑法没有规定共同实行犯，因而如果无身份者与有身份者共同实行某种真正身份犯的行为，例如非国家工作人员的妇女与其国家工作人员的丈夫共同收受贿赂，则不存在按某种真正身份犯的共同实行犯定罪问题，而应按照无身份者在共同犯罪中所起的实际作用，分别定为从犯、胁从犯或主犯。

以上所述，是无身份者教唆、帮助有身份者实施或共同实施真正身份犯的情况。那么，有身份者能否教唆、帮助无身份者实施真正身份犯呢？例如国家工作人员教唆或帮助普通公民收受贿赂，是否构成受贿罪的共同犯罪？对此，刑法理论上也有不同意见。一是依共犯处理说。该说认为有身份者教唆、帮助无身份者实施因身份而构成的犯罪，两者已结为一体而取得该种身份，因而可依共犯处理。二是有身份者成立教唆犯、无身份者成立帮助犯说。该说认为有身份者教唆无身份者实施因身份而构成的犯罪时，无身份者的实行行为，是由有身份者的教唆行为所致，因而仍应成立该罪的教唆犯；无身份者由于其协助有身份者的行为而完成犯罪，应成立该罪的帮助犯。三是有身份者成立间接正犯，无身份者为从犯或无罪说。该说认为有身份者教唆、帮助无身份者实施因身份而成立的犯罪，有身份者应成立间接正犯。无身份者或被认为是间接正犯的从犯，或被认为不过是被利用的工具，而不构成犯罪。这一观点在日本已成为通说，但仍然受到有些学者的批评。在我们看来，上述诸说均有不妥。无身份者受有身份者教唆、帮助就被认为已取得了“身份”，理由何在，并未给予说明。无身份者既然由于没有身份而不能构成该种身份犯，又怎能谈到是对该种身份犯的教唆或帮助？间接正犯是利用他人作为工具实行自己的犯罪，而有些真正身份犯，有身份者根本不可能利用无身份的他人实行这种犯罪，因而并不是任何真正的身份犯都可能有间接正犯存在。最后一说虽有其可取之处，但也缺乏分析。我们认为真正身份犯，有的是由自然的身份所构成，有的是由法律上的身份所构成。二者的情况有所不同，不能一概而论。由自然的身份构成的真正身份犯，不具有该种身份者就不能实行该种犯罪。例如，外国人不能构成我国刑法中背叛祖国罪的实行犯，妇女不能构成强奸罪的实行犯。既然无身份者不能构成这种真正身份犯的实行犯，那么有身份者也就不能构成无身份者实施这种因身份而构成的犯罪的教唆犯、帮助犯以至间接正犯。由法律上的身份构成的真正身份犯，不具有该种身份的人虽不能构成该种犯罪的实行犯，但在事实上却是能够实施该种犯罪行为的，例如非国家工作人员的妇女，可以代其国家工作人员的丈夫收受贿赂。因而有身份者虽不能构成无身份者实施这种因身份而构成的犯罪的教唆犯或帮助犯，却可以构成这种犯罪的间接正犯，无身份者构成这种犯罪的从犯或胁从犯。例如，国家工作人员唆使其非国家工作人员的妻子代为收受贿赂，国家工作人员构成受贿罪的间接正犯，依受贿罪的主犯处理，其非国家工作人员的妻子则构成受贿罪的从犯或胁从犯。

三

影响刑罚轻重的身份有两种情况。

身份不影响犯罪的性质，仅仅影响刑罚的轻重。这就是不论有身份者或无身份者实施某种行为，犯罪的性质相同，只是有身份者或者从重处罚，或者从轻处罚。例如刑法第 119 条规定：“国家工作人员利用职务上的便利，犯走私、投机倒把罪的，从重处罚。”国家工作人员进行走私或投机倒把的，走私罪、投机倒把罪的性质不发生变化，仅仅在量刑上予以从重处罚。又如刑法第 14 条第 3 款规定：“已满十四岁不满十八岁的人犯罪，应当从轻或者减轻处罚。”未成年人实施犯罪，并不因为其为未成年人而改变犯罪性质，但依法应当予以从轻或减轻处罚。在这种情况下，具有影响刑罚轻重身份者与无身份者共同实施某种犯罪时，对无身份者按照通常的刑罚处罚，对有身份者则依法予以从重或从轻、减轻处罚。例如，国家工作人员某甲与普通公民某乙共同犯走私罪，对某乙依照刑法第 116 条或第 118 条规定的法定刑处罚，对某甲除依照刑法第 116 条或第 118 条规定的法定刑处罚外，还应依刑法第 119 条的规定从重处罚。

身份影响犯罪的性质，同时影响刑罚的轻重。这就是说，无身份者实施某种行为，构成一种犯罪，有身份者实施该种行为，则构成另一种犯罪，后者的法定刑较前者的法定刑更重。例如普通公民隐匿、毁弃或者非法开拆他人信件，情节严重的，构成侵犯通信自由罪，法定刑为一年以下有期徒刑或者拘役。而邮电工作人员私自开拆或隐匿、毁弃邮件、电报的，构成邮电工作人员私自开拆、隐匿、毁弃邮件、电报罪，法定刑为二年以下有期徒刑或者拘役。在这种情况下，无身份者参与有身份者共同实施犯罪时，应当对他们怎样处理呢？在理论上颇有一些问题值得研究。

无身份者参与有身份者共同实施犯罪，应当按照什么罪定罪？例如，普通公民某甲教唆、帮助现役军人某乙盗窃武器弹药，或与现役军人某乙一起共同盗窃武器弹药。对某甲是按（军人）盗窃武器装备罪的共犯处理，还是按刑法中的盗窃枪支弹药罪定罪？对此有两种不同的意见。主张犯罪共同说者认为，无身份者构成与有身份者的共同犯罪；主张行为共同说者认为，无身份者构成通常的犯罪。我们认为，犯罪的性质由什么人实行犯罪构成要件的行为来确定，所以，无身份者（如普通公民）教唆或帮助有身份者（如现役军人）实施某种犯罪行为（如盗窃武器弹药），无身份者依身份犯（如盗窃武器装备罪）的教唆犯或从犯处理。如果无身份者与有身份者一起共同实施犯罪，应当按照无身份的犯罪和有身份的犯罪分别定罪。就上述例子来说，普通公民某甲构成盗窃枪支弹药罪，现役军人某乙则构成（军人）盗窃武器装备罪。

无身份者参与有身份者共同实施犯罪，应当怎样处罚？对此，《日本刑法》第 65 条第 2 款明文规定："因身份致刑罚有轻重时，没有这种身份的人，仍判处通常的刑罚。"日本学者久礼田益喜对本条解释谓："……所以当有身份者犯此种犯罪而无身份者为教唆犯或从犯时，教唆者准用无身份的正犯，从犯按照无身份的正犯之刑予以减轻。"[①] 团藤重光举例说："非业务上占有者甲与业务上占有者乙共同侵占其共同占有的他人之物时，甲虽根据第一项成为业务上侵占罪的共同正犯，但他的刑罚则依照通常的侵占罪处断。"[②] 我国刑法没有这种规定。根据前述案件的性质依犯罪的实行犯的行为的性质来确定的法理，我们认为，无身份者与有身份者共同实

① 〔日〕久礼田益喜：《日本刑法总论》，严松堂，1925，第 342 页。

② 〔日〕团藤重光：《刑法纲要总论》，创文社，1979，第 397 页。

施某种犯罪时，应当按照他们各自所犯的罪行的法定刑处罚。仍就上例来说，即普通公民甲按照盗窃枪支弹药罪的法定刑处罚，现役军人乙则按照（军人）盗窃武器装备罪的法定刑处罚。如果无身份者教唆或帮助有身份者实施因其身份构成的犯罪，虽应按身份犯的教唆犯或从犯论处，但其无身份的情况在量刑时应当作为从轻或减轻处罚的情节予以考虑。就上例来说，普通公民甲虽应依（军人）盗窃武器装备罪的教唆犯或从犯论罪处刑，但应考虑其非军人身份的情况，在量刑时予以从轻或减轻处罚。这样处理比较合理，比较公平。因为无身份者毕竟不具有实施该犯罪的身份，不应与有身份者同样处罚。

有身份者参与无身份者共同实施犯罪，应当如何处理？在刑法理论上刑法学者认为这是一个问题。例如日本学者团藤重光说：“关于不真正身份犯，即正犯没有这种身份，教唆者、帮助者有这种身份的场合，存在着疑问。例如，教唆、帮助他人杀害自己的父母，常习赌博者教唆、帮助非常习者赌博等就是这种情况。分别作为杀尊亲属或常习赌博的教唆、帮助者科处刑罚的观点已成为通说、判例。这如同共犯独立性说，从把教唆行为、帮助行为视为实行行为的立场来看，是当然的结论。然而把教唆、帮助看作是与基本的构成要件不同的行为类型时，应当说这个结论是不妥当的。”① 我们认为，如前所述，犯罪的性质应以行为人的犯罪实行行为为根据来加以确定，有身份者教唆、帮助无身份者实施某种犯罪行为，只能构成无身份者的犯罪的教唆者或帮助者。例如，现役军人教唆、帮助普通公民盗窃武器弹药，对现役军人自应以刑法第 112 条规定的盗窃枪支弹药罪的教唆犯或从犯论处。因为普通公民盗窃枪支弹药，构成刑法第 112 条的盗窃枪支弹药罪，教唆、帮助这种犯罪，自应以这种犯罪的教唆犯或从犯处理。不能因为有现役军人的身份而改变他所教唆或帮助的犯罪的性质。当然，他的身份在量刑时可以作为从重情节来考虑。

---

① 〔日〕团藤重光：《刑法纲要总论》，创文社，1979，第 397 页。

略论胁从犯*

陈忠槐**

摘　要：胁从犯只限于事前有通谋的共同犯罪，而排除事前无通谋的共同犯罪，也不是每一起事前有通谋的共同犯罪里都一定包含胁从犯。被胁迫、被诱骗参加犯罪和在共同犯罪中所起的作用应该小于或等于从犯，是认定胁从犯的两个条件。实际生活中，胁从犯包括被胁迫参加犯罪活动和被诱骗参加犯罪活动两种，但不是所有被诱骗参加犯罪活动的都是胁从犯。胁从犯在刑法分则中也有重要意义。

关键词：共犯　胁从犯　依附性

在我国刑法中，共同犯罪人一共有四类，其中最后一类是胁从犯。所谓胁从犯，就是被胁迫、被诱骗参加犯罪活动的人。他在共同犯罪中居于最次要的地位，因此所体现的社会危害性也最轻。胁从犯究竟具有哪些特点？在实际生活中具体表现为哪些形式？在进行认定的时候要注意什么问题？笔者试对这些问题进行初步的探讨。

胁从犯，是我国刑法对共同犯罪人特有的一种分类，这一分类是我们党的刑事政策和策略在刑法规范中的具体体现，也是积我国同犯罪作斗争几十年的经验所总结出来的一项立法成果。早在第二次国内革命战争时期，在《中华苏维埃共和国惩治反革命条例》中就明确规定了对被胁迫参

---

* 本文原载《法学研究》1986 年第 5 期，略有修改。

** 陈忠槐，陕西省司法厅原副厅长（该文发表时作者系西北大学法律系教师，后调至西北政法大学，目前已从陕西省司法厅厅长岗位退休）。

加犯罪者的减免条款；新中国成立以后，《中华人民共和国惩治反革命条例》中又重申了对“被反革命分子胁迫、欺骗，确非自愿者”“得酌情从轻、减轻或免予处刑”的原则。《中华人民共和国刑法》则进一步用立法的形式将这一内容固定下来，刑法第 25 条就是专门针对胁从犯所作的规定。由于我国刑法正确地把共同犯罪人分为主犯、从犯、胁从犯和教唆犯四种类型，这就使得我国刑法关于共同犯罪人的分类更加合理、更加科学，也充分体现了我们社会主义法的中国特色。

胁从犯，毫无疑义只能存在于共同犯罪之中，包括犯罪集团和一般共同犯罪都可能存在。但是，胁从犯一般又只限于事前有通谋的共同犯罪，而事前无通谋的共同犯罪则应当排除在外（胁迫和诱骗本身不属于通谋）。另外，也不是每一起事前有通谋的共同犯罪里都一定要包含胁从犯。究竟含不含胁从犯，要对每个案件的实际情况进行具体的分析。根据我国刑法第 25 条的规定，胁从犯主要分为两种类型，即一种是被胁迫参加犯罪的，一种是被诱骗参加犯罪的。然而不管是哪一种类型，构成胁从犯都必须同时具备以下两个条件。第一个条件是行为人参与共同犯罪不能是自觉自愿的，当然更不能是积极主动的，而只能是违心的、被动的。他们的故意实际上是共同犯罪中主要成员的故意的延伸或派生物，而并非他们自己头脑中产生出来的。在大多数情况下，行为人对自己的行为所引起的危害结果具有一定程度的预见，但不是希望这种结果发生，而只是抱着一种放任的态度，所以胁从犯在主观方面大都表现为间接故意的心理状态，只有少数才表现为直接故意的心理状态。第二个条件是胁从犯在共同犯罪中所起的作用应该小于或等于从犯，他所实施的行为一般只是帮助性质的行为，而很少是直接的实行行为。所以胁从犯一般也都属于帮助犯，只有在个别的情况下才是实行犯（但故意杀人等严重犯罪应除外）。对于胁从犯所起的作用，有人主张在任何时候都应当小于从犯。笔者个人认为，这种看法有点偏于绝对，胁从犯虽然从总体上讲其作用应当小于从犯，但在个别案件里也可以等于从犯。这是因为胁从犯是被胁迫、被诱骗参加犯罪的，即使在所起作用相同的情况下，其危害性仍然要小于从犯。所以，我们在对胁从犯进行认定的时候，主要应看他是不是被胁迫、被诱骗参加犯罪的，其次才看他在共同犯罪中的作用如何。两个条件，前面一个起决定作用，后面一个则只起补充作用。

由于胁从犯在实际生活中表现为相对独立的两种不同类型，所以我们也必须对其分别加以研究。

首先，我们研究被胁迫参加犯罪活动的情形。这在胁从犯里略占数量上的多数。被胁迫参加犯罪活动就是因受共同犯罪中主要成员的威逼、恐吓而被迫参加犯罪活动。这一部分人实施共同犯罪并非出于自愿，而是迫于别人的压力，他们的故意实际上是别人强加给他们的，但是他们没有拒绝，而是接受了，因此他们同共同犯罪的其他成员仍然有着一定程度的共同故意。而在客观方面，他们又参与实施了共同的犯罪行为，在行为与结果之间存在因果关系，所以他们作为共同犯罪的成员之一是毋庸置疑的。但是由于被胁迫参加犯罪活动的人在实施犯罪时意志自由是受限制的，其本人既是受害者又是犯罪分子，与共同犯罪中主犯之间的故意联系毕竟又是有条件的和不充分的，而实施的行为也大都是配合性的和辅助性的行为，因此我们又不能把他们同共同犯罪中的其他成员同等看待。由于以上原因，这就决定了胁从犯在我国刑法中的独特地位，即他们是共同犯罪中的特殊成员，对他们的处罚应当按照其犯罪情节，比照从犯减轻处罚或者免除处罚。

那么，什么是胁从犯的犯罪情节呢？笔者认为，对于被胁迫参加犯罪活动的人来讲，除了应考察他在共同犯罪中所起的作用以外，还应当研究他被胁迫的情况，因为被胁迫的程度是同他的意志自由程度成反比例的，当然也是与其行为的社会危害程度成反比例的。而要研究被胁迫的程度就必须研究胁迫的方法。因为胁迫从本质上讲就是一种心理强制，不同的胁迫方法必然会引起不同的心理强制效果。由于胁从犯在受胁迫的状况下实施的是犯罪行为，因此笔者认为对于构成胁从犯的胁迫手段在认定的时候应该要求得比较严格一些。如果某一种胁迫手段还没有达到足以使人去犯罪的程度，就不能认定为胁从犯。在实践中，可以构成胁从犯的胁迫手段主要应当限于比较严重的暴力威胁，特别是针对人身实施的威胁，而对于其他各种胁迫方法，例如以揭露被胁迫人的隐私、劣迹损毁其名誉人格，以及利用从属关系和求助关系等手段进行的胁迫，原则上就不应当认定为胁从犯。因为这一类胁迫手段强度相对较弱，时间性也并不急迫，被胁迫人完全有条件采取抵制的做法。而被胁迫人没有这样做，或者是由于存有私念，或者是本人的性格比较软弱，这些都不能作为减轻或者免除处罚的理由，所以均不应当构成胁从犯。另外，我们在分析胁从犯的时候，还要注意研究行为人在参与犯罪时，他所受到的威胁是否继续存在，如果这种威胁业已消失，仍然不能认定为胁从犯。

在实践中我们还要注意把被胁迫参加犯罪活动的同被犯罪分子裹胁的群众加以区别，这里面既有政策界限，又有法律界限。被犯罪分子裹胁的群众主观上并无实施某一种犯罪的故意，客观上也没有实施该犯罪的行为，而只是受胁迫驱使，在“闹事”中起了凑数的作用，所以他们不属于共同犯罪的成员，当然也不应以胁从犯论处。对于这一部分群众，主要是通过说服教育的方法，使他们提高分辨是非的能力，同共同犯罪中的主要成员划清界限，如果错误地对他们采用刑罚的处理办法，那就不仅违背了我们党的一贯政策，而且是同我国刑法的有关规定背道而驰的。

其次，我们再研究被诱骗参加犯罪活动的情形。被诱骗参加犯罪活动就是因受共同犯罪中主要成员（或教唆犯）的欺骗煽惑而参加犯罪活动。这一部分人参与共同犯罪也不完全是自觉自愿的，特别是在自觉程度上存在较大的不足。他们对自己所实施的行为的性质、后果虽有一定的认识，但并不是认识得很清楚、很具体，由于种种原因他们加入了共同犯罪的行列。因此被诱骗参加犯罪活动的人，他们在主观上仍然是有责任的。他们在受骗和盲从这一点上可能表现为过失的心理状态，而对于已经认识到的那一部分犯罪事实及其危害后果抱希望或者放任的态度则属于故意的心理状态。所以对于被诱骗参加犯罪活动的人同样也应当以共同犯罪论处。

但是由于这一部分人实施犯罪毕竟又是在认识不充分的情况下进行的，他们对自己所实施的行为的性质、后果还缺乏确切的了解，对整个共同犯罪的情况更是知道甚少，因此对危害结果的预见也往往是模糊的、粗略的；其认识状况既不属于不知，又不完全属于“明知”，而是介于二者之间，同其他共同犯罪人只在一定程度上存在共同的故意联系，所以我们将被诱骗参加犯罪活动的人同样也作为胁从犯的一种类型，适用胁从犯的处罚原则。

那么是不是所有被诱骗参加犯罪活动的都可以定为胁从犯呢？不能一概而论。这中间，有的可能定从犯，有的甚至不负刑事责任。区别的关键主要是看行为人对犯罪事实认识的程度以及他对危害结果所抱的态度。在实践中，有的犯罪分子，虽然是被诱骗参加犯罪活动的，但是根据当时的实际情况，他对犯罪事实的性质已经基本认识清楚，就不应当再定胁从犯；还有的犯罪分子开始虽然是出于盲从，被欺骗加入了犯罪行列，但是在实施犯罪的过程中，逐步了解到事情的真相，仍然不停止犯罪活动，也不能认为不是自觉自愿。还有少数共犯成员，虽然具有被诱骗的外部特征，但是他们对可以预见到的危害结果抱积极追求的态度，当然也不能按胁从犯论处。与此相反，在现实生活中也有另外一种人，他们受犯罪分子的欺骗利用，客观上为犯罪活动提供了帮助或者便利，但是根据当时的主客观条件，他们对犯罪事实和危害结果不可能预见，或者应当预见却没有预见到，对他们也不应定胁从犯，如果构成过失犯罪的就应当按过失犯罪处理，不构成过失犯罪的则不负刑事责任。

比较胁从犯的两种情况，被诱骗参加犯罪活动的相对于被胁迫参加犯罪活动的，显然在责任程度上要更重一些，认定起来也应当更加严格一些。如果以上两种情况同时具备，即既受诱骗又被威逼参加了共同犯罪，就应当分别研究他受威逼和受诱骗的情况，看是哪一个原因为主导致其实施了犯罪行为，以此确定对他的处罚原则。

胁从犯是我国刑法总则里的一项规定，为了更好地发挥它在定罪量刑中的作用，我们还应当进一步研究它在刑法分则中的运用。我国刑法分别规定了各种具体犯罪的犯罪构成要件，其中就故意犯罪而言，一般都是可以以共同犯罪的形式出现的，但不等于说，所有这些共同犯罪中都可以包含胁从犯。其中有一些犯罪，由于刑法本身已作了特别规定，在其共犯成员中就不可能再有胁从犯。例如，凡是条文中明确要求主体必须是“首要分子”，“罪恶重大的”，或“其他积极参加的”，就都应当把胁从犯排除在外。还有，对于最高法定刑为三年以下有期徒刑，最低刑为管制或者拘役的各种犯罪，笔者认为，也不适宜在共同犯罪中划分出胁从犯，因为这一类犯罪社会危害程度相对较小，其中从犯的责任已经很轻，对于被胁迫、被诱骗参加犯罪的则基本上可以不以犯罪论处，这样做只会更有利于对这一部分人进行帮助和挽救，从而缩小打击面、扩大教育面。最后，在反革命罪里包含不包含胁从犯，也是值得研究的一个问题。由于反革命罪是以推翻无产阶级专政的政权和社会主义制度为目的的犯罪，而胁从犯是被胁迫、被诱骗参加犯罪活动的，他们对危害结果的发生一般并不持积极追求的态度，也就是说主观上不具有明确的反革命目的，这样就产生了一个矛盾，就是把胁从犯包含在反革命共犯里，似乎与反革命罪的定义不大相符。笔者认为，在反革命罪的共同犯罪中，原则上应当肯定可以有胁从犯这种形式的存在。其理由是，胁从犯只是共同犯罪人的一种特殊分类，其本身具有很大的依附性，不能脱离共同犯罪而独立存在，所以尽管胁从犯不具有明确的反革命目的，但仍可以作为反革命共犯中的一个成员而依附存在。只是在具体地对其加以认定时要十分慎重，要以党的刑事政策和对敌斗争策略为指导，切不可把被犯罪分子裹胁蒙蔽的群众也当作胁从犯处理，从而混淆了两类不同性质的矛盾，造成不应有的损失。

论我国刑法中的共同正犯*

陈兴良**

摘　要： 研究共同正犯有助于正确认识共同正犯这一共犯形态的本质，以共同正犯为标本，在理论上分析其他共犯形态。二人以上共同故意实施犯罪构成客观方面的行为的实行犯是共同正犯，共同正犯是主观上共同实行犯罪的故意和客观上共同实施犯罪构成客观方面的行为的统一。根据不同的标准，可以对共同正犯作不同的分类。对共同正犯应实行部分行为全部责任原则，并区别主从，分别论处。

关键词： 共同正犯　共同故意　共同行为　部分行为全部责任

共同正犯是共犯理论中的一个重要范畴，它是对二人以上共同故意实施某一犯罪行为的共犯现象的科学概括。毋庸讳言，在我国刑法理论中，共同正犯的研究尚是一个薄弱领域，大多数刑法学论著都只是在共同犯罪的形式中简单地提及共同正犯（简单共犯），而未加深入研究。我们认为，根据我国刑法关于共同犯罪的有关规定，对共同正犯进行探讨，不仅有助于正确地认识共同正犯这一共犯形态的本质，而且可以把共同正犯作为标本，在刑法理论上剖析其他共犯形态。因此，研究共同正犯具有重大意义。

---

* 本文原载《法学研究》1987 年第 4 期，略有修改。

** 陈兴良，北京大学法学院教授。

一

我国刑法没有关于共同正犯的明文规定，但我国刑法关于共同犯罪的概念显然涵括共同正犯。我们可以把共同正犯定义为：二人以上共同故意实施犯罪构成客观方面的行为的实行犯。

关于共同正犯，在刑法理论上存在各种学说的聚讼。概而论之，这些学说可以归结为以下三说：一是犯罪共同说，此说认为二人以上的行为者对客观上特定的犯罪有预见，并对共同实施有认识而实施的犯罪，称为共同正犯；二是行为共同说，此说认为二人以上的行为者实施共同的行为而达成各自预期的犯罪，称为共同正犯；三是意思主体共同说，此说认为共同正犯是有共同目的的统一体而实施犯罪的情形。我们认为，以上三说对于理解共同正犯具有不同程度的意义，但各有其不足之处。犯罪共同说在共犯一罪的基础上阐述共同正犯，认为共犯数罪，即使各犯罪分子之间具有犯意联络，亦不能成立共同正犯，这就缩小了共同正犯的范围。行为共同说以共同实施作为立论的根据，认为只要具有共同行为，即使有责之行为人和无责之行为人之间也可以成立共同正犯，这就扩大了共同正犯的范围。意思主体共同说以协议作为共同正犯成立的前提，认为只要共犯之间具有犯罪协议，即使其中一部分人实施构成要件的行为，亦应成立共同正犯，这无疑不适当地扩大了共同正犯的范围。综上所述，以上三说或者扩大共同正犯的范围，或者缩小共同正犯的范围，立论根据不同，叙述内容各异，但无不以割裂共同正犯的主观和客观之间的内在联系为其共同特征。因此，上述三说无益于科学地揭示共同正犯的本质，为我国社会主义刑法理论所不取。

以马克思主义为指导的我国刑法理论坚持主观和客观相统一的原则，在共同正犯的问题上，也应该坚持主观和客观的统一。因此，我们认为共同正犯是主观上共同实行犯罪的故意和客观上共同实施的犯罪构成客观方面的行为的统一。

共同实行犯罪的故意，是共同正犯的主观条件，它是认识因素和意志因素的统一。共同正犯的认识因素，是指犯罪分子明知自己在和其他人一起实施犯罪构成客观方面的行为。在认识因素中，包括自我行为之认识和他人行为之认识以及自我和他人行为互相补充之认识，这是一种全面和互相的认识。共同正犯主观上的这种认识因素，就是共同正犯之间犯意联系的纽带。共同正犯的意志因素，包括希望和放任两种形式。由共同协力实行犯罪的特点所决定，这里的希望和放任不仅是对本人的行为会造成危害结果而言的，而且对其他共犯的行为会造成的危害结果也持希望和放任的心理态度。共同正犯具有如上所述的共同实行犯罪的故意，因此使其犯罪行为结合为一个整体而成为共同犯罪结果的原因，在处罚上发生合一的共犯关系。

共同犯罪的实行行为，是共同正犯构成的客观条件。而所谓共同犯罪的实行行为，是指刑法分则所规定的犯罪构成客观方面的行为。那么，如何理解这一犯罪构成客观方面的行为呢？在刑法理论上，对于这个问题存在广义和狭义二说。广义说认为，共同正犯的所谓犯罪构成客观方面的行为，除导致犯罪结果发生的原因行为以外，还包括具有帮助性质而为完成犯罪所必不可少的发生在犯罪现场的其他辅助行为。狭义说认为，共同正犯的所谓犯罪构成客观方面的行为，仅指导致犯罪结果发生的原因行为。广义和狭义两说对实行行为范围的理解不同，因此，对于同一行为可能得出相反的结论。例如杀人罪，甲按住被害人的手脚使其不能反抗，乙持刀将被害人杀死。乙持刀杀人的行为是实行行为，对此两说没有争议。而甲的行为到底是实行行为还是帮助行为，则成为两说争执之焦点。广义说认为甲的现场帮助行为，不失为实行行为，因此甲乙应视为共同正犯。狭义说认为甲的现场帮助行为，对死亡没有原因力，应以帮助犯论，称为事中帮助。因此，甲乙不能构成共同正犯，我们认为，狭义说对实行行为的理解过于狭窄，否定了共同正犯之间的行为分担。实际上，在共同正犯中也不能排除各共犯之间实行犯罪上的分工。正如有的刑法学家形象地把共同正犯之间实行犯罪上的分工称为小分工，而把其他共犯形态中的分工称为大分工，以示两者的区别。因此，狭义说对实行行为的理解不妥。广义说对实行行为的理解也不妥。广义说对实行行为的理解过于广泛，认为凡在犯罪现场帮助实行者一律论以实行犯，仍然可能混淆实行行为和帮助行为的界限。在犯罪现场帮助实行犯罪的行为，在一般情况下都是实行行为，但能否由此否定事中帮助犯的存在呢？不能。例如，监狱外面的人在监狱的围墙下接应越狱逃跑的犯罪分子，尽管该人亲临现场帮助越狱者使之脱逃得逞，该人也不能和脱逃的犯罪分子构成脱逃罪的共同正犯，而只能以帮助犯论处。所以，没有身份的人和有身份的人共犯只能由特殊主体才能构成的犯罪，即使该没有身份的人在现场提供帮助，也不能成立共同正犯，而只能以帮助犯论处，是为事中帮助。总之，在对共同正犯之构成要件客观方面的行为的理解上，我们要结合犯罪分子的主观犯意和客观犯行，并分析法律对其犯罪构成要件的规定，从事实和法律两个方面进行综合评价，而不可妄下断语。

以上是共同正犯构成的主观要件和客观要件，两者的统一就是共同正犯承担刑事责任的基础。

二

为了从各方面认识共同正犯的性质及其社会危害程度，我们可以按不同标准对共同正犯的形式进行划分，以便在司法实践中正确处理共同正犯。

（一）从法律对共同正犯的构成要件的规定划分，可以分为集合的共同正犯和对合的共犯

集合的共同正犯是指三人以上的犯罪分子在同一目标下共同实施刑法分则所规定的犯罪构成要件的行为。例如我国刑法第95条规定的持械聚众叛乱罪，该罪以聚众实施犯罪行为为其犯罪构成的必要条件，是集合的共同正犯的适例。

对合的共同正犯，是指犯罪的实行者双方互为实现特定犯罪构成的必要条件，或者说互为实施犯罪的对象。例如，我国刑法第180条规定的重婚罪，是对合的共同正犯的适例。

（二）从共同犯罪故意形成的时间划分，可以分为预谋的共同正犯、偶然的共同正犯和继承的共同正犯

预谋的共同正犯，又称原始的共同正犯，指二人以上为实施某一犯罪事前进行了共谋，并且共同分担犯罪行为之实行。这种共同正犯由于事前进行了策划，其犯罪目的更能得逞，因此具有较大的社会危害性。

偶然的共同正犯，是指二人以上的行为者以各自的犯意实现一定的犯罪构成，在着手实施之际，相互间取得共同的犯意联络，形成偶然的共同正犯。我们必须把偶然的共同正犯和同时正犯加以区别。在刑法理论上，所谓同时正犯是指二人以上没有犯意的联络，于同时或近乎同时的时间关系上，对于同一客体实行同一的犯罪行为。例如，甲乙二人没有犯意的联络，各自前去杀丙，同时同地向丙开枪，甲射出的子弹未能射中丙，而乙射出的子弹却将丙打死。本案就是典型的同时正犯，因为甲乙没有犯意的联络，因此不得视为共同正犯，应分别论处。在本案中，甲未能射中丙，应负杀人未遂的刑事责任；乙开枪将丙打死，应负杀人既遂的刑事责任。如果该甲乙二人先各以杀丙之犯意去阻击丙，在犯罪现场双方发生犯意联络，则成立偶然的共同正犯。在这种情况下，虽然甲未能射中丙，乙开枪打死丙，但是二人应共负杀人既遂的刑事责任，对甲不能以杀人未遂论处。所以，正确区分偶然的共同正犯和同时正犯，对于定罪量刑具有重要意义。

继承的共同正犯，又称相续的共同正犯，是指一个行为者在一定犯意的支配下，在完成该犯罪构成的一部分以后，又取得另一个人的同意，二人一起继续把犯罪的实行行为进行到底，形成继承的共同正犯。在继承的共同正犯的前后两个行为人中，后行为人对于本人加功的行为应负共同正犯的刑事责任，这是毫无疑义的。那么，后行为人对于加功前之前行为人的犯罪行为是否也应承担共同正犯的刑事责任呢？对此，在刑法理论上存在两种观点：第一种观点主张后行为人只对本人介入之后的犯罪行为承担共同正犯的刑事责任，对于介入前的犯罪行为不负刑事责任；第二种观点主张后行为人对其介入前之前行为人的犯罪行为，应当一并承担共同正犯的刑事责任。我们认为，对于这个问题不可一概而论，应根据不同的犯罪形态加以具体分析。①在单一犯的情况下，后行为人虽然是在犯罪实行过程中介入的，但仍应对全部犯罪承担共同正犯的刑事责任。例如，甲以抢劫的犯意先行将事主殴伤，这时乙参加进来，甲乙共同将事主的行李抢走。在本案中，乙虽然没有殴伤事主的行为，但甲乙仍应构成抢劫罪的共同正犯。②在继续犯的情况下，后行为人也应对全部犯罪承担共同正犯的刑事责任。在刑法理论上，继续犯又称持续犯，指犯罪行为在一定时间处于继续状态的犯罪。例如非法拘禁罪，其行为往往在时间上处于继续状态。如果甲在对他人实行非法拘禁的过程中，乙加入犯罪，甲乙共同对他人实行非法拘禁，甲乙应成立非法拘禁罪的共同正犯。③在结合犯的情况下，后行为人如果只参加一罪之实施的，对前行为人所实施的犯罪不负刑事责任。在刑法理论上，结合犯是指数个独立的犯罪行为，根据刑法的规定，结合而成为另一个独立的犯罪。例如，根据我国刑法第 191 条第 2 款的规定，邮电工作人员私自开拆、隐匿、毁弃邮件、电报罪和盗窃罪结合成为贪污罪。如果甲在私自开拆、隐匿、毁弃邮件、电报行为实施完毕以后，乙参与窃取财物，甲应构成结合犯，以贪污罪论处，乙则应以盗窃罪的共同正犯论处。④在牵连犯的情况下，后行为人如果只参加一罪之实施的，对前行为人所实施的犯罪不负刑事责任。在刑法理论上，牵连犯是指以实施某一犯罪为目的，而其犯罪的方法行为或者结果行为又触犯其他罪名的情形。在我国司法实践中，对牵连犯不实行数罪并罚，而是从一重罪从重处罚。例如，甲盗窃价值两千元的财物，为了销赃伪造印章，构成牵连犯，甲应以重罪盗窃罪论处。如果乙没有参与盗窃，但参加了伪造印章活动，对此，乙应以伪造印章罪的共同正犯论处。

（三）从共同正犯各共犯所实施的共同实行行为的特征划分，可以分为分担的共同正犯和并进的共同正犯

分担的共同正犯是指各共犯在实行犯罪时，具有行为上的分工，其犯罪行为以共同故意为纽带，互相利用和互相补充，形成共同实行行为。在共同正犯中，就每一个共犯而言，不以实施全部犯罪构成客观方面的行为为必要，这是共同正犯区别于单独正犯的一个显著特征。以抢劫罪为例，单独正犯，行为人必须完成全部抢劫罪的犯罪构成客观方面的行为：一是要有暴力、胁迫或者其他方法行为，二是要有抢夺财物的结果行为。而二人共同抢劫的，甲实施方法行为，以暴力威胁事主，乙实施结果行为，以强力抢夺其财物，甲乙二人行为的有机结合是抢劫罪的共同正犯的行为。这一点在牵连犯上体现得更为明显：甲乙共谋伪造公文诈骗公私财物，甲实施伪造公文的行为，乙实施以伪造的公文进行诈骗的行为，甲乙构成牵连犯的共同正犯，从一重罪从重处罚，对甲乙均应以诈骗罪论处。

并进的共同正犯是指各共犯在实行犯罪时，各自的行为均充足全部构成要件，其中又可以分为两种情况：一是各共犯基于犯意之联络而同时对

同一对象实行不法侵害，例如甲乙同时枪击丙，致丙死亡；二是各共犯基于犯意之联络，分别对不同对象实行不法侵害。例如甲乙共谋杀害丙丁，甲去杀丙，乙去杀丁。第一种情况，甲乙应共同对丙的死亡承担刑事责任是没有问题的。第二种情况，虽然甲乙各杀一人，但对丙丁二人的死亡都应承担刑事责任。因为共同正犯的行为是一个整体，所以各共犯对在预谋范围内的其他共犯的犯罪行为都要承担刑事责任。

三

在刑法理论上，共同正犯实行所谓部分行为全部责任的原则。这就是说，共同正犯中的某些犯罪分子，虽然只实行了构成要件的一部分行为，也应承担全部构成要件的刑事责任。例如甲乙共同抢劫，甲对事主施以暴力胁迫，乙夺取财物，甲乙各实施了抢劫罪的构成要件的部分行为，但二者均应对抢劫罪承担刑事责任。那么，为什么在共同正犯中，犯罪分子只实行了部分行为，却要对整个犯罪承担刑事责任呢？对于这个问题，可以从主观和客观两个方面进行分析。从主观上说，某一犯罪分子虽然只实行了部分行为，但对整个犯罪具有罪过，犯罪分子明知自己是在实施某一特定的犯罪并对犯罪结果持积极追求或放任态度，因此，他人的行为是在共同故意范围以内的。对此，共同正犯具备对整个犯罪承担刑事责任的主观基础。从客观上说，共同正犯中各实行犯的行为是一个整体，互相补充、互相利用，有机结合、不可分割，这些行为是犯罪结果发生的共同原因。对此，共同正犯具备对整个犯罪承担刑事责任的客观基础。所以，共同正犯的部分行为全部责任的原则并不违背我国刑法中刑事责任的主观和客观相统一的原则，也不违背罪责自负的原则，因而是科学的，应为我国刑法所取。

以上所说的共同正犯的部分行为全部责任原则，从质上解决了共同正犯的罪责问题，即刑事责任的有无问题。但仅仅如此是不够的，在此基础上，我们还必须从量上解决共同正犯的罪责问题，即刑事责任的大小问题。对此，应当根据我国刑法的规定，正确地认定各共犯在共同犯罪中的作用，以便解决共同正犯中各共犯的处罚问题。我国刑法根据犯罪分子在共同犯罪中的作用，分别规定了主犯、从犯和胁从犯及其处罚原则。对于共同正犯，应当区别主从，分别论处。

我国刑法第 23 条规定：“组织、领导犯罪集团进行犯罪活动的或者在共同犯罪中起主要作用的，是主犯。”共同正犯中的主犯，是指在共同犯罪中起主要作用的犯罪分子。判断某一犯罪分子在共同正犯中是否起主要作用，主要应当根据其在实行共同犯罪中所处的地位、实际参加程度、对造成危害结果的作用等进行全面分析。一般来说，在实行犯罪前，拉拢、勾结他人而后又积极参加犯罪实行的，是主犯。在实行犯罪中，完成对犯罪结果的发生具有决定性意义的行为，例如在杀人罪中，在他人协助下执刀将被害人杀死的，是主犯。在实行犯罪后，策划掩盖罪行、逃避惩罚的活动的，是主犯。总之，在认定共同正犯中的主犯时，要坚持主观和客观相统一的原则，正确地判断犯罪分子在共同犯罪中所起的实际作用。根据我国刑法的规定，对共同正犯中的主犯应从重处罚。

我国刑法第 24 条规定：“在共同犯罪中起次要或者辅助作用的，是从犯。”共同正犯中的从犯，是指在共同犯罪中起次要作用的犯罪分子。共同正犯中的从犯，虽然直接参加了犯罪的实行，但其所承担的不是主要的犯罪行为，或者其行为没有直接造成严重后果。如果说，共同正犯中主犯和从犯的行为是犯罪结果发生的共同原因，那么，主犯的行为是主要原因，从犯的行为则是次要原因。根据我国刑法的规定，对于共同正犯中的从犯应当比照主犯从轻、减轻处罚或者免除处罚。

根据我国刑法第 25 条规定，被胁迫、被诱骗参加犯罪的，是胁从犯。共同正犯中的胁从犯是指被胁迫、被诱骗参加犯罪的实行的犯罪分子。这些犯罪分子虽然参加了犯罪的实行，但主观上是在被胁迫、被诱骗下不自愿或不完全自愿地参加了某些犯罪活动，客观上在整个犯罪活动中处于被动地位，所起的作用比较小。因此，根据我国刑法的规定，对于共同正犯中的胁从犯，应当比照从犯减轻或者免除处罚。

在共同正犯中，比较常见的是主犯和从犯并存的情形，对此应该分清主从，依法论处。当然，在某些共同正犯中，各共犯在共同犯罪中所起的作用基本相同，难分主从，对此不必勉强划分，应根据各自所犯的具体罪行的事实、情节和社会危害程度以及个人的具体情况，依法判处适当的刑罚。

论共同犯罪立法与司法的完善*

陈兴良**

摘　要：目前我国关于共同犯罪的立法规定存在如下问题：现行的共同犯罪人分类方法有时无法解决某些共同犯罪人的定罪问题；对共同犯罪的简单规定影响共同犯罪立法的完整性；刑法典和单行刑法有关共同犯罪的规定不协调；等等。共同犯罪的司法实践存在如下突出问题：共同犯罪人的认定存在某些失误；共同犯罪与经济犯罪数额的关系比较混乱；共同犯罪的量刑有时出现畸轻畸重的现象；随意分案审理现象十分严重；等等。鉴于此，在立法上，我国有必要从共同犯罪的概念、定罪和量刑三个方面入手对共同犯罪的立法进行改革；在司法上，我国有必要加强共同犯罪的司法解释，适当颁布一些共同犯罪的判例以指导司法实践，统一共同犯罪判决书中的罪名。

关键词：共同犯罪　立法　司法

共同犯罪是刑法中的一个重要问题。自从刑法颁行以来，我国刑法学界对共同犯罪进行了深入细致的研究，发表了一批论文，还出版了若干专著，共同犯罪成为刑法理论中研究得比较充分的一个学术领域。但是，刑法理论的任务既不是简单地对法条进行注疏，也不是客观地对司法实践加以描述，而是要对法条的优劣作出评判，对司法实践的得失作出评估，以

---

* 本文原载《法学研究》1989 年第 6 期，略有修改。

** 陈兴良，北京大学法学院教授。

便完善我国的刑事立法与司法。按照这一标准来衡量，共同犯罪研究还有待于进一步深入。本着这一思路，本文拟对共同犯罪的立法与司法的发展完善问题进行初步探讨，以就正于刑法学界。

上篇

我国现行刑法对共同犯罪的规定，总的说来是适应司法实践的客观需要的，在理论上也是科学的。尤其是不少具有中国特色的内容，使整部刑法增色，值得我们骄傲。但是，决不能由此得出我国关于共同犯罪的立法已经完美无缺的结论。从刑法颁行将近十年来的司法实践来看，现行刑法关于共同犯罪的规定还存在以下缺陷。

第一，我国刑法对共同犯罪人采取以作用分类法为主、分工分类法为辅的分类方法。将两种分类法统一起来的立法方式，虽然克服了专采某一种分类法的弊病，有利于解决共同犯罪的量刑问题，同时也适当地解决了共同犯罪的定罪问题，但对共同犯罪的定罪与量刑两者比较而言，对于量刑问题解决得比定罪问题要好一些。例如，我国刑法将教唆犯单列一条，规定得比较详细。刑法第 26 条第 2 款规定："如果被教唆的人没有犯被教唆的罪，对于教唆犯，可以从轻或者减轻处罚。" 这是对教唆未遂的规定。但如果是组织犯或者帮助犯，在被组织或者被帮助的人没有犯被组织或者被帮助的罪的情况下，组织犯或者帮助犯是否构成犯罪？如果构成犯罪应该如何处罚？这些问题在法律上没有明文规定，司法机关无法可依。因此，在立法上进一步明确组织犯与帮助犯的法律地位，以便科学地解决其定罪问题，是十分必要的。

第二，有些条文的表达不够明晰，影响条文之间的互相协调。例如刑法第 23 条规定："组织、领导犯罪集团进行犯罪活动的或者在共同犯罪中起主要作用的，是主犯。" 由此可以认为，主犯包括两种人：一是犯罪集团中的首要分子；二是其他在共同犯罪中起主要作用的犯罪分子。但刑法第 86 条指出："本法所说的首要分子是指在犯罪集团或者聚众犯罪中起组织、策划、指挥作用的犯罪分子。" 结合上述两个条文又可以得出结论，主犯包括三种人：除第 23 条所说的两种人以外，还包括聚众犯罪的首要分子。刑法条文之间的这种不协调，造成刑法理论上的混乱。

第三，我国刑法对共同犯罪的规定过于简单，有些应该规定的内容未加规定，影响共同犯罪立法的完整性。例如关于共同犯罪与身份的关系，各国刑法基本上都有规定，我国刑法则付之阙如。又如，关于连累犯，我国刑法分则对几种具体犯罪作了规定，在刑法总则中却有一般性的规定，影响刑法总则与分则之间的互相协调。当然，我们并不是说共同犯罪立法越详细越好，有些问题可以留给刑法理论解决，例如片面共犯、间接正犯等。但那些与共同犯罪的定罪及量刑密切相关的内容在刑法上得不到体现，就不能不说是一种缺憾。

第四，我国刑法颁行以后，立法机关又陆续颁布了一些单行刑事法律，对刑法的有关条文进行了修改、补充，其中有不少条文涉及共同犯罪。这些内容充实了我国共同犯罪的立法，但也出现了一些问题。例如1982年全国人大常委会《关于严惩严重破坏经济的罪犯的决定》补充规定了对某些严重经济犯罪知情不举的刑事责任，但又比照渎职罪处罚。而且，这样一来，对反革命罪、危害公共安全罪以及其他严重刑事犯罪知情不举的，都不能构成犯罪，从而影响了刑法的协调统一。又如，对于共同犯罪的数额的规定，各个犯罪之间没有统一的标准，影响执法效果。

针对上述情况，我们认为有必要对我国现行的共同犯罪的立法规定作较大幅度的修改，使之更加完善。在此，本人不揣冒昧，试拟有关共同犯罪的条文如下，供立法机关在将来修改刑法时参考：

第×节　共同犯罪

第×条（共同犯罪概念）

共同犯罪是指二人以上共同故意犯罪（包括实行、组织、教唆、帮助）。

第×条（共同过失犯罪）

二人以上共同过失犯罪，不以共同犯罪论处；应当负刑事责任的，按照他们所犯的罪行分别处罚。

第×条（连累犯）

在他人犯罪以后，明知他人的犯罪情况，而故意地以各种形式予以帮助的，是连累犯；对于连累犯，不以共同犯罪论处，按照本法分则的规定处罚。

第×条（共同犯罪的定罪）

实行本法分则所规定的犯罪行为的，是实行犯；对于实行犯，应当按照本法分则有关条文定罪。

在犯罪集团或者聚众犯罪中起组织、策划、指挥作用的，是组织犯；对于组织犯，应当按照其所组织的犯罪定罪。

教唆他人犯罪的，是教唆犯；对于教唆犯，应当按照其所教唆的犯罪定罪。

帮助他人犯罪的，是帮助犯；对于帮助犯，应当按照其所帮助的犯罪定罪。

第×条（组织犯、教唆犯、帮助犯的未遂）

如果被组织、教唆和帮助的人没有犯被组织、教唆、帮助的罪的，对于组织犯、教唆犯、帮助犯，可以从轻或者减轻处罚。

第×条（共同犯罪与身份）

没有特定身份的人组织、教唆、帮助有特定身份的人犯法律要求特定身份的罪的，没有特定身份的人应当以该罪论处。

因特定身份而致刑有轻重或者免除的，没有这种特定身份的人不受影响。

第×条（共同犯罪与数额）

共同犯罪人应当对犯罪总额承担刑事责任。

第×条（共同犯罪的量刑）

在共同犯罪中起主要作用的，是主犯；对于主犯，除本法分则已有规定的以外，应当从重处罚。

在共同犯罪中起次要作用的，是从犯；对于从犯，应当比照主犯从轻、减轻或者免除处罚。

被胁迫参加犯罪且在共同犯罪中起次要作用的，是胁从犯；对于胁从犯，应当比照从犯减轻或者免除处罚。

为了进一步理解上述试拟的条文的含义，下面我们对这些条文加以必要的说明。

我们试拟的共同犯罪条文，从结构上来说，可以分为共同犯罪的概念、共同犯罪的定罪和共同犯罪的量刑这三个有机组成部分。共同犯罪的概念主要是解决共同犯罪与单独犯罪以及其他类似于共同犯罪的行为的区分问题。关于共同犯罪与单独犯罪的区分，不言自明，无须规定。其他类似于共同犯罪的行为，主要是共同过失犯罪和连累犯，需要特设两个条文加以规定，并且指明这两种情况应该如何论处。共同犯罪的定罪，是按分工分类法，对实行犯、组织犯、教唆犯和帮助犯的定罪问题分别加以明确，解决其定罪依据问题。其他三个条文规定的组织犯、教唆犯、帮助犯的未遂，共同犯罪与身份，共同犯罪与数额问题，都与共同犯罪的定罪有关，有必要在法条上予以界定。共同犯罪的量刑，是按作用分类法，将共同犯罪人分为主犯、从犯和胁从犯，分别解决其量刑问题。这样，在我们试拟的共同犯罪条文中，分工分类法与作用分类法并存：同一个共同犯罪人具有双重身份。在定罪的时候，考察其在共同犯罪中的分工；在量刑的时候，考察其在共同犯罪中的作用。我们认为，在同一部刑法中，同时采用上述两种分类法，只要处理得当，并不会发生矛盾。

下　篇

共同犯罪是司法实践中经常发生的犯罪形态之一。共同犯罪案件，在整个刑事案件中占有相当的比例。根据本人对某基层法院 1985 年度共同犯罪发案情况的统计，该法院全年共审理刑事案件 120 件，案犯 160 人，其中共同犯罪案件共 26 件，占案件总数的 21.7%；共同犯罪人 60 人，占案犯总数的 37.5%。这个数字大体上反映了共同犯罪案件在全部刑事案件中所占的比例。而且，共同犯罪案件的复杂程度往往超过其他犯罪案件。因此，正确处理共同犯罪案件，是司法机关的一项艰巨任务。刑法颁行以来，我国司法机关在处理共同犯罪案件的司法实践中，积累了大量的经验，值得我们概括与总结。但在共同犯罪司法中，也还存在一些亟待解决的问题，主要表现在如下几个方面。

第一，在共同犯罪的认定上，有时还会发生一些失误。共同犯罪的认定，主要是解决共同犯罪的规格问题，这个问题的正确解决，是依法处理共同犯罪案件的前提。但在司法实践中，关于共同犯罪的认定，尤其是在犯罪集团的认定上，有时还不够准确。例如，1983 年严厉打击严重破坏社会治安的刑事犯罪活动中，犯罪团伙问题一度困扰着我国的司法机关。由于对犯罪团伙性质的认识模糊，对犯罪集团规格的把握不严，司法机关一度扩大犯罪集团的范围，把一般的犯罪团伙作为犯罪集团处理，扩大了打击面，造成了不良的社会影响。

第二，在共同犯罪人的认定上，也还存在一些差错。我国刑法主要是按照犯罪分子在共同犯罪中的作用，将共同犯罪人分为主犯、从犯、胁从犯和教唆犯，其中主犯中的首要分子和教唆犯更是我国刑法的打击重点。但如何认定首要分子，在司法实践中往往是一个比较复杂的问题。由于我们有些司法工作人员政策水平不高、业务素质较差，就容易把一般主犯认定为首要分子，或者把首要分子认定为一般主犯。此外，主犯与从犯的区别，在司法实践中也是一个不好把握的问题。

第三，在共同犯罪与经济犯罪数额的关系上，目前在司法实践中也比较混乱。这个问题与立法当然有关，但主要还在于司法实践中没有一个统一的标准。例如，根据有关司法解释，贪污的共同犯罪，按照各人所得处罚，而诈骗、盗窃的共同犯罪，又往往是按照共同犯罪的总额承担刑事责任，结果造成罪与罪之间的不相协调，有失公正。

第四，在共同犯罪的量刑上，有时还会出现畸轻畸重的现象。共同犯罪的量刑，由于各共同犯罪人对同一犯罪承担刑事责任，因此，存在一个罪责的比较问题。我国刑法规定主犯从重处罚，从犯比照主犯从轻处罚，胁从犯又比照从犯从轻处罚，三者形成一个从重到轻的罪责阶梯。因此，正确地比照，是对共同犯罪人量刑准确的前提。但有些司法工作人员对于如何比照的错误理解，导致对共同犯罪人量刑的失当。

第五，在共同犯罪案件的审判中，为图方便省事，随意地分案审理现象十分严重。共同犯罪案件应该坚持全案审理，这是共同犯罪案件审理的一条原则。无论是从实体法的意义还是从程序法的意义上说，对共同犯罪案件坚持全案审理，都是有百利而无一弊的。但在司法实践中，往往人为地分割共同犯罪案件，在判决书中随便可见“另案处理”的字样，严重地影响了共同犯罪案件的正确审理。

以上现象，虽然是局部的，有些是个别的，但它们的存在，影响了共同犯罪司法的社会效果，应当避免。

共同犯罪司法是整个刑事司法工作的一个重要组成部分。因此，共同犯罪司法的改进有赖于整个刑事司法工作水平的提高。在此，我们对如何改进共同犯罪司法提出下述建议。

第一，加强共同犯罪的司法解释。共同犯罪是一种十分复杂的社会现象，法律对共同犯罪的规定是抽象与概括的，为了正确地适用法律，就有必要对法律进行解释，以弥补立法的不足。刑法颁行以来，我国最高司法机关针对共同犯罪司法中出现的问题，已经作了一些司法解释，例如1984年6月15日最高人民法院、最高人民检察院、公安部《关于当前办理集团犯罪案件中具体应用法律的若干问题的解答》对刑事犯罪集团的基本特征作了说明，并对犯罪团伙和犯罪集团的关系作了解释，对于司法机关正确处理集团犯罪案件起到了强有力的指导作用。此外，对于共同犯罪司法程序方面的问题，也作了许多司法解释。但是，我们认为，在这些司法解释中还存在一些不够明确的问题。例如，1984年11月2日最高人民法院、最高人民检察院《关于当前办理盗窃案件中具体应用法律的若干问题的解答》指出："对于共同盗窃犯，应按照个人参与盗窃和分赃数额，及其在犯罪中的地位与作用，依法分别处罚。"这里的参与盗窃数额与分赃数额是两个不同的概念，在涉及适用刑法第151条还是第152条时，到底是以参与数额为准还是以分赃数额为准？该司法解释没有明确界定，因而影响适用效果。同时，在共同犯罪中，还有些问题需要作出司法解释，例如教唆犯等问题就比较复杂，有必要进行司法解释，这些以后应该加强。

第二，适当颁布一些共同犯罪的判例，以指导司法实践。我国虽然是一个成文法国家，但判例的作用为越来越多的人所认识。在共同犯罪司法中，判例的作用也是不容忽视的。例如，自1985年起，《最高人民法院公报》公开发行，其中就刊登了一些案例，这些案例虽然并不是最高人民法院本身的判决，而是最高人民法院从各地法院的判决中精选出来的某些具有典型意义的或者疑难的判例。其中，在刑事案例中共同犯罪案例的比例相当大。例如，1985年至1987年共刊登刑事案例22个，其中共同犯罪案例为12个，将近占60%。这些案例，被我国有些法学家称为判例。[①] 我们认为，这些案例与一般案例有所不同，但又不能认为是判例法意义上的判例，因为这些案例只对下级法院处理同类案件时具有参考价值，而没有法律约束力。因此，可以把这些案例称为准判例。我们认为，今后应当建立

---

① 参见沈宗灵《比较法总论》，北京大学出版社，1987，第467页。

判例制度，颁发一些具有法律效力的判例，以弥补成文法过于概括与抽象之不足。这对于共同犯罪司法也具有十分重要的意义。

第三，统一共同犯罪判决书中的罪名。目前在我国司法实践中，共同犯罪的罪名比较混乱。例如教唆犯，有些直接把被教唆之罪作为罪名，例如教唆杀人的，定为故意杀人罪；有些则把教唆和被教唆之罪结合起来确定为罪名，例如教唆杀人的，定为教唆杀人罪；更有个别的，直接定教唆罪。我们认为，上述第一种罪名虽然明确了教唆犯所犯之罪的性质，但没有表明在共同犯罪中各犯罪人的分工情况，因而不够确切。第三种罪名则是完全错误的，因为教唆并不是一个罪名，而只是共同犯罪的一种情况。第二种罪名比较科学；它既明确了所犯之罪的性质，又表明了共同犯罪中的分工。但在具体表述上，不无推敲的余地。我们认为，共同犯罪中的组织犯、教唆犯、帮助犯的罪名属于修正罪名。根据罪名是否为刑法总则的其他规定所修正，可以把罪名分为基本罪名和修正罪名。根据刑法分则的条文所确定的罪名就是基本罪名，例如共同犯罪中的实行犯，故意杀人的，定故意杀人罪，就属于基本罪名。修正罪名是指在刑法分则条文的基础上，根据刑法总则的修正所确定的罪名，例如共同犯罪中的组织犯、教唆犯、帮助犯的罪名。[①] 因此，共同犯罪中的组织犯、教唆犯、帮助犯，如果是犯故意杀人罪，表述为故意杀人（组织）罪、故意杀人（教唆）罪、故意杀人（帮助）罪较妥。在上述罪名中，故意杀人罪是其犯罪性质之所在，也是基本罪名。括弧中的组织、教唆、帮助指在共同犯罪中的分工，是刑法总则所作的修正。把基本罪名与修正的内容加以区别，表明它们之间具有主从关系，使人一目了然，被告人也容易接受。

① 参见王勇《论罪名》，《中国法学》1988 年第 3 期，第 83 页。

论共同过失犯罪[*]

侯国云　苗　杰[**]

摘　要：我国刑法应当承认共同过失犯罪，因为不承认共同过失犯罪不利于司法实践中对过失犯罪的处理。共同过失犯罪的社会危害性比单独过失犯罪重，但比共同故意犯罪轻。根据不同的标准，可以把共同过失犯罪和共同犯罪人分为不同的类型。过失教唆犯的成立须符合一定的条件，过失教唆犯也可能与故意教唆犯重合。追究共同过失犯罪的刑事责任，应贯彻分别处罚、身份从重、区别责任原则。

关键词：共同过失　过失教唆犯　刑事责任

关于过失共犯的问题，在世界刑法学界早有争论。日本著名刑法学者冈田朝太郎博士、大场茂马博士、腾木勘三郎博士等都坚持过失共犯论。苏联著名刑法学者特拉伊宁亦持此种见解，他说："在所有的人的行为都是过失实施的情况下，就发生过失的共同犯罪问题。"[①] 20世纪初期我国刑法学者也坚持过失共犯论，此种见解还曾影响到当时的刑事立法。如1912年颁布的《中华民国暂行新刑律》第35条规定，于过失罪，有共同过失者，以共犯论。这说明，共同过失犯罪并不是一个新问题。但是，我国现行刑法不承认共同过失犯罪，我国刑法学界也普遍坚持这一观点。这种状况很不利于司法实践中对过失犯罪的处理，往往造成不枉即纵的结

---

* 本文原载《法学研究》1993年第2期，略有修改。

** 侯国云，中国政法大学教授；苗杰，原文发表时为中国政法大学教务处工作人员。

① 北京政法学院刑法教研室：《外国刑法研究资料》第2辑，北京政法学院刑法教研室编印，1982，第329页。

果。比如，首长坐在汽车里命令司机超速行车，结果撞死了人，其责任显然不仅在于汽车司机。但司法实践中却只追究司机的责任，而不追究首长的责任，这显然是不合理的。为了适应司法实践的需要，为了正确解决共同过失犯罪人的刑事责任问题，有必要重新研讨和建立共同过失犯罪的理论。本文拟就共同过失犯罪的一般问题作些阐述，望起到抛砖引玉之作用。

一 共同过失犯罪的定义和条件

共同过失犯罪，是指二人或二人以上的过失行为共同造成一个或数个危害结果所构成的犯罪。这里的共同过失行为，可能是共同的作为，也可能是共同的不作为，还可能有的是作为，有的是不作为。有些案件，表面看去似乎只是某一个人的过失行为，但这个人的过失行为实质上受另一个或数个人的支配或影响，因而也应视为共同过失行为。比如，几个农民到一座山上去打眼放炮（炸石），路过一个山腰时，某甲指着路边的一块大石提议打赌（谁把大石滚下山甲请谁喝酒），某乙应允。某丙为某乙出了个省力的主意（用钢钎撬），某丁把钢钎借给某乙，某乙拿钢钎用力一撬，大石滚下山去，结果砸断了山下一妇女的右腿，致其终身残疾。在这个案例中，若不是某甲提议打赌，某乙就不会实施滚石下山的行为；若不是某丙为某乙出利用杠杆原理的主意和某丁把钢钎借给某乙，某乙便无力把大石滚下山去。可见，石头虽然是由某乙直接撬起来滚下山的，但某甲、某丙、某丁的行为同样是滚石行为的一部分，同样是造成危害结果的原因。所以，除了某乙之外，对某甲、某丙、某丁的行为，也应视为致人重伤的共同过失行为。

共同过失犯罪与单独过失犯罪相比，前者的社会危害性为重。这是因为：①在某些情况下，单独过失不会造成危害社会的结果，而共同过失则会使危害结果的发生不可避免；②共同过失犯罪造成的危害结果有时比单独过失犯罪造成的危害结果更为严重；③共同过失犯罪人在犯罪之后，可能相互包庇，毁灭罪证。共同过失犯罪与共同故意犯罪相比，前者的社会危害性为轻。这是因为：①共同过失犯罪人没有犯罪目的，不希望危害结果发生，因而不会为了犯罪而密谋策划；②共同过失犯罪不存在犯罪集团的形式；③共同过失犯罪人较共同故意犯罪人容易接受教育和改造。

构成共同过失犯罪，必须具备以下三个条件。①行为人必须是二人以上，而且每个人年龄都必须达到十六周岁以上，并具有刑事责任能力。②在主观上，各个共同过失行为人必须具有共同的过失。所谓共同的过失，是指每个行为人在实施各自的行为时，对可能发生的同一个或数个危害结果主观上都存在疏忽大意或过于自信的心理状态。共同的过失，使各个行为人的过失行为联结成一个统一的整体，使整个案件具有内在的一致性，体现出共同过失犯罪的主观特征。③在客观上，各个共同过失行为人必须具有共同的过失行为。所谓共同的过失行为，是指每个人的过失行为在客观上都是危害结果发生的原因。正因为如此，每个人的行为才具有了客观上的一致性，体现出共同过失犯罪的客观特征。

上述三个条件必须同时具备，才能成立共同过失犯罪。

二 共同过失犯罪的类型

按照不同的划分标准，可以将共同过失犯罪分为以下几种类型。

（一）以数个行为人实施过失行为的时间是否相同为标准，可以分为同时共同过失犯罪和先后共同过失犯罪

同时共同过失犯罪，是指数个行为人同时实施了一个或数个过失行为，引起了某一危害结果的发生。例如，甲乙二人在拆建筑脚手架时疏忽大意，既未注意观察也未警告，一同将一根木头从脚手架上扔下，将过路行人某丙砸死。先后共同过失犯罪，是指数人在不同时间先后实施了数个过失行为，引起某一危害结果的发生。例如，某甲用止咳糖浆瓶盛放农药敌敌畏于家中，因疏忽大意，未将瓶上的商标和说明揭去，也未在瓶上另加注明。某乙误以为瓶中装的是止咳糖浆，未加检查，即拿给邻居感冒咳嗽的幼儿服用，致幼儿死亡。甲乙二人构成了共同过失杀人罪。

（二）以过失行为是否完全由被告人一方实施为标准，可以分为同向共同过失犯罪和对向共同过失犯罪

同向共同过失犯罪，是指危害结果完全是由数个被告人的过失行为造成而构成的共同过失犯罪，这种情况在司法实践中较为多见。对向共同过

失犯罪，是指危害结果是由被告人和被害人双方的过失行为共同造成而构成的共同过失犯罪。例如，行人某甲违反交通规则在非人行横道处突然横穿马路，汽车司机某乙因超速行驶而刹车不住，将某甲撞死。在对向共同过失犯罪中，因存在被害人的过失，应减轻被告人的刑事责任。一般来说，被害人的过失越大，被告人应负的刑事责任就越轻；被害人的过失越小，被告人应负的刑事责任就越重。

（三）以数个过失犯罪人是否属于同一类犯罪主体为标准，可以分为单一共同过失犯罪和混合共同过失犯罪

单一共同过失犯罪，是指数个过失犯罪人均为一般主体或均为特殊主体的共同过失犯罪。混合共同过失犯罪，是指在数个共同过失犯罪人中，既有一般主体，也有特殊主体的共同过失犯罪。例如，在大兴安岭特大森林火灾事故中，构成共同过失犯罪的既有领导人员，也有林场工人，还有外流人员。有关领导和林场工人属于特殊主体，外流人员属于一般主体，这就是一个混合型共同过失犯罪。对于此种共同过失犯罪，需要根据犯罪主体和犯罪情节的不同，确定不同的罪名。例如在上述事故中，对有关的领导以玩忽职守罪确定罪名，对有关的林场工人以重大责任事故罪确定罪名，对外流人员则以失火罪确定罪名。

（四）以行为人之间对过失行为有无分工为标准，可以分为简单的共同过失犯罪和复杂的共同过失犯罪

简单的共同过失犯罪，是指数个行为人都直接参与实施某一过失行为而构成的过失犯罪，即每人都是过失行为的实行犯。复杂的共同过失犯罪，是指在数个过失行为人之间有分工的共同过失犯罪，即既有实行犯，也有教唆犯或帮助犯。例如，首长命令司机超速行车，因而发生事故致人死亡，就是一个复杂的共同过失犯罪。首长是过失教唆犯，司机是过失实行犯。

（五）以数人实施过失行为的目的是否相同为标准，可分为行为目的相同的共同过失犯罪和行为目的不同的共同过失犯罪

行为目的相同的共同过失犯罪，是指数个行为人出于同一目的而实施各自的行为所构成的共同过失犯罪。如在“打赌滚石”一案中，某甲实施的是教唆行为，某乙实施的是滚石行为，某丙和某丁实施的是帮助行为，但他们的目的是相同的，即都是为了打赌取乐。行为目的不同的共同过失犯罪，是指数个行为人出于各自特有的目的而实施各自的行为所构成的共同过失犯罪。例如，在前述共同过失杀人案件中，某甲用止咳糖浆瓶盛放农药置于家中，目的是毒杀害虫；某乙误把瓶中农药当作止咳糖浆拿给幼儿服用，目的是治病。

三 共同过失犯罪人的分类

在共同过失犯罪中，每个行为人主观上的过失程度都是不相同的，每人在共同过失犯罪中所处的地位和所起的作用也是不相同的。因而，他们每人所负的刑事责任也应有所不同。为了正确解决共同过失犯罪人的刑事责任问题，必须对共同过失犯罪人作出分类。

按照不同的划分标准，可以将共同过失犯罪人作出如下两种不同的分类。

（一）以行为人在过失犯罪中所起的作用为标准，可以把共同过失犯罪人分为过失主犯和过失从犯两种

过失主犯，是指在共同过失犯罪中，对过失行为起决策、指挥作用或其过失行为对危害结果的发生起主要作用的过失犯罪人。如“渤海 2 号”钻井平台倾覆事故中负责决策、指挥的人员和“打赌滚石”一案中亲自动手把石头滚下山去的某乙，都属于过失主犯。

过失从犯，是指在共同过失犯罪中，其过失行为对危害结果的发生起次要作用的过失犯罪人。具体分为两种：一是建议或者协助领导作出错误的决策或指挥的过失犯罪人；二是为过失行为的实施提供方便、创造条件或者虽然参加了过失行为的实施但其行为没有直接造成严重后果的过失犯罪人。

（二）以行为人在共同过失行为中的分工为标准，可以把共同过失犯罪人分为过失实行犯、过失帮助犯和过失教唆犯三种

过失实行犯，是指直接参与实施造成危害结果的过失行为的共同过失犯罪人，如“打赌滚石”一案中的某乙。过失帮助犯，是指没有直接参与过失行为的实施，但过失地为他人实施过失行为提供方便、创造条件、给

予帮助的共同过失犯罪人，如“打赌滚石”一案中的某丙和某丁。过失教唆犯，是指过失地引起他人过失犯罪的人，如“打赌滚石”一案中的某甲（下面列专题详加论述）。

四 过失教唆犯

（一）成立过失教唆犯的条件

过失教唆犯是过失引起他人过失犯罪的人。详言之，过失教唆，就是以要求、命令、劝说、鼓动、怂恿或其他方法使本来没有实施过失行为意图的人产生实施过失行为的意图，或者使本来有实施过失行为的意图但尚不坚定的人决意实施行为。成立过失教唆犯，必须具备以下几个条件。

第一，在客观方面，必须有教唆他人实施过失行为的行为。这种行为的内容必须是具体的，即教唆他人实施什么样的行为，必须清楚、明确。如要求或命令司机超速行车，鼓动他人用危险方法开玩笑，等等。教唆的方法可以是书面的，也可以是口头的，通常多表现为命令、要求、建议、劝说、鼓动、激将等。

第二，在主观方面，必须具有教唆他人实施过失行为的过失。这种教唆的过失，有两种表现形式。第一种表现形式是，过失地教唆他人实施必然危害社会的行为，但希望他人并不真的实施该行为。例如，某甲轻信某乙不会相信自己的话，于是手指毒药（砒霜）对某乙开玩笑说：“此药专治你妻子的病，一次就见效。”某乙未明白某甲是开玩笑，竟真的拿给其妻子服用，致其妻子被毒死。此种教唆过失的特点有三：①教唆人教唆他人实施的行为是直接危害社会的行为，即此种行为一旦实施，就必然会造成危害社会的结果；②教唆人本不希望被教唆人实施此种被教唆的行为；③由于教唆人轻信被教唆人不会实施被教唆的行为才实施了教唆行为。此种教唆的过失表现为，教唆人对被教唆人实施被教唆的行为应当预见而没有预见，或者已经预见而轻信能够避免。

第二种表现形式是，故意地教唆他人实施可能危害社会的行为，但希望可能发生的危害结果不发生。例如，某首长坐在汽车里命令司机超速行车，以致造成交通事故。此种教唆过失有两个特点：①教唆人教唆他人实施的行为只包含着发生危害结果的可能性，不包含必然性；②教唆人希望被教唆人实施被教唆的行为，但不希望发生危害结果。此种教唆的过失表现为，教唆人对可能发生的危害结果应当预见而没有预见，或者已经预见而轻信能够避免。

不论是过失地教唆他人实施必然危害社会的行为，还是故意地教唆他人实施可能危害社会的行为，过失教唆犯在主观上都是表现为过失地教唆他人过失犯罪。如果是故意地教唆他人过失犯罪，则不是过失教唆犯，而是故意教唆犯，应构成故意犯罪。这种故意教唆他人过失犯罪的故意表现为，教唆犯在教唆他人实施某种行为时，已经预见到他人实施其教唆的行为有可能引起某种危害结果，并且希望或者放任他人过失地引起这种危害结果。例如，某甲与某丙有宿怨，希望置某丙于死地，便教唆某乙用枪和某丙开玩笑。某乙因疏忽大意，未注意到枪中有子弹，结果在开玩笑时一枪打死了某丙。这里，某乙构成了过失致人死亡罪，某甲则构成故意杀人罪。关于这种教唆他人过失犯罪的故意犯罪，在《罗马尼亚刑法典》中已有明确规定。该法典第 31 条第 1 款规定：“故意教唆、促成或以任何方式帮助他人过失实施犯罪的，按故意犯此罪处罚。”

第三，被教唆人必须实施了被教唆的行为，且必须发生了危害社会的结果。如果被教唆人没有实施被教唆的行为，或者虽然实施了被教唆的行为但没有发生危害社会的结果，教唆人不成立过失教唆犯。

第四，被教唆人在实施被教唆的行为时，主观上必须也存在犯罪的过失。如果被教唆人主观上存有犯罪的故意，则教唆人不成立过失教唆犯（也不成立故意教唆犯）。例如，甲出于好玩鼓动乙用枪和丙开玩笑（吓唬丙），乙假借开玩笑，故意用枪打死丙。此种情况下，甲不构成过失或故意教唆犯。

第五，过失教唆行为与过失危害结果之间必须具有因果关系，否则，也不成立过失教唆犯。

（二）过失教唆犯与故意教唆犯的区别

过失教唆犯与故意教唆犯有时候容易混淆，特别是故意教唆他人实施可能危害社会的行为的过失教唆犯与故意教唆他人过失犯罪的故意教唆犯，最容易混淆。二者的区别主要有以下两点。

第一，过失教唆犯和故意教唆犯在主观上虽然都持故意的心理态度，但二者故意的内容不同。过失教唆犯故意教唆他人实施某种可能危害社会的行为，是为了达到某种正当或非正当的目的，而不是为了追求可能发生的危害结果。例如，某首长命令司机超速行车，是为了尽快赶赴会场，而不是为了发生交通事故。而故意教唆犯故意教唆他人实施某种可能危害社会的行为，目的则是追求可能发生的危害结果。另外，过失教唆犯只是对教唆行为持故意的心理态度，对危害结果则是持过失的心理态度。而故意教唆犯对教唆行为和危害结果都持故意的心理态度。

第二，过失教唆犯在教唆他人实施被教唆的行为时，对这种行为可能引起的危害结果不是明知的。他或因疏忽大意而没有预见到，或者预见到了而轻信能够避免，总之是不希望危害结果发生；而故意教唆犯在教唆他人实施被教唆的行为时，对这种行为可能引起的危害结果则是明知的，而且希望这种危害结果发生。

（三）过失教唆犯与故意教唆犯的重合

当教唆犯故意教唆他人实施某种故意犯罪行为时，应当预见到被教唆人实施被教唆的故意犯罪行为，除了发生其希望发生的危害结果之外，还有可能过失地引起另一种危害社会的结果，但由于疏忽大意而没有预见，或者已经预见但轻信能够避免，而被教唆人在实施被教唆的故意犯罪行为时，确实又过失地引起了另一种危害结果的情况下，被教唆人既构成故意犯罪，又构成过失犯罪，教唆犯则既构成故意教唆犯，又构成过失教唆犯。这就是过失教唆与故意教唆的重合。例如，劳改释放人员某甲教唆汽车司机某乙去铁路货车站盗运铁路物资，并教唆该司机在返回时超速行驶，发生交通事故，撞死一人。在该案中，司机某乙既构成盗窃罪，也构成交通肇事罪；某甲则既是盗窃罪的故意教唆犯，又是交通肇事罪的过失教唆犯。对甲乙二人均应实行数罪并罚。

五　追究共同过失犯罪刑事责任的基本原则

根据我国刑法的有关规定，结合司法实践和刑法理论，我们认为，追究共同过失犯罪的刑事责任，应注意贯彻以下几个基本原则。

（一）分别处罚原则

所谓分别处罚，是指在共同过失犯罪中，对各个共同过失犯罪人根据其各自触犯的罪名和相应的刑种，分别定以不同的罪名和处以不同的刑罚。我国刑法第22条第2款规定，“二人以上共同过失犯罪，……应当负刑事责任的，按照他们所犯的罪分别处罚”，也是这个意思。这是因为，在共同过失犯罪中，由于各犯罪主体的身份和职责的不同，可能触犯不同的罪名，自然应分别定罪和处罚。比如，在大兴安岭特大森林火灾事故中，对有关领导是按玩忽职守罪给予处罚，对林场的有关工人是按重大责任事故罪给予刑罚，对个别外流人员则是按失火罪给予处罚。

（二）身份从重原则

所谓身份从重，是指在共同过失犯罪中，对于具有职务或业务身份的特殊主体应当从重处罚。例如，在交通肇事案件中，驾驶员擅自把机动车交给非驾驶人员驾驶，造成重大事故的，由驾驶员负主要责任。对驾驶员从重处罚，就是因为他具有从事交通运输业务的特定身份。

（三）区别责任原则

所谓区别责任，是指在共同过失犯罪中，应根据每个行为人在共同过失犯罪中所处的地位和所起的作用，来决定其应负的刑事责任。一般来说，在实施过失行为时居于领导或支配地位，或者其个人的行为对危害结果的发生起了主要作用的，应承担较重的刑事责任；居于被领导或被支配的地位，或者其个人的行为对危害结果的发生只起较小作用的，应承担较轻的刑事责任；在共同过失犯罪中地位、作用相当的，应承担同等程度的刑事责任。具体说来，应注意区别以下三种情况。

第一，对过失主犯，应当从重处罚。从重处罚，是指在应当适用的刑法分则条文规定的量刑幅度内从重。

第二，对过失从犯，应当比照过失主犯从轻或减轻处罚。对于那些情节较轻、过失行为对危害结果的发生所起作用较小，认罪、悔罪态度也较好的过失从犯，也可以免除处罚。

第三，对于过失教唆犯的处罚，应遵循以下四个原则。①应按过失教唆犯在共同过失犯罪中所处的地位和所起的作用处罚。起主要作用的，按主犯从重处罚；起次要作用的，按从犯从轻处罚。一般来说，以命令的方式过失教唆他人犯过失罪的，或者既过失教唆又参与实施过失行为的，应按主犯从重处罚。以建议的方式过失教唆他人犯过失罪的，应按从犯从轻处罚。②过失教唆满十六岁不满十八岁的人犯过失罪的（如教唆这种年龄的人玩枪导致他人死亡的），应从重处罚。③过失教唆不满十六岁的儿童过失造成危害社会结果的，对过失教唆犯应按单独过失犯罪处罚。④被教唆人没有实施被教唆的行为，或者虽然实施了被教唆的行为但未造成严重危害结果的，过失教唆者不构成犯罪，免予追究刑事责任。

受贿罪的共犯[*]

张明楷[**]

摘　要： 刑法第 382 条第 3 款不是法定拟制，而是注意规定。一般主体与国家工作人员相勾结、伙同受贿的，成立受贿罪的共犯；国家工作人员使请托人向第三者提供贿赂时，故意接受贿赂的第三者与国家工作人员成立受贿罪的共犯；以各种形式帮助行贿或者受贿的，分别成立行贿罪或受贿罪的共犯，而非介绍贿赂罪；受贿罪的共犯人应当对所参与的共同受贿数额负责，追缴受贿所得时原则上应采取连带追征说。

关键词： 受贿罪　共犯　国家工作人员

一　法定拟制的界限：非国家工作人员伙同受贿的共犯认定

在《关于惩治贪污罪贿赂罪的补充规定》颁布之前，学界就一般主体与特殊主体共同故意实施以特殊身份为要件的犯罪时如何确定共犯性质的问题出现过激烈论争。最高人民法院与最高人民检察院的司法解答曾经规定："内外勾结进行贪污或者盗窃活动的共同犯罪（包括一般共同犯罪

[*] 本文原载《法学研究》2002 年第 1 期，略有修改。

[**] 张明楷，清华大学法学院教授。

和集团犯罪），应按其共同犯罪的基本特征定罪。共同犯罪的基本特征一般是由主犯犯罪的基本特征决定的。如果共同犯罪中主犯犯罪的基本特征是贪污，同案犯中不具有贪污罪主体身份的人，应以贪污罪的共犯论处。……如果共同犯罪中主犯犯罪的基本特征是盗窃，同案犯中的国家工作人员不论是否利用职务上的便利，应以盗窃罪的共犯论处。”[①] 但是，“这一解答大有商榷的余地。行为人在共同犯罪中所起的作用大小，是确定共犯人种类的依据，而不是定罪的依据；主犯是在确定了共同犯罪性质的前提下认定的，并非先认定主从犯，后确定构成何种犯罪。因为主从犯只是量刑的情节，不能作为定罪的依据。如果按作用大小确定罪名，必然使司法机关在许多情况下束手无策”。[②] 例如，一般公民与特殊主体均在共同犯罪中起主要作用时，应怎样定性？又如，据起主要作用的行为本身无法确定罪名时，该如何处理？因此，“刑法理论认为，案件的性质依犯罪的实行犯的行为性质来确定，认定是否构成真正身份犯以及构成怎样的真正身份犯，应当以有身份者所实施的犯罪构成要件的行为为根据，而不以谁在共同犯罪中所起作用最大为转移”。[③] 鉴于此，全国人大常委会 1988 年 1 月 21 日《关于惩治贪污罪贿赂罪的补充规定》分别就贪污罪、受贿罪的共犯作了明确规定。其第 1 条第 2 款指出：“与国家工作人员、集体经济组织工作人员或者其他经手、管理公共财物的人员相勾结，伙同贪污的，以共犯论处。”第 4 条第 2 款写道：“与国家工作人员、集体经济组织工作人员或者其他从事公务的人员相勾结，伙同受贿的，以共犯论处。”不言而喻，两处的“以共犯论处”意指以贪污罪的共犯论处和以受贿罪的共犯论处。可是，1997 年修订后的新刑法只是保留了贪污罪的共犯规定，而删除了关于受贿罪共犯的表述。于是有人认为，修订后的刑法已取消内外勾结的受贿罪共犯，修订后的刑法施行后，对非国家工作人员勾结国家工作人员，伙同受贿的，不能以受贿罪共犯追究其刑事责任。[④] 这种观点（以下简称否定说）在司法实践中造成的消极后果已经发展到令人惊讶的严重程

① 最高人民法院、最高人民检察院 1985 年 7 月 18 日《关于当前办理经济犯罪案件中具体应用法律的若干问题的解答（试行）》。

② 张明楷：《犯罪论原理》，武汉大学出版社，1991，第 530 页。

③ 马克昌：《共同犯罪与身份》，《法学研究》1986 年第 5 期。

④ 王发强：《内外勾结的受贿罪共犯是否已被取消》，《人民司法》1998 年第 9 期。

度，[①] 正本清源实属当务之急。不难发现，此处的关键在于如何理解刑法第 382 条第 3 款的性质，即澄清该款属注意规定还是属法定拟制。

注意规定是在刑法已作相关规定的前提下，提示司法人员注意以免司法人员忽略的规定。它有两个基本特征。其一，注意规定的设置，并不改变相关规定的内容，只是对相关规定内容的重申；即使不设置注意规定，也存在相应的法律适用根据（即按相关规定处理）。[②] 例如，刑法第 285 条与第 286 条分别规定了非法侵入计算机信息系统罪与破坏计算机信息系统罪；第 287 条规定："利用计算机实施金融诈骗、盗窃、贪污、挪用公款、窃取国家秘密或者其他犯罪的，依照本法的有关规定定罪处罚。" 此条即属注意规定，一方面它旨在引起司法人员的注意，对上述利用计算机实施的各种犯罪，应当依照有关金融诈骗、盗窃、贪污、挪用公款等罪的规定定罪处罚；不能因为规定了两种计算机犯罪，便对利用计算机实施的金融诈骗、盗窃、贪污、挪用公款等罪也以计算机犯罪论处。另一方面，即使没有这一规定，对上述利用计算机实施的各种犯罪，也应当依照刑法的相关规定定罪处罚。可见，注意规定并没有对相关规定作出任何修正与补充。其二，注意规定只具有提示性，其表述的内容与相关规定的内容完全相同，因而不会导致将原本不符合相关规定的行为也按相关规定论处。换言之，如果注意规定指出"对 A 行为应当依甲犯罪论处"，那么，只有当 A 行为完全符合甲罪的构成要件时，才能将 A 行为认定为甲罪。例如，刑法第 163 条前两款规定了非国家工作人员受贿罪，第 3 款规定，国家工作人员"有前两款行为的，依照本法第三百八十五条、第三百八十六条的规定定罪处罚"。显然，只有当国家工作人员的行为完全符合刑法第 385 条所规定的受贿罪构成要件时，才能以受贿罪论处；所以，第 163 条第 3 款也是注意规定，它不会导致将原本不符合受贿罪构成要件的行为也认定为受贿罪。根据上述两个特征，刑法第 183 条、第 184 条、第 185 条、第 198 条第 4 款、第 242 条第 1 款、第 272 条第 2 款等均属注意规定。

---

① 例如，有的法院对于检察机关起诉的联防队员与警察共同刑讯逼供致人死亡的案件，也只认定警察的行为构成犯罪，而将联防队员作无罪处理。理由是，刑法第 247 条没有像第 382 条那样的规定。

② 在何种情况下应当设置注意规定、滥用注意规定可能造成的不良后果等，是需要另撰文探讨的问题。

法定拟制（或法律拟制）则不同，其特点是导致将原本不符合某种规定的行为也按照该规定处理。换言之，“法学上的拟制是：有意地将明知为不同者，等同视之。……法定拟制的目标通常在于：将针对一构成要件（T1）所作的规定，适用于另一构成要件（T2）”。[①] 换言之，在法定拟制的场合，尽管立法者明知T2与T1在事实上并不完全相同，但出于某种目的仍然对T2赋予与T1相同的法律效果，从而指示法律适用者将T2视为T1的一个事例，对T2适用T1的法律规定。例如，刑法第269条规定：“犯盗窃、诈骗、抢夺罪，为窝藏赃物、抗拒抓捕或者毁灭罪证而当场使用暴力或者以暴力相威胁的，依照本法第二百六十三条的规定定罪处罚。”此即法定拟制。因为该条规定的行为（T2）原本并不符合刑法第263条（相关规定）的构成要件（T1），但第269条对该行为（T2）赋予与抢劫罪（T1）相同的法律效果，如果没有第269条的规定，对上述行为就不能以抢劫罪论处，而只能对前一阶段的行为分别认定为盗窃、诈骗、抢夺罪，对后一阶段的行为视性质与情节认定为故意杀人罪、故意伤害罪，或者仅视为前罪的量刑情节。由此可见，法定拟制可谓一种特别规定。[②] 其特别之处在于：即使某种行为原本不符合刑法的相关规定，但在刑法明文规定的特殊条件下也必须按相关规定论处。

区分法定拟制与注意规定的基本意义，在于明确该规定是否修正或补充了相关规定或基本规定，是否导致将不同的行为等同视之。例如，刑法第247条前段规定了刑讯逼供罪与暴力取证罪，后段规定：“致人伤残、死亡的，依照本法第二百三十四条、第二百三十二条的规定定罪从重处罚。”如果认为本规定属于注意规定，那么，对刑讯逼供或暴力取证以故意杀人罪定罪处罚的条件是，除了要求该行为致人死亡外，还要求行为人主观上具有杀人的故意。如果本规定属于法定拟制，那么，只要是刑讯逼供或者暴力取证致人死亡的，不管行为人主观上有无杀人故意，都必须认定为故意杀人罪。换言之，尽管该行为原本不符合故意杀人罪的成立条件，但法律仍然赋予其故意杀人罪的法律效果。与旧刑法相比，新刑法既增加了法定拟制，更增加了注意规定。如何区分法定拟制与注意规定，是

---

① 〔德〕卡尔·拉伦茨：《法学方法论》，陈爱娥译，五南图书出版公司，1996，第160页。

② 拟制规定只是特别规定的一种情形；特别规定还有其他种类，如与普通规定相对应、对立的特别规定。

解释刑法分则面临的重大课题，也影响刑法总则的适用。

就我们所讨论的问题而言，如果说刑法第 382 条第 3 款属于法定拟制，则意味着一般主体参与以特殊身份为要件的犯罪时，原本并不成立共同犯罪；因此，对于一般主体参与以特殊身份为要件的犯罪的，只要没有这种拟制规定，就不得认定为共犯。由于规定受贿罪的第 385 条没有设置这样的拟制规定，故一般主体与国家工作人员相勾结伙同受贿的，不得以受贿罪的共犯论处；否定说便是由此形成的。但是，如果说该款只是注意规定，则意味着一般主体参与以特殊身份为要件的犯罪时，根据总则规定原本构成共同犯罪。所以，不管分则条文中有无这一注意规定，对一般主体参与以特殊身份为要件的犯罪的，均应认定为共犯。故一般主体与国家工作人员相勾结伙同受贿的，应以受贿罪的共犯论处。

笔者以为，刑法第 382 条第 3 款属于注意规定，而非法定拟制。要形成这一结论，就得证明刑法总则已经存在意义相同的相关规定。换言之，必须证明，根据刑法总则关于共同犯罪的规定，完全可以得出“一般主体与特殊主体共同故意实施以特殊身份为要件的犯罪的，均应认定为共犯”的结论。[①] 首先，刑法在总则中设立共犯规定的原因之一，就是刑法分则所规定的主体均为实行犯，所以，刑法分则所规定的国家工作人员等特殊主体仅就实行犯而言，至于教唆犯与帮助犯，则完全不需要特殊身份。其次，虽然我国刑法没有像日本刑法第 65 条那样就身份犯的共犯作出规定，[②] 但我国刑法有关共犯人的规定已经指明了这一点。例如，刑法第 29 条第 1 款前段规定：“教唆他人犯罪的，应当按照他在共同犯罪中所起的作用处罚。”这表明，只要被教唆的人犯被教唆的罪，教唆犯与被教唆犯就构成共犯。刑法 27 条第 1 款规定：“在共同犯罪中起次要或者辅助作用的，是从犯。”单个人犯罪无所谓主从犯，从犯只能存在于共同犯罪之中。这证明，起帮助作用的人，也与被帮助的人成立共犯。当然，帮助犯也可能是胁从犯，但第 28 条的规定说明，胁从犯也只存在于共犯之中。这三条足以表达以下含义：一般主体教唆、帮助特殊主体实施以特殊身份为构成

① 刑法理论上早已得出这种结论（参见马克昌《共同犯罪与身份》，《法学研究》1986 年第 5 期），故没有必要进一步说明。

② 日本刑法第 65 条第 1 款规定：“对于因犯罪人身份而构成的犯罪行为进行加功的人，虽不具有这种身份的，也是共犯。”

要件的犯罪的，以共犯论处。[①] 进一步而言，即使没有刑法第 382 条第 3 款规定，对于一般公民与国家工作人员相勾结、伙同贪污的，也应当根据刑法总则的规定，以贪污罪的共犯论处。因此，刑法第 382 条第 3 款只是重申了刑法总则关于共犯的规定，或者说只是将刑法总则关于共犯的规定具体化于贪污罪的规定中，而没有增加新的内容，只能视为注意规定。最后，如果将刑法第 382 条第 3 款理解为法定拟制，那么，一般主体与特殊主体共同故意实施以特殊身份为要件的犯罪时，除贪污罪之外，一概不成立共犯；这样，刑法总则关于共同犯罪的规定几近一纸空文，总则也不能起到指导分则的作用。例如，一般公民教唆国家机关工作人员叛逃的，一般公民教唆、帮助司法工作人员刑讯逼供的，一般公民帮助在押人员脱逃的，一般公民教唆国家工作人员挪用公款的，均不成立共犯，[②] 而且通常只能宣告无罪。但这些结论无论如何不能得到国民的赞同。

现在必须回答的问题是：为什么新刑法在贪污罪中保留注意规定，而删除受贿罪中的注意规定？对此也不难解释。因为贪污罪包含了利用职务之便的盗窃、骗取、侵占等行为，而一般主体与国家工作人员相勾结、伙同贪污时，一般主体的行为也符合盗窃罪、诈骗罪、侵占罪的构成要件。刑法第 382 条第 3 款的注意规定，是为了防止司法机关将贪污共犯认定为盗窃、诈骗、侵占等罪。刑法就受贿罪取消注意规定，是因为基本上不存在将受贿共犯认定为其他犯罪的问题；刑法对其他特殊主体的犯罪没有设置类似的注意规定，也是因为基本上不存在类似问题，因而没有提醒的必要。“法律是欲以极少数的条文，网罗极复杂的社会事实，为便于适用和遵守起见，条文固应力求其少，文字尤应力求其短，以免卷帙浩繁，人民有无所适从之叹。”[③] 因此，刑法没有必要，也不可能，更不应当随处设立注意规定，只有当立法者担心司法机关可能存在误解或者容易疏忽的情况

① 在修订刑法的过程中，曾有学者建议设立类似于日本刑法第 65 条的规定（参见陈兴良《共同犯罪论》，中国社会科学出版社，1992，第 538 页），应当说这种建议具有相当的合理性，但立法者之所以没有采纳该建议，就是因为根据刑法关于教唆犯与从犯的规定，完全可以得出日本刑法第 65 条的结论。

② 或许有人认为，因为有司法解释，所以一般公民（包括使用人）与国家工作人员构成挪用公款罪的共犯。可是，司法解释也受罪刑法定原则的约束；在学理解释上违反罪刑法定原则的结论，在司法解释上也必定违反罪刑法定原则。

③ 林纪东：《法学通论》，远东图书公司，1953，第 89 页。

下，才作出注意规定。由于教唆或者帮助受贿的行为不可能构成其他犯罪，不会引起误会，故立法者删除了原有的注意规定。

二　立法体例的比较：国家工作人员使请托人向第三者供贿的共犯认定

国家工作人员要求、暗示请托人向第三者提供贿赂的现象，在现实生活中并非罕见。例如，丙有求于国家工作人员甲的职务行为，甲便要求或暗示丙向乙提供财物，乙欣然接受；或者甲利用职务上的便利为丙谋取了利益，事后丙欲向甲提供作为职务行为的不正当报酬的财物时，甲则要求或暗示丙将财物提供给乙，乙没有拒绝。如果乙根本不知道丙所提供的财物与国家工作人员甲的职务有关，当然不可能成立受贿罪的共犯。所以，现在所要讨论的问题是：如果乙明知丙提供的财物与甲的职务有关，即明知该财物属于甲的职务行为或所允诺的职务行为的不正当报酬而收受时，是否与甲成立受贿罪的共犯？显然，讨论这一问题的前提是明确甲的行为是否成立受贿罪。尽管无罪说论者不乏其人，但笔者仍然对此持肯定回答。

关于受贿罪的立法形式，一直存在两种立场。起源于罗马法的立场是，受贿罪的保护法益是职务行为的不可收买性。根据这一立场，不管公务员所实施的职务行为是否正当合法，一旦他要求、约定、收受与职务有关的报酬，就构成受贿罪。起源于日耳曼法的立场是，受贿罪的保护法益是职务行为的纯洁性、公正性，职务行为的不可侵犯性。按照这一立场，只有当公务员实施违法或者不正当的职务行为，从而要求、约定或者收受不正当报酬时，才构成受贿罪。[①] 以往，我国刑法理论一直认为，受贿罪侵犯的是国家机关的正常管理活动；[②] 近年来则大多认为，受贿罪所侵害的法益是国家工作人员职务行为的廉洁性，[③] 其中也有人表述为公务人员的廉洁性。[④] 不过，我国的廉洁性说究竟是以不可收买性说为立场，还是以纯洁性说为立场，仍不明确。本文对此不必深究，只是需要说明，上述

① 参见〔日〕大塚仁《刑法各论》（下卷），青林书院新社，1968，第678页。

② 参见高铭暄主编《中国刑法学》，中国人民大学出版社，1989，第601页。

③ 参见郝力挥、刘杰《对受贿罪客体的再认识》，《法学研究》1987年第6期。

④ 参见赵长青《经济犯罪研究》，四川大学出版社，1997，第563页。

设例中的甲的行为是否侵犯了职务行为的不可收买性与职务行为的纯洁性、公正性。

职务行为的不可收买性与职务行为的纯洁性、公正性密切联系：防止权力滥用、保障权力公正行使的最起码、最基本的措施，就是防止权力与其他利益的相互交换；古今中外的客观事实不可置疑地告诉人们，职务行为的纯洁性、公正性首先取决于职务行为的不可收买性。否则，必然损害其他人的利益，进而导致公民丧失对职务行为公正性和国家机关本身的信赖。所以，为了保障职务行为的纯洁性、公正性，首先必须保证职务行为的不可收买性。现实与常识告诉人们，国家工作人员要求、暗示请托人向第三者提供财物时，该第三者必定与国家工作人员具有某种亲密关系：要么国家工作人员需要报答第三者或者需要满足第三者的需求，要么第三者在接受财物后将所接受的财物私下转交给国家工作人员，要么第三者会采取其他方式报答国家工作人员。说到底，国家工作人员仍然是为了自己的利益而要求、暗示请托人向第三者提供财物。同样，请托人也必然认识到第三者与国家工作人员的密切关系，否则，决不会向第三者提供财物。现实生活中，一些请托人在有求于国家工作人员的职务行为却又无法接触国家工作人员时，想方设法通过与国家工作人员有密切关系的人牵线搭桥，进而实现行贿的事实，也充分说明了这一点。既然如此，我们就应当肯定这种行为侵犯了国家工作人员职务行为的不可收买性，进而也侵犯了职务行为的纯洁性、公正性，理当以受贿罪论处。如果对这种行为予以放任，必将为权钱交易开辟一条宽阔的畅通大道：国家工作人员不直接收受贿赂，而由第三者收受，最终仍然实现自己的利益，却可以免受刑事责任追究。不难看出，在大力反腐倡廉的今天，无罪说有悖民意。

说到底，无罪说论者无非因为国家工作人员本人表面上没有得到请托人所提供的财物，即没有当场实现利己的意图而得出了无罪的结论。然而，犯罪的本质是对法益的侵害（包括威胁），而不是行为人取得利益；同样，刑法的目的是保护法益，而不是禁止人们获得利益。如果行为侵害了法益，即使行为人没有获得利益，也可能成立犯罪；反之，如果行为人取得了利益，但其行为并未侵害法益，则不可能构成犯罪。[1] 既然国家工

---

① 参见张明楷《法益初论》，中国政法大学出版社，2000，第269页以下。

作人员使请托人向第三者提供财物的行为侵害了其职务行为的不可收买性与纯洁性、公正性，那么其行为便具备了受贿罪的本质。事实上，在司法实践中，对国家工作人员使请托人向其妻子或子女提供财物的，即使其妻子或者子女不知情，也认定国家工作人员成立受贿罪，而且所认定的受贿数额以其妻子或者子女实际接受的数额为准。① 按照无罪说的逻辑，既然国家工作人员使请托人向第三者提供财物时无罪，那么，国家工作人员使请托人向妻子提供财物而妻子不知情时，由于其中的二分之一在形式上由妻子所有，故只能将妻子接受财物的二分之一认定为国家工作人员的受贿数额。但事实上并非如此。显然，只有肯定了国家工作人员使请托人向第三者提供财物的也成立受贿罪，才能说明上述司法实践的正确性。

关于国家工作人员使请托人向第三者提供财物构成犯罪的刑事立法，大体上有三种体例。一是对受贿罪的构成要件规定得比较简洁，没有明文指出使请托人向第三者提供财物是否构成受贿罪。如我国台湾地区“刑法”第 121 条第 1 款规定：“公务员或仲裁人对于职务上之行为，要求、期约或收受贿赂或其他不正利益者，处七年以下有期徒刑，得并科五千元以下罚金。”二是以德国刑法为代表，所规定的受贿罪构成要件包含了使请托人向第三者提供利益的情况。如其第 331 条第 1 款规定：“公务员或者对公共职务特别负有义务的人员就其职务活动为自己或者第三者要求、使被约定或者接受利益的，处三年以下自由刑或者罚金。”三是以日本刑法为代表，将使请托人向第三者提供贿赂规定为独立的罪名，其第 197 条之二规定：“公务员就其职务上的事项，接受请托，使请托人向第三者提供贿赂，或者要求、约定向第三者提供贿赂的，处五年以下惩役。”

我们现在要讨论的是，能否因为外国刑法对使请托人向第三者提供贿赂有明文规定，而否认该行为在我国成立受贿罪？无罪说论者的理由往往是：我国实行罪刑法定原则，对于刑法没有明文规定的行为不得定罪处刑；日本、德国刑法明文将该行为规定为犯罪，而我国刑法对此没有明文规定，所以，在我国不得对该行为定罪处刑。但笔者认为，这种推论存在两个不能令人接受的缺陷。

---

① 在日本，公务员使请托人向自己的妻子、子女等亲属提供财物的，并不认定为使请托人向第三者提供贿赂罪，而是直接认定为普通受贿罪（参见〔日〕林干人《刑法各论》，东京大学出版会，1999，第 450 页）。

首先，该观点的判断方法是，先以国外刑法的规定为依据将某种行为概括为国外刑法所规定的某种“犯罪”（大前提），然后说中国刑法没有国外刑法的类似规定（小前提），因而该行为无罪（结论），即前述设例中甲的行为在日本属于使请托人向第三者提供贿赂罪，而我国刑法没有规定该罪，所以甲的行为在我国无罪。由此我们会进一步发现，该观点将事实作为大前提，[①] 将法律作为小前提，然后得出了无罪的结论：甲的行为属于使请托人向第三者提供贿赂（大前提），刑法没有规定该罪（小前提），所以该行为无罪（结论）。然而，这种判断方式存在重大缺陷。“从形式逻辑规则的观点来看，对法律案件的决定是根据三段论法作出的，其中法律规范是大前提，案件的情况是小前提，案件的决定是结论。把案件的决定看作是按照三段论法的规则得出的结论，对于彻底确立法制原则具有重要的意义，法制的实质就在于使所有主体的行为符合法律规范的要求。而在法的适用方面，只有当适用法的机关准确地和正确地把法律规范适用于一定的具体情况，即按照三段论法的规则决定法律案件时，才能出现这种相符合的情况。”[②] 因此，我们在判断构成要件符合性时，应当以法定的构成要件为大前提，以具体的事实为小前提，从而得出正确结论。就判断受贿罪成立与否而言，应当采取以下方法：首先确定受贿罪的构成要件，然后判断甲的行为是否符合受贿罪的构成要件，再得出甲的行为是否构成犯罪的结论。无罪说论者不仅在判断方式上存在缺陷，而且有违反罪刑法定原则之嫌。因为根据罪刑法定原则，必须先考虑刑法的规定，即先有大前提，然后才审视现实中的某种行为是否构成犯罪，这样便限制了司法权力。人们不难发现，无罪说论者的上述判断方式完全可以做到为所欲为：“想入罪便入罪，想出罪即出罪。”例如，当判断者想将某种行为认定为抢劫罪时，他便可以进行如下推理：该行为是抢劫行为，我国刑法规定了抢劫罪，所以对该行为应当以抢劫罪定罪处刑；又如，当判断者欲将某种行为

---

① 因为论者根据外国刑法而非根据本国刑法归纳了事实特征，确定了行为性质，并将其作为大前提。

② 〔苏〕C. C. 阿列克谢耶夫：《法的一般理论》（下册），黄良平、丁文琪译，法律出版社，1991，第729页。另参见〔德〕卡尔·拉伦茨《法学方法论》，陈爱娥译，五南图书出版公司，1996，第168页以下；〔日〕团藤重光《法学的基础》，有斐阁，1996，第213页以下；〔美〕E. 博登海默《法理学：法律哲学与法律方法》，邓正来译，中国政法大学出版社，1999，第491页以下；等等。

认定为受贿罪时，他就能够进行如下推理：该行为是受贿行为，我国刑法规定了受贿罪，所以对该行为应当以受贿罪论处。反之亦然。例如，当判断者不想将某抢劫行为认定为抢劫罪时，他便可以进行如下推理：该行为是一种强制行为，我国刑法没有规定强制罪，所以对该行为不得定罪处刑；当判断者不愿将溺婴行为认定为故意杀人罪时，他就能够进行如下推理：该行为属于溺婴行为，我国刑法没有规定溺婴罪，所以对该行为不得定罪处刑。或许读者以为笔者在随心所欲地任意编造。其实不然，事实上我们已经随处可见这种不可思议的现象。例如，有人认为，单位进行贷款诈骗时，对直接负责的主管人员与其他直接责任人员不得认定为贷款诈骗罪，其判断过程便是：该行为属于单位贷款诈骗，而刑法没有规定单位可以成为贷款诈骗罪的主体，所以该行为无罪。① 再如，有的学者认为，单位盗窃时，对单位中的直接负责的主管人员和其他直接责任人员不得以盗窃罪论处，其判断仍然是：该行为属于单位盗窃行为，应以单位犯罪论处，但刑法没有规定单位可以成为盗窃罪的主体，故该行为无罪。② 不难发现，倘若人们将刑法规范由小前提回到大前提，则会得出相反结论。

由此看来，当人们自觉或者不自觉地将三段论式中的大前提与小前提倒置时，所造成的混乱是相当严重的。无论是司法人员办案还是刑法学者著书，都不应当出现这样的现象，否则便无法治可言。

其次，解释刑法不可缺少比较方法，尤其是在刑法条文表述相同或者相似、条文适用背景相同或者相似的情况下，参考外国的刑法学说与审判实践解释本国刑法规范，有助于得出发人深省的结论。但是，在进行比较解释时，不可忽视中外刑法在实质、内容、体例上的差异。例如，就某类犯罪而言，有的国家刑法规定得非常详细（可能有多个罪名），有的国家刑法则规定得十分简单（可能只有一个罪名）。在这种情况下，后者的一个罪名可能包含了前者的多个罪名的内容；而不能简单地认为，后者只处罚一种情形，前者处罚多种情形。例如，德国刑法第 211 条、第 212 条、第 216 条、第 220 条 a 分别规定了谋杀罪、故意杀人罪、受嘱托杀人罪、灭绝种族罪，而我国刑法仅第 232 条规定了故意杀人罪。我们显然不能认

① 参见王发强《单位行为不能构成贷款诈骗罪》，《人民法院报》1998 年 8 月 4 日。

② 参见陈兴良主编《刑事法判解》第 1 卷，法律出版社，1999，第 35 页以下。

为，谋杀、受嘱托杀人以及灭绝种族的行为，没有被我国刑法规定为犯罪，因而不得定罪处刑；相反只能认为，这些行为都包含在我国刑法第232条规定的故意杀人罪中。再如，日本刑法第246条规定了诈骗罪，第246条之二规定了使用计算机诈骗罪，第248条规定了准诈骗罪，[①] 而我国刑法没有规定后两种罪名。我们当然不能认为，使用计算机诈骗与准诈骗的行为，没有被我国刑法规定为犯罪，因而不得定罪处刑；相反只能认为，这些行为包含在我国刑法第266条规定的诈骗罪中。反过来的情形也值得我们思考。中国刑法规定了抢夺罪，但德国、日本等大陆法系国家的刑法中均不见有此罪名；德国、日本的学者与法官面对我们所谓的抢夺行为时，不会作出如下判断：该行为属于抢夺行为，虽然中国刑法规定了抢夺罪，但德国、日本刑法没有规定抢夺罪，故不得定罪量刑；相反，在德国、日本，抢夺行为分别被认定为抢劫罪与盗窃罪。[②] 由此看来，我们不能只看文字上的表述与犯罪的名称，而应注重规定某种犯罪的条文在刑法体系中的地位，从而了解相同用语在不同国家的刑法中所具有的不同含义。[③] 而无罪说论者在进行比较解释时，恰恰忽视了这一点。

我国新刑法根据主体的差异规定了几种不同的受贿犯罪，而没有根据行为的不同类型规定不同的受贿罪。与外国刑法进行比较之际，必须对此予以充分注意。例如，德国、日本等国刑法均规定了要求（索取）、约定与收受三种受贿方式，而我国刑法只规定了索取与收受，但我们显然不能认为约定贿赂的行为在我国不成立犯罪。相反，我们完全能够以谁提出约定为标准，将约定归入索取与收受：国家工作人员先提出约定的，属于索取；对方先提出约定的，国家工作人员属于收受。[④] 再如，日本刑法第197条之三明文规定了事后受贿罪，[⑤] 我国刑法没有设置该罪名，然而也不能由此错误地推论：某行为属于事后受贿，我国刑法没有规定事后受贿罪，

---

① 准诈骗罪，是指利用未成年人的知虑浅薄或者他人的心神耗弱，使之交付财物，或者取得财产上的不法利益或者使他人取得的行为。

② 参见〔日〕西田典之《刑法各论》，弘文堂，1999，第159页。

③ 如上所述，在德国，故意杀人罪是指除谋杀罪、受嘱托杀人罪、灭绝种族罪以外的故意杀人罪；在中国，故意杀人罪则包括一切故意杀人的行为。同样，在日本与中国，“诈骗罪”的外延也不完全相同。

④ 参见张明楷《刑法学》（下），法律出版社，1997，第921页。

⑤ 该条第2款规定：“曾任公务员人，就其在职时接受请托在职务上曾实施不正当行为，或者不实施适当行为，收受、要求或者约定贿赂的，处五年以下惩役。”

所以不得对该行为定罪处刑。相反，现实的妥当做法是："国家工作人员利用职务上的便利为请托人谋取利益，并与请托人事先约定，在其离退休后收受请托人财物，构成犯罪的，以受贿罪定罪处罚。"[①]

回到使请托人向第三者提供贿赂的问题上来。诚然，我国刑法并没有规定此罪名，但是，从客观上说，刑法所规定的收受他人财物，包括直接收受与间接收受。对方提供给第三者的财物，仍然是国家工作人员（所许诺的）职务行为的不正当报酬，因而具有贿赂性质；对方之所以提供给第三者，是因为有求于国家工作人员的职务行为或者因为国家工作人员已经为其实施了职务行为，这表明国家工作人员利用了职务上的便利。从主观上说，刑法所规定的受贿罪也并没有要求行为人具有接受贿赂据为己有的意图；退一步说，即使认为受贿罪要求行为人主观上具有不法占有贿赂的目的，但刑法从来没有将非法占有目的限定于本人占有的目的，而是包含了使第三者非法占有的目的，这是因为，"行为人是为了本人非法占有还是为了第三者非法占有，对法益的侵犯程度并不产生影响"。[②] 凡此种种，都证明国家工作人员使请托人向第三者提供财物的行为，完全符合受贿罪的构成要件。

要之，国家工作人员使请托人向第三者提供贿赂的，成立受贿罪。既然如此，第三者是否成立受贿罪的共犯就取决于对两个问题的认识：其一，受贿罪的既遂标准是什么；其二，是否存在承继的共犯。关于第一点，我国刑法理论一直主张，受贿罪以行为人取得了贿赂为既遂标志，因此，当国家工作人员要求或者暗示请托人向第三者提供贿赂时，受贿行为并没有既遂。[③] 关于第二点，既然行为还没有既遂，那么，中途参与犯罪的，当然可能成立共犯。这便是中外刑法理论都承认的承继的共犯，[④] 即前行为人已经实施一部分实行行为后，后行为人以共同犯罪的意思参与实行或者提供帮助。承继的共犯包括承继的实行犯与承继的帮助犯（不可能有承继的教唆犯，因为在实行犯已经着手实行犯罪之后，不可能存在使该

---

① 最高人民法院 2000 年 6 月 30 日《关于国家工作人员利用职务上的便利为他人谋取利益离退休后收受财物行为如何处理问题的批复》。

② 张明楷：《刑法学》（下），法律出版社，1997，第 386 页。

③ 参见马克昌《刑法理论探索》，法律出版社，1995，第 273 页。

④ 参见〔日〕平野龙一《刑法概说》，东京大学出版会，1977，第 119 页；郗朝俊《刑法原理》，商务印书馆，1932，第 271 页。

实行犯产生实施该犯罪行为的意图的教唆）。例如，甲以抢劫的故意对丙实施暴力后，乙以共同抢劫的意思参与犯罪，强取了丙的财物。由于乙明知甲在实施抢劫行为，而又有共同抢劫的故意，并实施了抢劫的部分行为，故甲、乙二人构成抢劫罪的共犯。我国刑法理论长期将共同犯罪分为事先通谋的共同犯罪与事前无通谋的共同犯罪，而承继的共犯就属于事前无通谋的共同犯罪的一种情况。由此可见，只要第三者明知请托人提供的是某国家工作人员职务行为的不正当报酬而接受的，他便是在国家工作人员的受贿行为还没有既遂的情况下参与受贿犯罪，因而符合了受贿罪共犯的成立条件。

仔细分析，便可发现第三者接受贿赂主要表现为以下情形：第一，第三者已与国家工作人员事前通谋因而接受贿赂；第二，在接受贿赂时，第三者与国家工作人员同时在场，第三者明知请托人交付的财物属于贿赂；第三，虽然没有事前通谋，也非同时在场，但第三者接受财物时，明知请托人提供的是某国家工作人员职务行为的不正当报酬；第四，第三者接受了财物，但不明知该财物属于贿赂。显然，对前三种行为当以受贿罪的共犯论处，第四种行为不可能成立受贿罪的共犯，但在得知是贿赂后仍然窝藏、隐匿该贿赂的，可能成立窝藏赃物罪。

三 法益侵害的衡量：介绍贿赂罪与受贿罪共犯的区别

我国新旧刑法在规定了行贿罪、受贿罪的同时，还规定了介绍贿赂罪，这便带来如下问题，即介绍贿赂罪与受贿罪、行贿罪的共犯如何区分。（为了使结论更为明确，以下不得不将行贿罪的共犯也列入讨论范围）而且，介绍贿赂罪的法定最高刑为三年有期徒刑，而行贿罪与受贿罪的法定最高刑分别为无期徒刑与死刑，这便使得区分二者的意义更为重要。[①]但是，这种区分又是十分困难的。

---

① 虽然帮助行贿与帮助受贿的通常属于从犯，因而应当从轻、减轻或者免除处罚，但当法官选择从轻处罚时，或者法定刑较高而法官只选择减轻处罚时，认定为行贿罪或者受贿罪的共犯较之认定为介绍贿赂罪要重得多。此外，对于介绍贿赂罪，刑法设置了“在被追诉前主动交待介绍贿赂行为的，可以减轻或者免除处罚”的规定，而刑法对于受贿罪则没有设置类似规定。

难在何处？我们不妨先了解刑法理论通说就介绍贿赂罪所设之例："介绍贿赂通常表现为以下两种形式：其一，受行贿人之托，为其物色行贿对象，疏通行贿渠道，引荐受贿人，转达行贿的信息，为行贿人转交贿赂物，向受贿人传达行贿人的要求。其二，按照受贿人的意图，为其寻找索贿对象，转告索贿人的要求等。"[①] 闭目思索之后，一系列问题浮现在眼前：能否说前一种行为属于行贿罪的帮助行为呢？难道不能认定后一行为属于受贿罪的帮助行为吗？如果回答"能"，那么，它们又怎么会成为介绍贿赂罪的实行行为呢？立法者是否将行贿罪与受贿罪的帮助行为独立出来作为介绍贿赂罪，而不再分别以行贿罪、受贿罪的共犯论处呢？果真如此，这种立法的根据何在呢？如果不是，则意味着在介绍贿赂罪之外，仍然存在行贿罪、受贿罪的帮助犯，那么，二者的区别何在呢？[②]

首先必须证实的是，上述通说所列举的第一种行为属于行贿罪的帮助行为，第二种行为则构成受贿罪的帮助行为。从共犯原理来看，行为人受行贿人之托所实施的上述行为，是促成行贿得以实现的行为，其主观上也当然认识到自己是在帮助行贿人实施行贿行为，这完全符合行贿罪的共同犯罪的成立条件。同样，行为人按照受贿人的意图所实施的上述行为，是促成受贿得以实现的行为，其主观上也必然认识到自己是在帮助受贿人实施受贿行为。这完全符合受贿罪的共同犯罪的成立条件。或许人们会说，上述行为毕竟属于一种"介绍"行为。但笔者依然认为，对向犯中的介绍行为同样属于共犯行为。从法律规定而言，刑法有的条款明文将介绍或类似介绍的行为规定为共犯行为（还可能是共犯中的实行行为）。例如，刑法第 240 条将接送、中转妇女、儿童的行为规定为拐卖妇女、儿童行为；换言之，在他人拐骗、贩卖妇女、儿童的过程中，行为人明知事实真相而接送、中转妇女、儿童的，与拐骗者、贩卖者成立拐卖妇女、儿童罪的共犯。再如，根据刑法第 205 条的规定，介绍他人虚开增值税专用发票的，也属于虚开增值税专用发票的行为；易言之，行为人介绍他人虚开增值税

① 高铭暄主编《新编中国刑法学》，中国人民大学出版社，1998，第 996 页；赵秉志主编《刑法新教程》，中国人民大学出版社，2001，第 845 页。

② 教唆行贿或受贿的行为，应分别以行贿罪或受贿罪论处，不会与介绍贿赂罪混淆（参见高铭暄主编《刑法学》，法律出版社，1984，第 569 页），故以下仅讨论行贿、受贿的帮助行为与介绍贿赂罪的区别。

专用发票时，便与实际上虚开增值税专用发票的人构成该罪的共犯。从司法实践来看，对向犯中的介绍、居间等行为历来被认定为共犯行为。例如，“居间介绍买卖毒品的，无论是否获利，均以贩卖毒品罪的共犯论处。”① 又如，“介绍买卖枪支、弹药、爆炸物的，以买卖枪支、弹药、爆炸物罪的共犯论处。”② 这些都表明，通说所列举的介绍贿赂的行为，实际上是行贿的帮助行为或者受贿的帮助行为。此外，刑法明文规定的罪状是“向国家工作人员介绍贿赂”，故按照国家工作人员的意图，“为其寻找索贿对象，转告索贿人的要求”等行为，也似乎并不属于“向国家工作人员介绍贿赂”。

其次应当说明的是，行贿罪的帮助行为与受贿罪的帮助行为，不应当独立成为介绍贿赂罪。一方面，我们无论如何也不能发现将上述帮助行为规定为独立犯罪的任何理由；另一方面，教唆行为与帮助行为都是共犯行为，为什么教唆行贿与教唆受贿分别成立行贿罪与受贿罪，而帮助行为却独立成罪呢？我们也难以发现其中的道理。或许有人联系协助组织卖淫罪来反驳笔者的这一观点，但笔者以为，这种反驳难以成立。新刑法第 358 条第 3 款所规定的协助组织卖淫罪，确实将组织卖淫罪的帮助行为设置为独立犯罪了；但该规定源于 1991 年的《关于严禁卖淫嫖娼的决定》，而在卖淫嫖娼绝迹几十年后的当时，组织卖淫嫖娼的行为，被视为极为严重的犯罪，所以立法机关欲对该行为重拳出击；但如果将协助组织卖淫者认定为组织卖淫罪的从犯，司法机关仍然可能根据刑法总则的规定，对协助组织卖淫者以从犯论处，进而从轻、减轻处罚甚至免除处罚；于是，立法机关对协助组织卖淫的行为规定了独立的、较重的法定刑。可见，只有当立法者为了重处（或轻处）某种犯罪的共犯行为时，才可能将其规定为独立的犯罪。但对于刑法第 392 条所规定的介绍贿赂罪，则不能作出这种解释。如果说帮助行贿与帮助受贿的罪行严重，需要将其独立成罪予以重处，则不符合立法现状。因为与帮助行为相比，教唆行为更需要重处，可是，刑法并没有将教唆行贿与教唆受贿规定为独立犯罪。而且刑法第 392 条规定，

① 最高人民法院 1994 年 12 月 20 日《关于适用〈全国人民代表大会常务委员会关于禁毒的决定〉的若干问题的解释》。

② 最高人民法院 2001 年 5 月 10 日《关于审理非法制造、买卖、运输枪支、弹药、爆炸物等刑事案件具体应用法律若干问题的解释》。

介绍贿赂情节严重才成立犯罪，法定最高刑也仅为三年有期徒刑，此外还将追诉前主动交代规定为减免情节。如果说需要轻处行贿、受贿的帮助行为，也不符合客观现实。修订刑法时面临着严峻的贪污贿赂现象，立法机关正是为了严厉打击贪污贿赂犯罪，才将“贪污贿赂罪”独立成章的，不可能为了轻处行贿、受贿的帮助行为而将其独立成罪。若将行贿、受贿的帮助行为解释成为介绍贿赂罪的实行行为，不仅会导致重罪轻判，还会不当地导致罪数的混淆。例如，甲一方面帮助乙行贿给 A，另一方面帮助丙向 B 索取、收受贿赂。如果将帮助行贿、受贿的行为认定为介绍贿赂罪，则甲只是犯了同种数罪，且通常不并罚；如果说帮助行贿、受贿的行为分别成立行贿罪与受贿罪的共犯，则甲触犯了两个不同的罪名，应当实行数罪并罚。显然，上述通说可能导致数罪一判。所以，从罪刑均衡的角度而言，行贿、受贿的帮助行为不可能独立成为介绍贿赂罪的实行行为。此外，将行贿、受贿的帮助行为解释为介绍贿赂罪也会导致刑法的不协调。因为刑法第 163 条、第 164 条分别规定了非国家工作人员受贿罪与对非国家工作人员行贿罪，但没有规定向公司、企业人员等介绍贿赂罪；如果行贿、受贿的帮助行为成立介绍贿赂罪而不成立行贿、受贿罪的共犯，那么，帮助公司、企业人员等受贿或者帮助对公司、企业人员等行贿的行为便不成立犯罪。这种导致刑法不协调的解释结论，是不宜保留的。因为“使法律相协调是最好的解释方法”，使法律相冲突、相矛盾的解释结论是最糟的解释结论。

接着需要讨论的是区分行贿、受贿的帮助行为与介绍贿赂罪的标准是什么。

司法实践中的一种做法是，以行为人是否获得利益为标准：帮助受贿并参与分赃（实际分得受贿款物）的，成立受贿罪的共犯，帮助行贿并为了谋取自己的不正当利益的，成立行贿罪的共犯；帮助受贿但没有分赃、帮助行贿却不是为了谋取自己的不正当利益的，成立介绍贿赂罪。[①] 但从犯罪的本质来考察，便不难发现，这种做法不可取。

刑法第 2 条的规定，清楚地说明刑法的目的是保护法益，也说明犯罪的本质是侵害法益。因为惩罚恶就是保护善，即惩罚恶行就是为了保护恶

---

① 参见周道鸾、张军主编《刑法罪名精释》，人民法院出版社，1998，第 927 页。

行所侵害的利益。刑法第 13 条的规定也直接表明犯罪的本质是侵害法益，刑法之所以禁止犯罪，正是因为犯罪侵害了法益。既然刑法的目的是保护法益，犯罪的本质是侵害法益，那么，犯罪人主观上对利益的追求、客观上所获得的利益就不是本质问题，也非重要问题，即定罪与量刑，从根本上考虑的是行为对法益的侵害程度（损人），而不是行为人获取利益的有无与多少（利己）。因为损人与利己并非绝对的对应关系，有的行为既损人又利己，有的行为只损人不利己，有的行为只利己不损人。由于犯罪的本质是侵害法益，所以，在犯罪人事实上没有获得利益，被害人的法益却遭受侵害的情况下，我们首先要考虑的是法益受侵害的事实。或许有人认为，刑法的一些条文规定了某些犯罪的成立要求行为人主观上出于追求利益的目的或者客观上已经获得一定利益，因而说明仍需考虑行为人主观上对利益的追求与客观上所获的利益。但是，笔者认为，刑法作出这些规定是为了使构成要件所反映的行为对法益的侵害性达到犯罪程度，或者是为了区分此罪与彼罪。例如，高利转贷罪，刑法要求行为人主观上“以转贷牟利为目的”，客观上“违法所得数额较大”。这是因为，一方面，如果主观上不是“以转贷牟利为目的”，客观上就不可能实施套取金融机构信贷资金高利转贷他人的行为，也就不可能侵犯金融秩序。另一方面，如果客观上不是“违法所得数额较大”，就表明行为人套取的信贷资金数额不大而且转贷利率不高，故对金融秩序的侵犯性没有达到犯罪程度。可见，即使在行为侵害了法益又获得了利益的情况下，我们的着眼点仍然在行为对法益的侵害性上。如果不是这样考虑，而是自觉或者不自觉地认为，犯罪的本质在于行为人获得利益、刑法的目的在于禁止行为人获得利益，那么，必然不断出现以往所出现过的那种将科技人员利用业余时间为企业排忧解难因而获得适当报酬的行为认定为受贿罪的现象，也会在其他许多方面出现偏差。[①] 所以，以行为人是否分得贿赂款物为标准来区分介绍贿赂罪与受贿罪的共犯，是歪曲犯罪本质的表现。

退一步考虑，就行贿而言，虽然刑法第 389 条将“为谋取不正当利益”规定为行贿罪的主观要件，但可以肯定的是，“为谋取不正当利益”是驱使行为人实施行贿行为的动因；同样可以断定的是，行为人具有“为

① 参见张明楷《新刑法与法益侵害说》，《法学研究》2000 年第 1 期。

他人谋取不正当利益”的心态时，也会驱使其实施行贿的帮助行为。从论理上解释，为自己谋取不正当利益而行贿与为他人谋取不正当利益而行贿，对国家工作人员职务行为的不可收买性的侵害程度没有任何区别。从文理上解释，刑法并没有将“为谋取不正当利益”限定为“为自己谋取不正当利益”，故“为谋取不正当利益”当然包含为自己谋取不正当利益与为他人谋取不正当利益。因此，当甲出于为自己谋取不正当利益的目的，乙出于为甲谋取不正当利益的目的而共同实施行贿行为时，乙与甲当然成立行贿罪的共犯，而不能因为乙没有为自己谋取利益的意图，将其行为认定为介绍贿赂罪。就受贿而言，虽然刑法第 385 条规定了其客观行为是索取或者收受他人财物，但可以肯定的是，索取、收受他人财物是归自己占有还是归第三者占有，都表现为一种权钱交易，二者对国家工作人员职务行为的不可收买性的侵害程度不存在差异。同样，刑法并没有要求行为人必须为自己索取、收受他人财物。因此，当 A 为了索取财物归自己占有，B 为了索取财物归 A 占有而帮助 A 实施索取贿赂的行为时，B 便与 A 成立受贿罪的共犯，而不能因为 B 没有为自己索取财物的意图而将其行为认定为介绍贿赂罪。

司法实践中的另一种做法是，以非国家工作人员是否参与了国家工作人员利用职务便利为他人谋取利益的行为来区分受贿罪的共犯与介绍贿赂罪。[①] 这一区分标准也值得研究。

可以肯定的是，非国家工作人员与国家工作人员相勾结，参与了国家工作人员利用职务便利为他人谋取利益的行为时，当然成立受贿罪的共犯。但不能由此得出相反的结论，即不能认为，非国家工作人员没有参与国家工作人员利用职务便利为他人谋取利益的行为便属于介绍贿赂罪。学界就如何理解受贿罪中的“为他人谋取利益”展开过激烈争论。但现在比较一致的看法是，为他人谋取利益只是受贿人的一种许诺，而不要求客观上有为他人谋取利益的行为与结果；[②] 许诺既可以是明示的，也可以是暗示的。当他人主动行贿并提出为其谋取利益的要求后，国家工作人员虽然没有明确答复实现其要求，但又不予拒绝时，就应当认为是一种暗示的许

---

① 参见周道鸾、张军主编《刑法罪名精释》，人民法院出版社，1998，第 928 页。

② 当然，如果已有为他人谋取利益的外部行为与结果，则无疑实现了“为他人谋取利益”的要件。

诺。因为在此情形中，他人已经认识到国家工作人员的职务行为可以收买，因而国家工作人员职务行为的不可收买性遭受了侵害。许诺既可以是直接对行贿人作出的，也可以是通过第三者对行贿人作出的。因为不管是直接许诺还是间接许诺，都呈现一种以权换利的交易关系。许诺既可以是真实的，也可以是虚假的。所谓虚假许诺，是指国家工作人员具有为他人谋取利益的职务条件，在他人有求于自己时，虽然并不打算为他人谋取利益，却又谎称为他人谋取利益。[①] 既然“为他人谋取利益”只要表现为许诺即可，而不要求有为他人谋取利益的实际行为与结果，那么，在国家工作人员即使没有为他人谋取利益的实际行为与结果也成立受贿罪的情况下，将是否参与了国家工作人员利用职务便利为他人谋取利益的行为作为区分受贿罪的共犯与介绍贿赂罪的标准，就必然不当地缩小受贿罪共犯的成立范围。

那么，可否以行为人所处的立场来区分介绍贿赂罪与行贿罪、受贿罪的共犯行为呢？即能否说仅站在行贿人一方立场为其实施行贿的帮助行为的便是行贿罪的共犯，仅站在受贿人一方立场为其实施受贿的帮助行为的就是受贿罪的共犯，同时站在双方立场或者中间立场的，则成立介绍贿赂罪呢？笔者不得不给予否定回答。因为就法益侵害的程度而言，同时站在双方立场的行为（所谓站在中间立场实际上也是站在双方立场），比只站在一方立场的行为更为严重。将这种法益侵害更为严重的犯罪反而认定为较轻的介绍贿赂罪，导致了刑法的不协调。这是无论如何都必须舍弃的观点。

或许有人认为，既然法律上的介绍贿赂罪与行贿罪、受贿罪共犯的区别存在疑问，那么就必须朝有利于被告人的方向解释，即凡是可能成立介绍贿赂罪的，均不得认定为行贿罪、受贿罪的共犯。但笔者不能同意该观点。这涉及对“存疑时有利于被告人”原则的理解与适用，在此有必要说明的是，“存疑时有利于被告人”的原则并不适用于对法律疑问之澄清；当法律存在疑问或争议时，应当依一般的法律解释原则消除疑问，而非一

① 参见张明楷《论受贿罪的客观要件》，《中国法学》1995 年第 1 期；另参见高铭暄、马克昌主编《刑法学》，北京大学出版社、高等教育出版社，2000，第 636 页；高铭暄主编《新编中国刑法学》，中国人民大学出版社，1998，第 981 页；王作富主编《刑法》，中国人民大学出版社，1999，第 510 页；等等。

概作出有利于被告人的解释。[①] 这不仅是刑法解释态度与方法问题，而且关涉对刑法本身的认识。诚然，法律内容的确定性是罪刑法定原则的要求，可有一句法律格言说得好："极度的确定性反而有损确定性。"事实上法律的表述也不可能十分确定，正因为如此才需要解释。诚如波斯纳所言："法律训练的很大部分，特别是在精英法学院里，就是研究法律的不确定性。"[②] 法律当然越明确越好，但又不可避免存在不明确之处。正如布津尔所说："如果法律没有不明之处，就不存在解释问题，因为在这种情况下，解释不仅无益，而且是有害的。……明确的法律条文需要解释的唯一情况是立法者在制定这项法律条文时出现了明显的笔误或差错。"[③] 所以，法律上的疑问需要解释来消除，而对刑法的解释应当遵循解释规则，尤其重要的是在法益保护与自由保障两方面求得均衡，在善良人的大宪章与犯罪人的大宪章之间寻找协调，绝不可能在任何场合都作出有利于被告人的解释。当用各种解释方法得出不同的解释结论时，最终起决定性作用的是目的论解释，而不是有利于被告人。因此，当出于法益保护的目的，需要对刑法条文作出必要的扩大解释时，即使不利于被告人，也得适用这种解释结论。例如，刑法第 116 条中的"汽车"，常被学者们解释为包括作为交通工具使用的大型拖拉机。[④] 如果这一解释结论合理，即使是对被告人不利的，司法实践也应当适用这一解释结论。所以，为了有利于被告人而不顾合理性，一概对刑法条文作出限制解释，是不可思议的。[⑤] 例如，我们显然不能为了有利于被告人而将刑法第 232 条中的"杀人"限制解释为谋杀或者将其中的"人"缩小解释为精神正常的人，也不能为了有利于被告人而将抢劫罪中的"暴力"限定为使用凶器所实施的暴力。同样，我们更不能因为自己不愿意深究法律条文，或者不善于澄清法律疑点，而在遇到法律疑点时，就来一个"有利于被告人"。试想，假如学者与法官不能从构成要件上区分抢劫罪与敲诈勒索罪，又要有利于被告人，那么，遇

① 参见〔德〕克劳斯·罗克辛（Claus Roxin）《德国刑事诉讼法》，吴丽琪译，三民书局，1998，第 145 页；〔德〕汉斯·海因里希·耶赛克、托马斯·魏根特《德国刑法教科书（总论）》，徐久生译，中国法制出版社，2001，第 178 页。

② 〔美〕波斯纳：《法理学问题》，苏力译，中国政法大学出版社，1994，第 55 页。

③ 〔法〕亨利·莱维·布津尔：《法律社会学》，许钧译，上海人民出版社，1987，第 69 页。

④ 参见王作富主编《刑法》，中国人民大学出版社，1999，第 12 页以下。

⑤ 果真如此，则必须舍弃其他诸多解释方法；但这是不可能的。

到所有相关案件时，都只能认定为敲诈勒索罪，刑法关于抢劫罪的规定便成为一纸空文。所以，“存疑时有利于被告人”之原则只与事实之认定有关，而不适用于法律之解释。因此，不能因为难以从法律上区分介绍贿赂罪与受贿罪的共犯，便一概以轻罪论处。

解构之后，当是建构。从以上论述可以发现，帮助行贿或帮助受贿的行为，应当排除在介绍贿赂之外。易言之，根据刑法分则关于行贿罪、受贿罪的规定以及刑法总则关于共同犯罪成立条件的规定，凡是行贿罪、受贿罪的帮助行为，都是行贿罪、受贿罪的共犯行为，理当分别认定为行贿罪与受贿罪，而不得认定为介绍贿赂罪。如果某行为同时对行贿、受贿起帮助作用，则属于一行为触犯数罪名，应从一重罪处罚，[①] 也不宜认定为介绍贿赂罪。

那么剩下哪些行为构成介绍贿赂罪呢？这的确是难以回答的问题。根据刑法的规定，只有情节严重的介绍贿赂行为，才成立本罪。而刑法之所以要求情节严重，显然是因为介绍贿赂行为本身对法益的侵害性还没有达到应当追究刑事责任的程度；否则立法者不会设置“情节严重”的规定。[②] 既然如此，介绍贿赂行为本身应当仅限于相对轻微的行为。依笔者之浅见，所谓“向国家工作人员介绍贿赂”，是指行为人明知某人欲通过行贿谋求国家工作人员的职务行为，而向国家工作人员提供该信息；[③] 在此基础上，情节严重的才成立介绍贿赂罪。

读者不难发现，笔者的上述观点导致介绍贿赂罪的成立范围极为窄小甚至取消，这或许是本文的当然结论。众所周知，德国、日本等大陆法系国家刑法以及旧中国刑法，均不见介绍贿赂罪的规定。新中国新旧刑法均规定的介绍贿赂罪，源于《苏俄刑法典》。但是，在苏俄时代，介绍贿赂罪的成立范围的确呈由宽到窄的局面；[④] 1996 年的《俄罗斯联邦刑法典》则取消了介绍贿赂罪的规定。其解释的变化与立法的变迁值得我们思考。

---

① 刘明祥教授认为，如果行为同时对行贿与受贿都起帮助作用，则视对哪一方所起的作用大而分别认定为行贿罪或者受贿罪的共犯（参见刘明祥《简析全国人大常委会〈补充规定〉对贿赂罪的修改》，《法学》1988 年第 6 期），但笔者对这种观点持怀疑态度。

② 参见张明楷《论刑法分则中作为构成要件的“情节严重”》，《法商研究》1995 年第 1 期。

③ 从下面可以看出，这是笔者勉强作出的解释，在解释论上需要进一步研究。

④ 参见〔苏〕沃尔仁金《贿赂中介之定罪问题》，单周华译，《中外法学》1981 年第 3 期，第 27 页以下。

从立法论上而言，介绍贿赂罪没有存在的必要，即介绍贿赂可以分别视为行贿或受贿的教唆犯、帮助犯看待，没有必要规定为独立的罪名。从刑法没有规定向公司、企业人员介绍贿赂罪来看，将介绍贿赂的行为分别认定为行贿罪、受贿罪的共犯也无不当之处。

四　共犯原理的展开：共同受贿的犯罪数额与追缴数额的确定

认定二人以上的行为是否构成共同犯罪，其重大意义有二：一是确定对哪些人以共犯追究刑事责任；二是确定行为人在实施了部分行为的情况下是否对全部结果承担责任。众所周知，对于共同犯罪应当采取“部分实行全部责任”的原则。[①] 因为如果不是共同犯罪，行为人就不能对他人的行为及其结果承担刑事责任；如果成立共同犯罪，则由于各共犯人相互利用、补充对方的行为而使数人的行为形成一个整体，每个共犯人的行为都是其他共犯人行为的一部分，其他共犯人的行为也是自己行为的一部分，故共犯人不仅要对自己的行为及其结果承担刑事责任，而且要对所参与的整个共同犯罪承担刑事责任，即对其他共犯人的行为及其结果承担刑事责任；纵然不能查清结果由谁的行为引起，也要让所有共犯人对该结果承担刑事责任。例如，甲与乙共谋杀丙，二人同时在同一地点持相同的枪支向丙射击，但丙的心脏因中一弹而死亡（即二人中的其中一弹未击中）。该行为成立共同犯罪，应采取部分实行全部责任的原则，故即使丙所中的一弹是由甲所发，乙也应与甲共同对丙的死亡负责；基于同样的理由，倘若只能断定丙的死亡是由甲、乙中的一人造成，而无法查明丙所中的一弹由谁所发，甲与乙也均对丙的死亡负责。这种做法也是我国的司法传统。如大理院 1915 年上字第 8 号判例指出：“该被告人等均有持枪在场之事实，自不问何人开枪轰击，对于死亡之结果，皆应共负杀人之责任。盖下手为一人或数人，其皆应成立共同正犯，在法律上本无区别。”[②] 反之，如果 A、B 二人在共同狩猎的过程中发现“野兽”，为了击中目标，二人商定同

① 参见〔日〕大谷实《刑法总论》（第二版），成文堂，2000，第 226 页。

② 转引自潘恩培《刑法实用总则》，国风书局，1935，第 120 页。

时开枪，结果导致C心脏中一弹而死亡。由于A、B二人均为过失，根据我国刑法的规定不成立共同犯罪，故不得采取部分实行全部责任的原则。因此，如果查明C所中一弹是由A所发，则只有A对C的死亡负责，B不承担任何刑事责任；基于同样的理由，如果无法查明C所中一弹由谁所发，则既不能追究A的刑事责任，也不能追究B的刑事责任。这也正是国外刑法不将共同犯罪明文限定为故意犯罪的原因。

事实上，部分实行全部责任的原则，并不只是适用于共同正犯（或共同实行犯），还可延伸适用于教唆犯与帮助犯。例如，甲帮助乙强奸丙女时，如果乙强奸既遂，甲也负强奸既遂的刑事责任；不能因为甲没有实行强奸行为，而认定甲只负强奸未遂的刑事责任。同理，A教唆B抢劫C女时，如果B抢劫既遂，A也负抢劫既遂的刑事责任；不能因为A没有实行抢劫行为，而认定A仅负抢劫未遂的刑事责任。这也是因为，既然是共同犯罪，那么，实行犯、教唆犯、帮助犯的行为便形成一个整体，各人的行为都是对方行为的一部分，对方的行为也是自己行为的一部分，故教唆犯、帮助犯不仅要对自己的教唆、帮助行为负责，而且要对实行犯所实施的、没有超出教唆与帮助范围的实行行为及其危害结果承担刑事责任。

我国的司法实践大体上也贯彻了上述原则。例如，最高人民法院1997年11月4日通过的《关于审理盗窃案件具体应用法律若干问题的解释》第7条规定："审理共同盗窃犯罪案件，应当根据案件的具体情形对各被告人分别作出处理：（一）对犯罪集团的首要分子，应当按照集团盗窃的总数额处罚。（二）对共同犯罪中的其他主犯，应当按照其所参与的或者组织、指挥的共同盗窃的数额处罚。（三）对共同犯罪中的从犯，应当按照其所参与的共同盗窃的数额确定量刑幅度，并依照刑法第二十七条第二款的规定，从轻、减轻处罚或者免除处罚。"教唆犯既可能是主犯，也可能是从犯，帮助犯则通常为从犯，可见，上述司法解释对教唆犯、帮助犯也贯彻了部分实行全部责任的原则。例如，在一次盗窃活动中，从犯甲在门外望风，主犯乙进入室内盗窃10万元，事后，甲分得2万元，乙分得8万元。由于成立共同犯罪，故甲、乙均对10万元负责，而不能以分赃数额为标准确定量刑幅度。

既然对共同盗窃如此认定犯罪数额，那么，对共同受贿也应当如此认定。例如，甲与乙为某国家机关的基建处正、副处长，在该机关准备建办公大楼之际，二人负责招标及其他相关事项。在招标过程中，某建筑队负责人丙为了中标而向甲、乙提出10万元贿赂的约定。在该建筑队中标之后，丙将10万元贿赂交付给甲、乙二人。甲分得6万元，乙分得4万元。根据部分实行全部责任的原则，根据共犯人必须对所参与的犯罪数额负责的原理，甲、乙均应对10万元的贿赂负责，即应当认定甲与乙均受贿10万元，而不能根据分赃数额仅认定甲受贿6万元、乙受贿4万元。或许有人要问：既然丙仅行贿10万元，到受贿人那里怎么变成了受贿20万元？笔者的回答是，在此共同受贿案件中，受贿的数额仍然是10万元，但甲与乙均得对该10万元负责，而不意味着甲、乙二人共同受贿20万元。换一个设例即可明了：A、B、C三人共同故意杀害D，根据部分实行全部责任的原则，A、B、C均对D的死亡承担刑事责任，但绝不意味着A、B、C总共杀害了三个人。

这里有必要就刑法第383条、第386条的规定作出解释。刑法第386条前段规定："对犯受贿罪的，根据受贿所得数额及情节，依照本法第三百八十三条的规定处罚。"而第383条根据个人贪污数额规定了不同的法定刑。首先必须说明的是，在共同贪污的案件中，刑法第383条所说的"个人贪污数额"，不是泛指整个共同犯罪的数额，也不是指分赃数额，而是指个人应当承担刑事责任的数额。对此，必须根据刑法总则关于各共犯人承担刑事责任的原则确定。[①] 例如，贪污犯罪集团总共贪污100万元，由于首要分子对整个犯罪集团的罪行承担责任，故首要分子的个人贪污数额是100万元；由于集团犯罪中的其他主犯按其所参与的全部犯罪承担责任，故其他主犯的个人贪污数额按其实际参与贪污的全部数额计算；如果主犯参与贪污的数额为70万元，则认定其个人贪污数额为70万元。对其他共同犯罪形式的主犯，也应当按照其所参与的或者组织、指挥的共同贪污的数额计算。对共同贪污中的从犯，同样将其所参与的共同贪污的数额作为其个人贪污数额。如果从犯参与贪污70万元，则其个人贪污数额为70万元（只是应当从轻、减轻或者免除处罚）。其次应当指出的是，刑法第386条中的"受贿所得数额"是就单个人犯罪而言的，并不含有"共同受贿时根据个人分赃数额与情节处罚"的意思。因为除了必要共犯以外，

---

① 参见张明楷《刑法学》（下），法律出版社，1997，第912页。

刑法分则规定的构成要件与量刑标准以单个人犯罪为模式；就单个人受贿而言，其所得数额便是其犯罪数额。但是，总则关于共犯的规定适用于分则。因此，在共同受贿案件中，刑法第386条所规定的“受贿所得数额”便是指共同受贿所得数额。如果甲、乙二人共同受贿数额为10万元，则意味着对甲、乙二人均以该数额处罚，而不是以分赃数额处罚。

可是，司法实践中总是存在按分赃数额处罚的现象。例如，对于类似上述设例的案件，司法机关往往只是认定甲受贿6万元，乙受贿4万元。这种做法或许在以往的司法解释与刑事立法中能够找到根据。例如，最高人民法院、最高人民检察院1985年曾解释道：“对二人以上共同贪污的，按照个人所得数额及其在犯罪中的地位和作用，分别处罚。”[①] 再如，全国人大常委会《关于惩治贪污罪贿赂罪的补充规定》第5条第1款前段规定，“对犯受贿罪的，根据受贿所得数额及情节，依照本规定第二条的规定处罚”。而该规定的第2条第2款前段规定：“二人以上共同贪污的，按照个人所得数额及其在犯罪中的作用，分别处罚。”可是，这种规定与做法，既违反刑法总则关于共同犯罪的原理，也有悖刑法的目的。新旧刑法都是按照行为人在共同犯罪中所起的作用确定处罚原则的，即在共同犯罪中起主要作用的是主犯，在共同犯罪中起次要或者辅助作用的是从犯，被胁迫参加犯罪的是胁从犯。刑法并没有将分赃数额作为处罚依据。按分赃数额决定处罚轻重的观点与做法违反了刑法关于共犯的处罚规定，也违反了部分实行全部责任的原则。正因如此，新刑法摒弃了上述规定，分赃数额不再是处罚共犯人的依据；前述司法解释也不再具有效力。既然如此，司法机关就不能继续沿袭以往的不当做法，而应根据刑法总则有关共犯的规定，依照部分实行全部责任的原则，确定共同受贿案件中的各人犯罪数额。

需要进一步说明的是，由于对共同犯罪采用部分实行全部责任的原则，故只要某共犯人的行为导致犯罪既遂，其他共犯人也应承担既遂责任。例如，甲与乙共同以暴力强奸丙女，甲强奸既遂，但乙由于某种原因未得逞或者自动放弃奸淫行为。尽管孤立起来看，乙的行为本身没有既

---

① 参见最高人民法院、最高人民检察院1985年7月18日《关于当前办理经济犯罪案件中具体应用法律的若干问题的解答（试行）》。

遂，但不能据此认定乙只成立强奸未遂或者强奸中止。因为甲与乙成立共同犯罪，二者的行为构成强奸行为的整体；甲的行为既遂便意味着甲、乙的共同强奸行为已经造成了既遂的结果，意味着强奸这一共同犯罪的既遂；根据部分实行全部责任的原则，乙作为共犯人对甲所造成的结果也应当承担既遂的刑事责任。倘若不这样处理，就会出现极为矛盾的现象：如果乙只是帮助甲强奸，则乙成立强奸既遂；如果乙是实行犯，则成立强奸未遂或者强奸中止。这令人无法接受。基于同样的理由，如果甲、乙共同受贿10万元，甲分赃6万元，乙分赃4万元。但乙担心被发现后受刑罚处罚，随即将4万元退给了行贿人。在这种情况下，由于共同受贿的整体行为已经成为既定事实，乙又是共犯人之一，故他仍应对受贿10万元承担刑事责任。

既然在共同受贿的案件中，应当按参与受贿的数额认定犯罪数额，那么，对随之而来的追缴数额也得采用相同的原理。刑法第64条规定，“犯罪分子违法所得的一切财物，应当予以追缴或者责令退赔……”显然，在通常情况下，对受贿人的受贿所得不是责令退赔，而是追缴。但笔者认为，“追缴”一词同时具有许多国家所规定的没收与追征的含义，即一方面，在索取或者收受的贿赂仍然存在的情况下，应当全部没收，上缴国库（没收）；另一方面，当受贿人消费了全部或者部分贿赂后，应当令受贿人以金钱抵缴所索取或者收受的贿赂（追征）。例如，行为人收受了他人提供的一辆价值15万元的轿车，使用多年后已报废。没收轿车已不可能，也无意义，故应当令行为人向国库缴纳15万元的金钱。但问题是：在数人共同受贿的情况下，虽然各人分赃可能不同，但都应对参与受贿的数额负责，那么，在部分共犯人没有缴纳能力时，其他共犯人是否负连带责任？例如，甲、乙二人共同受贿10万元，其中甲分得6万元，乙分得4万元。但乙不仅将4万元全部消费，而且没有任何个人财产可以追征，甲则有较多的财产。在这种情况下，能否向甲追缴10万元？对此，存在两种不同的理论：连带追征说与分配追征说。

我国台湾地区1981年“台上字第1186号”指出：共同收受之贿赂，没收、追征均采共犯连带说，“司法院”著有“院字第2024号解释”可循，上诉人等多人违背职务共同向人索取贿款3600元，应论以因受贿而违背职务共犯罪，纵上诉人仅分得200元，亦应就赃款全部负连带责任，殊无仅没收追征分得200元之余地。[①] 据此，对上例中的甲应当追缴10万元。

日本大审院1934年7月16日的判决指出，在数人共同收受贿赂的场合，应当按照各共犯人分配的数额追征已经消费的贿赂。[②] 据此，对上例中的甲只能追缴6万元。

笔者的观点是，作为部分实行全部责任原则的延伸，原则上应当采取连带追征说，但在各受贿人均有追征能力的情况下，采取分配追征说。就前述设例而言，如果甲、乙二人均有相应财产，则应向甲追缴6万元，向乙追缴4万元。但是，如果乙只有2万元的财产可供追缴，则采取连带追征说，向甲追缴8万元的财产；如果乙没有分文财产可供追缴，则向甲追缴10万元的财产。反之亦然。

---

① 连一鸿编《最新审判实务（解释裁判、会议决议、法律问题）汇编》（二），大公文化事业股份有限公司，1982，第686页。

② 日本《大审院刑事判例集》第13辑，法曹会，1934，第972页。

我国刑法中教唆犯的两种涵义*

何庆仁**

摘　要： 我国刑法中规定的教唆犯是广义教唆犯，它具有两种表现方式，即狭义教唆犯和以教唆的行为方式实施的间接正犯。狭义教唆犯是人们现在通常所说的教唆犯，它只具有从属性；以教唆的行为方式实施的间接正犯仅具有独立性。从解释论上看，我国现行刑法第 29 条第 2 款的规定是处理以教唆的行为方式实施的间接正犯的正确法律根据；从立法论上看，应该采取分立条文规定狭义教唆犯和间接正犯的立法模式。

关键词： 教唆犯　共犯从属性　间接正犯　立法模式

共犯论历来被喻为刑法学中的“迷宫”；[①] 教唆犯问题更是被视为这一“迷宫”里的“幽暗地带”，其涵义、属性、处罚基础、成立条件等，无一不是理论上的重要争点。我国现行刑法第 29 条关于教唆犯的规定兼具内涵的质朴和外延的宽广，致使我国学者针对教唆犯的讨论愈加混乱与无序。本文无意把浑水搅浓，而是力图在重新诠释刑法第 29 条规定的同时，结合教唆

---

* 本文原载《法学研究》2004 年第 5 期，略有修改。

** 何庆仁，中国社会科学院大学政法学院教授。

① 日本学者西田典之在简要分析围绕共犯规定的若干争议后感叹：“围绕这些共犯规定的议论不胜枚举，以致共犯论被比喻为刑法学中的迷宫。”（参见〔日〕西田典之《日本刑法中的共犯规定》，载〔日〕西原春夫主编《日本刑事法的重要问题》第 2 卷，法律出版社，2000，第 122 页）我国也有学者毫不客气地指出，修订后的我国刑法总则第二章中关于“共同犯罪”的第三节为“绝望之节”（参见陈兴良《历史的误读与逻辑的误导——评关于共同犯罪的修订》，载陈兴良主编《刑事法评论》第 2 卷，中国政法大学出版社，1998，第 279 页）。

犯的属性、间接正犯的存立和立法模式的未来选择，进行一次全新的尝试。

一 教唆犯的广狭理解

我国现行刑法第29条没有明确规定教唆犯的定义，刑法理论的通说认为“教唆犯是故意唆使他人实行犯罪的人”。[①] 以此通说为基础，学术界对有关教唆犯的一系列问题进行了此起彼伏的争鸣，其中，尤以关于教唆犯属性的争论最为激烈。

（一）教唆犯的“二重性说”

教唆犯的“二重性说”，是我国学者在分析了教唆犯的从属性和独立性后提出的一种理论。“二重性说”认为，教唆犯既具有从属性，也具有独立性。首先，教唆犯具有从属性，教唆犯毕竟是教唆“他人”犯罪，不能完全脱离正犯来论及教唆犯，教唆犯“所构成的具体犯罪和罪名，取决于实行犯所实施的特定犯罪，没有抽象的脱离具体犯罪的共犯”。[②] 其次，教唆犯具有独立性，教唆犯“具备独立的主客观相统一的承担刑事责任的根据，因而其构成犯罪并不取决于实行犯是否实行犯罪”。[③]

“在我国，多数学者都赞同教唆犯具有从属性的观点，但同时认为这种从属性不是绝对的、无条件的，而是相对的、有条件的。因此，严格说我国目前尚没有坚持纯粹的共犯从属性说的学者。”[④] 之所以如此，原因在于：现行刑法包括修改之前的旧刑法均规定“如果被教唆的人没有犯被教唆的罪，对于教唆犯，可以从轻或者减轻处罚”，这无疑是对“教唆犯”具有独立性的规定，若认为教唆犯仅仅具有从属性，就有背离实定法的规定之虞。不过，虽然“我国目前尚没有坚持纯粹的共犯从属性说的学者”，大多数学者也都承认狭义的共犯（特别是教唆犯）具有独立性，我国却同

① 高铭暄、马克昌主编《刑法学》，北京大学出版社、高等教育出版社，2000，第181页。

② 陈兴良：《刑法适用总论》（上卷），法律出版社，1999，第464页。

③ 陈兴良：《刑法适用总论》（上卷），法律出版社，1999，第464页。

④ 赵秉志主编《犯罪总论问题探索》，法律出版社，2003，第544页。应当说明的是，由于狭义的共犯即指教唆犯和帮助犯，在论及共犯的属性时一般均将教唆犯和帮助犯合并在一起讨论，故正文的引语中难免出现以上位的共犯包容下位的教唆犯之情形。

样极少有学者坚持纯粹的共犯独立性说,[①] 因为“在强调罪刑法定主义、要求对犯罪的成否进行慎重考虑的今日，共犯独立性说的主张具有不符合社会要求的一面。其立场具有容易与全体主义相调和的性质”。[②] 无论在德国还是在日本，共犯独立性说都已经失去了一般的支持,[③] 我国学者不会不清楚利害之所在。

由此便生成一个两难的困境：仅仅主张从属性就有背离实定法的规定之虞，强调纯粹的独立性又有违逆世界刑事思潮之嫌。正因为如此，一种在德、日等大陆法系刑法理论中未出现过的“二重性说”，在我国刑法学界悄然出现。尽管“二重性说”并无统一的表述，大致有“抽象的二重性说”、“具体的二重性说”和“形式的二重性说”之别,[④] 但是，“二重性说”都主张教唆犯既有从属性又有独立性，在体现从属性上与世界刑事思潮相契合，在表明独立性上与我国实定法的规定相适应，这样，“二重性说”似乎很好地解决了上述两难的困境。难怪该说一露面，就很快占据了通说的地位![⑤]

（二）对“二重性说”之反思

“二重性说”存在的问题是：缺乏立场！教唆犯要么从属于正犯，要么独立于正犯，不可能既从属于正犯又独立于正犯。从属性说与独立性说是两种无论在任何方面都针锋相对的观点，绝无调和之可能。“事实上，凡是可能调和的，国外学者都进行了调和，但从来未见国外刑法学者在共

---

① 我国旗帜鲜明地主张教唆犯独立性说的学者非常少，余淦才教授的一篇论文比较有影响。参见余淦才《试论教唆犯的刑事责任》，《安徽大学学报》（哲学社会科学版）1983 年第 2 期。对其内容的简介和批判详见本文第二部分之（二）。

② 〔日〕大塚仁：《犯罪论的基本问题》，冯军译，中国政法大学出版社，1993，第 279 页。

③ 德国和日本学者的著述充分说明了这一点。可重点参阅〔德〕汉斯·海因里希·耶赛克、托马斯·魏根特《德国刑法教科书（总论）》，徐久生译，中国法制出版社，2001，第 792 页以下；〔日〕大塚仁《刑法概说（总论）》，冯军译，中国人民大学出版社，2003，第 241 页以下。

④ 参见张明楷《刑法的基本立场》，中国法制出版社，2002，第 305 页以下。

⑤ 伍柳村教授在《法学研究》1982 年第 1 期上发表了题为《试论教唆犯的二重性》的论文，提出了教唆犯的“二重性说”，该说后来得到马克昌教授、陈兴良教授、赵秉志教授等的赞同而渐成通说（参见马克昌《论教唆犯》，《法律学习与研究》1987 年第 5 期；陈兴良《共同犯罪论》，中国社会科学出版社，1992；赵秉志、魏东《论教唆犯的未遂——兼议新刑法第 29 条第 2 款》，《法学家》1999 年第 3 期）。

犯独立性说与共犯从属性说之间进行调和，因为这种调和根本不可能。”① “二重性说”总是误解从属性的涵义，或者以二重性的名义宣扬独立性的主张（详见本文第二部分）。它不仅未能很好地阐明我国刑法中教唆犯的属性，反而在教唆犯属性的迷思中渐行渐远，将我们引入了一个更深的旋涡。

那么，面临着由现行实定法、世界刑事思潮和我国刑法学者共同造成的这样一个旋涡，究竟应当如何寻找出路呢？笔者认为，最为适宜的解决途径是诉诸敏锐的解释论立场，即以敏感的心灵透彻地理解立法者在刑法第 29 条中规定的教唆犯真相，还教唆犯理论以纯洁的本性。

刑法第 29 条第 1 款规定“教唆他人犯罪的，应当按照他在共同犯罪中所起的作用处罚”，正如“二重性说”所主张的一样，这是关于教唆犯从属性的规定；刑法第 29 条第 2 款规定“如果被教唆的人没有犯被教唆的罪，对于教唆犯，可以从轻或者减轻处罚”，也如“二重性说”所主张的一样，这是关于教唆犯独立性的规定。②

笔者认为，我国刑法第 29 条规定的是广义教唆犯，广义教唆犯是狭义教唆犯（即人们通常所说的教唆犯）加上以教唆的行为方式实施的间接正犯。刑法第 29 条第 1 款规定的是狭义教唆犯，只具有从属性；刑法第 29 条第 2 款规定的是以教唆的行为方式实施的间接正犯，仅具有独立性。

无论怎样理解，都不得不承认我国刑法第 29 条第 2 款的规定指明了独立性。③ 如果想使狭义教唆犯具有从属性这一正确的理论立场在我国刑法

---

① 张明楷：《刑法的基本立场》，中国法制出版社，2002，第 331 页。

② 也有外国刑法学者这样认为，例如，日本学者西田典之在分析教唆犯的实行从属性时就认为：“因为日本刑法中没有中国刑法第 29 条第 2 款那样的规定，所以需要通过解释来解决这一问题。”（参见〔日〕西田典之《日本刑法中的共犯规定》，载〔日〕西原春夫主编《日本刑事法的重要问题》第 2 卷，法律出版社，2000，第 125 页）西田教授虽然没有明说中国刑法第 29 条第 2 款采取的是实行独立性的立场，但言下之意无疑如此。

③ 我国台湾地区有学者认为，这样的规定在本质上根本就不是共犯（教唆犯）的规定，而是针对处于预备阶段的法益侵害行为的处罚规定，即规定的是刑罚扩张事由，它不是从属性的例外，而是未遂处罚的例外，从而维护着教唆犯的从属性原则（参见许泽天《共犯之处罚基础与从属性》，载《罪与刑——林山田教授六十岁生日祝贺论文集》，五南图书出版公司，1998，第 87 页以下）。台湾地区“刑法”中有“被教唆人虽未至犯罪，教唆犯仍以未遂犯论”的规定，这种规定与大陆刑法第 29 条第 2 款的规定旨趣相同，因此，上述观点完全可能在大陆出现。不过，承认例外地把预备当作未遂来处罚，并不能否定此时的“教唆犯”的独立地位，它们根本不是互相排斥的两个范畴；某种意义上，正是此时的“教唆犯”的独立性，才决定了行为对法益侵害的严重性而不得不予以（例外地？）处罚。

中得到贯彻（参见正文第二部分关于狭义教唆犯具有从属性的论证），就必须对我国刑法第 29 条第 2 款的规定重新加以诠释。一种可供选择的诠释方案是：我国刑法第 29 条第 2 款虽然规定了独立性，但规定的不是“通常所理解的教唆犯”的独立性，它规定的是以教唆的行为方式实施的间接正犯的独立性。

众所周知，间接正犯应当独立于被利用者而承担罪责，即使被利用者未着手实施犯罪，只要间接正犯实施了诱致被利用者犯罪的诱致行为，利用者就可能以未遂犯论处。如果把我国刑法第 29 条第 2 款的规定诠释为对以教唆的行为方式实施的间接正犯的规定，则我国刑法第 29 条第 2 款的规定不仅在内容上毫无不妥，而且不会对狭义教唆犯的从属性造成任何不当影响。

上述主张很可能会遭到这样的诘问：我国刑法第 29 条第 2 款中明文写着“教唆犯”，何以诠释为针对“间接正犯”的规定？

我们不妨以我国学者围绕刑法第 29 条第 1 款后段的一个不小的争议来略作说明。[①] 刑法第 29 条第 1 款后段规定“教唆不满十八周岁的人犯罪的，应当从重处罚”，那么，教唆十四周岁以下的人“犯罪”或者教唆十四至十六周岁的人“犯刑法第 17 条第 2 款规定以外之罪”的，应当如何处理？对此，刑法学界存在不同意见。一种意见认为，“我国刑法这一规定中的‘不满十八周岁的人’应当包括十四周岁以下的人，教唆未满十四周岁的无责任能力人的，可以从过去的间接正犯中分离出来，作为一种例外，按教唆犯从重处罚。”[②] 另一种意见（即通说）则认为，“‘教唆’未达刑事责任年龄者实施犯罪，不能构成教唆犯，应当按照间接正犯（在实践上即按照实行犯）处理，并从重处罚。”[③] 何种意见正确（或者都不正确）另当别论，重要的是，争议本身表明，间接正犯与教唆犯具有密切联系，或者教唆犯可以从“间接正犯中分离出来”，或者“教唆”他人犯罪的可按照间接正犯来处理。既然如此，把我国刑法第 29 条第 2 款规定的“教唆犯”诠释为以教唆的行为方式实施的间接正犯，就并非异想天开。

该诠释既具有存在论的基础（因为间接正犯完全可能以教唆的方式实

---

① 该争议实质上更主要地涉及的是，是否要对行为人从重处罚，若认为是教唆犯则应法定从重，若认为是间接正犯则只能酌定从重。

② 吴振兴：《论教唆犯》，吉林人民出版社，1986，第 76 页。

③ 马克昌主编《犯罪通论》，武汉大学出版社，1999，第 563 页。

施），也具有学说史上的佐证（因为在学说史上曾有相当多的学者把间接正犯当作教唆犯来对待）［参见正文第三部分之（三）］。因此，有理由认为我国刑法第 29 条规定的是广义教唆犯，第 29 条第 1 款规定的是狭义教唆犯，[①] 第 29 条第 2 款规定的是以教唆的行为方式实施的间接正犯。

二　狭义教唆犯的属性

狭义教唆犯的属性乃是我国学者已经和正在讨论的教唆犯的属性问题，在此，首先论证狭义教唆犯应该具有从属性还是应该具有独立性。

（一）从属性的涵义

"从属性"是从大陆法系的刑法理论中移植过来的一个概念。德国学者们似乎更在乎教唆犯从属性的程度，而对教唆犯从属性的涵义甚少争论，[②]

---

① 我国曾有学者主张狭义的教唆犯和广义的教唆犯。为了区分传授犯罪方法罪和教唆犯，有学者认为，广义的教唆犯不仅包括故意挑起他人的犯意，而且包括教唆犯罪的方法、提示犯罪的对象，或者两者兼而有之；狭义的教唆犯则仅仅是指故意煽起他人的犯罪意图，不要求在犯罪方法、犯罪对象上作具体提示。传授犯罪方法罪与广义的教唆犯并无本质的区别，它只是广义的教唆犯的一种情况（参见梁世伟主编《刑法学教程》，南京大学出版社，1987，第 580 页）。这种理解与本文的立场大异其趣。传授犯罪方法罪是刑法分则已经规定的犯罪类型，根本无须根据教唆犯理论来处理，用传授犯罪方法罪来扩大教唆犯的外延，不仅会造成理论上的混乱，而且会把司法实践引入歧途，会使司法人员误认为要用教唆犯理论来解决传授犯罪方法罪本身的一些问题（如果一定要把传授犯罪方法罪纳入教唆犯的视野之中，将该罪称为"独立教唆犯"会更妥当）。相反，本文主张将以教唆的行为方式实施的间接正犯纳入教唆犯范畴之中，才真正确立了广义教唆犯这一概念，因为以教唆的行为方式实施的间接正犯并未被规定在刑法分则之中，需要用广义教唆犯的理论来解决。

② 例如，李斯特的教科书中没有提到何谓从属性，但对"共犯从属特征理论"和立法的互动略有评介。耶赛克的教科书则只在一节的开始用一句话简单地说明何谓从属性，然后就把大量的篇幅用在了论证实定法限制从属形态的立场上。另外，获得德国慕尼黑大学法学博士学位的柯耀程教授在他的文章中谈到从属性时，同样只简单地说了一下什么是从属性，然后就洒重墨于四种从属形态的分析。笔者想这并不意味着德国的学者们忽略了什么是从属性的问题，而更可能是他们对何谓从属性已经有了一致的认识。作为一种佐证，施吕特（Schlutter）曾撰写《从属性的教义学史》，其中就专门论述了从属性概念的历史发展。请参阅〔德〕弗兰茨·冯·李斯特《德国刑法教科书》，徐久生译，法律出版社，2000，第 354 页以下；〔德〕汉斯·海因里希·耶赛克、托马斯·魏根特《德国刑法教科书（总论）》，徐久生译，中国法制出版社，2001，第 792 页以下；柯耀程《变动中的刑法思想》，中国政法大学出版社，2003，第 169 页以下。附带说明，本部分论及的教唆犯除非特别强调，均指狭义教唆犯。

日本和我国台湾地区的学者们则在什么是“从属性”问题上耗费了不少的心血。在日本，齐藤金作教授把“从属性”分为成立上的从属性和处罚上的从属性；植田重正教授主张从属性具有实行从属性、犯罪（罪名）从属性、可罚从属性三种意义；平野龙一教授将从属性分为实行从属性、罪名从属性和要素从属性三种；山中敬一教授则指出，应在如下四种意义上使用“从属性”：实行从属性、罪名从属性、可罚从属性和要素从属性。[①] 我国台湾地区在六种意义上使用“从属性”这一概念，即概念上的从属性、实行上的从属性、犯罪上的从属性、处罚上的从属性、可罚上的从属性以及要素上的从属性。[②]

面对如此纷繁复杂的意义，尽管国外多数学者已经趋向于认同所谓“从属性”即指实行上的从属性，国内也已有人正确地指出过这一点，本文还是想结合国内学者们的一些认识略加分析。

1. 关于“概念上的从属性”

“概念上的从属性”是指教唆犯在概念上从属于被教唆者，即教唆须以存在被教唆者为前提，倘无人被教唆，则教唆亦必无从发生，此乃教唆犯之本质使然，实无可避免，堪称教唆犯概念上的从属性。[③] 我国不少学者理解的从属性就属于概念上的从属性。例如，有人认为，教唆犯一定要通过被教唆人去实施他所教唆的犯罪行为，才能看出他的教唆行为在共犯中所起的作用。教唆犯对于实行犯来讲具有明显的从属性。[④] 概念从属是一种逻辑上当然的结论，依此理解，不仅教唆犯，正犯之间同样也彼此具有从属性，“因为在共同正犯情况下，一个共犯的行为是由其他共犯的行为加以补充，直至完全实现犯罪构成要件的”。[⑤] 所以，对教唆犯的从属性不能作这种概念上的理解，用概念从属根本不可能区分从属性与独立性，持独立性说者也完全可以接受教唆必须在概念上从属于被教唆，它“不是共犯从属性问题中所说的从属性，所以用它作为共犯从属性的根据也是错

① 参见马克昌《比较刑法原理》，武汉大学出版社，2002，第 659 页以下。

② 参见陈培锋《刑法体系精义——犯罪论》，康德文化出版社，1998，第 463 页以下。

③ 参见韩忠谟《刑法原理》，中国政法大学出版社，2002，第 191 页。

④ 伍柳村：《试论教唆犯的二重性》，《法学研究》1982 年第 1 期。

⑤ 〔德〕汉斯·海因里希·耶赛克、托马斯·魏根特：《德国刑法教科书（总论）》，徐久生译，中国法制出版社，2001，第 792 页。

误的”。[①]

2. 关于“犯罪上的从属性”和“处罚上的从属性”

“犯罪上的从属性”和“处罚上的从属性”常常相提并论，它们是指教唆犯的犯罪性和处罚性来自正犯实施的犯罪行为，是从正犯那里借用过来的，教唆犯本身没有犯罪性和处罚性可言，并由此而体现出其从属的一面。这样的理解曾经是从属性论者的认识，我国也有学者从犯罪与处罚两方面考察教唆犯的从属性，认为我国刑法第 29 条第 1 款前段体现了犯罪的从属性，后段以及第 2 款则表现出处罚上的独立性。[②] 但是，由他人行为的犯罪性而导致自己行为的犯罪性并被处罚的思想与作为近代刑法基础的个人责任原理有着根本性的矛盾，故后来的学者们多认为“从属性共犯的犯罪性包含在从属性共犯本身之中，决不是借用正犯的犯罪性而发生的。……所谓共犯借用犯说是缺乏妥当性的”。[③]

3. 关于“罪名从属性”

“罪名从属性”是指教唆犯与被教唆者在罪名上要一致，这无疑是共犯从属性的一个论点，特别是在从属性说的沿革上，它曾具有重要意义。理论上常把它和犯罪共同说与行为共同说的区分联系起来看待。但是，时至今日，要求在罪名上具有严格的从属性，可以说已经失去了意义，尽管原则上要求从属性共犯与正犯的罪名应当一致，然而，随着部分犯罪共同说的崛起以及行为共同说的强势，二者之间不一致的现象也一般性地得到了承认。

4. 关于“可罚上的从属性”

“可罚上的从属性”与上述“处罚上的从属性”是两个不同的概念，“可罚”是就大陆法系刑法理论中的“可罚性”而言，即“不法与罪责之外的可罚性条件”，如客观的处罚条件是否具备、是否有处罚阻却事由等。[④] 可罚的从属性说认为，若正犯不可罚，则从属性共犯亦不可罚。如果将可罚性理解成第四个犯罪成立要件，毋宁说它所主张的是最极端的从

---

① 〔日〕木村龟二主编《刑法学词典》，顾肖荣等译，上海翻译出版公司，1991，第 349 页。

② 参见马克昌《论教唆犯》，《法律学习与研究》1987 年第 5 期，第 16 页。实际上，马克昌教授所言的“犯罪的从属性”更接近于实行从属性的涵义，而与犯罪从属性无涉；他所称“处罚的从属性”过于偏重立法用语，对于处罚从属性的理论涵义则有所忽略。

③ 〔日〕大塚仁：《犯罪论的基本问题》，冯军译，中国政法大学出版社，1993，第 280 页。

④ 关于大陆法系刑法理论中的“可罚性”问题，可以参阅冯军《德日刑法中的可罚性理论》，《法学论坛》2000 年第 1 期，第 106 页以下。

属形态，因此，将其作为一种从属性来理解意义并不大。

5. 关于“要素从属性”

“要素从属性”与教唆犯在何种程度上从属于正犯有关。德国学者迈耶曾依狭义共犯从属性之强弱，将其划分为四种：最小限度的从属形式（狭义共犯之成立只需正犯之行为符合构成要件）、限制的从属形式（狭义共犯之成立只需正犯之行为符合构成要件且系违法之行为）、极端的从属形式（狭义共犯之成立必须正犯之行为系违法且有责的实现构成要件之情形）、最极端的从属形式（狭义共犯之成立不仅需要正犯行为具有构成要件该当性、违法性和有责性，并且，加重或者减轻正犯刑罚的事由对共犯的处罚发生影响或者说连带作用于共犯），此即广为人知的“迈耶公式”。严格说来，“要素从属性”讨论的不是从属性的涵义，它以（狭义）共犯从属性说为前提，进而论及已经存在的从属性应具备何种强弱程度上的从属性这一问题。因此，不应该把它与其他从属性的涵义并列起来。

（狭义）共犯的从属性可以从从属性的有无和从属性的程度两个方面来考虑，从属性的有无即从属的涵义，从属性的程度即从属的形式。[①] 就从属的涵义而言，应当采取实行从属性，即为了使教唆者成立犯罪，至少需要正犯已经着手实施犯罪。“即便是共犯，也必须符合刑罚法规所预定的构成要件，所以，为成立共犯，正犯至少必须实施犯罪行为。”[②] 后文有关“从属性”的论述，皆以实行从属性为基础。

（二）对独立性说和“二重性说”的批判

正是在实行从属性这一点上，共犯独立性说与共犯从属性说发生了尖锐的对立。独立性说认为，与正犯一样，教唆行为也不外乎是教唆者犯罪意思的征表，正犯者的实行行为对教唆者来说只不过是具有因果关系的经过和客观的处罚条件；从属性说认为，教唆行为本身不是刑法分则中规定的构成要件行为（实行行为），教唆行为从属于被教唆者的实行行为，只有被教唆者实施了刑法分则中规定的构成要件行为（实行行为），教唆行为才具有刑法上的意义，才应该被刑法所禁止。共犯独立性说与共犯从属

---

① 为了不至于模糊主题，本文未深入探讨共犯从属性的形式问题。

② 〔日〕大谷实：《刑法总论》，黎宏译，法律出版社，2003，第304页。

性说的对立，最显著地表现在教唆犯未遂的成立范围上。共犯独立性说认为，只要教唆者实施了教唆行为，即使存在被教唆者立即予以拒绝而完全没有实施实行行为等情形，也成立教唆犯的未遂，在处罚未遂罪的场合，教唆者就是可罚的；共犯从属性说认为，只有被教唆者基于教唆者的教唆行为着手了犯罪的实行却终于未遂时，才可能考虑教唆犯的未遂。[①]

独立性说的立场被认为与主观主义刑法理论更加亲近，因此，它首先就受到客观主义刑法学者的猛烈批评。有刑法学者指出：既然行为人的“恶性”不仅为衡量刑罚轻重之标准，更左右犯罪之成立，“第一，为何不就刑法上之所有犯罪而却仅就教唆犯、从犯强调其恶性？第二，恶性本身带有极端主观不确定性，如何认定恶性之存在，实在困难。第三，若因此而以社会伦理作为恶性之衡量，更导致法与伦理（道德）之混同”。[②] 现代刑法的机能越来越偏重于强调法益保护的客观主义，可以说在理论根据上独立性说就已经显得黯淡。

在实定法上，德国刑法第 26 条规定：“故意教唆他人故意实施违法行为的是教唆犯。对教唆犯的处罚与正犯相同。”日本刑法第 61 条规定：“教唆他人实行犯罪的，判处正犯的刑罚。”二者均明文强调了“他人实行犯罪”的重要性，即若未至实行，当不可论以教唆犯。此外，日本的一些特别法中还有关于特别罪的教唆未遂的所谓“独立教唆”的规定，也从反面提示了一般情况下应当如何行事。[③] 可见，独立性说至少与德日现行刑法的立场不相容。

---

① 参见〔日〕大塚仁《刑法概说（总论）》，冯军译，中国人民大学出版社，2003，第 243 页。当然，共犯独立性说与共犯从属性说的对立观点还有很多，可以参阅马克昌《比较刑法原理》，武汉大学出版社，2002，第 663 页。

② 陈子平：《论教唆犯、从犯规定之独立性与从属性》，载蔡墩铭主编《刑法争议问题研究》，五南图书出版公司，1999，第 314 页。其实，并非所有的主观主义者都采共犯独立性说，如李斯特就站在新派的立场上主张从属性说；同样，虽然多数客观主义者采共犯从属性说，亦不乏反其道而行之者，如宾丁。

③ 参见〔日〕木村龟二主编《刑法学词典》，顾肖荣等译，上海翻译出版公司，1991，第 350 页以下。不过，关于特别法的这种规定，也有不少日本学者从独立性说的立场予以解释，他们认为，这种特别规定不过是与教唆未遂刑罚有关的特别规定而已，而不是像共犯从属性理论所解释的那样，是与主张教唆未遂的成立以及处罚有关的例外规定。就独立教唆而言，因为教唆行为以语言等为主，罪与非罪的判断标准非常不明确，又因为被教唆者实行犯罪的决意也是内心的事情，所以，在运用上有很大的危险，也有相当的批判认为它超过了政策上的必要性。

我国主张教唆犯具有独立性的学者对我国实定法的规定给予了充分的注意。即使不考虑我国刑法第29条第2款的内容，第29条第1款也仅仅规定“教唆他人犯罪的”是教唆犯，并没有明确指出必须教唆他人“实施”或者“实行”犯罪，特别法上亦无相应规定，这就给独立性说留下了足够的解释空间。事实上，关于如何解释独立性，我国刑法学者提出了三种学说。第一种学说是把第29条第1款解释为关于独立性的规定，即“从文字表面看，处罚根据明明是指他在共同犯罪中所起的作用……教唆人是被处罚的独立主体，而没有丝毫从属于被教唆人的含义。从内容实质看，所谓按照他（教唆犯）在共同犯罪中所起的作用处罚，就是要看教唆犯所提供的犯罪意图究竟对实行犯发生多大影响力来决定处罚的轻重。……第1款的立法精神，同该条第2款一样，都是体现确定教唆犯刑事责任的独立性，并不对实行犯存在任何从属性”；[①] 第二种学说是从我国刑法的分则性规定（例如第353条规定的教唆他人吸毒罪）中说明教唆犯具有独立性；[②] 第三种学说是主张我国刑法第29条第1款的规定具有犯罪的从属性并具有处罚的独立性，第29条第2款则完全规定了独立性。[③]

独立性说的上述解释存在不合理之处。第一种学说和第三种学说都强调教唆犯的处罚在第29条第1款中与正犯无任何关系，都是依教唆犯自己的行为而独立受到应有的处罚。但是，这种观点与教唆犯是具有从属性还是具有独立性并无必然联系，从属性指的是实行从属性，从属性说也认为教唆犯的应罚性植根于教唆犯自身的行为之中。如何能够据此得出独立性说的论点呢？第二种学说从分则的规定中推导出独立性的结论，更加让人不知所云。独立型教唆犯和作为共犯的教唆犯判若云泥，立法基础迥异，何以因为独立型教唆犯的存在就主张教唆犯的独立性呢？坚持共犯从属性的原则，并不意味着否定对教唆行为进行独立处罚的规定，分则的规定只是一种例外；并且，对分则中独立型教唆犯的规定，多数学者也基于从属性说进行了解释。所以，我国学者们从实定法的规定中得出的根据，存在方向上的偏差。

除了对我国实定法的规定作出倾向于独立性说的解释之外，我国学者

① 余淦才：《试论教唆犯的刑事责任》，《安徽大学学报》（哲学社会科学版）1983年第2期，第63页。

② 参见赵秉志主编《犯罪总论问题探索》，法律出版社，2003，第545页。

③ 参见马克昌主编《犯罪通论》，武汉大学出版社，1999，第556页以下。

在论述教唆犯的独立性时，经常提到的理论根据是：教唆行为本身具有社会危害性，在某些情况下教唆具有决定意义，教唆犯有自己独立的修正之构成要件等。[①] 但是，这些理论根据中的“理论”本身就缺乏“根据”，因为它总是没有证明：没有被教唆者的实行行为，教唆行为本身就是必须被刑法禁止的（不要忘记刑法的谦抑原则!）；没有被教唆者的实行行为，教唆行为对什么具有决定意义；没有被教唆者的实行行为，教唆犯何来自己独立的构成要件（既然承认教唆犯具有修正之构成要件，又如何能够认为教唆犯具有独立性?）。这些没有证明的“理论根据”，其实压根儿是不可能被证明的，如果人们认为教唆犯的从属性是指教唆犯的实行从属性的话。上述“理论根据”没有能够正确地把握区分从属性与独立性的标准。其所言从属性，主要是概念上的从属性（个别学者认为是犯罪的从属性），其所言独立性却是奠基于处罚独立性之上的真正的独立性。因此，所谓的“二重性说”实质上就是“独立性说”的另一种表现形式而已。

独立性说，无论是形式的独立性说还是实质的独立性说，其内在的不足是将狭义共犯之成立根据与处罚根据混为一谈。虽然狭义共犯之处罚根据与正犯无异，均受行为责任及个别责任原则之规范，但并不表示狭义共犯之成立完全独立于正犯行为之外。因为狭义共犯行为在罪刑法定原则的规范之下，仍属于构成要件以外之行为，并非刑法评价的对象，若予以处罚，在前提上仍须有构成要件实现的存在。[②] 国内学者往往强调教唆犯的处罚系由自己行为之责任决定，便以为教唆犯具有独立性，却忘了从属性之涵义是教唆犯的成立以被教唆者至少着手实施被教唆之罪为前提。狭义共犯的处罚根据和原则与刑法的一般处罚根据和原则是一样的，任何人都是因为自己的行为而负责；但在狭义共犯的成立上，狭义共犯应当依附于正犯的行为才可以成为刑法能够予以评价的定型行为。所以，处罚的独立性是

---

① 参见赵秉志、魏东《论教唆犯的未遂》，《法学家——兼议新刑法第 29 条第 2 款》1999 年第 3 期，第 30 页。

② 柯耀程：《变动中的刑法思想》，中国政法大学出版社，2003，第 167 页。柯耀程教授指出，在刑法学理上，向来仅将目光的焦点置于正犯的认定之上，狭义共犯问题常被忽略，特别是狭义共犯的成立基础和可罚基础的区分，故而，常将参与形态的成立基础与共犯责任混为一谈，而有共犯独立性说的见解出现。当然，此种弊病并非我们所独有，即使法治发达的德国及日本亦不能避免（参见柯耀程《变动中的刑法思想》，中国政法大学出版社，2003，第 178 页）。

任何犯罪的共同属性，和共犯独立性没有任何关系。混淆狭义共犯处罚与成立的独立性，是导致独立性说和二重性说在我国大行其道的“罪魁祸首”。[①]

（三）再论狭义教唆犯的从属性

我国有刑法学者认为，我国刑法第29条第1款规定的不是教唆犯的从属性，因为第1款只是说明教唆犯与被教唆的人是否成立共同犯罪取决于被教唆的人是否实施被教唆的罪，而不能说明教唆行为是否成立犯罪也取决于被教唆人是否实施犯罪，即其只和共同犯罪有关而和从属性无关。[②]笔者认为，我国刑法第29条第1款对狭义教唆犯的处罚以共同犯罪的成立为前提，只要承认教唆者和被教唆者成立共同犯罪，就应该进而承认教唆犯的从属性。“区分共犯与正犯的理论基础，就是教唆犯与帮助犯从属性理论。换句话说，主张狭义的共犯概念，就是宣示共犯从属性理论。”[③] 不能说法条没有明确说明就不能肯定共犯的从属性，德国、日本的刑法也没

---

① 我国学者总是以处罚的独立性来论证教唆犯的独立性，这是一条死胡同。如果一定要坚持并且力图论证教唆犯的独立性，从统一的正犯者概念出发，彻底放弃狭义共犯与正犯的划分，在量刑时考虑所谓教唆与帮助行为等非实行行为，或许少一些理论的破绽。陈兴良教授曾指出“我国刑法否定了区分正犯与共犯的共同犯罪理论的传统格局，确立了统一的共同犯罪的概念”，但是，陈兴良教授后来却从限制的正犯概念的立场来分析教唆犯的从属性与独立性之统一［参见高铭暄主编《刑法学原理》（第二卷），中国人民大学出版社，1993，第407页以下］。我国刑法对共同犯罪人的分类既受到传统法律文化的影响，亦由于新中国成立之后的历史原因而受到来自当时苏联刑法学的影响。众所周知，1960年的苏联刑法第17条、1951年的保加利亚刑法第18条以下、1961年的捷克斯洛伐克刑法第10条以及匈牙利刑法第12条等当时的社会主义刑法，均将共同犯罪人分为组织犯、教唆犯、帮助犯与实行犯，采取的就是统一的正犯者概念（参见〔日〕木村龟二主编《刑法学词典》，顾肖荣等译，上海翻译出版公司，1991，第327页）。我国刑法强调不同的共同犯罪人在共同犯罪中所起的作用，可以说并非没有从立法背景出发、在方向上朝着统一的正犯者概念展开解释的可能，但是，我国没有学者有意识地在这个方向上论证教唆犯的独立性，一个可能的理由是，我国学者已经意识到统一的正犯者概念本身并不可取（关于统一的正犯者概念的基本内容及其批判，参见柯耀程《变动中的刑法思想》，中国政法大学出版社，2003，第180页以下）。

② 参见张明楷《刑法的基本立场》，中国法制出版社，2002，第310页。张明楷教授还谈到我国刑法第29条第1款中的“共同犯罪”可能是数个共同教唆人的犯罪，而不是教唆者和被教唆者的共同犯罪。单纯从字面上看，也许可以如此理解，但是，法条在上半句讲到教唆者教唆他人犯罪后，旋即在下半句中规定按照教唆者在“共同犯罪”中的作用处罚，恐怕不能离开语境作那样的理解吧。如果那样理解的话，又该如何应对并非“共同教唆人”的人教唆他人犯罪的情形呢？

③ 许玉秀：《检视刑法共犯章修正草案》，《月旦法学》2003年第1期，第44页。

有在条文中说明，但德、日学者照样宣称共犯从属性的理论。

教唆犯从属性说的最大贡献在于：牢牢地坚守住罪刑法定主义的底线，维护了构成要件的定型机能。只有使狭义共犯在本质上从属于他人所实施之构成要件行为，始能确保法治国家的构成要件明确性原则。申言之，刑法有义务向社会宣示，教唆者之所以遭受刑罚，是因为教唆他人为刑法所禁止之事，而并非因为唆使某一与结果相关联之恶劣事迹就遭受到刑法的制裁。正如罗克辛（Roxin）所言，用从属性来约束（教唆犯）所具有的目的意义（teleologischer sinn）就在于法治国家的刑法要给狭义的共犯行为划定清楚的轮廓界限，借以避免刑法将所有与结果具有因果性的行为都视为狭义的共犯，以致造成刑法界限过宽，严重破坏法的安定性（rechtssicherheit）。[①]

我国鲜有学者在上述意义上赞成教唆犯的从属性，仅有个别学者在立法论上主张教唆犯的从属性。“从立法论上言，我主张共犯从属性说。‘即应以客观主义（古典学派）刑法思想为基础，着重行为人之行为与其所惹起之结果，而以限制（缩限）正犯概念为前提，采共犯从属性说之立场，以符合现代刑法思潮。’但从解释论上说，还不能断定我国刑法对教唆犯采取了从属性说。”[②]“讨论我国刑法规定的教唆犯是具有从属性、独立性，还是具有二重性的问题，没有任何理论与实际意义。相反，只能把问题搞得混乱。”[③]

---

① 参见许泽天《共犯之处罚基础与从属性》，载《罪与刑——林山田教授六十岁生日祝贺论文集》，五南图书出版公司，1998，第 85 页以下。

② 张明楷：《刑法的基本立场》，中国法制出版社，2002，第 328 页。引文中提到的限制的正犯概念与扩张的正犯概念相对，指的是正犯应是实现了构成要件之犯罪行为者，教唆犯不是正犯，之所以处罚是因为刑法总则的特别规定，学理上又称之为“刑罚扩张事由”。扩张的正犯概念则指的是，只要系犯罪行为之参与者，无论是否实现刑法分则规定的构成要件，均为正犯，至于法律规定共犯之处罚，是为了限制正犯处罚的范围，学理上又称之为“刑罚限缩事由”。共犯从属性与限制的正犯概念相通，而和扩张的正犯概念不容。所以，要在我国刑法中贯彻教唆犯从属性的立场，还需要兼采限制的正犯概念。

③ 张明楷：《关于教唆犯的几个问题》，《青年法学》1985 年第 1 期，第 63 页；另见张明楷《刑法的基本立场》，中国法制出版社，2002，第 329 页以下。张明楷教授因为无法解释我国刑法的规定，主张放弃对固有的刑法问题进行探讨。共犯的属性是有相当历史的刑法基本问题之一，何以能说讨论这样一个问题“没有任何理论与实际意义”呢？至少可以像张明楷教授已经做过的一样在立法论上提倡从属性，另外还可以进一步努力地试图把刑法的规定解释成从属性。张明楷教授一直主张对刑法进行合理解释，尽量使刑法的用语体现实质正义，与其动辄批判刑法，不如反复解释刑法（参见张明楷《刑法的基本立场》，中国法制出版社，2002，第 2 页）。可以说，本文只不过是循着张明楷教授的学术倾向在作进一步的努力而已。当然，解释刑法也应当遵循刑法解释的规则。

在立法论上，笔者也主张明确规定狭义共犯的从属性。但是，从解释论出发，笔者认为我国刑法第 29 条第 1 款规定的狭义教唆犯只具有从属性，不具有独立性，在这种狭义的教唆犯中，如果被教唆的人没有犯罪，就不应该处罚教唆者，对狭义的教唆犯的处罚以共同犯罪的成立为前提，条文中所谓“按照他在共同犯罪中所起的作用处罚”就是此意。

“共犯从属性彻头彻尾是个实定法的解释问题。”① 我国学者所持的“二重性说”一方面由于误解而赋予教唆犯以从属性，另一方面又从处罚上强调教唆犯的独立性。他们的“解释”除了本部分已经分析过的那些不能成立的理由之外，最大的依据就是我国刑法第 29 条第 2 款的规定，该款的规定是如此明确，以至于人们很难否定“教唆犯”（不是“狭义教唆犯”）的独立性。但是，笔者认为，应当像上面已经论证的那样，把刑法第 29 条第 1 款解释为关于狭义教唆犯具有从属性的规定，并且，应当像下面将要论证的一样，将刑法第 29 条第 2 款解释为关于以教唆的行为方式实施的间接正犯的规定，这样，就完全能够在我国刑法中贯彻狭义教唆犯具有从属性的立场。

三　间接正犯的新发现

间接正犯的观念已经在大陆法系的刑法理论中得到广泛认可，德国刑法第 25 条第 1 款中也规定了间接正犯。② 在我国，尽管大多数刑法学者都承认存在间接正犯这种正犯形式，在实务中也有处理间接正犯的实例［参见正文第三部分之（二）］，但是，至今未见我国刑法学者主张我国刑法中规定着间接正犯。本文的主要目的之一，是要论证我国刑法中规定着间接正犯；因此，所谓间接正犯的“新发现”，不是说发现了别人从未发现的间接正犯，而是说发现了别人从未在中国刑法中（不是在中国刑法教科书中）发现的间接正犯。

---

① 〔日〕木村龟二主编《刑法学词典》，顾肖荣等译，上海翻译出版公司，1991，第 350 页。迈耶还说过：“共犯概念完全是法律的产物。”（〔德〕弗兰茨·冯·李斯特：《德国刑法教科书》，徐久生译，法律出版社，2000，第 355 页）

② 德国刑法第 25 条第 1 款规定“利用他人实施犯罪行为者”，也是正犯。

（一）间接正犯的观念

间接正犯的观念是近代刑法理论的产物。近代学派于共犯理论采行为共同说及共犯独立性说，认为举凡加功于犯罪事实者，无论直接与间接，其危险性均已充分征表，故所谓间接正犯根本没有存在的必要，应包含于教唆犯之中。古典学派在共犯领域采取的是犯罪共同说和共犯从属性说，除了主张从属性说之外，于从属程度复采极端从属形式。历来的学说认为，间接正犯是极端的共犯从属性的产物，提出这个概念的目的是在犯罪的直接实行者不具有可罚性的情况下，让犯罪行为的操纵者为自己的非构成要件行为承担刑事责任，从而堵塞从属性理论在可罚性上存在的明显漏洞。[①] 也就是说，间接正犯只是在讲学上所使用的“替补”概念，有日本学者写道：“间接正犯的概念是共犯从属性理论产生的无父之子，是没有祖国的永远的犹太人，其正犯的论证是不可能的，具有与共犯从属性原则共存亡的命运。”[②]

但是，把间接正犯视为狭义共犯的“替补”概念，在逻辑上和理论上都是不正确的。在逻辑上，以狭义共犯概念为前提来论及间接正犯情形中正犯性的有无，很难说是基于适当的思考顺序，因为正犯概念应先行于狭义共犯概念，在不可动摇极端从属性说之前提下，将间接正犯概念解释为补充概念，实非妥适。在论理上，间接正犯并不见得就只能与限制的正犯概念和狭义共犯的极端从属形式相联系，例如，今日的德国和日本已经改采限制从属形式，间接正犯的概念却仍广为使用。实际上，现在的学者们更多地在规范的和实质的观点中发现间接正犯应与直接正犯同等对待的价值。[③]

---

① 参见〔意〕杜里奥·帕多瓦尼《意大利刑法学原理》，陈忠林译，法律出版社，1998，第337页。所谓“在可罚性上存在的明显漏洞”，是指如果正犯不具有责任或者存在责任阻却事由，则共犯无由成立，这样，将对加功于无责任能力者或者因禁止错误而免除正犯责任的情形，不能加以论处。但认为此种情形不可罚者，实不合乎法感情，故有必要将其作为间接正犯而加以处罚（参见柯耀程《变动中的刑法思想》，中国政法大学出版社，2003，第171页）。

② 转引自〔日〕大塚仁《刑法概说（总论）》，冯军译，中国人民大学出版社，2003，第143页。

③ 参见〔日〕大塚仁《刑法概说（总论）》，冯军译，中国人民大学出版社，2003，第143页以下。

由于不少国家的刑法明文规定仅仅处罚正犯与狭义共犯，若坚守罪刑法定主义之原则，承认间接正犯之概念，不仅于法无据，且在价值上视同正犯予以处罚，其理由何在亦颇费周章。为避免此项非难，有学者遂试图自理论上消除间接正犯之概念。其尝试方向有二：一为扩张正犯概念结合极端从属形式，二为限制正犯概念结合限制从属形式。[①] 这些努力都没有充分认识到间接正犯实质上和直接正犯是一样的，仍然戴着“有色眼镜”在“歧视”间接正犯，如前所述，在实质上、规范上间接正犯和直接正犯一样都是正犯。[②] 因此，企图废除间接正犯的概念，并不可取。

（二）间接正犯在中国的命运

间接正犯的观念在我国得到承认和贯彻，是晚近的事情。直到1999年，一种有相当影响的观点仍然认为：“我国刑法理论上没有间接正犯的概念，但社会生活中却存在着这样的情况，如教唆小孩盗窃，帮助精神病人杀人等，对此，审判实践中径依该罪的实行犯定罪处刑。不过，间接实行犯与直接实行犯毕竟还有区别，在理论上自不妨加以研究。”[③] 另有学者指出，间接实行犯是一个理论范畴，没有法律依据，但又对法律适用有一定的指导意义，故在我国刑法理论中应予保留。[④]

上述观点彰显出两个问题：其一，在我国刑法理论中有间接正犯的地位吗？其二，我国刑法规定了间接正犯吗？

首先，关于在我国刑法理论中是否有间接正犯的地位。间接正犯从来未成为我国刑法理论的争论热点，[⑤] 间接正犯更多的是被当作外国刑法学

---

① 关于两种方向的介绍与批判，参见甘添贵《刑法之重要理念》，瑞兴图书股份有限公司，1996，第175页以下。

② 间接正犯的正犯性和直接正犯的正犯性是统一的，仅就通说而言，德国目前占主导地位的是行为支配说，日本则为实行行为性说。前者认为，间接正犯与直接正犯都存在行为支配，只不过一个是意思支配，而另一个是行为支配。后者认为，所谓正犯，应解释为自己亲手实行具有构成要件之“现实危险性”的行为者，间接正犯与直接正犯都具有该种现实危险性。所以，因为共犯问题而不主张间接正犯，是错误地考虑了间接正犯的成立基础（参见〔日〕川端博《刑法总论二十五讲》，甘添贵监译，余振华译，中国政法大学出版社，2003，第381页以下）。

③ 马克昌主编《犯罪通论》，武汉大学出版社，1999，第505页。由于我国刑法理论常使用“实行犯”代替“正犯”的概念，故间接正犯也常被称为间接实行犯，特此说明。

④ 参见陈兴良《共同犯罪论》，中国社会科学出版社，1995，第497页。

⑤ 参见高铭暄主编《刑法专论》，高等教育出版社，2002，第1页以下。

的内容而被介绍性地提到。其次，关于我国刑法是否规定了间接正犯。这一点似乎没有疑问，翻遍刑法452个法条，没有一处使用“间接正犯”一词。有学者还专门基于我国刑法中没有规定间接正犯的现实而呼吁“我们极力主张在我国刑法中确立间接正犯的概念，以弥补我国刑法立法之不足”。[①] 笔者认为，间接正犯原本不是实定法的产物，亦原本不是解释论的问题。它植根于生活中的行为本身，有其实质的和规范的根据。不论理论上是否承认间接正犯，也不论实定法是否规定它，间接正犯都将发挥它的影响，只不过在方式上或明或暗而已。实际情况是，在司法实务中，已经开始有意识地运用间接正犯的理论来处理有关的个案。在北京市海淀区人民检察院提起公诉、海淀区人民法院审理的一个案例当中，两被告人张文俊、修启新在明知汽车被他人因民事纠纷拉走的情况下，谎称失窃，利用不知情的上级单位向保险公司索赔。海淀区人民检察院起诉时明确主张，两被告人属于间接正犯，并被法院认可。[②] 在另一个因最高人民法院审判长会议的讨论而更受关注的案例当中，被告人刘某指使十二周岁的女儿用鼠药毒死丈夫金某，讨论的结论是：刘某唆使不满十四周岁的人投毒杀人，由于被教唆人不具有刑事责任能力，因此，唆使人和被唆使人不能形成共犯关系，被告人刘某非教唆犯，而是间接正犯，故对刘某不能直接援引有关教唆犯的条款来处理，而应按其女实施的故意杀人行为定罪处刑。[③]

（三）间接正犯的新发现

从间接正犯在中国的命运可以窥知，间接正犯正在从一个外国刑法学的问题演变成中国刑法学的问题，正在从司法之外的问题演变成司法之内的问题。但是，这种演变更多的是由学者、法官和检察官们自发地在法律之外进行的。而自发地进行，就难免在学理、司法和立法之间造成尴尬，难道没有在“法律的自治”之内进行考虑的可能性吗？

笔者认为，提出我国刑法没有规定间接正犯未必是真实地揣摩到立法

---

① 宁东升、贾新征：《试论间接正犯的几个问题》，《国家检察官学院学报》1999年第3期，第12页。

② 参见陈兴良主编《刑法疑案研究》，法律出版社，2002，第67页以下。

③ 参见南英、张军主编《刑事审判参考》（第5辑），法律出版社，2001，第75页。

的真义，毋宁说立法者透彻地认识了间接正犯大多具有教唆犯的外形之一面，故在广义教唆犯中（部分地）规定了间接正犯。如前文已述，教唆犯和间接正犯有着千丝万缕的联系，不仅仅在产生与发展中二者始终相伴相随，在学说史上就有相当一部分学者把间接正犯包容在教唆犯的范畴之中；[①] 并且直到现在，仍有国家的刑法明文规定："对于因某种行为不受处罚者或者按照过失犯才处罚者，予以教唆或者帮助而使其犯罪行为发生结果的，依照教唆犯或者帮助犯处罚。"[②] 所以，我国的立法者对教唆犯作一种外延宽广的理解并非毫无根据。

我国学者之所以强调我国刑法完全没有规定间接正犯，一方面在于形式化地理解法条的内容，不去深入地发掘刑法条文可能的涵义；另一方面与刑法没有规定"正犯"的概念有关。我国刑法对共同犯罪人的分类不是从正犯与共犯的角度，而是采取以作用为主、以分工为辅的分类法将共同犯罪人分为主犯、从犯、胁从犯和教唆犯。新中国最早的刑法草案，即1950年的《刑法大纲草案》第15条规定有正犯，虽然1954年的《刑法指导原则草案（初稿）》第7条改称实行犯，但1957年的《刑法草案（初稿）》（第22稿）第24条、第25条又恢复了正犯的概念，直到1963年的《刑法草案（修正稿）》（第33稿），立法者才彻底抛弃了区分正犯与共犯的立法例，而改采以作用为主、以分工为辅的分类法。[③] 由于连正犯都尚且未被规定，更遑论间接正犯了，所以，有学者指出："在中国刑法中既然没有正犯的概念，当然也就没有间接正犯的概念。不仅在立法上没有间接正犯的概念，而且在解释论上也往往否认间接正犯的概念。"[④]

---

① 学说史上的间接正犯否定论认为，完全可以狭义共犯解决间接正犯问题，故不必有间接正犯之概念。此类见解，大致分为三种：第一，从主观主义刑法理论之立场，采共犯独立性说，而认为间接正犯系狭义共犯之见解；第二，承认扩张的正犯概念，而认为间接正犯系狭义共犯之见解；第三，完全无实现可罚违法类型的构成要件之他人违法行为，亦可能成立可罚的狭义共犯，而认为间接正犯系狭义共犯之见解（参见〔日〕川端博《刑法总论二十五讲》，甘添贵监译，余振华译，中国政法大学出版社，2003，第375页以下）。

② 此为1988年修订的韩国刑法第33条的内容，这明显是把间接正犯依狭义共犯论处。

③ 关于各稿的具体内容，请参见高铭暄、赵秉志编《新中国刑法立法文献资料总览》，中国人民公安大学出版社，1998，第140、170、229、342页。

④ 陈兴良：《间接正犯：以中国的立法与司法为视角》，《法制与社会发展》2002年第5期，第5页。

我国刑法采取的共犯分类法饱受学者们的诟病，其原因不再深究。[①]就以作用为主、以分工为辅的分类法而言，作用分类法注重量刑，分工分类法注重定罪，二者的分类标准和功能大异其趣。根据分工划分出来的教唆犯在我国的共犯人体系当中只是一个补充，是特殊的一个部分。所以，立法者当初很可能根本就不是在狭义的意义上使用教唆犯，而是把和教唆犯联系极为紧密的间接正犯也包括在其中。因此，以刑法没有规定正犯的概念为由，想当然地认为刑法也没有体现间接正犯的观念（不是概念），就忽视了立法者通过行为方式对间接正犯作出特别规制的可能。

基于以上的认识，笔者理解刑法第 29 条第 2 款中的“教唆犯”不是通常所说的教唆犯（狭义教唆犯），笔者提倡把刑法第 29 条第 2 款中的“教唆犯”诠释为以教唆的行为方式实施的间接正犯。

上述“理解”和“提倡”，具有以下意义。

第一，在理论上，澄清了狭义教唆犯的属性。在我国刑法中，狭义教唆犯仅仅具有实行从属性，既不具有独立性，也不具有二重性。

第二，在实践上，论证了我国刑事司法实践中处罚某些间接正犯的法律根据，今后（在刑法没有修改关于间接正犯的规定之前），审判实践应该直接援用刑法第 29 条第 2 款来处罚以教唆的行为方式实施的间接正犯，以免不引用法律条文就处罚间接正犯所产生的违反罪刑法定主义之虞。[②]

第三，在解释论上，能够无矛盾地解释我国刑法第 29 条第 2 款的规

---

① 关于我国刑法共同犯罪人分类法的讨论与评价，请参见赵秉志主编《犯罪总论问题探索》，法律出版社，2003，第 498 页以下。其实，作用分类法类似于统一的正犯者概念的立场，分工分类法接近于二元论的犯罪人参与体系，可以是采限制的正犯概念，也可以是采扩张的正犯概念。所以，立法似乎倾向于统一的正犯者概念，但从我国学者们有关共犯的论述来看，更多的是从限制的正犯概念出发理解共犯与正犯之关系。如此一来，就在理论和立法之间产生了龃龉。互动的结果是，统一的正犯者概念所强调的主犯、从犯、胁从犯沦落为次要的因素，学理上反而对正犯、共犯进行着更多的研究，即本来是“为辅”的教唆犯喧宾夺主，已经在理论上把统一的正犯者概念的立场逐渐淡化。可是，使“教唆犯”的概念承担如此重任，这不也从另一个侧面说明了应当对其作更为广泛的理解吗？

② 虽然刑法第 29 条第 2 款处罚的是间接正犯的未遂，但是，无疑可以引用刑法第 29 条第 2 款来处罚间接正犯的既遂。在解释论上，未遂都要处罚，那么处罚既遂就是当然之理。

定。首先，在被教唆者本人实施了被教唆的行为却因为不具有责任能力等而不成立犯罪时（也是“被教唆的人没有犯被教唆的罪”），对以教唆的方式实施的间接正犯不可以从轻或者减轻处罚（因为被教唆者本人实施了被教唆的行为）；其次，在被教唆者本人未实施被教唆的行为时（当然是“被教唆的人没有犯被教唆的罪”），对以教唆的方式实施的间接正犯可以从轻或者减轻处罚；再次，刑法第 29 条第 2 款规定“可以”从轻或者减轻处罚是合理的，因为该款明确规定的是对间接正犯未遂的处罚，对间接正犯未遂的处罚应该与对直接正犯未遂的处罚一样，只“可以”而不是“应当”从轻或者减轻处罚，并且，只能像一般的未遂犯一样比照相应的既遂犯从轻或者减轻处罚。[①]

四 立法模式的未来选择

刑法第 29 条第 1 款规定的是狭义教唆犯，第 2 款规定的“教唆犯”是以教唆的行为方式实施的间接正犯，第 29 条整体是对广义教唆犯的规定。把我国刑法第 29 条解释为对广义教唆犯的规定，既有理论根据，也有立法当时的客观理由；既可以防止理论与实定法的明显脱节，又能够减少司法对立法的不当抗制。

虽然上述解释可以使我国刑法共同犯罪理论的一系列争议问题变得易于化解，但是，从立法论的角度来看，我国刑法第 29 条用一条两款来分别规定狭义教唆犯和以教唆的行为方式实施的间接正犯，仍然存在不妥之处。

首先，刑法理论演变至今，间接正犯和教唆犯的界限已经明晰。前者属于正犯之一种，后者是狭义共犯。尽管某些间接正犯是以教唆的行为方式实施的，具有教唆犯的表象，但是，具有不同于教唆犯的本质，把这些

① 相反，依照把刑法第 29 条第 2 款解释为具有独立性的教唆犯的惯有立场，要认定其中的犯罪停止形态就难免出现混乱（在我国刑法学界对该问题存在预备说、未遂说、既遂说和成立说的激烈争论，参见张明楷《刑法的基本立场》，中国法制出版社，2002，第 327 页）；相应地，也就难免不能妥当解释刑法第 29 条第 2 款规定“可以”从轻或者减轻处罚的理论根据。

间接正犯视为“教唆犯”，有混淆正犯与狭义共犯的界限之虞，进而动摇共犯理论的根基，使共犯从属性说和限制的正犯概念难以在我国得到贯彻。20 世纪末才新修订的我国刑法，形式上却吸纳着 20 世纪中叶以前的学理，因此，虽然刑法第 29 条第 2 款（部分地）规定了间接正犯，却在形式上把其包容在广义教唆犯之中，称其为“教唆犯”，不能不说存在极大的缺憾。

其次，我国刑法理论正处于迅速发展和完善的时期，一方面要向他国先进的理论学习，另一方面又要考虑本国的实际情况，其中很重要的就是以法律的规定为据，来研究和解决问题。如果立法始终含混不清的话，对理论研究会造成很大的冲击。例如，我国学者对教唆犯属性产生那么大的争议，实定法恐怕难辞其咎。① 司法中的状况同样如此，例如，教唆不满十四周岁的人“犯罪”的，究竟应定单独的教唆犯还是按照间接正犯处理？刑法第 29 条把以教唆的行为方式实施的间接正犯涵括在广义教唆犯之中，就给司法部门增添了不必要的困难。②

再次，虽然以教唆的行为方式实施的间接正犯是间接正犯的常见形式，但是，间接正犯还存在其他表现形式，例如，以欺骗、利用对方不知情等方式都可以实施间接正犯，法律的有关规定应该能够解释间接正犯的各种表现形式。

最后，我国刑法第 29 条第 2 款只明确规定了对以教唆的行为方式实施的间接正犯的未遂的处罚，为了避免误解，应该明确规定对间接正犯的既遂的处罚。

对未来的刑事立法而言，将教唆犯和间接正犯用不同的条（而不是用不同的款）加以区别规定，是更值得选择的立法模式。在今后修订我国刑

① 从前文的分析中，可以看到独立性说和二重性说的最大根据就是刑法第 29 条第 2 款。由于把间接正犯包容在教唆犯中，本来是间接正犯的独立性，被绝大多数学者理解为教唆犯的独立性，不正是我国刑法现有立法模式造成的不良后果之一吗？“教唆犯固然是一种社会现象，但它毕竟是一个法律概念，论证它的独立性或从属性，不能不结合一个国家的刑法规定来进行。”如果刑法规定模糊，论证又如何能够清楚？参见马克昌主编《犯罪通论》，武汉大学出版社，1999，第 556 页。

② “在司法实践当中将间接正犯按照教唆犯处理的不乏其例。例如在 80 年代初，某地法院对一个教唆不满十四周岁的人盗窃公私财物的被告人定为盗窃（教唆）罪，这就把间接正犯和教唆犯混为一谈了。”参见陈兴良《间接正犯：以中国的立法与司法为视角》，《法制与社会发展》2002 年第 5 期，第 6 页。

法的时候，可以考虑设立如下规定：

第××条 自己或者利用他人实施犯罪的，作为正犯处罚。

第××条 教唆他人实施故意犯罪的，应当按照他在共同犯罪中所起的作用处罚。教唆不满十八周岁的人实施故意犯罪的，应当从重处罚。

“被教唆的人没有犯被教唆的罪”之解释[*]

刘明祥[**]

摘　要：我国刑法采取的是单一正犯体系，教唆犯从属性说无存在的法律基础，用此说来解释我国刑法第29条第2款中的“被教唆的人没有犯被教唆的罪”，不具有合理性。应当将其解释为被教唆的人没有按教唆犯的意思实施犯罪，具体包括四种情形：①教唆犯已实施教唆行为但教唆信息（或内容）还未传达到被教唆的人；②被教唆的人拒绝教唆犯的教唆；③被教唆的人接受教唆，但还未为犯罪做准备；④被教唆的人接受教唆，但后来改变犯意或者因误解教唆犯的意思实施了其他犯罪，并且所犯之罪不能包容被教唆的罪。

关键词：教唆犯　被教唆　犯罪　解释

我国刑法第29条第2款规定：“如果被教唆的人没有犯被教唆的罪，对于教唆犯，可以从轻或者减轻处罚。”对这一规定中的“被教唆的人没有犯被教唆的罪”，刑法学者有不同理解，形成较大争议。笔者拟对此作进一步的探讨，期望能化解争议，以维护执法的统一性。

一　“被教唆的人没有犯被教唆的罪”的解释理论

目前，我国刑法学者在解释刑法第29条第2款时，往往都会与教唆犯

---

* 本文原载《法学研究》2011年第1期，略有修改。

** 刘明祥，中国人民大学刑事法律科学研究中心教授。

的性质挂起钩来。关于教唆犯的性质，主要有三种观点。第一种观点是教唆犯二重性说，认为教唆犯既具有从属性，又具有独立性。其中，刑法第29条（即1979年刑法第26条）第1款体现了教唆犯具有从属性，而根据第2款规定，被教唆的人即便是没有犯被教唆的罪，教唆犯与被教唆人根本不成立共同犯罪关系，对教唆犯仍然要定罪处罚，这表明教唆犯具有独立性。[①] 第二种观点是教唆犯独立性说，认为“在一部刑法里，要么采取独立性说，即完全以教唆人所教唆之罪作为定罪基础；要么采取从属性说，即完全以被教唆人所实施之罪作为定罪基础。……刑法第26条（即现行刑法第29条，下同——引者注）第1款的立法精神，同该条第2款一样，都是体现确定教唆犯刑事责任的独立性，并不对实行犯存在任何从属性”。[②] 第三种观点是教唆犯从属性说，其中，有学者为了贯彻此说，将刑法第29条第2款解释为关于共同犯罪的教唆而未达到既遂状态的处罚规定。[③] 还有学者为了贯彻此说，提出刑法第29条规定的是广义的教唆犯，即第1款规定的是狭义或真正意义上的教唆犯，且采取的是教唆犯从属性说；第2款是对以教唆行为方式实施的间接正犯未遂所作的规定。[④]

以上三种解释论都是以德国和日本刑法学中的共犯从属性说与共犯独立性说为基础来展开论说的，而这两种学说又是以德国和日本刑法所采用的正犯与共犯相区分的二元参与体系（或称正犯与共犯区分体系）作为法律根据的。这种共犯参与体系的特点是，在法律条文中，不仅就犯罪之成立在概念上区分“正犯”和“共犯”（即教唆犯和帮助犯），而且在刑罚评价上对二者也加以区分。因为正犯之刑是所有共同犯罪参与者处刑的基准，共犯要比照正犯之刑处罚或减轻处罚，并且原则上对正犯的处罚要重于共犯。例如，日本刑法第61条规定：“教唆他人使之实行犯罪者，科正犯之刑。”第62条规定：“帮助正犯者，为从犯。”第63条规定：“从犯之刑，依正犯之刑减轻之。”在这种体系下，正犯被认为是实施符合构成要件行为（即实行行为）的人，而共犯（教唆犯和帮助犯）则是实施了基本

① 参见伍柳村《试论教唆犯的二重性》，《法学研究》1982年第1期；马克昌《论教唆犯》，《法律学习与研究》1987年第5期。

② 余淦才：《试论教唆犯的刑事责任》，《安徽大学学报》（哲学社会科学版）1983年第2期。

③ 参见张明楷《刑法学》，法律出版社，2007，第342页。

④ 参见何庆仁《我国刑法中教唆犯的两种涵义》，《法学研究》2004年第5期。

构成要件以外的行为、符合所谓被扩张的构成要件的人。[①]

与此相对的另一种共犯参与体系是一元参与体系，又称为单一正犯体系或者包括的共犯体系，是指将所有共同参与犯罪的人都视为正犯，而不注重从构成要件的立场来区分正犯与教唆犯、帮助犯，只是在正犯之内根据其加功的程度和性质量刑时予以考虑。[②] 例如，奥地利刑法第 12 条规定："自己实施应受刑罚处罚的行为，或者通过他人实施应受刑罚处罚的行为，或者为应受刑罚处罚的行为的实施给予帮助的，均是正犯。"第 13 条规定："数人共同实施应受刑罚处罚的行为的，按责任的大小分别处罚。"意大利、丹麦、巴西等国刑法也采用了这种体系。特别值得一提的是，苏联和东欧一些社会主义国家，如保加利亚、匈牙利、捷克等国都采用过这种体系，现行的《俄罗斯联邦刑法典》仍然采用这种体系。我国刑法也是如此。[③] 一般认为，这种一元参与体系（或单一正犯体系）具有如下特征：①为犯罪成立赋予条件者，皆为正犯；②不重视行为形态的区别；③对于犯罪的成立，根据各个正犯的行为，个别地探讨不法和罪责；④对于各正犯适用同一法定刑；⑤根据各正犯的参与程度和性质来量刑。[④] 应当注意的是，这种单一正犯体系中的"正犯"，不同于正犯与共犯区分体系中的"正犯"，它是从广义而言的，包括所有参与共同犯罪的人，除了正犯与共犯区分体系中所指的狭义"正犯"之外，还包含这种体系中的"共犯"（即教唆犯和帮助犯）。[⑤] 并且，即便是刑法之中未使用"正犯"的概念，也不能否定其采用了单一正犯体系。例如，1960 年的《苏俄刑法典》和现行的《俄罗斯联邦刑法典》之中，并未使用"正犯"的概念，而是采用了"共同犯罪人"的概念，但仍然被认为是采用了单一正犯体系。[⑥] 我国刑法同俄罗斯刑法关于共同犯罪的规定相似，首先是界定共同

---

① 参见〔日〕山中敬一《刑法总论Ⅱ》，成文堂，1999，第 743 页。

② 参见〔日〕山中敬一《刑法总论Ⅱ》，成文堂，1999，第 742 页。

③ 参见江溯《单一正犯体系研究》，载陈兴良主编《刑事法评论》第 24 卷，北京大学出版社，2009，第 405 页以下。

④ 参见陈子平《刑法总论》，元照出版有限公司，2008，第 438 页。

⑤ 参见江溯《犯罪参与体系中的行为概念与行为人概念》，《昆明理工大学学报》（社会科学版）2009 年第 7 期。

⑥ 参见江溯《单一正犯体系研究》，载陈兴良主编《刑事法评论》第 24 卷，北京大学出版社，2009，第 407 页。

犯罪的含义，接着对共同犯罪人进行分类，[①] 然后规定对共同犯罪人按其在共同犯罪中的作用处罚。[②] 至于共同犯罪的参与形式（即实行犯、教唆犯和帮助犯），对定罪和量刑的意义并不太大。

包括我国在内的采用单一正犯体系的刑法与德日等国采取正犯与共犯区分体系的刑法，对教唆犯的定罪与处罚的规定有重大差异。由于在采用后一种立法体系的刑法中，正犯之罪与刑是所有共犯（教唆犯和帮助犯）定罪与处刑的基准，正犯与共犯相比，正犯处于定罪与处刑的主要位置，共犯（教唆犯和帮助犯）则处于从属（或依附）的位置。一般认为，正犯实行了犯罪，共犯（教唆犯和帮助犯）才可能构成犯罪；“对于正犯的处罚要重于教唆犯，对于教唆犯的处罚要重于帮助犯”。[③] 这种共犯（教唆犯和帮助犯）从属性说在德国和日本是理论界的通说，是以采取正犯与共犯区分体系的刑法作为其法律基础的。但在我们这样的采取单一正犯体系的国家，共犯（教唆犯和帮助犯）从属性说就缺乏法律依据，“从属性原理完全没有存在的余地”。[④] 特别是就教唆犯而言，从我国刑法的规定来看，明显不能说是从属于正犯（或实行犯）。因为我国刑法第 29 条第 1 款明文规定：“教唆他人犯罪的，应当按照他在共同犯罪中所起的作用处罚。”并且在司法实践中，教唆犯一般都是作为主犯来处罚，被教唆的实行犯作为从犯处罚，也就是说教唆犯处于主要地位处更重的刑罚，被教唆的实行犯处于从属地位处较轻的刑罚。但根据德国和日本刑法的规定，按照共犯从属性说，教唆犯不可能处于比实行犯（正犯）更重要的位置，也不可能处比实行犯（正犯）更重的刑罚。另外，根据我国刑法第 29 条第 2 款的规定，“如果被教唆的人没有犯被教唆的罪”，对教唆犯也要定罪处罚，这意味着教唆犯的定罪不具有从属于实行犯的特性。同样道理，由于德日刑法学中的共犯独立性说是以正犯与共犯区分体系为基础来展开论说的，共犯

① 俄罗斯刑法将共同犯罪人分为组织犯、实行犯、教唆犯和帮助犯；我国刑法将共同犯罪人分为主犯、从犯、胁从犯，同时对教唆犯单独作了规定。

② 俄罗斯刑法规定，共同犯罪人的责任由每一共同犯罪人实际参与犯罪的性质和程度决定；我国刑法规定，对共同犯罪人，按照其在共同犯罪中所起的作用大小，分别作为主犯、从犯或胁从犯来给予轻重不同的处罚。

③ 黄荣坚：《基础刑法学》（下），中国人民大学出版社，2009，第 491 页。

④ 参见江溯《单一正犯体系研究》，载陈兴良主编《刑事法评论》第 24 卷，北京大学出版社，2009，第 417 页。

(教唆犯和帮助犯)的独立性，仍然是以严格区分正犯(实行犯)、教唆犯和帮助犯为前提的，[1] 在此基础上来说明共犯(教唆犯和帮助犯)的独立性，认为“教唆对于教唆者而言，就是实行行为，而正犯的实行行为，对于教唆者来说，不外乎是因果关系之过程(经过)，这意味着教唆本身即独立构成犯罪”。[2] 但是，由于我国刑法采取的是单一正犯体系，实行犯、教唆犯和帮助犯并无严格加以区分的必要，根据我国的刑法理论，实行犯、教唆犯和帮助犯的行为都是互相联系、互相利用的，不能单独抽取出来进行独立的评价。只要行为人基于共同故意，参与了共同犯罪行为，即构成共同犯罪，根据其在共同犯罪中所起作用大小的不同，给予轻重不同的处罚。由此可见，套用德日的教唆犯从属性说或教唆犯独立性说来解释我国刑法第 29 条第 2 款中的“被教唆的人没有犯被教唆的罪”，显然是忽视了我国刑法与德日刑法在共犯参与体系上的重大差异。教唆犯二重性说是我国刑法理论之通说，尽管学者们对教唆犯既具有从属性又具有独立性有不同理解，但大多没有跳出正犯与共犯区分体系，同样是忽视了我国刑法自身的特性，从而也就不可能作出令人信服的解释。

二 “被教唆的人没有犯被教唆的罪”的含义解析

关于我国刑法第 29 条第 2 款中的“被教唆的人没有犯被教唆的罪”的含义，我国刑法学界主要有两种不同的解释。一种是按其字面含义解释为被教唆的人没有按教唆犯的意思实施犯罪的情形。由于教唆犯与被教唆人之间不可能构成共同犯罪，对教唆犯只能是单独定罪处罚，因而认为该款是关于单独教唆犯的处罚规定。这是我国的通说，前述持教唆犯二重性说和独立性说的学者，都是持此种主张。[3] 另一种是按教唆犯从属性说做“论理”解释，否定该款是对单独教唆犯的处罚规定。[4] 其中最有影响的一

---

① 参见张明楷《刑法的基本立场》，中国法制出版社，2002，第 314 页。

② 〔日〕牧野英一:《刑法总论》下卷，有斐阁，1959，第 677 页。

③ 参见马克昌《论教唆犯》，《法律学习与研究》1987 年第 5 期；余淦才《试论教唆犯的刑事责任》，《安徽大学学报》(哲学社会科学版) 1983 年第 2 期。

④ 因为只有否定单独教唆犯也能定罪处罚，才可能贯彻教唆犯从属性说。

种否定方式是将“被教唆的人没有犯被教唆的罪”解释为被教唆人已按教唆犯的教唆着手实行犯罪（双方构成共同犯罪）但没有既遂。笔者称之为“共犯教唆犯未既遂说”（下同）。[①] 另一种否定方式是将“被教唆的人没有犯被教唆的罪”解释为被教唆的人不具有责任能力而又没有实施被教唆的行为，因而将教唆者视为以教唆行为方式实施的间接正犯未遂。笔者称之为“教唆方式的间接正犯未遂说”（下同）。[②] 笔者赞成按字面含义做前一种解释，反对做后面两种“论理”解释。

首先，持“教唆方式的间接正犯未遂说”的论者提出，刑法第 29 条规定的是广义的教唆犯，即第 1 款规定的是狭义的或真正意义上的教唆犯，且采取的是教唆犯从属性说。如果被教唆的人没有犯罪，就不应该处罚教唆者，对狭义的教唆犯的处罚以共同犯罪的成立为前提。第 2 款规定的是以教唆的方式实施的间接正犯（在广义的教唆犯范围之内），只有因无责任能力等而不能构成犯罪的被教唆者未实施被教唆的行为时，才属于该款规定的“被教唆的人没有犯被教唆的罪”的情形，对教唆者才可以从轻或减轻处罚；如果这种被教唆者实施了被教唆的行为（也是“被教唆的人没有犯被教唆的罪”），但不可以从轻或者减轻处罚，因为“该款明确规定的是间接正犯未遂的处罚”。[③] 但是，正如张明楷教授所述，“这一解释存在如下疑问：为何刑法仅规定以教唆的行为方式实施的间接正犯？为何刑法在‘共同犯罪’一节中规定间接正犯的未遂处罚原则？既然‘对间接正犯未遂的处罚应该与直接正犯未遂的处罚一样’，为什么刑法在规定未遂犯的处罚原则的同时，另规定间接正犯的未遂的处罚原则？在刑法并没有明确规定对于间接正犯作为正犯处罚的情况下，为什么却规定了间接正犯的未遂的处罚原则？这恐怕是上述解释难以回答的问题。”[④]

其次，持“共犯教唆犯未既遂说”的论者将“被教唆的人没有犯被教唆的罪”解释为被教唆人已按教唆犯的教唆着手实行犯罪而没有既遂。其

① 参见张明楷《刑法学》，法律出版社，2007，第 342 页。

② 参见何庆仁《我国刑法中教唆犯的两种涵义》，《法学研究》2004 年第 5 期。

③ 参见何庆仁《我国刑法中教唆犯的两种涵义》，《法学研究》2004 年第 5 期。

④ 参见张明楷《论教唆犯的性质》，载陈兴良主编《刑事法评论》第 21 卷，北京大学出版社，2007，第 88 页。

主要理由是：[①] ①“我国刑法采取了教唆犯从属性说。”根据教唆犯从属性说，只有当被教唆的人着手实行犯罪时，才能处罚教唆犯。如果仅从字面含义上理解“被教唆的人没有犯被教唆的罪”，那就意味着在被教唆的人没有着手实行所教唆的罪的场合，也处罚教唆犯。这显然与教唆犯从属性说相悖。②做上述解释，不存在文理上的障碍。因为“犯罪”或“犯……罪”这一用语具有多种含义，况且刑法规定的犯罪是以既遂为模式的，因此，可以将“被教唆的人没有犯被教唆的罪”理解为“被教唆的人没有犯被教唆的既遂罪”。③教唆犯的特点是唆使被教唆的人犯罪，总是意图使被教唆的人犯罪既遂，因此，被教唆的人着手实行犯罪但未能既遂，就可以解释为“没有犯被教唆的罪”。④做上述解释，意味着刑法第 29 条第 1 款与第 2 款都是对于共同犯罪中的教唆犯的规定，不至于出现通说所导致的刑法第 29 条第 2 款与共同犯罪无关的局面。进一步而言，刑法第 29 条第 1 款成为教唆犯成立与处罚的一般规定，第 2 款是教唆犯罪的减轻形态，但也应在第 1 款原则的指导下适用。⑤做上述解释，可以避免出现按通说导致的处罚不协调现象。因为被教唆人如果实施了预备行为成立犯罪预备，按通说教唆犯与被教唆人构成共同犯罪，适用刑法第 22 条，对教唆犯可以从轻、减轻处罚乃至于免除处罚，而被教唆人甚至连犯罪预备行为也没有实施，只能适用刑法第 29 条第 2 款，只是可以从轻或者减轻处罚，这意味着罪轻者反而要受更重的处罚。⑥做上述解释，有利于防止处罚不当罚的行为。事实上，当教唆者只是说了一句“杀死某人”时，即使对方完全默认，但仅此就处罚对方，显然不合理。笔者认为，上述解释确实充满了智慧，解释者为了贯彻自己的客观主义，可以说是用心良苦，也给人以有益的启示，但存在以下几方面的问题。

第一，认为我国刑法采取了教唆犯从属性说，并完全按德日刑法学中的共犯从属性说来解释我国刑法第 29 条第 2 款，其立论的基础和解释的结论明显不可靠。如前所述，我国刑法采取的是单一正犯体系，与德日刑法采取的正犯与共犯区分体系完全不同，共犯（教唆犯和帮助犯）从属性说根本没有存在的余地。

---

① 参见张明楷《论教唆犯的性质》，载陈兴良主编《刑事法评论》第 21 卷，北京大学出版社，2007，第 88 页以下；杨金彪《刑法共犯规定对共犯从属性说的贯彻》，《法学论坛》2006 年第 4 期。

第二，“犯罪”或“犯……罪”这一用语确实具有多种含义，但不能离开具体的语境来随意解释。在一部刑法中，同一概念在同一语境下或前后相连的条文中，应该做同一的理解，否则，法律条文的含义就不具有可预测性，罪刑法定也就无法实现。从我国刑法第 25 条至第 29 条关于共同犯罪的规定来看，似乎没有哪个条文中的“犯罪”只能理解为“犯罪既遂”或“既遂犯罪”，而不包含“未遂犯罪”或“犯罪未遂”的情形。否则，会得出荒谬的结论。例如，我国刑法第 25 条规定，“共同犯罪是指二人以上共同故意犯罪。”若将这一条文解释为，共同犯罪仅限于共同犯罪既遂，即二人以上共同故意犯罪既遂的情形，显然不符合立法原意。又如，若将第 29 条第 1 款中的“犯罪”解释为仅限于“犯罪既遂”，那么，“教唆他人犯罪的，应当按照他在共同犯罪中所起的作用处罚”，就应该理解为“教唆他人犯罪既遂的，应当按照他在共同犯罪既遂中所起的作用处罚”，这是否意味着教唆他人犯罪，他人已着手实行而犯罪未遂的，就不按他在共同犯罪中所起的作用处罚呢？“教唆不满十八周岁的人犯罪的，应当从重处罚”，是否意味着教唆不满十八周岁的人犯罪未遂的，就不能适用这一款的规定从重处罚呢？回答显然是否定的。如果说第 1 款中的“犯罪”包含犯罪既遂和犯罪未遂，而第 2 款中的“犯罪”或“犯……罪”不包含犯罪未遂（仅指犯罪既遂），那么，对同一条文中的同一词语为什么要做这种不同的理解？

第三，教唆犯的特点固然是唆使被教唆的人犯罪，并且总是意图使被教唆的人犯罪既遂，被教唆的人实行犯罪而未遂的，教唆犯很可能认为自己的目的未达到，因而没有犯罪，但是，在法律上显然不能做这种评价。不仅教唆犯罪如此，其他直接故意犯罪可以说都有这样的特点。如张三想要杀死李四，对李四实施用刀砍杀行为时被人阻止。显然不能认为张三意图杀死李四（杀人既遂）而实际上没有杀死李四（杀人未遂），就认为张三没有犯杀人罪。同样道理，被教唆的人已按教唆犯的旨意实行杀人行为而未遂的，也不能说被教唆的人没有犯被教唆的罪（杀人罪）。

第四，将刑法第 29 条第 1 款与第 2 款解释为都是关于共同犯罪中的教唆犯的规定，确实不会出现刑法第 29 条第 2 款与共同犯罪无关的局面，但这不能成为将第 29 条第 2 款硬性解释为关于共同犯罪中的教唆犯的规定的理由，更不能作这种简单的推论：“既然我国刑法在共同犯罪一节中规定了教唆犯，因此，无论是刑法第 29 条第 1 款的规定，还是第 2 款的规定，都属于共同犯罪的内容。"[①] 应该看到，按通说，从字面含义来理解，"被教唆的人没有犯被教唆的罪"是关于非共同犯罪中的教唆犯的规定，但不能说这一款就"与共同犯罪无关"，而是与共同犯罪有关。因为教唆犯的本意是想唆使他人犯罪，也就是想与他人共同犯罪，但没有达到目的，怎么能说"与共同犯罪无关"呢？准确的说法是与共同犯罪有关，但不成立共同犯罪。正因为如此，刑法才将其规定在"共同犯罪"一节之中。并且，将相关（但不完全一致）的内容规定在某一章节，在我国刑法中随处可见，这也是很正常的事。即便是在"共同犯罪"一节，也并非仅有第 29 条第 2 款是关于非共同犯罪情形的规定，第 25 条第 2 款是关于共同过失犯罪的规定，[②] 也是关于非共同犯罪情形的规定。值得一提的是，民国时期刑法也有与我国现行刑法第 29 条第 2 款相似的规定，该法第 29 条第 3 款规定，被教唆人虽未至犯罪，教唆犯仍以未遂犯论。这一规定在台湾地区一直到 2006 年以前均在适用，并且也是放在"刑法"第四章"正犯与正犯与共犯"之列，在施行几十年间似乎还没有学者提出，因为将其放在"正犯与共犯"一章中就只能解释为这是关于共同犯罪中的教唆犯的规定。

第五，按照通说，被教唆的人连犯罪预备行为也没有实施时，适用刑法第 29 条第 2 款处罚教唆犯，与被教唆人实施了犯罪预备行为，教唆犯与被教唆人构成共同犯罪预备的情形相比，确实会出现处罚不协调的现象。但正如马克昌教授所述："这是立法对第 29 条第 2 款的规定造成的。从当时参加立法的高铭暄教授的札记就可以清楚地看到：'如果被教唆的人没有犯被教唆的罪……应当如何处罚？理论上有的主张这种情况相当于犯罪的预备，应按犯罪预备的原则加以处罚；有的主张这种情况相当于犯罪未遂，应按犯罪未遂的原则加以处罚。三十三稿规定"可以从轻、减轻或者免除处罚"，相当于预备犯；刑法规定"可以从轻或者减轻处罚"，相当于未遂犯。'如果按第三十三稿的规定，就不会发生这个矛盾，而按刑法的

① 肖本山：《"教唆未遂"诠释新解——关于体系性解释和目的解释方法的适用》，《法学评论》2007 年第 5 期。

② 刑法第 25 条第 2 款规定："二人以上共同过失犯罪，不以共同犯罪论处；应当负刑事责任的，按照他们所犯的罪分别处罚。"

规定，这一矛盾就很难避免。”[①] 因此，要想解决上述处罚不协调的问题，只能是修改刑法的规定，即对单独教唆犯按预备犯的规定处罚。并且，做这样的修改，在国外也有先例。如韩国刑法第 31 条第 2、3 项规定，被教唆者承诺实行犯罪，但未着手实行的，教唆者和被教唆者以阴谋或者预备犯相应处罚，被教唆者未承诺实行犯罪的，对教唆者的处罚亦同前项。

反过来，按照持“共犯教唆犯未既遂说”的论者的解释，还会出现处罚上更不合理的现象。因为既然“被教唆的人没有犯被教唆的罪”是指被教唆的人犯被教唆的罪而未达既遂状态的情形，那就应该包括犯罪未遂、犯罪预备和犯罪中止。也就是说，刑法第 29 条第 2 款对构成共同犯罪未遂、预备与中止的教唆犯都应该适用，即都可以从轻或减轻处罚。但这明显与刑法第 22 条、第 24 条对预备犯、中止犯的规定不符。正因为如此，做上述解释的论者提出，教唆他人犯罪，他人构成预备犯的，对于教唆犯，同时适用刑法第 29 条第 1 款与第 22 条，可以从轻、减轻处罚或者免除处罚；他人已着手实行犯罪，构成未遂犯的，对于教唆犯，则同时适用第 29 条第 1 款与第 2 款的规定，可以从轻或者减轻处罚。[②] 同样道理，如果教唆犯与被教唆人都构成中止犯，对教唆犯也只能是适用第 29 条第 1 款和第 24 条的规定，如果没有造成损害的，应当免除处罚，造成损害的，则应当减轻处罚。这虽然解决了处罚不协调的问题，但无法回答：同样都属于刑法第 29 条第 2 款所指的“被教唆的人没有犯被教唆的罪”的情形，为何只有构成犯罪未遂时才适用，而构成犯罪预备或犯罪中止时却不适用?

第六，按照我国的通说，刑法第 29 条第 1 款中“教唆他人犯罪的，应当按照他在共同犯罪中所起的作用处罚”是关于共同犯罪的教唆犯的规定，也就是对被教唆的人犯了被教唆的罪的规定。因为只有被教唆的人犯了被教唆的罪（包括实施了为犯罪做准备的行为），双方才可能构成共同犯罪，才有可能判断教唆犯在共同犯罪中起何种作用。刑法第 29 条第 2 款中“被教唆的人没有犯被教唆的罪”，无疑是指教唆犯与被教唆人不构成共同犯罪的情形。因为从法条或语言表达的顺序来论，既然前面说的是被教唆人犯了被教唆的罪构成共同犯罪的情形，后面接着说“被教唆的人没

① 马克昌：《马克昌文集》，武汉大学出版社，2005，第 120 页。

② 参见张明楷《刑法学》，法律出版社，2007，第 342 页。

有犯被教唆的罪"不构成共同犯罪的情形，就成为合乎逻辑的结论。如果说"被教唆的人没有犯被教唆的罪"是指被教唆人已着手实行而没有犯罪既遂，也是关于共同犯罪的教唆犯的规定，那么，这一款规定就成为多余的了。因为即便是没有这一规定，按刑法第 29 条第 1 款，对共同犯罪中的教唆犯无论是犯罪既遂还是犯罪未遂、犯罪预备或犯罪中止的，都要按其在共同犯罪中所起的作用处罚。只不过在构成犯罪预备、犯罪未遂或犯罪中止时，同时还要适用刑法总则关于预备犯、未遂犯或中止犯的处罚规定。在笔者看来，将刑法第 29 条第 2 款之规定解释为多余（或无存在的意义），正是持"共犯教唆犯未既遂说"者的关注点之所在。因为该论者也认识到，"从字面含义来说，该规定是教唆犯独立性说的重要根据，因而成为坚持教唆犯从属性说的重大障碍。换言之，要采取教唆犯从属性说，就必须重新解释该规定"。[①] 通过将刑法第 29 条第 2 款中"被教唆的人没有犯被教唆的罪"解释为被教唆的人已着手实行犯罪但没有既遂，而将其实质内容抽掉，使其实际上被取消，这也就为贯彻论者所持的教唆犯从属性说排除了障碍。

但是，这种解释与现代法治原则不符，明显不具有合理性。如前所述，我国台湾地区 2006 年以前的"刑法"第 29 条第 3 款规定，被教唆人虽未至犯罪，教唆犯仍以未遂犯论。这与我国刑法第 29 条第 2 款的规定相似。台湾地区于 2006 年修改"刑法"时，将这一规定删除，删除的理由是这一规定采取了共犯独立性说的立场，但现在有必要改采共犯从属性说。[②] 为什么不通过做上述"论理"解释，把"被教唆人虽未至犯罪"解释为被教唆人已着手实行犯罪但未达到犯罪既遂，使之与共犯从属性说不冲突，而要通过修改"刑法"删除这一规定来解决问题呢？归根到底是因为罪刑法定主义要求对"刑法"做严格解释。[③]

第七，共犯从属性说在德国、日本、韩国等大陆法系国家固然是通说，[④] 但由于按照这种学说，只有被教唆的人已着手实行被教唆的罪，才

---

① 参见张明楷《刑法学》，法律出版社，2007，第 341 页。

② 参见黄荣坚《基础刑法学》（下），中国人民大学出版社，2009，第 549 页。

③ 有些国家的刑法对此有明文规定，如法国刑法第 111 - 4 条规定："刑法应严格解释之。"

④ 参见〔韩〕金日秀、徐辅鹤《韩国刑法总论》，郑军男译，武汉大学出版社，2008，第 608 页；〔日〕西田典之《日本刑法总论》，刘明祥、王昭武译，中国人民大学出版社，2007，第 318 页。

能处罚教唆犯，明显有放纵教唆犯罪的嫌疑，这也是共犯从属性说的一大缺陷。正因为如此，许多大陆法系国家（地区）的刑法并未完全采取这种学说。“至少德国刑法第三十条第一项就明明白白地肯定了一个基本立场，亦即涉及最低本刑为一年以上有期徒刑之罪者，即使被教唆人未至于犯罪，教唆人还是可能构成犯罪。”[①] 在日本，虽然没有类似德国刑法第30条第1项的规定，并且日本刑法第61条明文规定，“教唆他人实行犯罪的”才处罚，但在解释论上，“由于认为‘实行’中包括预谋、预备，所以，不管是独立预备罪、阴谋罪，还是从属预备罪、阴谋罪，都成立教唆犯”，[②] 从而使共犯从属性说的缺陷得到了一定程度的弥补。我国台湾地区2006年“刑法”将原有的“被教唆人虽未至犯罪，教唆犯仍以未遂犯论”的规定删除，也有可能会带来负面效应。为此，台湾地区有学者提出，“要避免鼓励教唆犯罪，最后只能考虑的方式是透过立法把错误的‘修正’再修正回来”。[③] 也有学者主张，“被教唆人已萌生犯意，且本罪已经进入有处罚规定的预备阶段时，……被教唆人既然成立本罪预备犯，教唆人似亦有可能成立本罪预备的教唆犯。”[④] 由此可见，即便是在大陆法系国家或地区，完全采取共犯从属性说，要求被教唆人着手实行被教唆的罪时才处罚教唆犯也行不通，因而不得不采取扩大实行行为范围（即把部分预备行为也解释为实行行为）的办法来弥补，但这又削弱了实行行为的定型性。

在我国，共犯从属性说不仅无存在的法律基础，而且事实上也无法推行。主张做上述解释的学者也意识到，被教唆人实施了犯罪预备行为构成预备犯时，如果因被教唆的人没有着手实行犯罪而不处罚教唆犯，就明显不具有合理性，因此，不得不提出“教唆者唆使他人犯罪，他人实施了犯罪预备行为的，如果需要处罚预备犯，则对于教唆犯同时适用刑法第29条第1款与第22条”。但是，这显然与只有被教唆的人着手实行了被教唆的罪才能处罚教唆犯的教唆犯从属性说不符。另外，还应当看到，在日本等大陆法系国家或地区刑法中，由于原则上不处罚预备行为，只是对少数预备行为在刑法分则中单独设有处罚规定，理论上又有独立预备罪与从属预

① 黄荣坚：《基础刑法学》（下），中国人民大学出版社，2009，第551页。

② 〔日〕大谷实：《刑法讲义总论》，黎宏译，中国人民大学出版社，2008，第399页。

③ 黄荣坚：《基础刑法学》（下），中国人民大学出版社，2009，第551页。

④ 林钰雄：《新刑法总则》，中国人民大学出版社，2009，第354页。

备罪之分，一般认为，独立预备罪有实行行为。[①] 这也是在日本等国刑法学界一方面采取共犯从属性说、另一方面又承认预备罪的教唆犯的一个重要原因。可是，我国刑法是在总则中原则性地规定处罚所有故意犯罪的预备行为，在分则中并未对预备犯单独设处罚规定，犯罪预备行为与犯罪实行行为有明确的界限，不存在像日本等国那样把预备犯解释为有实行行为的可能性。因此，如果承认被教唆人构成预备犯时，教唆犯也应受刑罚处罚，那就并未贯彻教唆犯从属性说。

即便是承认预备罪的教唆犯，也并不能使教唆犯从属性说有可能放纵犯罪的问题从根本上得到解决。众所周知，在现代社会，集团犯罪、有组织犯罪特别是恐怖主义犯罪频繁发生，教唆恐怖犯罪的危害性是难以想象的，必须防患于未然，显然不能等到被教唆者接受了教唆并已着手实行犯罪时，才处罚教唆犯。假如某人想用重金收买对方将有重大杀伤力的定时炸弹放在电影院炸死众多民众，但对方拒绝并及时报了警。如果按教唆犯从属性说，肯定不能处罚教唆者，而这无疑会放纵危险犯罪的发生，与国民的基本要求不符。

第八，采取教唆犯从属性说，确实有利于防止处罚不当的行为。但正如前文所述，采取这种学说，还有可能放纵犯罪的发生。并且，放纵犯罪的发生具有不可避免性，而防止处罚不当的行为，还有其他的办法可以替代。因为根据我国刑法第 13 条但书的规定，对“被教唆的人没有犯被教唆的罪”，确属“情节显著轻微危害不大的”，应当认定为不构成犯罪，并非只要实施了教唆他人犯罪的行为，即使被教唆的人没有接受教唆或虽接受但并未采取行动，也不论情节严重与否，都一概要适用刑法第 29 条第 2 款的规定，对教唆者定罪处罚。例如，教唆者只是说了一句“杀死某人”，对方并没有接受教唆。在此情形下，不采取教唆犯从属性说，而认定为“情节显著轻微危害不大”，对教唆者不定罪处罚，也不会有任何障碍。

三 “被教唆的人没有犯被教唆的罪”的范围界定

关于“被教唆的人没有犯被教唆的罪”的范围（即刑法第 29 条第 2

① 参见〔日〕大谷实《刑法讲义总论》，黎宏译，中国人民大学出版社，2008，第 328 页。

款的适用范围），按前述两种持教唆犯从属性说的论者的解释，很容易确定。[①] 但是，按通说，“被教唆的人没有犯被教唆的罪”，是指被教唆的人没有按教唆犯的意思实施犯罪，双方不可能构成共同犯罪，对教唆犯应单独处罚。也就是说，刑法第 29 条第 2 款是对单独教唆犯的处罚规定。那么，单独教唆犯具体包括哪些情形或者说其处罚范围如何界定，就成为需要进一步研究的问题。

目前，我国的通说对“被教唆的人没有犯被教唆的罪”的范围，大多是采取列举的办法来界定。但所列举情形的多少又有所不同：一是“三情形说”，认为“被教唆的人没有犯被教唆的罪”包括以下三种情形：①被教唆人拒绝教唆；②被教唆人当时接受教唆，而事后没有犯任何罪；③被教唆人当时接受教唆，而未犯被教唆的罪，只实施了其他犯罪。[②] 二是“四情形说”，认为“被教唆的人没有犯被教唆的罪”包括以下四种情形：①被教唆人拒绝教唆犯的教唆；②被教唆人虽然当时接受了教唆，但随后又打消了犯罪的意图，并未进行任何犯罪活动；③被教唆人当时接受了教唆犯所教唆的犯罪，但实际上他所犯的不是教唆犯所教唆的罪；④教唆犯对被教唆人进行教唆时，被教唆人已有实施该种犯罪的故意。[③] 三是“五情形说”，认为“被教唆的人没有犯被教唆的罪”包括以下五种情形：①教唆没有传达到被教唆人的；②教唆没有被接受或者被假装接受的；③他人接受了教唆但没有着手实行犯罪的，这又有被教唆人成立预备犯、中止犯或未实施犯罪行为三种可能；④被教唆人所犯的罪与教唆的罪在性质上根本不同的；⑤教唆犯对被教唆人进行教唆时，被教唆人已有实施该种犯罪之故意的。[④] 四是“多情形说”，认为“被教唆的人没有犯被教唆的罪”除了上述各种情形之外，还包括被教唆者实施了各种过限行为、被教唆者由于身份原因或客观处罚条件不构成犯罪、教唆者或被教唆者属于“无期待可能性”或者“不可罚的事后行为”而不受处罚，以及

---

① 其中，持“共犯教唆犯未既遂说”的论者认为，是指教唆犯与被教唆人构成共同犯罪，并且属于犯罪未遂的情形。持“教唆方式的间接正犯未遂说”的论者认为，仅指采用教唆的方式实施的间接正犯而未遂的情形。

② 参见苏惠渔主编《刑法学》，中国政法大学出版社，2007，第 160 页。

③ 参见马克昌主编《犯罪通论》，武汉大学出版社，1999，第 563 页以下。

④ 参见阮齐林《刑法学》，中国政法大学出版社，2008，第 212 页以下。

其他排除教唆者或被教唆者犯罪的情形。[①]

从以上几种有代表性的观点所列举的“被教唆的人没有犯被教唆的罪”的具体情形来看，有如下几点需要弄清。

第一，有教唆他人犯罪的意图，已经实施了为教唆做准备的行为，但还没有实施教唆行为。例如，某人想要雇凶杀自己的仇人，计划先盗窃财物，凑足一定金额后再去找想雇用的人面谈。但第一次盗窃时即被抓获，并交代了盗窃的动因。那么，能否认定行为人构成杀人罪的教唆犯，即是否属于刑法第 29 条第 2 款规定的“被教唆的人没有犯被教唆的罪”所包含的情形？笔者的回答是否定的。因为想要教唆他人犯罪的人既然还没有对他所想要教唆的对象实施教唆行为，对方也就不可能犯被教唆的罪，从广义而言，虽然也在“被教唆的人没有犯被教唆的罪”的范围，但是，仅有犯罪的意图，如果没有犯罪的行为，仍然不能构成犯罪。犯罪行为的起点是为犯罪做准备的预备行为。我国刑法第 22 条规定：“为了犯罪，准备工具、制造条件的，是犯罪预备。”其中的“犯罪”仅指实行犯罪，不包含教唆犯罪或帮助犯罪。教唆犯罪的特点是唆使他人产生犯罪意图，进而实行犯罪，以达到自己的犯罪目的。教唆行为本身是一种为达犯罪目的创造条件的行为，并非完成犯罪或实现犯罪目的的行为，它本身就是一种预备行为。[②] 为这种预备行为（教唆行为）做准备的行为，对法益造成侵害的危险性很低，自然也就没有必要纳入刑罚处罚的范围。

第二，已实施教唆行为，但教唆的意思还未传达到被教唆人。例如，某人发信件给对方教唆其杀自己的仇人，并承诺事成后给 10 万元酬金。由于信件被代收人偷看后告发，被教唆人并未收到信件，也不知晓其内容。对这种教唆者，能否适用刑法第 29 条第 2 款的规定予以处罚？笔者的回答是肯定的。理由在于行为人已实施教唆行为，对法益已构成现实的威胁，将这种情形纳入“被教唆的人没有犯被教唆的罪”的范围，认定为单独的教唆犯是恰当的。不能认为只有被教唆的人知晓教唆的内容后，才能对教唆者定罪处罚。因为教唆者实施了教唆行为，即发出了教唆信息后，被教

---

① 参见陈伟《非共犯教唆视野下的教唆行为与教唆罪的构建》，《江西公安专科学校学报》2007 年第 6 期。

② 参见〔俄〕H. 库兹涅佐娃等主编《俄罗斯刑法教程（总论）》（上卷 · 犯罪论），中国法制出版社，2002，第 403 页。

唆人是否收到，对教唆行为的社会危害程度并无影响。很难说被教唆人收到教唆其杀人的信件后告发与第三者偷看（被教唆人未收到）后告发，对说明教唆行为的社会危害程度有多大差异。

第三，被教唆的人接受教唆后实施了为犯罪做准备的行为，但由于意志以外的原因而未能着手实行的（即构成预备犯），或者着手实行以前自动放弃犯罪的（即构成中止犯），这是否属于“被教唆的人没有犯被教唆的罪”的情形，对教唆犯能否适用刑法第 29 条第 2 款的规定处罚？回答应该是否定的。这是因为，被教唆人接受教唆并开始实施为犯罪做准备的行为之后，就表明双方主观上已有犯罪的共同故意，客观上已有共同的犯罪行为，已构成共同犯罪。由于意志以外的原因未能着手实行犯罪，或者自动放弃犯罪而未着手实行，大多属于未完成犯罪即构成未遂犯或中止犯的情形（除情节显著轻微不构成犯罪者外），不影响共同犯罪的成立。就被教唆的人而言，应该认定其已犯了被教唆的罪，而不属于“没有犯被教唆的罪”，因而不具备适用刑法第 29 条第 2 款的条件。

至于有论者提出，被教唆的人实施了犯罪预备行为构成预备犯时，若对教唆犯不适用刑法第 29 条第 2 款，而适用刑法第 29 条第 1 款和第 22 条（预备犯的规定），对教唆犯就可以从轻、减轻处罚或者免除处罚。假如被教唆的人拒绝教唆，连犯罪预备行为也未实施，则属于“被教唆的人没有犯教唆的罪”，构成单独教唆犯，对其适用刑法第 29 条第 2 款，则只能从轻或者减轻处罚（不能免除处罚）。这意味着罪重的（前者）反而比罪轻的（后者）处罚轻，明显不具有合理性。为了避免这种现象的发生，就有必要对前者（即被教唆的人）实施为犯罪做准备行为而构成预备犯或中止犯的情形，也适用刑法第 29 条第 2 款的规定。[①] 但是，正如前文所述，这种处罚上的不均衡，是立法不科学造成的。“被教唆的人没有犯被教唆的罪”时，对教唆犯来说构成预备犯（而不是未遂犯），[②] 应该比照预备犯的规定来制定处罚原则。如果将该款规定改为“可以从轻、减轻处罚或者免

① 参见阮齐林《刑法学》，中国政法大学出版社，2008，第 213 页。

② 被教唆的人拒绝教唆等没有犯被教唆的罪的情形，在理论上称为“教唆未遂”。但教唆未遂不等于教唆犯所构成的犯罪是未遂。犯罪未遂是已经着手实行犯罪，由于犯罪分子意志以外的原因而未得逞的情形。教唆未遂则是还未着手实行犯罪，停顿在着手实行之前（为犯罪做准备）的犯罪状态，因而属于犯罪预备。

除处罚”，就不会出现上述处罚不均衡的现象了。在立法未作这样的修改之前，按上述办法来处理，不仅在理论上不能说明为何对被教唆的人犯了被教唆的罪的情形，也适用“被教唆的人没有犯被教唆的罪”的规定处更重的刑罚，而且会带来新的处罚不均衡、不合理的问题。假如教唆人与被教唆人在共同犯罪中所起的作用相当甚至教唆犯所起的作用更小，若对被教唆人适用预备犯的处罚规定（第 22 条），对教唆犯适用第 29 条第 2 款的规定，就会出现对教唆犯处罚比被教唆人更重的不均衡现象；如果对双方都适用刑法第 29 条第 2 款的规定处罚，则又会出现比双方共同实行犯罪或单个人犯罪的预备犯与中止犯处罚更重的不合理现象。

第四，被教唆的人实行犯罪过限，构成了其他犯罪的，是否也在“被教唆的人没有犯被教唆的罪”之列？笔者认为，如果被教唆的人所构成的犯罪能够完全包容被教唆的罪，如教唆者教唆对方伤害自己的仇人，但被教唆者在实施伤害行为的过程中，遇到对方强烈反击，产生了杀机，杀死了被害人。若仅以被教唆人构成的犯罪是故意杀人罪，而教唆犯所教唆的罪是故意伤害罪，就认为这属于“被教唆的人没有犯被教唆的罪”的情形，还可以从轻或减轻处罚，这显然与国民的法感觉（或法律观念）不符。因为一般看来，被教唆的人不仅伤害了对方，而且比伤害更进一步，应该认为被教唆的人犯了被教唆的罪。正因为如此，笔者赞成采用部分犯罪共同说来解决此类问题。根据这种学说，教唆的犯罪与被教唆人实施的犯罪并非要完全共同，双方才构成共同犯罪，而是只要有一部分共同即可。应该注意的是，双方只是在共同的部分（或重合部分）构成共同犯罪。就教唆对方伤害他人而对方杀害了他人的情形而论，教唆犯与被教唆人只是在伤害罪部分成立共同犯罪，教唆犯只应对伤害既遂承担责任，被教唆人则单独对其实行过限构成的杀人罪承担责任。

第五，教唆者实施教唆行为，若他自身具备“无期待可能性”或其他排除犯罪的事由，按前述“多情形说”，也在“被教唆的人没有犯被教唆的罪”之列。但这显然不妥当。因为刑法第 29 条第 2 款规定，“被教唆的人没有犯被教唆的罪”，对教唆犯只是可以从轻或减轻处罚，构成犯罪是前提条件，如果教唆者不构成犯罪，自然也就没有适用该条款的余地。

第六，对“被教唆的人没有犯被教唆的罪”的各种情形，与其做具体列举，倒不如做概括说明。因为对各种现象做具体列举，难免会出现遗漏。事实上，只要我们仔细分析一下教唆犯罪的特点，就不难发现从教唆行为开始实施到教唆犯的目的达到（既遂）之前大致会出现如下几种情形：①教唆行为已开始实施但教唆信息（或内容）还未传达到被教唆的人；②被教唆的人拒绝教唆犯的教唆；③被教唆的人接受教唆，但还未为犯罪做准备（未进入犯罪预备阶段）；④被教唆的人接受教唆，但后来改变犯意或者因误解教唆犯的意思实施了其他犯罪，并且所实施的罪不能包容被教唆的罪；⑤被教唆的人接受教唆，已开始为犯罪做准备或已着手实行犯罪。如前所述，最后这种情形即被教唆人已开始实施为教唆犯所教唆的罪做准备的行为，就表明其已与教唆犯构成共同犯罪，即便是仅构成预备犯、未遂犯或中止犯，也仍然属于被教唆的人犯了被教唆的罪的情形。除此之外的前四种情形，则都属于“被教唆的人没有犯被教唆的罪”。做这样的概括，既突出了教唆犯罪的特点，又能避免前述各种具体列举法难以克服的列举不穷尽的现象发生。

双层区分制下正犯与共犯的区分*

钱叶六**

摘　要： 世界各国刑法关于共犯体系的立法存在“单一制”与“区分制”两大类型。中国刑法中的共犯体系在解释论上可归结为区分制，如何区分正犯与共犯亦是中国共犯理论必须回答的问题。在德、日刑法中，正犯与共犯的区分具有同时解决参与人的定罪和量刑问题的双重功能。在此种单层区分制下，重视参与人在不法事实实现过程中的实质支配力或作用大小的犯罪事实支配理论、重要作用说有其论理上的妥当性。中国刑法对参与人同时采用了分工和作用两种并存不悖、功能各异的分类标准。分工分类标准下的正犯与共犯旨在解决参与人的定性及其间的关系问题，而不直接决定和评价参与人的刑罚轻重，承载量刑功能的是作用分类标准下的主犯和从犯。在这种双层区分制立法模式下，正犯与共犯的界分宜采以构成要件为轴心的实行行为说。

关键词： 区分制　正犯　共犯　实行行为说

一　引论

德、日等大陆法系国家（地区）刑法根据单一的分工分类法将共同犯

* 本文原载《法学研究》2012 年第 1 期，略有修改。

** 钱叶六，华东师范大学法学院教授。

罪的参与人（我国刑法学上习惯称之为“共犯人”）划分为正犯和狭义的共犯（教唆犯、帮助犯）。[①] 其中，正犯是共同犯罪定罪和量刑的中心，其不仅具有定罪的价值，而且具有评判参与人刑罚轻重的功能——正犯是共犯的处刑基准，共犯依照正犯之刑处断或者减等处罚。[②] 在此种对参与类型（定罪）与参与程度（量刑）实行单层次操作的区分制（本文称之为“单层区分制”）立法例之下，正犯与共犯的区分在根本上涉及的是参与人究竟成立作为重的犯罪类型之正犯，还是成立作为轻的犯罪类型之共犯。[③] 所以，如何区分正犯与共犯便成为这些国家（地区）的教义刑法学无法绕开的重要课题。对此，学理上虽一直呈现出诸家争论不已、学说林立的局面，但区分标准的“客观实质化”或者正犯的“主犯化”则是学说发展的必然走向。当下在德、日刑法学界大行其道的犯罪事实支配理论及重要作用说便是这种学说走向的集中反映。

与德、日刑法中的单层区分制不同，我国刑法采取的是对参与类型与参与程度实行双层次操作的区分制（本文称之为“双层区分制”），具体地说，我国刑法在共犯人的分类上同时采用了分工和作用两种不同的分类标准：一是按照分工分类法，在构成要件的层面将共犯人划分为正犯、组织犯、教唆犯和帮助犯，用以解决共犯人的分工定性及其间的关系问题，这是共犯人分类的第一层次；二是在分工分类法的基础上，按照作用分类法进一步将共犯人进行主、从犯的划分，[④] 并明定其处罚原则，用以解决共

---

① 在采区分制的大陆法系国家（地区）刑法中，“共犯”一词有最广义、广义和狭义之分。所谓最广义的共犯，是指两个以上的人共同实现构成要件的情况，可以分为任意共犯和必要共犯；所谓广义的共犯，是指作为任意共犯的共同正犯、教唆犯以及帮助犯；所谓狭义的共犯，是指教唆犯和帮助犯。参见〔日〕大谷实《刑法讲义总论》，黎宏译，中国人民大学出版社，2008，第 358 页以下。在我国刑法理论中，“共犯”一词，多是从广义上来理解，本文亦同。但在“共犯”一词作为正犯的相对概念加以使用时，所谓的“共犯”则仅指狭义的共犯。

② 详见《德国刑法典》第 25—27 条、《日本刑法典》第 60—63 条、我国台湾“刑法”第 28—30 条的规定。

③ 参见〔日〕林干人《刑法总论》，东京大学出版会，2008，第 392 页。

④ 我国刑法第 28 条规定：“对于被胁迫参加犯罪的，应当按照他的犯罪情节减轻处罚或者免除处罚。”一般认为，该条规定的是胁从犯，系与作用分类法下的主犯、从犯相并列的共犯人类型。由于刑法对胁从犯的处罚轻于从犯，因而，要求胁从犯在共同犯罪中起较小的作用（次于从犯的作用）虽不是刑法的明文规定，却是对刑法第 26—29 条进行体系解释和实质解释所得出的合理结论。参见马克昌主编《刑法学》，高等教育出版社，2003，第 174 页；张明楷《刑法学》，法律出版社，2011，第 409 页。但依 （转下页注）

犯人的量刑问题，这是共犯人分类的第二层次。如此一来，我国刑法同样需要讨论正犯与共犯的区分标准问题。但是，长期以来，由于我国刑法学界仅仅看到主、从犯的分类价值，而未能认识到区分正犯与共犯的重要性和实际意义，正犯与共犯区分问题一直是我国共犯理论研究中的“弃儿”，学界开始重视对这一问题的研究只不过是近几年来的事情。在区分标准理论的选择上，目前主张采纳德、日刑法当下盛行的实质客观说特别是犯罪事实支配理论的声音越来越有力，[①] 正犯形态之“主犯化”倾向明显。但是，问题在于，我国与德、日刑法虽同采区分制，但在共犯人分类的具体规定上特别是在正犯的功能界定上，可谓大相径庭、相去甚远，罔顾这种立法上的差异而直接采用德、日刑法的犯罪事实支配理论或者重要作用说，是否妥当、可行？我国刑法中的两种不同分类标准下的共犯人的功能及其界限何在？正犯与共犯区分理论究竟该如何选择？基于上述问题意识，本文拟在介述和解读域外单层区分制及其区分理论的基础上，侧重就我国双层区分制下正犯与共犯的区分问题进行深入研讨，以探求符合我国立法和司法实际的区分理论。

（接上页注④）笔者之见，所谓“被胁迫”，揭示的是行为人参加犯罪的被动性和主观上的非自愿性，并不必然表明行为人在共同犯罪中所起的作用大小，因而上述关于胁从犯在共同犯罪中所起的作用次于从犯的见解并不妥当。例如，甲受他人胁迫而入室独立实施抢劫犯罪的场合，并不能否定甲的行为实际所发挥的重要作用，只能说明其主观责任的减弱。所以，严格地说，刑法第 28 条的规定不宜解释为作用分类法下的共犯人类型，而宜解释为“独立的责任减免事由”或“应予宽恕的事由”。换言之，被胁迫参加犯罪的人既可能是主犯，亦可能是从犯。在处罚上，由于刑法第 28 条作了“应当按照他的犯罪情节减轻处罚或者免除处罚”的特别规定，因而，对于受胁迫参加犯罪的人，应根据其受胁迫的程度及其在共同犯罪中所起的作用大小具体地决定是减轻处罚还是免除处罚。亦即，在行为人受他人胁迫程度严重且所起的作用较小时，应当免除处罚；相反，如果行为人受他人胁迫程度轻微或者所起作用较大时，应当减轻处罚。当然，如果行为人身体受到完全强制、完全丧失意志自由或者符合紧急避险条件而实施了某种行为时，应阻却违法性或者责任，依法认定无罪。

① 参见张明楷《刑法学》，法律出版社，2011，第 357 页；周光权《刑法总论》，中国人民大学出版社，2011，第 212 页以下；任海涛《承继共犯研究》，法律出版社，2010，第 29 页。笔者此前也主张此说，参见钱叶六《间接正犯与教唆犯的界分——行为支配说的妥当性及其贯彻》，载陈兴良主编《刑事法评论》第 28 卷，北京大学出版社，2011，第 356 页以下。另外，还有学者赞同重要作用说，参见刘艳红《论正犯理论的客观实质化》，《中国法学》2011 年第 4 期。

二 区分的前提：区分制

二人以上共同参与犯罪的场合，加功、作用于犯罪事实的行为往往形态各异，表现不一，既有直接实行符合构成要件行为的情形，亦有仅仅对犯罪实施起诱发、促进或者加功作用的情形。如何处理这种复杂的犯罪参与现象，这在世界各国的立法和理论上存在两种不同的共犯体系。一是"单一制"，亦称"单一的正犯体系"、"统一正犯概念体系"或"包括的正犯概念体系"，认为凡对构成要件的实现作出原因性贡献的每一个人，均为正犯。采用单一制的立法例有意大利刑法、奥地利刑法、丹麦刑法、巴西刑法、阿根廷刑法等。例如，《奥地利刑法典》第12条规定，自己实施应受刑罚处罚的行为，或者通过他人实施应受刑罚处罚的行为，或者为应受刑罚处罚的行为的实施提供帮助的，均是正犯。第13条规定，数人共同实施应受刑罚处罚的行为的，按责任的大小分别处罚。该体系的基本特点如下：[①] 第一，在构成要件的层面上放弃正犯与共犯的区分，所有的犯罪参与人都统一地被评价为正犯，排斥共犯的从属性原理的适用；第二，对犯罪事实进行加功的所有参与人的行为，其不法内涵具有同等之价值(同等对待原则)，适用同一的法定刑；第三，各正犯的行为不法内涵虽然等价，但不影响各自在刑罚裁量上的差异性，即应依据各正犯对犯罪事实的加工程度及其个人责任的具体情况作出不同的评价。二是"区分制"，亦称"二元参与体系"或"正犯—共犯分离体系"，是指刑法法规不仅在概念上将参与人二元地区分为正犯与共犯，而且原则上对两者的不法内涵予以不同的评价。采纳此种体系的代表立法例有德国刑法、日本刑法、韩国刑法、法国刑法、瑞士刑法及我国台湾地区"刑法"等。该体系的基本特色如下：第一，从构成要件行为的实行者与参与者属于不同的行为类型的观念出发，将各参与人区分为正犯和共犯两种不同的犯罪类型；第二，正犯与共犯的不法评价原则上具有层级的区分，并承认共犯从属性的原理，"在各自的严重性程度上，正犯、教唆犯和帮助犯展现出一种由'多'

① 参见柯耀程《参与与竞合》，元照出版有限公司，2009，第38页以下。

到‘少’的落差走向，从评价的角度观察，可称为规范上的层次关系”;[①]第三，正犯是共同犯罪定罪和量刑的中心。共犯以正犯的成立为前提，并且共犯依正犯之刑处断或者减等处罚。很显然，在前一种立法例之下，由于所有的参与人都被统一地评价为正犯，也就无所谓正犯与共犯区分的问题。在后一种立法例之下，由于共同犯罪的参与人在类型上被划分为正犯与共犯，所以在学理上就有厘清二者界限的必要。

我国现行刑法虽然没有像德、日刑法那样在总则中明确规定正犯、帮助犯的概念，但并不等于刑法理论和实践中不存在正犯的概念及其与共犯的区分问题，更不能由此认为我国刑法采用了单一制。理由如下。首先，我国刑法第29条第1款类型性地作了教唆他人犯罪的是教唆犯的规定，这就要求必须在理论和实践上准确地划分教唆犯和正犯之间的界限。根据刑法第29条第1款的规定，对于教唆犯，应当按照其在共同犯罪中所起的作用大小相应地以主犯或者从犯论处。其次，关于正犯，一般认为其是由刑法分则规定的基本犯罪类型。对于起主要作用的正犯，根据刑法第26条第4款的规定，应按照其参与的全部犯罪处罚。对于起次要作用或辅助作用的正犯，根据刑法第27条第2款的规定，应当从轻、减轻或者免除处罚。再次，我国刑法还特别规定了组织犯这一参与类型。具体地说，刑法第26条第1款关于“组织、领导犯罪集团进行犯罪活动的……”的规定就属于以分工为标准类型性地对犯罪集团中的组织犯所作的立法。[②]根据刑法第26条第3款的规定，这类组织犯应按照集团所犯的全部罪行处罚。第26条第4款规定，“对于第三款规定以外的主犯，应按照其……组织、指挥的全部犯罪处罚”，这可以理解为对普通犯罪中的组织犯所作的规定。[③]最后，我国现行刑法虽然未就帮助犯作出明确的规定，但在学理上我们完全可以根据“分工分类”的标准推导出帮助犯这一参与类型，即帮助正犯的，是帮助犯。具体言之，是指为他人实行犯罪提供援助或者便利，使正

---

① 〔德〕约翰内斯·韦塞尔斯:《德国刑法总论》，李昌珂译，法律出版社，2008，第333页。

② 参见马克昌主编《犯罪通论》，武汉大学出版社，2000，第565页；陈兴良《共同犯罪论》（第二版），中国人民大学出版社，2006，第171页。

③ 参见赵辉《组织犯及其相关问题研究》，法律出版社，2007，第9页；杨金彪《分工分类与作用分类的同一——重新划分共犯类型的尝试》，《环球法律评论》2010年第4期。

犯的实行行为更为容易的情形。[①] 由上分析，我国的共犯立法体系在性质上可归结为区分制。

但是，在共犯体系的设置上，我国刑法并非像德、日刑法那样对参与人的定罪和量刑进行单层次的分类和操作，在正犯与共犯的处罚设置上也未机械地遵循由重到轻的层级走向，而是在根据分工分类标准将参与人区分为正犯和组织犯、教唆犯等犯罪类型的基础上，按照作用分类法进一步将参与人进行主、从犯的划分，并明定其处罚原则。相较而言，我国这种对参与类型与参与程度进行双层次分类和操作的区分制更有其特色和优势。

第一，参与类型的意义在于揭示参与人是以何种形式参与了共同犯罪，亦即，究竟是以构成要件行为的实行直接地引起了法益侵害的结果还是以协力、加功于构成要件行为的方式间接地引起了法益侵害的结果，涉及的领域主要是构成要件，旨在解决共犯的分工定性及其与正犯之间的关系问题，亦即，确定了正犯，就可以明确谁的行为符合分则具体罪名和构成要件的规定，谁的行为依附和从属于正犯。[②] 至于参与人的量刑问题，则应根据各参与人在共同犯罪中所处的地位、对共同犯罪故意的形成所起的作用、实际参与犯罪的程度以及对结果所发挥的作用等违法、责任情状加以综合考量。在此意义上说，本应进行双层次操作的参与类型与参与程度问题，却因德、日刑法中的单一分工分类的规定而变成单层次的操作，这在一定程度上混淆了共犯的定罪和量刑的功能和界限。相反，我国双层区分制下的正犯、共犯与主犯、从犯，则是“各司其职、各负其责”，参与人的定罪和量刑功能和界限因此得以明晰化。

第二，单层区分制在赋予正犯定罪功能的同时又赋予其量刑的功能，如此一来，正犯概念也就背离了分工分类法的本来旨趣，构成要件行为

---

① 我国刑法第 27 条第 1 款规定：“在共同犯罪中起次要或者辅助作用的，是从犯。”通说认为，“起辅助作用的”指的就是帮助犯，都是从犯。参见高铭暄、马克昌主编《刑法学》，北京大学出版社、高等教育出版社，2010，第 188 页。但拙文认为，刑法关于“在共同犯罪中起次要或者辅助作用的，是从犯”的规定，是从“作用”的角度对共犯人进行的分类，是相对于起主要作用的主犯而言的，而非对共犯人参与类型的规定。这里的“次要作用”和“辅助作用”表达的意涵近乎相同，可能涵摄的共犯人类型包括正犯、教唆犯和帮助犯。而就帮助犯的作用来看，在共同犯罪中未必都是从犯，帮助犯成立主犯的情形亦客观存在。关于这一点，后文会有具体论述。

② 参见周光权《刑法总论》，中国人民大学出版社，2011，第 236 页。

（实行行为）于正犯与共犯的区分所存在的定型性意义因此也就随之丧失，从而有违罪刑法定主义。与此相反，我国双层区分制下的正犯概念仅仅承载定罪的功能，这不仅使得正犯概念能够简单化、正犯功能能够单一化，而且有利于维持实行行为在正犯与共犯界分中的定型性意义。[①]

第三，同一参与类型的行为在外观上看都具有相同或者相似的表现形式，但就社会生活的复杂性而言，无法保证每种行为类型内部在参与的程度上均具有相当性。如果立法硬性地将每种行为类型与一定的刑罚裁量原则相对应，即非要赋予其本身不能且不应被承载的“确定刑罚轻重”这一量刑层面的功能，势必会导致不能圆满地解决参与人的量刑问题。[②] 例如，某甲邀某乙共同教唆某丙去杀人，某乙并不情愿，只是碍于情面答应前往，某甲教唆某丙之时，某乙仅于旁边附和几句。对此，在德、日刑法单层区分制之下，对教唆犯某乙也只能“判处正犯的刑罚”，而无法给予减轻处罚，这显然有违国民的法感情。但在我国双层区分制之下，正犯、共犯和主犯、从犯之间并非一一对应的关系。某一参与人是成立主犯抑或从犯，应依据参与人在共同犯罪中所起的作用来加以判定。就上述设例而言，应首先依据某乙参与犯罪的具体形式认定其成立教唆犯，然后再根据某乙实际所起的较小作用，依法认定为从犯。如此处理，自然能够实现处罚上的适当性。

我国刑法这种关于参与人的双层区分制遵循的是先形式后实质、先解决定罪问题后解决量刑问题的思维过程，不仅维持了构成要件在共犯论中的定型性意义，而且可以比较灵活、圆满地解决共犯人的量刑问题。相较而言，是一种更为可取的区分制模式。当然，我国刑法关于双层区分制的立法规定亦有其不完善之处，诸如欠缺对正犯、帮助犯概念的明确规定，关于参与人定罪和量刑的分层次规定的明确性和体系性仍显不够，等等。所以，从立法论上来说，陈兴良教授所提倡的应将共同犯罪的定罪和共同犯罪的量刑进行明确的分层次的规定之立法建言是可取的。[③] 在立法范例上，《俄罗斯联邦刑法典》对共同犯罪人的种类和责任进行分层次立法的

---

① 参见陈家林《共同正犯研究》，武汉大学出版社，2004，第 33 页。

② 参见任海涛《承继共犯研究》，法律出版社，2010，第 169 页。

③ 参见陈兴良《共同犯罪论》（第二版），中国人民大学出版社，2006，第 542 页以下。

模式于我国刑法立法的完善具有一定的借鉴意义。[①]

三 单层区分制下区分标准理论的客观实质化

从学说史观之，德、日刑法围绕正犯与共犯的区分理论历经有形式客观说、主观说、实质客观说的变迁。其中，形式客观说内部又有严格的形式客观说和规范的实行行为说之分野；而实质客观说内部更是学说林立，歧见纷呈，主要有必要性理论、同时性理论、优越性理论、危险性程度说、重要作用说和犯罪事实支配理论等学说。

（一）形式客观说的发展轨迹：从严格的形式客观说到规范的实行行为说

在学说史上，较早为德、日刑法学理所接受的区分理论，应属形式客观说。[②] 该说以构成要件和限制的正犯概念为基础，认为对构成要件意义上的实行行为全部或者部分地自己着手的，是正犯；不亲自参与构成要件行为的实行，而只是对构成要件的实现做了准备或者有支持行为的，是参与人。[③] 形式客观说在 1915—1933 年在德国理论和实务中属于支配性见解，并与判例所采用的主观的共犯论（主观说）分庭抗礼。[④] 但此后，形式客观说在德国日趋式微，几无追随和支持者。[⑤] 在日本，虽然今日之主

---

① 参见《俄罗斯联邦刑法典》，黄道秀译，中国法制出版社，2004，第 11 页以下。

② 参见柯耀程《参与与竞合》，元照出版有限公司，2009，第 13 页。

③ 参见〔德〕约翰内斯·韦塞尔斯《德国刑法总论》，李昌珂译，法律出版社，2008，第 287 页。

④ 主观说的要义在于，是正犯抑或共犯，应根据参与人意思的立场（意思说）或者利益的方向（利益说）来加以界分，亦即，以正犯的意思或者为了自己的利益参与共同犯罪的，是正犯；反之，就是共犯。该说存在明显的缺陷，首先，行为人主观上的内容，当在责任的层面作为量刑的因素或者资料加以考虑为妥，结果却被违反体系地运用于构成要件层面的正犯与共犯的划分上。其次，主观说与现行刑法条文相违背，因为刑法关于正犯的规定是“实施”或“实行”犯罪；另外，对于德、日刑法分则条文预设的为使他人获得利益的犯罪类型（如受嘱托杀人罪，受嘱托堕胎，为第三人的利益而实施的强盗、欺诈、恐吓等），主观说无法提供合理的解释。最后，正犯意思与共犯意思的概念是以正犯与共犯概念的确定为前提的，因而意思说只能成为一种循环论。因此，主观说已经成为仅具学说史意义的区分理论。

⑤ 参见 Roxin，Täterschaft und Tatherrschaft，4. Aufl，1984，S. 34f.，转引自林山田《刑法通论》下册，元照出版有限公司，2008，第 36 页以下。

流学说是重要作用说，但形式客观说一直不乏支持者。

然而，形式客观说并非“铁板一块”，其阵营内部在是否承认间接正犯的问题上存在分歧。以日本学说为例，早期的形式客观说论者彻底贯彻限制的正犯论的立场，主张严格的形式客观说，亦即，仅仅从自然主义的行为中寻找实行性，只有亲自实施构成要件行为之人才是正犯。基于这一立场，间接正犯的概念自当不被承认。例如，泷川幸辰指出，只要根据这个限制的正犯概念对实行行为作形式上的理解，就不能说以他人为手段实施犯罪的间接正犯是自己实现犯罪构成要件，从而把他包含到正犯内是困难的。所以，利用他人实现犯罪的情形应考虑成立共犯（“扩张的共犯论”）。[①] 与此相对，今日之形式客观说论者大多认为，限制的正犯论对构成要件（实行行为）概念的理解过于形式化、僵化，缺乏对实行行为的本质的正确认知，不当地将间接正犯排除在正犯的范畴之外，进而主张应对实行行为作规范上的评价和理解，间接正犯的场合也被认为实施了实行行为，从而将其包含进正犯的范畴之内（学理上可称之为“规范的实行行为说”）。例如，大塚仁指出，限制的正犯概念忘记了符合构成要件的实行行为这一观念所具有的规范意义，使得正犯的概念过于狭窄。从规范性的角度来看，实行行为并不需要以行为人自身直接的身体性行为为基础，与能够将器具和动物作为工具加以使用一样，也能够将他人作为工具实施犯罪。[②]

笔者以为，在间接正犯的性质定位上，严格的形式客观说不应获得支持，而规范的实行行为说具有妥当性。理由在于：第一，严格的形式客观说基于“只有亲自实施符合构成要件行为之人才是正犯”的认知，否认间接正犯，这无非是一种“扩张的共犯论”。但是，将他人当作纯粹的犯罪工具加以利用的行为与单纯引起他人犯意的行为或者为他人犯罪提供援助或便利的行为性质明显不同。若将之解释为教唆犯或者帮助犯，有违一般人的法感情。第二，间接正犯虽然是间接参与，但在单方面地利用“他

① 转引自〔日〕野村稔《刑法总论》，全理其、何力译，法律出版社，2001，第 384 页。主张将间接正犯消解于共犯的学者还有佐伯千仞、中山研一等，相关文献可参见〔日〕龟井源太郎《正犯与共犯的区别》，弘文堂，2005，第 57 页；〔日〕中山研一《刑法总论基本问题》，成文堂，1974，第 268 页以下。

② 参见〔日〕大塚仁《刑法概说（总论）》，冯军译，中国人民大学出版社，2003，第 142、239 页。

人”这一点上，正好与自己使用道具、动物实施犯罪的直接正犯具有同样的意义和性质。在规范意义上，两者完全可以作统一评价，因而间接正犯不外乎是正犯的一种形态，是本来的正犯、固有的正犯。[①] 第三，《德国刑法典》第25条关于正犯的规定中就明确涵括了间接正犯这一类型，这一实定法现象显然是严格的形式客观说所不能诠释的。第四，在德、日刑法语境下，如果僵化地固守严格的形式客观说，将本应对利用“工具”的行为承担全部责任的利用者认定为共犯而处以较轻的刑罚，这终究有违比例原则。

综上分析，以限制的正犯论为基础但又不完全拘泥于此的规范的实行行为说，不仅有利于维持构成要件行为的定型性意义，彰显罪刑法定的基本精神，而且能对间接正犯这一犯罪形态给予合理的定位，因而有其可取之处。但问题是，按照此一学说的逻辑，对于未参与构成要件行为的实行但在实质上对共同犯罪的实施和完成起了至关重要作用或者作出重大贡献的人（如有组织犯罪的幕后主使或者“大人物”），就只能认定为较轻的共犯类型，这无论如何都是一个有悖公平正义、令国民难以接受的解释结论。可见，在德、日刑法现行共犯体系之下，形式客观说并不能担当起区分正犯与共犯的重任。

（二）今日之通说：犯罪事实支配理论和重要作用说

鉴于形式客观说具有不能实现刑事处罚合理性之弊端，德、日刑法区分理论渐次表现出向实质客观说发展的趋向。在实质客观说内部，存在形形色色的学说。以下仅就作为当下德、日刑法学界通说之犯罪事实支配理论（有的称之为“行为支配说”）和重要作用说加以介述。

犯罪事实支配理论认为，正犯系犯罪实施中的核心角色或者关键人物，引领、支配整个犯罪事实的进程，而共犯则是边缘角色或者次要人物，对犯罪事实进程并不具有支配性，而只是参与犯罪的进程。正犯对犯罪事实的支配主要包括三种情形。[②] 一是进行行为支配的直接正犯。亲自实施某种构成要件行为之人，能够独立地、自由地支配犯罪事实，毫无例外的是正犯。二是进行意志支配的间接正犯，即利用他人（构成要件行为

---

① 参见〔日〕团藤重光《刑法纲要总论》，创文社，1990，第154、388页以下。

② 详见〔德〕克劳斯·罗克辛《正犯与犯罪事实支配理论》，劳东燕译，载陈兴良主编《刑事法评论》第25卷，北京大学出版社，2009，第9页以下。

媒介者）并将其工具化（用作“工具”）而间接（作为“幕后者”）支配事件发展过程，让他人为自己的目标出力，以实现不法之构成要件。三是进行功能性犯罪事实支配的共同正犯。共同正犯通过分工实施而实现构成要件。共同正犯的支配来自其在实施犯罪中的功能，他承担了对实现犯罪计划而言是实质性的，并且通过其实施的部分构成要件行为而使其对整体事件的支配成为可能的任务。

在日本，当下的主流区分理论是重要作用说。例如，立石二六指出，“对于正犯概念的明确，应综合考察诸种情事，进行实质的考察。‘重要的作用’属于规范的要素，因此，不可避免地要介入法官的实质的判断。但在今日刑法学中，诸如间接正犯、实行的着手、原因自由行为等等，需要进行实质考察的情形并不少，在我看来，在实质客观说的名下，采此一见解也未尝不可。立足于这一立场，所谓教唆犯、从犯，系指不起重要作用的狭义的共犯”。①

由上分析可见，犯罪事实支配理论和重要作用说，尽管称谓不同，但二说都主张，某一参与人是正犯抑或共犯，应以参与人对共同引起的法益侵害结果所做的实质性贡献或者实际作用的大小作为标准加以判断。如此一来，在实行行为与正犯的关系上，二说均放弃了正犯的认定完全受制于实行行为概念之思路。从实质的客观立场来看，二说并无本质上的差异。

（三）小结：区分标准的实质客观化是德、日刑法区分理论的必然选择

在正犯与共犯的区分问题上，德、日传统的共犯理论恪守以构成要件为中心的形式客观说，但近期占据学说主流地位的是重视参与人在共同犯罪中的支配力或者作用大小之实质客观说，呈现区分标准的实质客观化的发展动向。这一学说立场的转向，既是学理上的选择，同时也根源于其深层次的立法背景。德、日刑法在参与人的分类上，采取的是单一的分工分类法，其中，正犯处于核心地位，并“一身兼二任”，不仅具有解决参与人类型和参与程度问题的功能，更重要的是具有直接评价参与人在共同犯罪中所起的作用大小的意义。在这一立法框架下，若彻底贯彻传统的形式

① 〔日〕立石二六：《刑法总论》，成文堂，2008，第288页以下。

客观说，就会将那些虽未参与构成要件行为的实行但在共同犯罪中起重要作用的人认定为共犯而处以较轻的刑罚，这势必导致罪刑失衡。基于实现刑事处罚的合理性的需要，在正犯和共犯的判断上，德、日刑法学界及实务界逐渐突破实行行为的传统边界而加以实质性的解释——纵使没有参与构成要件行为的实行，但如果对共同犯罪的不法事实具有支配力或者发挥了重要作用，亦能构成正犯；相反，即便直接参与了构成要件行为的实行，但倘若对不法事实缺乏支配力或者对结果的发生所起的作用较小，亦可成立共犯（主要是指帮助犯）。如此一来，正犯这种原本按照形式上的分工标准所划分和确立的犯罪类型在事实上也就成为按照实质上的作用分类标准所确定的“主犯”。正因如此，学界一般认为，德、日刑法中的正犯也可谓主犯，[①] 我们完全可以将德、日等国刑法中的正犯与中国刑法中的主犯放在同一平台上加以讨论。[②]

四　区分标准理论之中国选择：实行行为说

与德、日刑法学界历来呈现出来的“百家争鸣”、学说纷呈的研究景象不同，正犯与共犯的区分问题一直不为我国学界所重视。究其缘由，还是在于我国传统刑法理论只是片面地关注作用分类标准下的主、从犯的存在价值，而对正犯、教唆犯和帮助犯形态的重要性和意义认识明显不够。以下主要就我国刑法中的正犯与共犯区分标准问题加以研讨。

（一）区分标准理论评析及本文立场

关于正犯与共犯的区分，从我国学界现有的争论情况来看，主要有规范的实行行为说和犯罪事实支配理论的对立。通说主张规范的实行行为说（我国刑法学上习惯称之为“实行行为说”，以下沿用这一提法），亦即，在正犯和共犯的区分上，应以行为人是否亲自实施了实行行为为标准来判断。在间接正犯的场合，行为人并不是单纯地引起他人的犯罪意愿或者为他人犯罪提供方便，而是根据自己的意思，将他人作为犯罪工具加以利

---

① 张明楷：《刑法学》，法律出版社，2011，第405页。

② 参见金光旭《日本刑法中的实行行为》，《中外法学》2008年第2期。

用，以实现自己的犯罪目的。这种假他人之手实现犯罪目的的行为，和自己亲自动手实施犯罪没有任何差别，所以，也是正犯。[①]

与通说的主张相反，张明楷教授在具体考察域外区分理论的基础上，主张犯罪事实支配理论。他指出，按照结果无价值论的观点，犯罪事实支配理论与重要作用说并没有明显区别。因为，对犯罪事实的支配，应理解为对构成要件事实的支配，尤其应理解为对法益侵害、危险结果的支配。所以，从实质上来看，对侵害结果或者危险结果的发生起支配作用的就是正犯。反之，就是共犯。[②] 近期，我国主张犯罪事实支配理论的声音愈来愈有力，[③] 从而使得该说成为一种相当有力的学说。此外，在实质客观说内部，亦有学者主张重要作用说。[④]

笔者以为，域外经年累月发展起来的正犯与共犯区分理论虽能给我们提供一定的启示和借鉴，但必须注意的是，一个国家（地区）刑法中的正犯与共犯区分标准究竟要采用何种学说，应以其所在国（地区）的刑法立法实际为阈限和依托。因而，在中外刑法关于共犯人分类的规定及其共犯体系存在实质性差异时，就应当注意借鉴域外区分理论的界限，而不能不加甄别、不究根底地采信和照搬。德、日等大陆法系国家（地区）刑法在参与人的分类上，并未进行参与类型与参与程度的双层次分类和操作，而是着眼于定罪、量刑的一体性解决。在此种区分制之下，弃实行行为说而采实质客观说是为了实现刑事处罚合理性而做的万不得已的选择。但不同于德、日等大陆法系国家，我国刑法对共犯人同时采用了分工分类（正犯、组织犯、教唆犯和帮助犯）和作用分类（主犯、从犯）两种不同的分类标准。就两种分类标准下的共犯人的关系来看，正犯只是在行为的分工或者类型上与组织犯、教唆犯和帮助犯等犯罪形态相区别，涉及的领域主要是构成要件，旨在解决共犯人的定性及其之间的关系问题。与此相对，

① 参见黎宏《刑法总论问题思考》，中国人民大学出版社，2007，第 101 页；马克昌主编《犯罪通论》，武汉大学出版社，2000，第 546 页以下；陈兴良《本体刑法学》，商务印书馆，2001，第 527 页以下；陈家林《共同正犯研究》，武汉大学出版社，2004，第 25 页以下。

② 张明楷：《刑法学》，法律出版社，2011，第 357 页。

③ 参见周光权《刑法总论》，中国人民大学出版社，2011，第 212 页以下；任海涛《承继共犯研究》，法律出版社，2010，第 29 页。

④ 参见刘艳红《论正犯理论的客观实质化》，《中国法学》2011 年第 4 期。

主犯、从犯的划分主要揭示的是共犯人在共同犯罪中的参与程度或者所起的作用大小，旨在解决共犯人的量刑问题。可见，两种分类方法功能各异，并行不悖，遵循的是先形式后实质、先解决定罪问题后解决量刑问题的思维过程。在我国刑法已经根据共犯人在共同犯罪中所起的作用将共犯人分为主犯、从犯的前提下，再讨论正犯、教唆犯、帮助犯的区别标准时，显然难以采取犯罪事实支配理论（包括重要作用说），否则就可能使得正犯、教唆犯、帮助犯的区分与主犯、从犯的区分形成完全重叠的关系，[①] 并有在实质上架空我国作用分类法所具有的意义和价值之弊，最终得出我国刑法关于主犯、从犯的规定没有存在必要的荒谬结论。

实质客观说的问题还在于以下两点。其一，难以对我国刑法中的“次要的正犯”现象作出自洽、圆满的解释。例如，周光权教授一方面认为，形式的客观说不能解释间接正犯及共谋共同正犯的正犯性，因而主张行为支配说；另一方面，却又认为，我国刑法第 27 条第 1 款所规定的在共同犯罪中起次要作用的人，是指次要的正犯，属于从犯。[②] 关于正犯可以成为从犯这一点，张明楷教授也表示认同，他指出，“应当注意的是，我国刑法与司法实践关于主、从犯的区分标准，比国外的正犯、教唆犯与帮助犯的区分标准更为实质。所以，在国外属于共同正犯的，在我国依然可能仅成立从犯”。[③] 但是，问题在于，既然认为“正犯是主导、操纵、支配犯罪行为和犯罪进程的核心角色”，[④] 又何以能够认为正犯同时在犯罪过程中起次要作用而成为从犯呢？换言之，如果坚持犯罪事实支配理论，就等于否定了正犯可以成为从犯的解释结论，但坚持该说的论者却又承认我国刑法中的正犯可以是从犯，这种逻辑上的矛盾显而易见。其二，实质客观说强调，在共同犯罪中居于支配地位，对犯罪的实施和完成作出实质性的重大贡献或者发挥重要作用的人是正犯，否则就是共犯。如此一来，正犯的判断与实行行为似乎可以彻底分离，这就等于否定了实行行为所具有的区分正犯与共犯的定型性的意义，进而有违罪刑法定原则。总而言之，不论是

---

① 参见张明楷《刑法的基本立场》，中国法制出版社，2002，第 292 页以下。

② 参见周光权《刑法总论》，中国人民大学出版社，2011，第 212、238 页。

③ 张明楷：《刑法学》，法律出版社，2011，第 405 页。

④ 张明楷：《刑法学》，法律出版社，2011，第 357 页；周光权：《刑法总论》，中国人民大学出版社，2011，第 212 页。

犯罪事实支配理论抑或重要作用说，在我国刑法语境下均不具妥当性。

在我国现行双层区分制立法例之下，试图引进犯罪事实支配理论或者重要作用说的做法无异于“南橘北枳”，显然不妥。立足于我国刑法中正犯功能的单一性及其同主犯功能存在的实质差异性，拙文以为，正犯与共犯的区分宜坚持以构成要件概念为核心的实行行为说，亦即，所谓正犯，是指实施了刑法分则规定的具体犯罪的基本构成要件行为（实行行为）的犯罪类型。其中，亲自直接实施犯罪的是直接正犯；把他人当作道具加以利用，能在规范的层面上评价为如同自己亲自动手实施犯罪的是间接正犯；共同正犯是共同实施或者分担具体犯罪的基本构成要件行为，共同引起法益侵害后果的犯罪类型。与此相对，所谓共犯，则是指通过实行行为以外的教唆行为、帮助行为等对正犯的实行行为予以协力、加功，间接地引起法益侵害后果的犯罪类型。由于共犯行为不直接侵犯法益，而是通过正犯行为间接地实现对法益的侵害，从而可以说，正犯是第一次责任类型。与此相对，以正犯的存在为前提，作为从属的参与类型的共犯是第二次责任类型，属于一次责任类型（正犯）背后派生的二次责任类型，其认定依赖于正犯的认定。

坚持实行行为说，在我国具有非常重要的理论和实际意义。在体系的思考上，一方面，维持了法治国家刑法中实行行为的定型性，与罪刑法定原则的基本旨趣相契合。另一方面，该说将（直接）正犯理解为亲自实施基本构成要件行为、直接引起法益侵害的犯罪类型；共犯是以教唆、帮助等行为对正犯予以协力、加功，并通过正犯行为间接地引起侵犯法益后果的犯罪类型。这与共犯的处罚根据、共犯的属性等问题所要讨论的“正犯”和“共犯”的含义也保持了一致。[①] 更重要的是，实行行为说和我国刑法关于正犯与共犯的区分旨在解决定罪问题，主、从犯的界分旨在解决量刑的双层区分制的共犯体系完全一致问题。在具体问题的思考上，一方面，以刑法分则条文类型性地规定的构成要件行为为基准，具有直观、简洁、明快的优点，便于司法实践操作；另一方面，根据实行行为说，对于未参与构成要件行为的实行但在共同犯罪中发挥重要作用的参与人，即使

① 共犯的处罚根据讨论的是共犯未能亲自参与构成要件行为的实行、直接地引起法益侵害的后果，为何还要对他们进行处罚。共犯的属性讨论的是共犯的独立性和从属性的问题，目前通说主张共犯的（实行）从属性。

不认定为正犯，也丝毫不会妨碍对其按照主犯加以严惩；[①] 相反，对于虽参与构成要件行为的实行但在共同犯罪中所做的贡献不大或者所起的作用较小的，即使认定为正犯，也不影响对其按照从犯加以处罚。在这一点上，较之于德、日等国相对僵化、机械的共犯处罚机制，我国的共犯处罚机制有着能够更为灵活地认定各共犯人罪责之优势，不仅有利于实现罪刑的均衡，而且还可以实现刑罚的个别化。

（二）实行行为说受到的批判及其辩驳

在我国，实行行为说受到了实质客观说强有力的批判。在此作一简要整理，并予以辩驳。

实行行为说受到的第一点批判是，其提出的标准欠缺明确性，亦即，何种行为是符合基本构成要件的行为，何种行为是符合修正的构成要件的行为，往往难以确定。[②] 诚然，对实行行为的判断，有时确实存在一定的困难，但是，如果因为困难就放弃这一标准，这不是解决问题，而是逃避问题。况且，某一学说是否具有合理性，不在于该学说所提供的标准在判断上的难易，而在于该学说本身是否具有妥当性，是否符合一个国家（地区）的立法和司法实际，此其一。其二，作为规范意义上的标准，其不只是对实行行为的判断可能存在困难，实际上，对于正犯与共犯区分理论中的“行为支配”、“重要作用”等，同样不容易认定。而且，相比较而言，“以条文中的各犯罪类型为线索加以形式的判断这一点上，毋宁说比其他学说解释的标准更具明确性”。[③] 其三，我国刑法中的正犯与共犯的功能旨在解决定罪及其间的关系问题，涉及的是构成要件领域的问题，因而以构成要件为主轴的实行行为说与我国的立法实际是完全相契合的。

实行行为说受到的第二点批判是，坚持实行行为说，其必然的结论就是否定共谋共同正犯的概念，从而对于在共同犯罪中发挥重要作用但未直接参与犯罪实行的共谋人只能认定为共犯，显然不妥。[④] 共谋共同正犯概

---

① 参见陈家林《共同正犯研究》，武汉大学出版社，2004，第25页。

② 张明楷：《刑法学》，法律出版社，2011，第357页。

③ 〔日〕浅田和茂：《刑法总论》，成文堂，2007，第405页。

④ 参见周光权《刑法总论》，中国人民大学出版社，2011，第210页；任海涛《承继共犯研究》，法律出版社，2010，第24页以下。

念为日本刑法所独创，指的是二人以上共谋实行某种犯罪行为，但实际上只有一部分共谋人基于共同的故意实行了犯罪，没有直接实行犯罪的共谋人与实行了犯罪的人，一起构成所共谋之犯罪的共同正犯。共谋共同正犯之所以能够得到日本学界和实务界的广泛承认，是为了弥补单层区分制立法例下实行行为说无法合理评判虽未参与犯罪的实行但在共同犯罪中发挥主导、重要作用的人的刑事责任之缺陷。但在我国双层区分制立法例之下，两种分类标准下的共犯人的内涵和功能大相径庭。正犯和共犯仅仅是定罪的标志，并不具有评判共犯人在共同犯罪中的作用大小的机能，担当量刑功能的是主犯和从犯。所以，对于未参与构成要件行为实行的共谋者而言，不论其以何种形式（组织犯、教唆犯或者帮助犯）协力、加功于共同犯罪的不法事实，只要其在共同犯罪中发挥了重要作用，就可以按照主犯加以严惩。日本刑法实务界基于实现刑事处罚的合理性的需要，不得已创立的共谋共同正犯理论，对于我国刑法理论并无实际的借鉴价值。

实行行为说受到的第三点批判是，实施实行行为的人未必都是正犯，将受胁迫分担很少实行行为的人认定为正犯，并不合适。[①] 论者之所以提出这点质疑，无非担心将受胁迫分担较少实行行为的人认定为正犯会导致处罚上的不公平。但显而易见，这还是以德、日刑法中的共犯规定为蓝本而得出的结论。依照我国的共犯人分类体系及本文的实行行为说之立场，正犯未必一定是主犯。因而，在肯定分担实行行为者是正犯的基础之上，考虑到其分担的是很少的实行行为，所起作用较小，且受到他人的胁迫，根据我国刑法第 28 条的规定，应按照其犯罪情节减免刑罚。如此处理，自然不会导致处罚上的不公平。

实行行为说受到的第四点批判是，由于该说将正犯限定为亲自实施符合构成要件行为之人，这不仅会产生难以说明间接正犯的正犯性之问题，[②] 而且容易导致将间接正犯以教唆犯处理。[③] 依笔者之见，这只不过是对严格的形式客观说立场下的“间接正犯亦是共犯”之扩张的共犯论所作的批判。的确，限制的正犯论在限定正犯的范围、避免导致扩张的正犯论这一

① 张明楷：《刑法学》，法律出版社，2011，第 357 页。

② 参见刘艳红《论正犯理论的客观实质化》，《中国法学》2011 年第 4 期；阎二鹏《区分制共犯设立模式之前提》，《国家检察官学院学报》2008 年第 5 期。

③ 参见周光权《刑法总论》，中国人民大学出版社，2011，第 210 页。

点上有其积极意义，但该说过于机械、物理地把握作为区分正犯与共犯之范畴的实行行为概念，将原本与共犯具有完全不同性质的间接正犯纳入共犯的范畴，不仅有违一般人的法感情，而且不当地扩张了共犯的范围。正因如此，今日之学说多是立足于规范的角度来把握实行行为和正犯的概念。以故意伤害罪为例，刑法并没有将把他人当作工具实施伤害行为的情形排除在构成要件行为之外，亦即，故意伤害罪的构成要件行为，既可能是行为人亲自动手去伤害别人，也可能是利用他人为工具来实施伤害行为。例如，用拳头殴打他人、唆使自己饲养的猛犬扑咬他人，无疑是行为人自己在实施伤害罪的实行行为（直接正犯）；同样地，唆使完全不具有意思决定自由、极具攻击性的精神病患者攻击他人的行为，可以说与唆使猛犬去扑咬他人的行为并无本质差别，在规范意义上完全可将之评价为背后的利用者亲手实施了伤害罪的实行行为（间接正犯），进而由其完全地答责。故而，间接正犯本身亦是“刑罚法规意义上的正犯”，是“从法规中的构成要件内容直接推导出来的”，其与直接正犯之间并无质的不同，所不同的只是犯罪实现方式上直接或者间接的差别而已。我国当下主张实行行为说的学者也都是在此意义上把握实行行为和正犯的，而并没有采取无法解释间接正犯的严格的形式客观说。

实行行为说受到的第五点批判是，在我国以主犯为核心的共犯体系之下，坚持实行行为说，将不符合构成要件但在实质上起巨大作用的人论之为主犯，虽然有利于实现罪刑相适应，却难以发展出精致的以分工为标准的正犯与共犯理论，并会模糊正犯与教唆犯、帮助犯之间的界限。论者进一步认为，较之于教唆犯和帮助犯，正犯理应具有更高的危险性，因而对于没有实施犯罪实行行为但对共同犯罪的发展和完成起巨大作用的人，应作为共同正犯看待。这就使主犯与正犯概念实现了统一，从而有利于精确地区分正犯与共犯。[①] 笔者以为，论者对实行行为说所作的批判及其有关正犯理论的阐释有失妥当。第一，论者试图用实质的客观说将正犯概念予以主犯化，实现主犯与正犯概念的统一，但这并不符合我国刑法中共同犯罪立法体系的实际，同样存在混淆不同刑法语境下正犯的概念和功能之弊。第二，论者分析问题的过程和思路也匪夷所思。论者一方面认为，在

① 参见刘艳红《论正犯理论的客观实质化》，《中国法学》2011 年第 4 期。

我国共犯体系之下，依据实行行为说可以将没有直接参与构成要件行为的实施但发挥巨大作用的人评价为主犯，从而做到对共犯人惩处的罪刑相适应。另一方面，却又为了追求所谓的精致理论而主张重要作用说。这种为了追求理论的精致化而忽视中外共犯人分类体系差异的“拿来主义”做法，对于具体问题的思考和解决并无多大实益，反而有违反罪刑法定原则之嫌。况且，谁说我国这种对于参与类型和参与程度实行双层次操作的区分制及其理论就不是一种精致的共犯体系和理论呢？第三，论者所主张的重要作用标准主要考虑的是参与人对不法事实的参与程度和对结果的发生所起的作用的大小，很显然，这一标准对于解决共犯人的刑罚轻重具有直接意义，这恰恰是主犯、从犯的区分标准，而非正犯与共犯的区分基准。

五 实行行为说的应用

（一）作为正犯要素的“实行行为”的判断

根据本文的立场，某一共同犯罪的参与人究竟是正犯抑或共犯，其关键是要看参与人是否实行或者分担实行了符合刑法分则规定的基本构成要件的行为（实行行为）。申言之，正犯的认定及其与共犯的区分问题，涉及的是参与人的行为是否具有实行行为性的判断问题。对此，应根据一般人的观念进行类型化的理解和判断——“自己动手杀人”的行为，与“教唆他人去杀人”的行为和“帮助他人杀人”的行为，无论如何都不是同一种类型的行为，这不仅仅限于一些实定法形式上的区别，就是在日常生活用语的惯例中，在国民及社会的观念中，也有明显的区别。[①] 就间接正犯而言，应具体判断背后者假他人之手实现自己犯罪目的的行为，可否和自己亲自动手实施犯罪的行为作等同评价。如后文所述，这需要根据介入因果进程的媒介者是否存在“规范障碍”来加以判断。在二人以上共同犯罪的场合，则需要具体考察二人以上的人是否各自分担实施了具有实现构成要件的现实危险的行为（即实行行为）。是否实施了具有实现构成要件的

---

① 参见〔日〕小野清一郎《犯罪构成要件理论》，王泰译，中国人民公安大学出版社，2004，第162页。

现实危险的行为，应当从“部分实行全部责任”的原则出发，以在二人以上的人相互利用、补充他人的行为的关系上，是否实施了作为整体的实行行为的一部分作为标准来确定。[①] 由于以分担实行行为为已足，因而，共同正犯的成立无须要求每个人都完整地实现刑法分则规定的构成要件行为。例如，在 A 抱住 C 的身体，B 朝 C 的胸部连刺数刀，致 C 死亡的场合，孤立地看，A 的行为并非杀人行为，但由于 A 和 B 的行为可以看作对一个人围攻，二人各自分担的行为之间具有相互利用、相互补充的关系，因而均可视为整体的杀人实行行为的一部分。所以，A、B 二人成立故意杀人罪的共同正犯。

（二）共同正犯与帮助犯的区分

从构成要件的观念出发，由于组织犯、教唆犯具有各自独特的观念形象，因而一般易于与直接正犯相区分。实践中，常常发生困难的是共同正犯与帮助犯的区分，主要有以下两种情形。

首先是“望风”行为的性质。“望风”行为，是指基于共同犯罪的故意，在犯罪现场或附近，为他人实行犯罪而实施的放哨、观察周围动静、通风报信的行为。例如，X 以盗窃的目的进入他人家中实施盗窃，X 的朋友 Y 在屋外望风。Y 是共同正犯还是帮助犯？对此，理论上存在共同正犯说、共谋共同正犯说、帮助犯说和具体分析说（犯罪事实支配理论和重要作用说主张应根据望风者是否对犯罪的完成作出了实质性的重大贡献或者起到了重要作用具体地加以判断）等学说的分野。[②] 笔者以为，入室盗窃犯罪的实行行为不外乎表现为诸如进入他人家中物色、拿走他人财物等排除他人对财物的占有这种有直接侵害他人财产法益的现实危险的行为。而他人在屋外为盗窃犯望风的行为，无论如何都不是盗窃行为本身，不可能直接侵犯他人的财产法益，将之理解为使屋内的正犯的盗窃行为更容易完成的帮助行为较为妥当。所以，一般来说，望风者应成立帮助犯，对直接实施犯罪构成要件行为的正犯具有从属性。但例外的是，如果某一望风行为已被刑法分则规定的具体犯罪的基本构成要件行为所包含，就属于正犯

---

① 参见〔日〕大谷实《刑法讲义总论》，黎宏译，中国人民大学出版社，2008，第 374 页。

② 参见张明楷《刑法学》，法律出版社，2011，第 386 页。

行为，例如，为他人的组织卖淫犯罪行为而实施望风之协助行为即是适例，这种现象在刑法理论上被称为共犯行为的正犯化。

其次是所谓的“择一的事实贡献”的性质。“择一的事实贡献”，是指数人参与共同犯罪，从一开始就决定了仅有一人的行为能够现实地引起构成要件结果的情形。[①] 例如，多名杀手基于共同的谋杀计划分别潜伏在各条路上伏击被害人，最终由其中一名杀手杀死被害人。对此，德国学者鲁道非（Rudophi）认为，只有发射致命枪的这个人才能作为谋杀犯（正犯）加以处罚，潜伏在其他地方的那些人对他来说不可能是共同正犯。因为他们并没有在不法事实的实施过程中一起发挥作用。罗克辛则基于功能的行为支配概念，主张对“择一的事实贡献”应具体情况具体分析：①如果一幢房子的各个出口都被意图谋杀被害人的射击者所占领，那么，他们之中的每个人都是正犯；②如果潜在的暗杀者为杀死被害人潜伏在各个城市，则只有在被害人出现的地方实际开枪的暗杀者，才是正犯。[②] 从本文主张的实行行为说的立场出发，上述的第一种情形，类似于一个犯罪团伙在实施犯罪阶段共同协作围攻被害人的情形。各杀手之间在客观上相互利用、补充对方的行为，且各自行为都具有实现构成要件行为的现实危险性；他们在主观上具有共同实行犯罪的故意，因而，从整体上观之，他们的行为是实行行为。但对于第二种情形，被害人当时究竟身处哪个城市并不确定，只有在被害人所处的城市进行现场伏击的杀手才具有实现构成要件的现实危险性，所以，仅仅该杀手才能成立正犯。而对于在被害人不可能出现的其他城市潜伏的杀手，由于自始没有杀人行为实施的可能，所以只能认为他们的行为在一定程度上强化了实际实施暗杀行为的杀手的犯罪决意，因而仅仅成立帮助犯。

（三）间接正犯与共犯的区分

间接正犯与共犯（特别是教唆犯）具有类似的行为构造：他们都不亲自实行犯罪，而是身处媒介者的背后，对媒介者的违法行为有意提供原因力，即利用、诱致或者帮助他人，以他人为中介侵犯法益，进而实现自己

---

① 参见陈家林《共同正犯研究》，武汉大学出版社，2004，第102页。

② 参见〔德〕克劳斯·罗克辛《正犯与犯罪事实支配理论》，劳东燕译，载陈兴良主编《刑事法评论》第25卷，北京大学出版社，2009，第61页以下。

的犯罪目的。正因如此，实践中准确界分两者往往并不容易。因为间接正犯也是本来的正犯、固有的正犯，其与直接正犯没有质的不同，其间的差异不过在于是将自己的身体或者器具、动物作为工具加以使用，还是将他人当作工具加以利用。可见，在利用他人实施犯罪的场合，利用者究竟是成立间接正犯抑或成立共犯，应以在规范意义上可否将介入的他人评价为利用者的“犯罪工具”来加以判断。对此，笔者以为，可考虑“规范障碍”的概念。所谓规范障碍，就是“行为人了解犯罪事实，具有抑制违法行为的反对动机的可能性”。[①] 详言之，对于具有辨别、认识违法性能力的人，在其了解到犯罪事实的情况下，法秩序会期待他回避违法行为而实施合法行为（规范的责任论）。从法秩序之立场来看，可认为具有这一期待可能之人系犯罪实现的“规范障碍”。[②] 如果一个人欠缺是非辨别能力、不了解事实或者受到绝对的暴力强制，法秩序就不能期待他回避违法行为而实施合法行为，从而可认为该人欠缺“规范障碍”。利用这种人犯罪，就如同利用器具或者动物实施犯罪一样，应肯定利用者成立间接正犯；相反，在利用具有“规范障碍”的他人实施犯罪的场合，由于被利用者不能被评价为背后的利用者的犯罪工具，所以背后者就不能成立间接正犯，而应构成共犯。基于这一立场和思路，就间接正犯与共犯特别是教唆犯的界分的若干疑难情形研讨如下。

1. 利用无责任能力者的场合

一般情况下，由于无责任能力者（例如幼儿、严重精神病患者）缺乏辨认、控制能力和形成抑制违法行为的反动动机和意识的能力，因而，在利用、诱致这种无责任能力者实施违法行动的场合，无异于是将对方当作工具加以支配和驱使，利用者成立间接正犯，这不论是在理论界还是在实务界均不存在争议。但对于类似教唆或者诱致刑事法上的未成年者（如十二三周岁的人）实施诸如杀人、强奸、抢劫或者盗窃等犯罪行为的情形，教唆者是成立间接正犯还是成立共犯，是个问题。对此，我国通说认为，只有达到法定刑事责任年龄、具有刑事责任能力的人才能成立共犯。教唆十二三周岁的人实施犯罪时，由于所教唆的对象属于未达法定刑事责任年

① 黎宏：《刑法总论问题思考》，中国人民大学出版社，2007，第102页。

② 〔日〕曾根威彦：《刑法总论》，成文堂，2008，第236页。

龄的人，因而不能与教唆人构成共同犯罪。教唆人按照间接正犯处理。[①]我国的司法实务一般倾向于这一立场。[②]很显然，这基本上还是基于“构成共同犯罪的参与人都必须具有责任”及“不能以共犯处罚的范围 = 间接正犯”的思路而得出的结论。但依本文之见，间接正犯是本来的、固有的正犯，其正犯性并不因不属于教唆犯、帮助犯这一消极的理由而存在，相对于教唆犯、帮助犯而言，对间接正犯的正犯性进行独立、积极、第一次的判断是必要的。[③]只有在不构成（间接）正犯的情况下，才考虑有无成立教唆犯的可能，而不是相反。[④]基于这一原理，我们来具体考察和分析利用、诱致十二三周岁的人实施犯罪的情形的处理。首先，十二三周岁的人不同于无知的幼儿，已具有基本的辨别能力及一定的行为控制能力，特别是对于杀人、强奸、抢劫乃至于盗窃等犯罪的非道义性和非法性已有较为清楚的认识，亦即具有相当程度的规范意识。这种场合，很难肯定其“工具性”，所以应否定利用者成立间接正犯。其次，从“共同犯罪应是一种违法形态”的立场出发，[⑤]既然教唆者和被教唆的刑事未成年者之间客观上存在共同的违法事实，那么两者应成立共同犯罪，其中，教唆者是教唆犯，刑事未成年者是正犯，但正犯未达法定刑事责任年龄，缺乏有责性，不负刑事责任。

2. 利用过失行为的场合

常被用来讨论的典型例子是，医生将掺有毒药的注射液交给护士，令其为患者注射。由于该注射液与正常药品颜色明显不同，护士稍加留心即可发现，护士却未加注意，而为患者注射。这种场合，被利用者构成过失

---

① 参见高铭暄、马克昌主编《刑法学》，北京大学出版社、高等教育出版社，2010，第 176 页；王作富主编《刑法》，法律出版社，2011，第 123 页。

② 《刑事审判参考》曾刊登的“刘某利用 12 周岁的女儿杀夫案”即是典型。参见最高人民法院刑事审判第一庭、第二庭编《刑事审判参考》第 5 辑，法律出版社，2001，第 74 页以下。

③ 参见〔日〕林干人《刑法总论》，东京大学出版会，2008，第 412 页。

④ 参见黎宏《刑法总论问题思考》，中国人民大学出版社，2007，第 95 页。

⑤ 笔者以为，共同犯罪的立法和理论所要解决的问题是将违法事实归属于哪些参与人的行为。基于此，共同犯罪的成立，以二人以上具有共同的侵害法益事实为已足，至于各行为人的责任情况如年龄、精神状态等如何一般并不影响共犯的成立，而只涉及是否需要承担责任和受处罚的问题。参见钱叶六《“轮奸”情节认定中的争议问题研讨》，《江淮论坛》2010 年第 5 期。

犯罪自无问题，医生是否构成故意杀人罪的间接正犯？有观点认为，如果护士注意的话，就能够回避结果的发生，所以，应考虑护士主观上的过失（规范障碍）的存在。在这一场合，认定医生构成间接正犯是有疑问的，妥当的结论是医生成立故意杀人罪的教唆犯，护士成立（业务上）的过失致死罪（当然，这是以承认对过失犯可以实施故意的教唆为前提的）。[①] 笔者不同意这种观点。虽说护士在主观上可能存在过失，但过失行为人的意思自由程度较弱，基于规范意识而产生的抵抗力不充分，因而往往容易被他人当成工具加以利用。而在事实上，也正是医生利用了其在业务上的地位优越性以及护士对其业务之通常信任，将护士当作工具，最终才实现了“借刀杀人”的计划，这完全符合间接正犯的本质。

3. 利用有轻罪故意的场合

A 为了杀害躲在贵重财物后面的被害人 C，唆使不知情的 B 开枪，致 C 死亡，以及 X 将足以致死的毒药交给 Y，给被害人 Z 服用，并欺骗 Y 说这点药不会让 Z 死亡，但可以让他尝尝苦头，Y 信以为真，将毒药放在 Z 饮用的咖啡里，Z 饮用后中毒身亡，对此，有观点认为，考虑到媒介者具有较高程度的规范障碍，所以，幕后的利用者应成立教唆犯。[②] 笔者以为，在利用他人轻罪的故意的场合，被利用的媒介者并非没有任何犯罪的故意，而是具有轻罪的故意，亦即，媒介者在轻罪事实的限度内具有规范障碍，因而难辞其咎，应构成轻罪的直接正犯。尽管如此，由于媒介者对于贵重财物后有人和毒药实际上已达致死量并不知情，从而没有形成抑制重罪的反对动机的可能，这样，就幕后的利用者所追求的重罪目的而言，被利用人还是没有规范障碍，终究只不过是幕后的利用者的犯罪工具，所以，被利用者所造成的重罪的结果应该归责于幕后的利用者，即利用者成立间接正犯。[③]

4. 利用所谓的“有故意的工具”的场合

这里主要探讨“利用无身份的有故意的工具”的情形，常举的例子是具有国家工作人员身份的丈夫利用不具有国家工作人员身份的妻子收受贿

① 参见〔日〕内藤谦《刑法讲义总论》下（Ⅱ），有斐阁，2002，第 1340 页。

② 参见〔日〕中山研一：《刑法总论基本问题》，成文堂，1974，第 270 页。

③ 参见〔日〕团藤重光《刑法纲要总论》，创文社，1990，第 159 页；黎宏《刑法总论问题思考》，中国人民大学出版社，2007，第 111 页。

赂。对此，一般认为，妻子不可能成立正犯，而只能成立帮助犯，丈夫构成间接正犯。[①] 另有观点认为，由于妻子具有规范障碍，从而不能成为犯罪工具，故而，丈夫成立教唆犯，妻子成立帮助犯。[②] 的确，就受贿罪而言，行为人只有具备了国家工作人员这一身份，才有可能直接侵害职务行为不可收买性这一保护法益。由于妻子不具备国家工作人员身份，故不能成立正犯。从规范的观点看，妻子只不过是代丈夫收下贿赂而已，是一种纯粹的协力、代劳行为，因而在参与类型上属于帮助犯。但对于设例中的丈夫的行为的性质认定，上述两种观点都有值得商榷之处。首先，既然妻子已经知晓收受贿赂的真相，就不能认为其欠缺规范障碍而将之视为纯粹的“犯罪工具”，故丈夫不能成立间接正犯。其次，认为丈夫成立教唆犯、妻子成立帮助犯的观点实际上肯定了“无正犯的共犯”的观念，有悖共犯从属性原理，因而也不妥当。笔者以为，设例中的丈夫应构成受贿罪的直接正犯，理由在于：丈夫虽然没有直接收受贿赂，但受贿罪的构成要件并不是单纯地接受财物，而是要求利用职务上的便利，或者说要求财物与职务行为具有可交换性。因而，在本质上，可以认为是丈夫的行为支配了对职务行为不可收买性的侵害。[③]

5. 利用他人合法行为的场合

这里主要探讨争议较大的“利用他人正当防卫”的情形。例如，甲诱导 X 对身强力壮的乙实施攻击，乙予以反击，致 X 死亡。对此，一般认为，由于甲利用的是乙的正当防卫行为，根据限制从属性原则，甲不构成教唆犯。但由于甲主观上具有违法意图，并将不了解情况的乙当作工具，所以，甲构成故意杀人罪的间接正犯。笔者不同意这种观点。一方面，这实际上是基于“不成立共犯，所以才是间接正犯”的问题分析思路而得出的结论，有违正犯判断优先的观念。另一方面，“在‘正犯’即被利用的他人实施合法行为的情况下，将与此有关的‘共犯’即利用人的行为一概认定为违法，也不合适。会导致‘没有正犯的共犯’的结局，有违共犯从

① 参见〔日〕团藤重光《刑法纲要总论》，创文社，1990，第 159 页；马克昌主编《犯罪通论》，武汉大学出版社，2000，第 548 页。

② 参见〔日〕中山研一《刑法总论基本问题》，成文堂，1974，第 270 页；〔日〕浅田和茂《刑法总论》，成文堂，2007，第 432 页以下。

③ 张明楷：《刑法学》，法律出版社，2011，第 369 页。

属性原理”。[①] 设例中，从形式上看，似乎是甲利用了乙的反击行为引起了X的死亡结果，但是，直接导致乙反击的原因，还是具有完全的意思决定能力和自主行动自由的X自己实施的重大不法侵害行为。质言之，如果没有X自身的攻击行为，就不会有乙的反击行为及X死亡的结果发生。在此意义上，不能说乙沦为甲的纯粹的“犯罪工具”。至于X死亡结果的发生，只能说是X咎由自取。诚如学者所云，“法没有理由保护袭击人者的生命，因为其从一开始就担负起了这种风险”。[②] 尽管如此，由于甲教唆X实施不法侵害行为，甲成立故意伤害罪的教唆犯。

6. 所谓的“正犯后的正犯”

“正犯后的正犯”是德国刑法学中的概念，所涉的问题是具有责任能力的被利用者因故意实现犯罪构成要件而作为直接正犯承担故意犯的刑事责任时，幕后的利用者是否要作为“有责任的正犯后的正犯”（间接正犯）承担刑事责任。正犯后的正犯主要可以分为两种类型。一是利用他人的错误。这里主要探讨学理上争议较大的“利用对被害人的身份认识错误”的情形。在“罗兹－罗扎尔事件”中，乙对丙说：“甲每天晚上要经过A地，今夜埋伏在那里杀了他。”甲刚巧听到乙、丙的谈话。甲与X一直有冤仇，想利用这个机会除掉X，便邀请X到A地去，自己没有去。结果，丙误以为X是甲而开枪，结果打死了X。本案中，幕后者甲利用了直接行为者丙对被害人的身份认识错误而实现了自己的犯罪目的，直接行为人丙构成故意杀人罪的直接正犯，这并不存在争议。问题是，甲是否构成故意杀人罪的间接正犯？肯定说认为，由于甲造成丙的认识错误，由此必须对具体被射杀的被害人的死亡结果负责。就X的死亡而言，甲是将丙当作“盲目”的工具来使用。[③] 否定说认为，间接正犯的法角色并不是无限制地被适用。在被作为犯罪工具的行为人本身是负完全责任的正犯的情况下，其就不可能同时成为他人的“犯罪工具”；其他共同参与人只可能成立共同正犯、教唆犯或者帮助犯。[④] 笔者以为，本案中，丙对被害人是抽象的人这一点

① 黎宏：《刑法总论问题思考》，中国人民大学出版社，2007，第113页。

② 参见〔日〕松宫孝明《刑法总论讲义》，成文堂，2009，第258页。

③ 参见〔德〕克劳斯·罗克辛《正犯与犯罪事实支配理论》，劳东燕译，载陈兴良主编《刑事法评论》第25卷，北京大学出版社，2009，第27页。

④ 参见〔德〕汉斯·海因里希·耶赛克、托马斯·魏根特《德国刑法教科书（总论）》，徐久生译，中国法制出版社，2001，第802页。

在主观上并不存在错误的认识，因而不能否定丙当时具有抑制杀人犯罪动机的规范障碍。但由于当时丙未认识到其射杀的对象是具体的X，因而相对于X的死亡这一事实而言，丙欠缺规范障碍，亦即X的死亡并非基于丙的“意思决定”的结果。质言之，如果丙当时知道来到现场的不是甲而是X的话，丙必定不会开枪。在此意义上，丙只不过是甲借以杀人的“盲目”工具而已，所以，甲属于“正犯后的正犯”。由此看来，虽然构成要件是抽象的概念形象，但被利用者是否具有规范障碍以及是否实质上成为幕后者的犯罪工具则要根据具体的情形判断。但是，如若将该案情节作如下变动，结论就会大相径庭：某甲知道某乙急于追杀仇人某丙，但是某乙不知道某丙身在何处。某甲与某丙亦有宿怨，就故意邀约某丙来某乙正在饮酒的酒店里饮酒。某乙见某丙出现，杀害某丙。这种场合，在一定程度上虽然也可以说是某甲将某乙当作了自己杀人的“工具”，但由于某乙对于射杀的对象是某丙有着明确的认识，亦即，某乙对于是否杀害某丙具有意思决定的自由，在此意义上，某乙并没有成为某甲的纯粹的“犯罪工具”。笔者以为，某甲这种邀约某丙前来酒店（诱骗被害人至现场）从而使得某乙成功地将某丙杀害的行为，本质上属于为他人的犯罪实行行为提供援助的帮助行为（正犯不知情的片面的帮助行为）。

二是“利用组织的支配”。所谓“利用组织的支配”，是指幕后者（具有命令指挥权限者）借组织上之权力结构，下令执行某项犯罪行为，而执行者在非受强制与存在错误认识的情况下，完成其组织成员之任务。此等组织体在过去可能借由国家公权力作为犯罪组织，而现在取而代之者，当属世界各国之黑帮组织。① 所谓利用组织的支配之幕后主使，是否构成间接正犯（正犯后的正犯）？对此，罗克辛给予了肯定的回答。他指出，在实施过程中未给予一臂之力的人们能够支配整个事件，表现为三种类型：①人们能够胁迫实施者；②人们能够欺骗实施者；③虽然没有强制与欺骗，但国家机器也能确保其指令被手下成员实施。就第三种类型而言，作为运行中的国家机器的可更换的“螺丝钉”之直接行为者应成立直接正犯。尽管如此，也不影响拥有显赫权势的命令发布者构成间接正犯。②

① 参见赵辉《组织犯及其相关问题研究》，法律出版社，2007，第53页。

② 参见〔德〕克劳斯·罗克辛《正犯与犯罪事实支配理论》，劳东燕译，载陈兴良主编《刑事法评论》第25卷，北京大学出版社，2009，第28页。

笔者以为，与日本刑法中的共谋共同正犯理论的诞生背景一样，在所谓的利用组织的支配的场合，德国刑法学界和实务界之所以采用“正犯后的正犯”理论解释这一现象，同样是基于严厉打击有组织犯罪中的幕后主使，实现刑事处罚合理性的需要而不得已作出的妥协性选择。如前所述，我国刑法严格区分正犯与组织犯等共犯范畴，并对组织犯规定了最为严厉的处罚原则。在此一立法框架下，纵使不使用所谓的“正犯后的正犯”概念，同样能够通过组织犯概念来实现对背后的组织者的严惩。

六　双层区分制下参与人的量刑

我国刑法中参与人分类的两个层次界限泾渭分明，并行不悖，功能各异。尽管如此，两种分类标准下的参与人之间并非一种截然对立、毫不相干的关系。实践中，参与人在共同犯罪中的主、次作用的认定及其量刑通常还需要借助形式上的分工标准及参与类型原理加以分析。

首先，应当肯定的是，集团犯罪的首要分子（组织犯）永远是主犯。集团犯罪的首要分子虽然一般不直接参与犯罪的实行，但由于他们组建、领导犯罪集团，制订犯罪活动计划，策划于幕后，指挥于现场，在犯罪集团中位于核心，是犯罪集团的“大人物”或者“幕后的黑手”，其犯罪的危害性往往极大，历来属于各国刑法打击的重点。正因如此，我国刑法才将集团犯罪的首要分子规定为主犯并予以严惩。而对于普通犯罪中的组织犯，刑法也同样作出以主犯从严处罚的规定（刑法第26条第4款：应当按照其所参与的或者组织、指挥的全部犯罪处罚）。

其次，一般情况下，较之于对犯罪的实现仅仅起诱发、启动或促进、加功等作用的教唆犯、帮助犯来说，正犯直接参与构成要件行为的实行，是共同犯罪这一“作品”的直接“创作者”，其行为对法益的侵害方式最为直接，侵害的程度更甚，所发挥的实质作用也更大。事实上，离开了正犯的实行行为，法益侵害的现实后果无论如何都不会实现。所以，将多数场合下的正犯划归为主犯的类型是当然的逻辑。但是，在我国双层区分制的框架下，正犯未必都是主犯，次要的正犯为从犯的情形是客观存在的。具体而言，行为人虽然直接参与了构成要件行为的实行，但如果参与的不是构成要件的重要部分，其行为对不法事实的实现所做的贡献不大、对结果所起的作用较小或者没有直接造成严重后果的，就不宜认定为主犯。例如，甲教唆乙、丙、丁杀害Z，乙负责准备车辆将丙、丁送到作案地点，丙、丁共同持刀刺杀Z，结果丙刺中了Z的胳膊，丁刺中Z的心脏致Z死亡。在本案中，作为共同正犯的丙、丁共同参与了杀人实行行为的实施，直接引起了法益侵害后果。但丁直接刺中了Z的心脏，而丙只是刺中了Z的胳膊，相较而言，丙对Z的死亡结果所起的是次要作用，丁所起的则是主要作用。所以，丙虽然是正犯，却是次要的正犯，应按照从犯加以处罚。

再次，我国刑法第29条第1款前句规定："教唆他人犯罪的，应当按照他在共同犯罪中所起的作用处罚。"所谓"按照他在共同犯罪中所起的作用处罚"，不外乎表达了这样一种思想：如果是在共同犯罪中起主要作用，就按照主犯处罚；反之，就按照从犯加以处罚。我国刑事司法实务中，因受"造意犯为首"的传统法律文化影响，教唆犯一般都被认定为主犯。笔者以为，这种做法值得反思。虽说教唆犯是犯罪的诱发者和原动力，诱发、引起了正犯的不法行为，主观恶性较重，但是，一方面，教唆犯并不直接参与构成要件行为的实行，只是通过正犯的实行行为来实现对法益的侵害，其行为并不具有直接侵害法益的现实的危险性，因而其违法性较之于正犯一般要低；另一方面，教唆犯没有实质地支配犯罪事实的进程，正犯最终是否实行犯罪以及如何实行犯罪，其本人具有完全的意思决定自由。所以，教唆犯在共同犯罪中所起的作用原则上不是主要作用。特别是在教唆犯采用的教唆方法比较缓和，只是单纯地授意、建议、指示、要求或者劝说的场合，更应认定为从犯。但例外的是，如果行为人使用煽动、收买、利诱、胁迫等恶劣手段实施教唆，或者反复多次进行教唆，或者在引起对方犯罪决意的同时指示具体犯罪方法，或者教唆者相对于被教唆者具有占优势的家庭、社会地位，对被教唆人具有较大控制力或者影响力，就应肯定教唆犯的主犯地位。例如，教唆未成年人，教唆犯宜认定为主犯。对于普通人教唆国家司法工作人员徇私枉法以及教唆公务员贪污、受贿，应多考虑成立从犯，而非主犯。

最后，就帮助犯而言，一方面，他们不直接参与构成要件行为的实行，只是为正犯提供一定的物质和精神援助或者便利，通过正犯的不法行为间接地引起法益侵害后果；另一方面，正犯是否实行犯罪以及如何实行犯罪，通常由正犯自主决定。因此，帮助行为在共同犯罪中所起的作用在绝大多数情况下是次要作用或者辅助作用，一般应以从犯论处。不过亦有例外，若帮助犯的帮助行为对共同犯罪的实现和完成确实发挥了主要作用或者说提供了重要的原因力，也应肯定主犯的成立。例如，无业游民甲产生偷盗古墓的念头，邀请曾经参加过某地古墓考古的专家乙参与盗墓。乙不仅参与盗墓方案的制订，而且对甲给予了必要的专业指点，并绘制出古墓内重要文物的位置图，甲因此盗墓成功。本案中，乙作为共谋者，虽未参与盗墓行为的实行，但由于其对犯罪的实施和完成发挥了重要的作用，因而应以主犯论处。唯有如此，才不至于导致罪刑失衡。①

需要说明的是，在我国双层区分制之下，主、从犯的划分是一个直接影响和决定参与人刑罚轻重的重要实践性课题，囿于本文篇幅，有关此问题的研讨不论在广度上还是在深度上还远远不够，有待于日后进一步研究和探讨。

① 在采取单层区分制的德、日刑法中，这种起重要作用的共谋者通常都是被认定为正犯而加以重罚的。而在我国双层区分制的共犯体系之下，则是首先按照其参与形式认定为帮助犯，然后再根据其实际所发挥的主要作用认定为主犯。此种认定路径与德、日刑法将之作为正犯加以处罚的做法，可谓殊途同归。

自杀的认定及其相关行为的刑法评价*

王　钢**

摘　要：刑法中认定自杀有主客观两方面要求。在主观方面，被害人不仅应当认识到，并且意欲使死亡结果发生，而且必须自愿地也即自主决定地选择了死亡。对于自愿性的判断应当以有效承诺的主观要件为标准。重大的动机错误同样导致不能成立自杀。此外，被害人还必须客观上事实性地支配着直接导致死亡的行为，在不可逆转地造成死亡结果的最后关键时刻自己控制着事态的发展。自杀本身并非刑事不法行为，教唆或帮助自杀、对自杀者不予救助或者过失导致他人自杀等自杀相关行为也不应受到刑事处罚。

关键词：自杀　自杀相关行为　间接正犯　法益侵害

一　问题的提出

与自杀相关的刑事案件在我国较少获得关注，但是我国司法实务中经常出现这类案件。譬如近年来媒体报道的案例。

案例1：八旬老太曾某长期瘫痪在床，痛苦万分，又不想拖累家

---

* 本文原载《法学研究》2012年第4期，略有修改。

** 王钢，清华大学法学院副教授。

人，只求一死了之，于是多次请求隔壁的七旬老翁宋某帮忙购买毒药。宋某在屡次拒绝后终被曾某的苦苦央求所打动，于是按照其要求购买了5颗俗称“豌豆药”的农药放在曾某身旁的桌子上，然后悄然离开。曾某自行服毒后，经抢救无效身亡。2010年10月，法院判决宋某成立故意杀人罪。①

案例2：亓某和张某本为夫妻，后协议离婚。在两人再一次因为孩子抚养权问题发生争吵之后，张某情绪激动，提出买两瓶农药两人各喝一瓶，共赴黄泉。亓某同意，遂驱车载张某去店里购买农药。亓某从店老板手里接过两瓶农药放在副驾驶座上，坐在车后排的张某随即将其夺走，亓某见状赶紧夺回一瓶。两人争夺农药时车辆失控。亓某在稳定车辆之后，发现张某已经喝下农药并发生头晕、呕吐、脸色发白等症状，但没有及时采取救助措施，而是40分钟之后才报警。张某因抢救无效死亡。2011年8月，一审法院认定亓某成立故意杀人罪。②

案例3：66岁的舒某患有精神疾病，在心理医院接受治疗。2011年8月31日凌晨时分，舒某将走廊内的椅子搬到了病房门口，然后返回病房内。此时临时护工王某经过病房门口，看到了门口的椅子，却在打卡后径直离开。随后，舒某在病房门口自缢。大约17.5分钟之后，王某再度路过病房门口，发现自缢的舒某却未加救助。舒某死亡。③

案例4：段某和小秋都有厌世情绪，小秋说希望被喜欢的人杀死。于是两人约定，由段某杀死小秋后再自杀。2010年1月2日凌晨，段某持事先准备的尖刀切割小秋颈部数刀，致其死亡。段某事后却未自杀，而是向警方自首。法院判决段某成立故意杀人罪。④

① 参见田文生、冉志敏《重庆首例“助人安乐死”者获刑三年》，《中国青年报》2010年8月21日。

② 参见王文学、彭敏《相约自杀前妻喝药身亡 前夫见死不救被判故意杀人》，http://www.chinacourt.org/html/article/201108/15/461392.shtml。

③ 参见山东卫视《围观》栏目2011年11月3日专题报道《“坐视精神病人上吊”事件真相调查》。

④ 参见曹博远《受托杀人 北科大女生被判无期》，《法制晚报》2011年12月22日。

上述四个案件的共同点是，被害人均是在行为人的参与或影响下结束了自己的生命，因此便产生了应当如何在二者之间进行责任划分的问题。譬如，此时是应当认定被害人成立自杀，还是应当认为其是被行为人所杀害（他杀）？与之相关的另一个问题是：这些案件中行为人是否应当负刑事责任？我国学界对于自杀相关行为的讨论由来已久，但迄今为止鲜有学者深入论述究竟什么样的行为才能被认定为自杀。由于各自在不同意义上使用“自杀”概念，我国学者经常无法在同一层面上进行针锋相对的论述。而这一基本概念上的理解差异，又会导致学者们在教唆、帮助自杀等自杀相关行为是否应当受到刑事处罚的问题上采取不同的立场。譬如，主张教唆、帮助自杀行为应当构成犯罪的论者往往对自杀采取了较为宽泛的定义，而持相反见解的学者一般都有意无意地严格限制自杀的成立范围。由此可见，要讨论自杀相关行为的刑事可罚性，就必须先从自杀的认定着手。只有在明确定义自杀的基础上，才可能正确探讨自杀相关行为的刑法评价等问题。因此，本文接下来将首先深入考察自杀的定义，确定只有当被害人自主决定地选择死亡时才能成立自杀；而后再从这种对自杀的定义出发，论证自杀以及自杀相关行为都非刑事不法行为，不应当构成刑事犯罪。

二　自杀的刑法定义

在一般日常用语中，“自杀”一词的含义几乎是不言而喻的，以至于诸多汉语字典或词典根本就没有收录该词条。根据《现代汉语词典》的解释，“自杀”就是指“自己杀死自己”。[①] 这种定义虽然正确地强调了自杀的客观方面，但并不全面。涂尔干提出，自杀是指“在被害人事前知道自己行为结果的前提下，直接或间接地由其自己实施的作为或不作为所引起的死亡”。[②] 这种定义顾及了自杀的认识因素，但忽略了其他主观要素，仍然难以令人满意。借鉴伯恩斯坦在1907年的论述，[③] 德国学界经常将“自

① 《现代汉语词典》，商务印书馆，2005，第1808页。

② Durkheim，Der Selbstmord，übersetzt von Sebastian und Hanne Herkommer，1983，S. 27.

③ Vgl. Bernstein，Die Bestrafung des Selbstmords und ihr Ende，1907，S. 1.

杀”定义为“通过被害人对自己生命进程的刻意干预而导致的非正常死亡”。[①] 瑞士学者则大多认为，“自杀”意味着被害人以自我答责的方式通过自己的行为杀死自己。[②] 奥地利学者往往主张，自杀就是被害人故意并且自愿地直接引起了自己死亡。[③] 类似地，美国司法判例认为，“自杀”显而易见的平常含义是指：“自愿并且故意地终结自己生命的行为或情形。”[④] 诸多美国道德哲学家亦强调，自杀意味着被害人在健全的精神状态下故意造成自己死亡。[⑤] 此外，陈兴良教授将自杀定义为“基于意志自由，自我决定结束生命的行为”。[⑥] 由此可见，尽管各方表述并不完全一致，但是“自杀”概念应该包含主、客观两方面的内容，并且与被害人的自主决定紧密相关，则成为共识。

（一）主观方面

从主观方面看，认定自杀必然以被害人有意识地自愿选择死亡为前提。这就要求被害人认识到了死亡结果（认识因素），并且自主决定（自愿性）追求或放任死亡结果的发生（意志因素）。

1. 认识因素

没有争议的是，只有在被害人认识到了死亡结果或者至少认识到了导致死亡的可能性时，才可能认定其自愿选择了死亡。如果被害人出于某种错误认知完全没有认识到相应的行为将会造成自己死亡，则不能被认定为自杀。[⑦] 譬如（案例5）：行为人企图杀害被害人，于是趁被害人发生家庭矛盾之机劝说被害人假装悬梁自杀吓唬妻子，并谎称在被害人上吊之后就会对其加以救助。被害人信以为真，悬梁上吊。行为人却未予救助，导致被害人死亡。[⑧] 在该案中，被害人完全不知道自己所实施的行为会导致自

① Chatzikostas, Die Disponibilität des Rechtsgutes Leben in ihrer Bedeutung für die Probleme von Suizid und Euthanasie, 2001, S. 20.

② Vgl. Donatsch, in: Schweizerisches Strafgesetzbuch, Kommentar, 2006, Art. 115.

③ Vgl. Moos, in: Wiener Kommentar StGB, 2. Aufl. (35. Lfg.) 2002, § 78 Rz. 9.

④ Skinner v. Guar. Trust Life Ins. Co., 813 F. Supp. 2d 865, 870 n. 3 (S. D. Ohio 2011).

⑤ Beauchamp, "Suicide", in Regan (ed.), *Matters of Life and Death*, 3rd ed., New York: Random House, 1993, p. 72.

⑥ 陈兴良：《判例刑法学》（下卷），中国人民大学出版社，2009，第162页。

⑦ Vgl. Kion, Die Beteiligung am Selbstmord, 1970, S. 14.

⑧ 参见李传水《骗人自杀该当何罪?》，《人民检察》1994年第6期。

己生命终结，因而不成立自杀。相反，行为人明了全部事实并且利用了自己相对于被害人的优势认知，故而成立以间接正犯方式实施的故意杀人。

2. 意志因素

成立自杀还要求被害人追求或者放任死亡结果出现。自杀的意志因素并不意味着被害人必须将死亡结果本身视为最终目的。事实上，自杀者往往不是将死亡作为一种积极的价值加以追求，也并不以终结生命作为唯一或者首要目的，而是同时希望通过自杀摆脱痛苦、表达诉求或者引起关注。其通常只是容忍了死亡结果的发生。[①] 因此，将自身死亡结果作为实现其他目的的必要中间步骤加以利用，或者以类似间接故意的心态放任自己死亡的，也可以成立自杀。当然，在具体案件中不能草率得出被害人追求或放任自己死亡的结论。现实生活中自杀未遂的案例远多于自杀既遂，这从一个侧面印证了很多时候被害人虽然作出了自杀的姿态，但实际上并不希望终结自己的生命。尤其是在被害人通过绝食、跳楼或者自焚进行示威或者抗议的案件中，需要综合考察个案的具体情形确定被害人是否追求或者放任自己死亡。如果此时难以探明被害人的真实想法，则可以考虑从客观情形推断其是否有自杀意图。譬如，如果被害人根据案发时的具体情形难以合理相信自己能够及时获得救助，也即当死亡风险大于幸存机会时，就可以考虑认定被害人具有自杀意图。[②] 相反，如果被害人是为了维护自身权益，则原则上应当认定其没有自杀意愿。

3. 自愿性

自杀必须出自被害人的自主决定，是其自由意志的真实体现。然而，是否可以以及如何认定这里的自愿性，是需要审慎考察的问题。

(1) 自杀与自主决定

现代对自杀的流行病学研究表明，自杀者往往患有不同程度的精神或心理疾病或者受到抑郁情绪的影响。[③] 根据德国学者的统计，大约有 40%

---

① Vgl. Simon, Die Suizidtat: Eine vergleichende Betrachtung, 1976, S. 83f.

② Vgl. Moos, in: Wiener Kommentar StGB, 2. Aufl. (35. Lfg.) 2002, § 78 Rz. 17.

③ Vgl. Bringewat, Unbeachtlicher Selbsttötungswille und ernstliches Tötungsverlangen-ein Widerspruch? in: Eser (Hrsg.), Suizid und Euthanasie als human-und sozialwissenschaftliches Problem, 1976, S. 368.

的自杀死亡者患有内因性精神病。[①] 我国学者近年来的研究也表明，成年人中 52.9% 的自杀未遂者患有精神疾病。[②] 此外，有德国学者认为，85.5% 的自杀未遂案件由自杀者的抑郁情绪所引发，其他不同学者得出的相应数据则在 15% ~56.4% 。在自杀死亡者中，9.3% ~28% 表现出较为严重的精神抑郁，而 86% 以上的自杀死亡者曾有在心理医生处就诊的记录。[③] 另有 30% 左右的自杀案件与酗酒和吸毒相关。[④] 自杀也经常表现为一种冲动的行为。据我国学者统计，40.6% 的成年自杀未遂者在出现自杀念头的半小时内即已实施自杀行为。[⑤]

由此可见，尽管不同研究者得出的数据不完全相同，但是可以肯定的是，相当一部分自杀行为实际上源自精神或心理疾病，并且伴随着抑郁或冲动情绪。基于现代对自杀的流行病学的研究结果，部分德国学者估算，至少 40% 的自杀者实际上并非自愿地追求死亡结果。[⑥] 更有学者认为，最多仅有 5% 的自杀者自主决定了死亡。[⑦] 甚至还有学者主张，自主决定的自杀根本不存在。[⑧] 诚然，在刑法上界定自杀时，必须对流行病学的相应研究加以充分重视，但是，一概否定或者只有在极例外的情形下才肯定自杀者自主决定地选择了死亡的见解并不妥当。因为首先，与刑法中对刑事责任能力的认定并不必然取决于医学上的判断一样，刑法意义上的“自愿”与“自主决定”等概念有其特定的规范含义。[⑨] 事实上的心理疾病和悲观绝望的情绪未必能在规范意义上一概排除被害人的认知和判断能力，从而

① Vgl. Sonneck/Ringel, Zur Psychopathologie des Sterbewillens, in: Eser (Hrsg.), Suizid und Euthanasie als human-und sozialwissenschaftliches Problem, 1976, S. 81.

② 参见孙秀丽等《河北省 18 岁及以上人群自杀未遂流行病学调查》,《中国心理卫生杂志》2010 年第 5 期。

③ Vgl. Bronisch, Der Suizid: Ursachen, Warnsignale, Prävention, 1995, S. 41.

④ Vgl. Pohlmeier, Selbstmord und Selbstmordverhütung, 2. Aufl. 1983, S. 72f.

⑤ 参见孙秀丽等《河北省 18 岁及以上人群自杀未遂流行病学调查》,《中国心理卫生杂志》2010 年第 5 期。

⑥ Vgl. Wagner, Selbstmord und Selbstmordverhinderung, 1975, S. 122.

⑦ Vgl. Jähnke, in: Leipziger Kommentar, StGB, Band 5, 11. Aufl. 2005, Vor. § 211 Rn. 27.

⑧ Vgl. Bringewat, Die Strafbarkeit der Beteiligung an fremder Selbsttötung als Grenzproblem der Strafrechtsdogmatik, ZStW 87 (1975), S. 625ff.

⑨ Vgl. Herzberg, Straffreie Beteiligung am Suizid und gerechtfertigte Tötung auf Verlangen, JZ 1988, S. 185.

使其丧失自主决定的可能。[①] 其次，即便是对自杀的流行病学研究也表明，并非所有的自杀都源于精神疾病。事实上，拥有完全自主决定能力的被害人经过仔细权衡之后选择死亡的情形（Bilanz-Selbstmord）也是现实存在的。[②] 因此应当认为，现代对自杀的流行病学研究尚不能对自杀者是否自主决定选择死亡这一法律问题给出确切答案。

（2）自愿性的判断标准：承诺说的立场

困难在于，当被害人在行为人的影响下终结自己生命时，应当根据什么样的标准认定其自主选择了死亡。这里可以考虑两种不同的见解。第一种见解称为"责任排除说"。该说以被害人欠缺有责性为判断标准。其认为，当被害人处于不具有刑事责任能力或者足以构成责任阻却事由的状态中时，因为意志自由受到限制而不再对自己的决定负责；因此，也只有当被害人在这种状态下决定终结生命时，才能认为其并非自愿地选择死亡。[③] 第二种见解称为"承诺说"。其以有效承诺的主观要件为判断依据，主张只有在被害人的意思决定能够符合有效承诺的主观标准时，也即当被害人具有充分的认知与判断能力并且其意思表示无重大瑕疵时，才可以认定其自愿地选择了死亡。[④] 本文原则上采取承诺说的立场。

首先，讨论是否成立自杀是为了确定何时可以从法益保护的立场出发认定行为人的行为引发了被害人自我损害的风险，从而应当通过刑法适当地限制行为人实施这种行为的自由。换言之，这里需要在保护被害人法益和限制行为人自由之间进行审慎的权衡，进而在规范意义上认定被害人是在能够自我保护的处境下自主地处分了自身权益。此处的核心问题不在于被害人是否应当为侵犯他人法益的行为负刑事责任，所以没有有力的理由将对被害人自愿与否的判断与其有责性相联系。[⑤] 相反，被害人承诺理论虽然并非旨在解决被害人自我损害的问题，但是，有效的承诺恰恰同样意

---

① Vgl. Neumann, Die Strafbarkeit der Suizidbeteiligung als Problem der Eigenverantwortlichkeit des "Opfers", JA 1987, S. 254.

② Vgl. nur Mielke, Heimtücke gegenüber Kindern: Anmerkung zum Begriff des erweiterten Suizids, NStZ 1996, S. 477f.

③ Vgl. z. B. Roxin, Strafrecht AT, Band Ⅱ, 2003, §25 Rn. 54, 57; Jakobs, Strafrecht AT, 2. Aufl. 1991, §21 Rn. 98.

④ Vgl. nur Wessels/Beulke, Strafrecht AT, 41. Aufl. 2011, Rn. 539; Rengier, Strafrecht BT Ⅱ, 12. Aufl. 2011, §8 Rn. 4f.

⑤ Vgl. Eser, in: Schönke/Schröder Kommentar, StGB, 28. Aufl. 2010, Vorbem. §§211ff. Rn. 36.

味着被害人出于自身意志进行了利益处分，其与自杀之间具有类似的价值结构。因此，此处借鉴有效承诺的主观标准的见解是妥当的。①

其次，责任排除说会导致对处置生命所要求的主观前提条件反而低于对其他法益进行处分的现象，从而不当扩张自杀的成立范围。倘若被害人因受到强迫而选择放弃自身身体法益（譬如被迫允许他人对自己进行身体伤害）或财产法益（譬如受到敲诈勒索而被迫交付财物），则这种“法益处分”不能被视为被害人真实意志的反映；② 这里的强迫虽然不是极为轻微的，但显然也不必达到足以排除被害人有责性的程度。但是根据责任排除说，如果被害人在这种程度的强迫下作出了放弃生命的决定，反而应当认为其自愿选择了死亡。这种结论未免自相矛盾。同样，如果被害人在限制责任能力状态下承诺放弃自身其他法益，则该承诺由于被害人此时认知和判断能力受到限制而未必有效。但根据责任排除说，此时被害人放弃生命的意思表示却一律是自主和真实的。这显然不合理。

最后，根据责任排除说，应当认定“自杀”者原则上自主决定地选择了死亡。然而，这一结论难以与现代流行病学的研究结果相契合。事实上，如前所述，相当部分“自杀”者都是因为精神或心理疾病，或者在抑郁情绪影响下冲动地决定结束自己生命，因而难以认为死亡结果原则上是其自由意志的真实体现。③ 相反，这些“自杀”者恰恰是特别需要社会加以关注、帮助和保护的人群。④ 虽然其一般并不处于无刑事责任能力状态，但是显然不应当像责任排除说一样笼统地认定（甚至是假设）其自主地决定了死亡。⑤ 因此，根据承诺说在个案中细致考察被害人是否自愿放弃生命才是符合现代流行病学研究成果、有利于保护被害人的适当立场。⑥

综上所述，承诺说总体而言更加有力。为了充分保护被害人的生命法益，应当认为只有在其终结生命的意愿至少符合有效承诺的主观标准时，才是自主决定地选择了死亡。

---

① Vgl. Frisch, Tatbestandsmäβiges Verhalten und Zurechnung des Erfolgs, 1988, S. 167ff.

② 参见黎宏《被害人承诺问题研究》,《法学研究》2007 年第 1 期。

③ Vgl. Geilen, Suizid und Mitverantwortung, JZ 1974, S. 152.

④ Vgl. Krey/Heinrich, Strafrecht BT, Band 1, 14. Aufl. 2008, §1 Rn. 86.

⑤ Vgl. Jähnke, in: Leipziger Kommentar, StGB, Band 5, 11. Aufl. 2005, Vor. §211 Rn. 27.

⑥ Vgl. Schreiber, Strafbarkeit des assistierten Suizides?, FS-Jakobs, 2007, S. 618.

（3）具体情形的处理

从承诺说的立场出发，成立自杀要求被害人有能力在充分评价处分生命的后果和影响的基础上进行自主决定，而且其选择死亡的决定不能有重大意思瑕疵。鉴于生命法益对个人的重大意义，原则上应当否定儿童能够自主决定选择死亡。对于处在减轻刑事责任年龄阶段的和成年的被害人，则必须在个案中仔细考察其是否由于精神疾病、饮酒、吸毒或者其他影响主观认知或判断能力的因素而无法进行有效的意思决定。精神抑郁、厌世情绪并不必然导致被害人不能自主决定选择死亡。在长期困难的经济条件和糟糕的身体健康状况（非精神疾病）下作出的死亡决定原则上体现了被害人的真实意志。但是，如果被害人只是由于在事业、学业或爱情上遭受暂时的挫折而冲动地选择终结生命，则往往应当否定其自愿决定死亡。[1] 譬如（案例6）：被害人（行为人的妻子）与身为民警的行为人在家激烈争吵。被害人情绪激动地宣称不想活了，要求行为人把配枪给自己，要举枪自杀。行为人将子弹上膛，但未将枪支交给被害人，而是放在地上用脚踩住。被害人夺枪不成，便提议上床躺一会儿，行为人同意，并一起上床。片刻之后，被害人起身欲捡扔在地上的枪支，被行为人阻止。被害人谎称自己只是想捡枪还给行为人，后者信以为真，不再阻拦。不料被害人捡起枪后即对准自己胸部击发，当场死亡。[2] 该案中被害人在激动情绪的影响下选择了死亡，不能成立自杀。虽然行为人屡次阻止被害人夺枪，难以认为其主观上存在杀害故意，但其违反枪支保管义务导致危害结果发生，应当构成过失致人死亡。

此外，如前文所述，当被害人由于受到暴力或者胁迫而决定终结生命时，只要相应的暴力或胁迫达到了足以构成敲诈勒索罪的程度，就不能成立自杀。因为刑法规范认为，在这种程度的暴力或胁迫下，被害人的意思决定自由已经受到了侵犯，其对自身法益的处分不是真实意志的体现。在被害人产生认识错误的场合，如果其因为这种错误没有认识到发生死亡结果的可能性，则由于欠缺必要的认识因素，不能成立自杀。

（4）动机错误的定性：全面无效说之提倡

特别成问题的是，在行为人引起或者利用被害人动机错误的场合，也

---

① Vgl. Arzt, in: Arzt/Weber/Heinrich/Hilgendorf, Strafrecht BT, 2009, § 3 Rn. 24f.

② 参见陈兴良《教唆或者帮助他人自杀行为之定性研究——邵建国案分析》，《浙江社会科学》2004 年第 6 期。

即当被害人对于死亡结果存在确切的认知，但误认自身死亡的目的和意义时，是否仍然成立自杀？譬如（案例7）：行为人企图杀害极为依恋自己的丈夫，于是假意与其相约一起服毒自杀。在丈夫服下致死的毒药之后，行为人却拒绝服毒。[①] 又如，行为人谎称如果被害人自己结束生命就向其家属支付20万元补偿金，被害人果然为了获得补偿金而杀死自己。[②] 在这些案件中能否认定被害人自愿地选择了死亡？

这一难题源于刑法中对基于动机错误的承诺是否有效的重大争议。对此总体而言有三种观点。全面无效说认为，应当在具体个案中考察被害人的动机错误是否足以构成重大意思瑕疵。如果没有产生动机错误被害人就不会决定放弃法益，那么就应当认为相应的动机错误足以损害被害人的意思决定自由，其所做承诺无效。[③] 因此，当被害人承诺的重要目的没有得到实现时，应当否定承诺的有效性。[④] 严格的法益错误说则认为，只有与法益处分本身直接相关的错误，也即只有当被害人误认了法益处分的范围和程度时，才影响其承诺的有效性；相反，基于单纯动机错误的承诺仍然有效。[⑤] 最后，折中说认为，虽然动机错误原则上不导致被害人承诺无效，但是，在被害人纯粹是出于利他的动机才处分法益的场合，或者当相应的动机错误使被害人陷入了类似紧急避险的抉择之中时，仍然应当阻却承诺的有效性。[⑥] 我国亦有持法益错误说的学者主张类似的观点。[⑦]

本文支持第一种见解。首先，严格的法益错误说立足于对（个人）法益的静态理解，认为刑法规范应当只保护归属于个人的特定对象物或者客体的现实存续，除了财产诈骗等个别场合外，原则上并不保护个人将自身利益与其他利益进行交换的自由；如果在行为人就支付对价进行欺骗等场合也认为被害人的承诺无效并由此追究行为人的刑事责任，就会导致刑法

① Vgl. BGH，GA 1986，508.

② 参见黎宏《被害人承诺问题研究》，《法学研究》2007年第1期。

③ Vgl. BGHSt 16，309，310ff.；Kindhäuser，Strafrecht AT，4. Aufl. 2009，§12 Rn. 27.

④ 参见张明楷《刑法学》，法律出版社，2011，第218页。

⑤ Vgl. Arzt，Willensmängel bei der Einwilligung，1970，S. 17ff.

⑥ Vgl. Roxin，Strafrecht AT，Band I，4. Aufl. 2006，§13 Rn. 99ff.

⑦ 参见黎宏《被害人承诺问题研究》，《法学研究》2007年第1期。

不是在保护被害人法益的存续，而是在保护其“交换价值”。[1] 但是，这种基于古典自由主义消极自由观的见解在今天看来颇有疑问。从积极自由观的立场出发，刑法规范应当保障个人人格的自我发展与自我实现，而这种人格的发展又以作为法律主体的个人能够自主支配和使用特定的对象物或客体为前提。因此，个人对归属于自己的对象物或客体加以支配和处分的自由本身就是刑法应当保护的价值。这就意味着，刑法中的法益并非只涉及外在世界客观存在的可供权利人支配的静止的对象物或者客体，也应当涵括动态的部分，即权利人自主地对这些外在条件加以利用、支配以及处分并同时借此发展自身人格、达成自我实现的（潜在）自由。而在被害人受到欺骗，误认了权益处分的目的或意义的场合，恰恰不能认定此时的处分行为是法益本身所蕴含的、对自身利益进行自主支配之自由的实现，因为被害人如果没有陷入错误就不会做出这种对其而言毫无意义的处分行为。换言之，这类错误同样损害了被害人自主决定的权利，不应认为其与法益无关从而不能阻却被害人承诺的有效性。当被害人误以为可以获得对价或者其他利益时也同样如此。相反，严格的法益错误说要求严格区分外在对象物或客体与其交换价值，并且认为原则上只有前者才受到法益保护，这实际上是忽视了法益作为权利人人格发展之工具的性质。因为权利人根据自身的价值评估自主决定将自身利益与其他（权利人自己的或者他人的）利益进行交换，也是上述支配、处分自由的重要表现形式；同时，也只有在这种交换中，归属于权利人的外在对象物或客体才能发挥其辅助权利人自我发展与实现的功能，从而实现其价值。因此，全面无效说才是充分保障被害人自主决定权的有力见解，有关法益处分之意义和目的的动机错误同样导致被害人的承诺无效。[2]

其次，这种对支配和处分自由的保护同样应当贯彻于涉及人身法益的场合。近年来我国有主张法益错误说的学者认为，人身法益的交换不应当受到刑法保护，否则就会导致“以刑法方式助长一种人身法益‘商品化’的趋势……为买卖人身法益的行为撑腰”，而这种效果是刑法不希望看到

① 参见 Vgl. Arzt, Willensmängel bei der Einwilligung, 1970, S. 17ff。我国学者的类似见解，参见黎宏《被害人承诺问题研究》，《法学研究》2007 年第 1 期。两位论者虽然都承认对法益进行支配和处分的自由应当是法益自身的构成要素，但显然没有对之予以足够的重视。

② Vgl. Rönnau, Willensmängel bei der Einwilligung im Strafrecht, 2001, S. 85ff., 287ff.

的。[①] 然而，这种论证不具有说服力。论者并没有解释，为什么法律规范应当禁止或者至少是不鼓励人身法益交换。事实上，人们每天都在使用自己的身体，随时都在用自己的人身法益与其他利益进行交换。吸烟者为了享用香烟而牺牲自己的身体健康，劳动者通过损耗身体获取酬劳，凡此种种，不一而足。况且，部分即便是直接让与自身身体组织以获取对价的行为（譬如向精子库捐献精子以获取补偿等）在我国也未为法律所禁止。近年来，更是有越来越多的论者主张法律规范应当允许有偿献血甚至是有偿捐献器官，以保障医疗临床用血和器官移植手术的需求。虽然我国法律目前仍然禁止有关血液和人体器官的商品化交易，但这只是为了防范实务中的滥用风险、防止经济拮据的卖方遭受压榨而作出的立法决定，并不意味着在这些交易中被害人不值得保护。从刑法体系来看，即使在不合法的交易中，诈骗罪也保护着被害人财产法益的交换价值，保护着被害人处分财产的自由。[②] 既然如此，就没有理由认为在涉及更为重要的人身法益时，刑法反而不应当保护被害人的交换自由。

综上所述，全面无效说才是妥当的见解。根据前文所确立的承诺说，这一结论也应当适用于被害人自我损害的场合。当行为人对被害人就死亡结果的意义和目的进行欺骗，从而导致后者终结自己生命时，不能认定被害人成立自杀。因为此时其选择死亡的意思决定不是自身真实意志的体现。在上述案例7中，德国联邦最高法院正确地认定被害人不成立自杀，谎称共同自杀的行为人构成故意杀人的间接正犯。在类似的案件中，日本最高法院也主张相同的见解。[③] 同理，在行为人假意许诺向被害人支付对价或者提供其他利益等场合也应当得出同样的结论。[④] 事实上，我国司法

---

① 车浩：《自我决定权与刑法家长主义》，《中国法学》2012年第1期。

② 譬如，将白纸谎称为假币卖给被害人的，虽然被害人所追求的交易并不合法，但行为人成立诈骗罪（参见张明楷《刑法学》，法律出版社，2011，第893页）。同样，德国联邦最高法院也认为，谎称卖356千克毒品给被害人，但是实际上只交付4千克毒品（其他31千克为巧克力）的，亦成立诈骗罪（vgl. BGH，NJW 2002，2117）。

③ 参见〔日〕山口厚《刑法各论》，王昭武译，中国人民大学出版社，2011，第16页。

④ 我国目前通常的见解认为，只有当被利用者至少处于欠缺有责性的状态、完全丧失意思决定自由时，幕后者才能成立间接正犯。然而，这种欠缺有责性的标准不应当适用于利用被害人自我损害的案件中。因为如上文所述，这类案件中的关键问题是，是否有必要通过刑法（即认定间接正犯）限制行为人的自由从而达成对被害人的有效保护，被害人自身的有责性并不是决定性因素。

解释也采取了与本文相同的立场。根据最高人民法院、最高人民检察院1999年10月《关于办理组织和利用邪教组织犯罪案件具体应用法律若干问题的解释》第4条和2001年6月《关于办理组织和利用邪教组织犯罪案件具体应用法律若干问题的解释（二）》第9条的规定，组织和利用邪教组织制造、散布迷信邪说，指使、组织、策划、煽动、教唆、帮助邪教组织成员或其他人“自杀”的，也构成故意杀人罪。在受邪教影响的场合，被害人虽然对于结束自己现世的生命往往有着明确的认知，但是其原则上误认了自身死亡的意义和目的，因此仍然不能构成刑法意义上的自杀。所以，上述司法解释认定行为人此时成立故意杀人罪（间接正犯）是妥当的。[①]

（二）客观方面

1. 判断标准

从客观方面来看，自杀意味着被害人自己终结了生命，其必须是“自己杀死自己”。这就要求被害人必须客观上亲自控制、支配了直接终结生命的行为。换言之，在不可逆转地造成死亡结果的最后关键时刻，必须是被害人自己掌控着事态的发展，决定是否以及以何种方式死亡。形象地说，必须是被害人自己踏上了不归路，迈出了通往死亡的最后一步。因为只有这样才能确保被害人直到最后一刻都掌握着自己的生命，贯彻了自己的意志与意图，[②] 也才能认为死亡结果出于其自主抉择。[③] 正如德国学者罗克辛所论述的：“很多人都曾用枪对准自己的太阳穴，但只有极少数有勇气扣动扳机。”[④] 所以，如果行为人在最后关键时刻控制了事态，从而排除了被害人最终决定放弃自杀行为的可能，或者至少造成了妨害被害人自主决定生死的（即便是抽象的）危险，就应当成立他杀。相反，如果被害人

---

① 这一结论并不违反我国刑法第300条第2款的规定。因为根据该款规定的用语（“致人死亡”）以及法定刑幅度可以得知，该款只适用于行为人过失导致他人死亡的场合。因此，上述“两高”1999年的司法解释第3条也明确将杀害行为排除在该款适用范围之外。

② Vgl. Jakobs, Tötung auf Verlangen, Euthanasie und Strafrechtssystem, 1998, S. 22ff.

③ Vgl. Eser, Zum “Recht des Sterbens”, in: Fritsche u. a. (Mitarb.), Das Recht auf einen menschenwürdigen Tod? 1976, S. 33.

④ Roxin, Die Abgrenzung von strafloser Suizidteilnahme, strafbarem Tötungsdelikt und gerechtfertigter Euthanasie, in: Wolter (Hrsg.), 140 Jahre Goltdammer's Archiv für Strafrecht, 1993, S. 184.

在行为人的行为实施终了之后仍然可以凭借自身的能力自由选择生死，则应当认定为自杀。

2. 争议案件

上述客观支配性可以在绝大多数案件中提供清晰明了的判断标准。譬如，在被害人将自己砍成致命伤、亲自服下毒药、自缢、自己跳楼或者投湖等场合中，其均是通过自身的行为直接支配了导致死亡的客观情势。此时只要符合上述主观方面的要求，就应当认定成立自杀。即便事前是由行为人提供了刀斧、毒药或者绳索等工具，也同样如此。因为提供工具本身并不能支配直接的杀害行为，被害人在行为人提供工具之后仍然掌握着选择生死的自由。但是，如果客观上是行为人支配了直接导致死亡的行为，则不能成立自杀。譬如，在行为人挥刀砍杀被害人的场合，即便后者真挚地追求死亡结果，也不是自杀。然而，在这种明显的行为支配之外，还有一些颇具争议的情形。

（1）意思支配

即便客观上是由行为人实施了造成死亡的行为，但是，如果被害人利用自己相对于行为人的优势认知支配了导致死亡的整体情势，仍然应当认定为自杀。譬如（案例8）：决意自杀的被害人虽然明知枪膛中有一发子弹，却对行为人（被害人的妻子）谎称枪中没有子弹，并假意与行为人一起检查了弹夹。行为人在确认了弹夹中没有子弹之后便以为枪中确无子弹，于是遵照被害人的要求向其射击，结果射杀了被害人。① 又如（案例9）：意欲自杀的被害人由于身体残疾无法实施自杀行为，于是劝说行为人（被害人的护理人员）在接近零度的寒冷天气中将自己裸体装进塑料袋并封闭在垃圾桶里。其欺骗行为人说，这样做是为了满足自己特殊的性癖好，并且谎称随后就会有别的护理人员将自己救出。行为人信以为真，结果导致被害人死亡。②

在前一个案例中，行为人由于陷入了被害人刻意引起的错误而根本没能认识到自己行为的危险性，其只是被害人用于实现自杀的工具，故而应

① Vgl. OLG Nürnberg, NJW 2003, 454f.

② Vgl. BGH, NJW 2003, 2326ff.

当认定被害人利用自身的优势认知实现了对整体情势的支配。[①] 在后一个案件中，虽然行为人在一定程度上认识到了行为本身的危险性，因为将被害人密封在塑料袋中明显会导致其难以顺畅呼吸，而且裸体被置于寒冷天气中也有冻死冻伤的危险，但是毕竟行为人对于死亡结果的出现并不存在确切的认知，更谈不上放任或者追求被害人的死亡；相反，被害人完全明了并控制着事态的发展，因此，仍然应当认为被害人具有事实性支配力。[②] 简而言之，引起并且利用行为人的认知错误终结自己生命的被害人才是导致死亡之客观情势的支配者。所以，应该认定上述两例成立自杀。[③]

（2）共同支配

在某些场合，尤其是在一些相约自杀案件中，表面上看来是被害人和行为人共同实施了导致死亡的行为，那么此时应当如何处理？例如（案例10）：行为人与被害人决意共同自杀，于是行为人将一根橡皮管接在汽车排气管上并且通过汽车左边的窗户将橡皮管的另一端引入车厢。然后其封闭了左边的车门与车窗，从右侧上车，坐在驾驶席上。被害人则坐在了行为人右侧的副驾驶位置上，并且从里面关上了右侧的车门。准备完毕之后，行为人按照两人事前的计划踩下油门，直到源源不断进入车厢的一氧化碳致使其失去知觉。随后，昏迷不醒的二人被发现，但被害人经抢救无效身亡。[④]

本案中，从被害人自身的角度来看，其在行为人踩下油门之后直到自己昏迷之前，事实上完全可以通过未封锁的右侧车门逃离车厢，但其在此期间一直选择容忍行为人的行为。换言之，被害人在完全可以摆脱行为人影响、避免死亡结果的情况下却决定结束自己的生命，这说明其出于自身的意愿自主地选择了死亡。实际上，行为人将一氧化碳引入车厢的行为尚不足以造成死亡结果，恰恰是被害人自主决定停留在车厢内并吸入了一氧化碳，才导致了自己死亡。因此，应当认为被害人最终自由掌握了生死，

---

① Vgl. Engländer, Anmerkung zu OLG Nürnberg, Beschluss v. 18. 9. 2002 - Ws 867/02, JZ 2003, S. 747.

② Vgl. Otto, Grundkurs Strafrecht-Die einzelnen Delikte, 7. Aufl. 2005, §6 Rn. 49.

③ Vgl. Roxin, Selbstmord durch Einschaltung eines vorsatzlosen Tatmittlers, FS-Otto, 2007, S. 441ff.

④ Vgl. BGHSt 19, 135ff.

自己跨出了通向死亡的最后一步，故而成立自杀。[①] 同理，在被害人与行为人同时按下开关才能引爆炸药炸死被害人，以及被害人根据与行为人的事前计划主动扑到后者驾驶的卡车前被撞死等场合，也都成立自杀。[②]

（3）承继行为

在被害人自主地实施了杀害行为之后，行为人再承继性地积极介入其中的场合，也有着是否应当认定为自杀的疑问。譬如（案例 11）：年届七旬、卧病在床的被害人决意通过给自己注射毒剂自杀，但是不确定是否能够成功。于是问行为人（被害人的侄子）说："如果我不行的话，你能帮我注射吗?"行为人断然拒绝。数日之后，被害人独自给自己注射了毒剂，并因此陷入昏迷。随后，行为人偶然发现已经昏迷的被害人，为了确保其自杀成功，行为人再为被害人注射了毒剂，从而导致被害人死亡。事后查明，如果没有行为人的干预，被害人同样可能会死亡，但是至少可以多存活一个小时。[③]

在该案中，应当认为被害人在向自己注射毒剂的时候是真挚地决定死亡。然而问题在于，被害人自己没有直接导致死亡结果，而是行为人承继性地注射毒剂造成了其死亡。由于此时被害人已经处于昏迷状态，无法再掌控整体情势的发展，尤其是如果没有行为人的积极介入被害人甚至不一定会死亡，因而似乎难以认定本案中被害人直到最后一刻都掌握了自己的生死。事实上，虽然对自杀的流行病学研究表明，自杀未遂者再度自杀的可能性较大，但是显然还是有许多自杀未遂者最终放弃死亡决定。所以，不应当认为本案中的行为人只是"帮助"被害人实现自己的决定，不存在规避被害人自主意思决定的危险。因此，本文倾向于认为这种案件不成立自杀。

（4）放弃求助

最后需要讨论的情形是，如果被害人在行为人实施了足以导致死亡的行为之后，仍然有要求救助、避免死亡结果的可能，却选择死亡的，是否成立自杀。譬如，被害人决意自杀，于是与医生商议，让其给自己注射致死的毒剂。医生注射了毒剂之后告知被害人，只要在接下来的 5 到 8 分钟内注射解毒剂就可以避免死亡结果，假如被害人在此期间表示放弃死亡决

---

① Vgl. Roxin，Täterschaft und Tatherrschaft，8. Aufl. 2006，S. 569f.

② Vgl. Neumann，in：Nomos Kommentar，StGB，Band 2，3. Aufl. 2010，Vor. §211 Rn. 51f.，56.

③ Vgl. BGH，NStZ 1987，365f.

定，马上便可以为其注射解毒剂。然而，尽管医生随后多次询问被害人的意愿并且随时准备加以救助，但被害人直到最后死亡都始终未作表示。①

在这种情形中，如果认为被害人最终支配着潜在的救助可能性，就很可能得出成立自杀的结论。但是仔细考察就会发现，在不可逆转地导致死亡的最后时刻，也即不可能再消解毒剂作用的瞬间，其实并非被害人控制着事态。其虽然可以向医生表示放弃死亡决定，但是这种纯粹的意思表示本身并不能有效地避免死亡结果；相反，只有在医生遵从被害人的意志为其注射解毒剂时，才能够挽救被害人的生命。换言之，此时被害人实际上必须借助他人行为才能避免死亡，其本身无法确保自己放弃死亡决定的意志得以实现，无法独自决定生死。由于此时被害人相对医生并不存在类似间接正犯的优越意思支配，难以认为其仅仅依据表达自己意愿的自由就在最后的关键时刻控制、支配了导致死亡的情势。所以，本文倾向于认为此时仍然不能成立自杀。

（三）小结

刑法中认定自杀有主、客观两方面的要求。在主观方面，被害人不仅应当认识到，并且意欲使死亡结果发生，而且必须是自愿地也即自主决定地选择了死亡。对于自愿性的判断，应当以有效承诺的主观要件为标准。重大的动机错误同样导致不能成立自杀。此外，被害人还必须客观上事实性地支配着直接导致死亡的行为，在不可逆转地造成死亡结果的最后关键时刻自己控制着事态的发展。不符合其中任意一条的，不能成立自杀。在严格界定了“自杀”概念之后，就可以进一步考察刑法对自杀行为以及自杀相关行为的评价。

三 自杀与处分生命的自由

虽然我国司法实务和刑法学界对于自杀（未遂）者不应当受到刑事处罚这一点已经达成共识，但是这并不当然意味着自杀不能构成刑事不法。因为

① Vgl. Merkel, Teilnahme am Suizid, Tötung auf Verlangen, Euthanasie, in: Hegselmann/Merkel (Hrsg.), Zur Debatte über Euthanasie, 1991, S. 80.

立法者也可能认为，自杀本身仍然是不法行为，只是因为刑罚无法有效地威慑自杀者[①]或者不能期待自杀者违背意志继续生活，从而免除其刑事责任而已。[②] 事实上，认为自杀属于不法行为的见解在德文文献中也有悠久的历史，德国联邦最高法院在2001年的判决中还强调："人的生命在宪法价值秩序中……是最高级别的被保护的法益。因此法律规范认为自杀——除了极端例外情形之外——也是违法的，只是对自杀……不加处罚。"[③] 本文对此持反对立场。虽然生命是极为重要的法益，但是不能由此得出自杀也是违法行为的结论。相反，自杀行为本身体现着个人对自身生命加以支配和处分的自由。不论是从社会层面还是从个人权益保护抑或道德哲学的角度，都没有理由对这种自由加以限制。

（一）社会危害性

出于社会本位的立场，有见解认为自杀危及了社会共同体的存续[④]或整体社会关系的稳定，[⑤] 或者导致国家丧失了劳动力等人力资源，因此每个社会成员都负有继续生存的义务，不得处置自身生命。本文认为这种理由显然不成立。因为就现实后果而言，在高度发达的现代商品经济社会中，尤其是在我国这样的人口大国，很难想象某些社会成员自杀会影响到社会的运转或者社会的整体关系。霍尔巴赫更是早在18世纪就指出，当自杀者已经厌倦了生命、不再感到幸福时，即便社会共同体强制其继续生存，实际上也无法再为其自身或他人带来益处。[⑥]

此外，恰如休谟所言，公民只有在享受社会共同体的益处时，才有义务促进社会的福祉；如果其选择通过自杀退出社会共同体，断绝了与社会的联系，那么就不应当认为其仍然要受社会共同体的约束。所以，自杀者最多只是停止对社会做出贡献，并没有对社会共同体造成"损害"。[⑦] 即便认为自杀

---

① 参见马克昌主编《犯罪通论》，武汉大学出版社，2001，第831页。

② 参见张明楷《刑法学》，法律出版社，2011，第761页脚注8。

③ Vgl. BGHSt 46, 279 (285).

④ Vgl. Schmidhäuser, Selbstmord und Beteiligung am Selbstmord in strafrechtlicher Sicht, FS-Welzel, 1974, S. 814ff.

⑤ 参见张绍谦《略论教唆、帮助他人自杀行为的定性及处理》，《法学评论》1993年第6期。

⑥ 参见〔法〕霍尔巴赫《自然的体系》（上卷），管士滨译，商务印书馆，1964，第262页。

⑦ 参见 Hume, *Essays on Suicide and the Immortality of the Soul*, Basil: James Decker, 1799, p. 12。

导致了潜在人力资源的损失，从而削弱了社会共同体，也不能据此限制个人处分自身生命的自由。这种论证背后所隐藏的其实是古典功利主义的哲学思想，即认为法律应当保证国家或者社会共同体利益的最大化。然而，这种哲学思想已经难以与现代自由主义的法律理念相契合。[①] 譬如，如此就难以说明，为什么法律规范不禁止消极遁世或者移民行为。因为消极遁世显然使国家丧失了人力资源，而——正如贝卡里亚所指出的那样[②]——从给国家和社会带来的“损失”来看，移民甚至更甚于自杀：自杀者至少往往还留下了自己的全部财产，而移民者显然不会再将所有财产置于国内。又如，如果着眼于保障社会共同体充足的劳动力，那么法律规范应当禁止公民拒绝生育。然而，这显然不符合我国甚至将计划生育作为基本国策的国情。

（二）个人权益保护

即便出于保护自杀者个人权益的目的，国家或社会共同体也尤其不能从硬家长主义（Hard Paternalism）的立场出发，擅自认为死亡是对自杀者不利的结果，从而限制其终结自身生命的自由。因为硬家长主义意味着由国家或社会共同体来定义什么是个人的福祉，并禁止个人实施不利于实现或者有损这种福祉的行为。这种立场体现着权威主义的傲慢，会极大地限制公民自主自决的权利，妨害其制订、实现自己所偏好的生活计划，不利于个人人格的自由发展。因此，硬家长主义特别不应当被贯彻于刑法中。正如密尔所言，最关切个人福祉的，正是其本人；而且相比社会或他人，其本人原则上能够更好地判断自身的情况和处境。[③] 所以，国家或者社会共同体不应为公民设定生活目标，也不能将自己的价值判断强加于自杀者。当然，国家应当确保个人不是由于欠缺认知或判断能力、基于不成熟的思虑而草率放弃自身权益，因此可以出于这一目的限制权利人或者第三者的自由［软家长主义（Soft Paternalism）］。[④] 但是，前文对自杀的定义已经可以确保死亡结果是自杀者真实意志的体现，所以，这里同样没有必要

① 参见王钢《紧急避险中无辜第三人的容忍义务及其限度》，《中外法学》2010 年第 3 期。

② 参见〔意〕贝卡里亚《论犯罪与刑罚》，黄风译，中国法制出版社，2002，第 101 页以下。

③ 参见〔英〕密尔《论自由》，程崇华译，商务印书馆，1959，第 82 页以下。

④ 关于硬家长主义与软家长主义的区分，参见 Feinberg, *Harm to Self*, New York: Oxford University Press, 1986, pp. 12－16。当然，由于软家长主义并不会导致对公民自主决定权的干涉，所以其实际上并非真正意义上的家长主义。

站在软家长主义的立场上限制自杀者处分生命的自由。

（三）道德哲学中的自杀

德国联邦最高法院曾在1954年的判决中宣称："道德准则——可能除了极端例外情形之外——严格禁止自杀……没有人允许擅自支配自己的生命并且造成自己死亡。"[①] 类似地，部分学者[②]也认为自杀应当受到社会伦理的谴责，并试图在此基础上认定自杀是不法行为。但在本文看来，这种论证同样不能成立。诚然，在两千多年西方哲学史上，反对自杀的论者不胜枚举。苏格拉底、柏拉图、托马斯·阿奎那、洛克等人均认为生命是上帝的恩惠或财产，不由个人支配。此外，康德、费希特、黑格尔、叔本华也认为自杀不符合道德准则。在我国传统文化中，儒家思想认为："身体发肤，受之父母，不敢毁伤，孝之始也。"（《孝经注疏·开宗明义章第一》）这就从家庭伦理方面强调了个人不应当随意处分身体。同样，佛家与道家也明确反对杀生。然而，不容忽视的事实是，尽管存在上述种种反对自杀的见解，西方哲学史上认为不应当（一概）禁止自杀的论者也不在少数。远在古希腊时期，伊壁鸠鲁学派和斯多亚学派就已经认为，经过理性权衡的、出于合理理由（譬如为了挽救祖国、朋友或者为了摆脱痛苦的、无法治愈的病症等）的自杀不仅不应当被禁止，甚至还应当受到提倡：如果人无法通过自杀来摆脱困苦与耻辱，其自由也就无从谈起。[③] 启蒙运动以来，孟德斯鸠、伏尔泰、休谟等人均驳斥一概反对自杀的见解。在德文文献中，康德的道德哲学固然有着不容忽视的影响，但是其反对自杀的论述几乎从问世之日起就一直饱受批评。因为其论证中所预设的"自我贪恋即要求延长生命"这一前提并不符合自律原则，[④] 而且自杀虽然伴随着对身体的暴力，但并不能因此认定自杀者将自身中的人性贬低为手段。[⑤] 所以，毋宁认为"特定条件下允许自己结束生命"是一条可普遍化

① Vgl. BGHSt 6，147（153）.

② Vgl. Moos，in：Wiener Kommentar StGB，2. Aufl.（35. Lfg.）2002，§78 Rz. 3.

③ Vgl. Birnbacher，Selbstmord und Selbstmordverhütung aus ethischer Sicht，in：Leist（Hrsg.），Um Leben und Tod，1990，S. 403.

④ Vgl. Murmann，Die Selbstverantwortung des Opfers im Strafrecht，2005，S. 185f.

⑤ Vgl. Jakobs，Tötung auf Verlangen，Euthanasie und Strafrechtssystem，1998，S. 10.

的、符合实践理性的道德准则。[1] 尤其在最近半个世纪的哲学思潮中，主张自杀一概有违伦理道德的见解已经比较少见。根据罗尔斯的正义学说，在“无知之幕”背后，自利的理性协商者应当都会认同必要时可以自主决定自己终结生命这一规则。从偏好功利主义的立场出发，当自杀者已经丧失了生存的欲望，自主选择死亡时，别人就应当尊重其放弃生命的意愿。如此才能实现对偏好满足的最大化，也才是符合道德的正确行为。[2] 事实上，德沃金、纳格尔、诺齐克、罗尔斯、斯坎伦以及汤姆森等当代著名道德与政治哲学家甚至曾于1997年联名上书美国联邦最高法院，明确强调根据自身价值观念处分自身生命符合普遍的道德准则。[3] 同样，在我国传统观念中，自杀也未必是受到谴责的。所谓“杀身成仁”，自杀完全可以是实现特定道德要求或理想的方式。许多“自杀殉国”的英雄人物更是被广泛颂扬。[4] 即便是对日常生活中面对困苦而选择自杀的普通人，公众也往往是报以同情。因此，“道德准则严格禁止自杀”只不过是一种恣意的论断。

（四）小结

自杀不具有社会危害性，不至于威胁自杀者自身的权益，也为当代大多数道德哲学家所认可。因此没有理由限制自杀者处分自身生命的自由，更不能认为自杀是刑法意义上的不法行为。刑法当然保护生命法益，但这并不意味着自杀者有义务继续生存。当然，任何自由都有其界限，如果自杀行为例外地侵犯了其他法益，可能构成犯罪。譬如，军职人员在战时为逃避军事义务自杀未遂的，仍然应当成立战时自伤罪。但这显然并不意味着自杀本身就是侵害法益或者有损社会的行为。既然自杀行为本身不能构成刑事不法，就应当通过目的性限缩解释将其排除在故意杀人罪的构成要件之外，所以，我国学者认为自杀不能构成故意杀人罪的见解完全正确。

---

① Vgl. Bernat, Dem Leben ein Ende setzen: Selbstmord und aktive Teilnahme am Suizid, öJZ 2002, S. 94.

② 参见 Singer, *Practical Ethics*, 2nd ed., Cambridge: Cambridge University Press, 1993, pp. 176 – 178, 193 – 200。

③ 参见 Dworkin et al., “Assisted Suicide: The philosopher's Brief,” 44 (5) *New York Review of Books* 41 – 47 (1997)。

④ 参见翟振明、韩辰锴《安乐死、自杀与有尊严的死》，《哲学研究》2010 年第 9 期。

四 自杀相关行为的刑法评价

我国对于自杀相关行为的讨论主要集中在教唆或者帮助他人自杀是否应当构成犯罪这一问题上。但是实际上，自杀相关行为并不限于此。同样可能成问题的是，在不对自杀者进行救助或者过失导致他人自杀的场合，行为人是否应当负刑事责任。下文将首先考察教唆或帮助自杀是否应当受到处罚，然后再分别讨论不作为和过失犯的情形。

（一）教唆或帮助自杀

1. 学说现状与本文立场

我国司法实务原则上认为，教唆、帮助自杀行为应当受到刑事处罚。我国大部分学者也持相同的见解。其理由在于：教唆或帮助自杀的行为与自杀者死亡之间存在因果关系，[①] 对于具有社会危害性、[②] 侵害了他人生命法益[③]并且违反社会伦理规范[④]的行为，原则上应按照故意杀人罪[⑤]或者通过增设教唆、帮助自杀罪[⑥]加以处罚。与此相对，少数学者提倡否定说。譬如，冯军教授从刑法中自我答责理论出发，认为自杀是在法律规范上完全自由地处置自己生命的行为，参与这种行为，不是杀人行为。[⑦] 陈兴良教授则主张，自杀本身不是犯罪，其并不符合故意杀人罪的构成要件，由于欠缺不法的主行为，教唆和帮助自杀也不是可罚的共犯行为；又由于我国没有特别规定教唆、帮助自杀罪，所以只能根据罪刑法定原则认定教唆和帮助自杀行为不具有刑事可罚性。[⑧] 此外，还存在各种折中说，譬如认为应当在个案中考察教唆者或帮助者是否表现积极、起到了较大作用，从而确定是否应当

---

① 参见谢望原、郝兴旺主编《刑法分论》，中国人民大学出版社，2008，第 207 页。

② 参见金子桐、小林《试论对自杀案件的处理》，《法学》1983 年第 11 期。

③ 参见王志远《论我国共犯制度存在的逻辑矛盾》，《法学评论》2011 年第 5 期。

④ 参见于志刚、许成磊《再论教唆他人自害行为的定性》，《湖南省政法管理干部学院学报》2000 年第 6 期。

⑤ 参见高铭暄、马克昌主编《刑法学》，北京大学出版社，2010，第 514 页以下。

⑥ 参见钟文彬《教唆他人自杀定性新探》，《现代法学》1988 年第 4 期。

⑦ 参见冯军《刑法的规范化诠释》，《法商研究》2005 年第 6 期。

⑧ 参见陈兴良《判例刑法学》（下卷），中国人民大学出版社，2009，第 163 页以下。

对之科处刑罚[①]等。本文赞同否定说的结论。

2. 法哲学视角

从法哲学的层面来看，既然自杀行为本身体现着自杀者处分生命的意思决定自由，就只能认为教唆和帮助自杀不能构成刑事不法。因为诚如康德所言，法律是那些使任何人的自由意志按照一条普遍的自由法则可以和其他人的自由意志相协调的条件的总和。而所谓的自由意志，是指个人选择为或不为一定行为的外在的行为自由。与此相应，对法律的定言命令和基本原则表现为："外在地要这样去行动：你的意志的自由行使，根据一条普遍法则，能够和所有其他人的自由并存。"[②] 由此可见，法律规范的目的与任务实际上在于界分与协调不同公民之间外在的自由领域，并且在这一领域内保障公民的自由权利。在这个意义上，行为人的行为是否能够被认定为（刑事）不法，决定性的判断标准是行为人是否侵犯或者违反了其与被害人相互之间外在的、基于实践理性而形成的自由关系。简言之，只有当行为人的行为足以妨害被害人自主行使意思决定自由时，这种行为才是为法律规范所禁止的不法行为。然而，上文已经确定，自杀体现着自杀者的意思决定自由，是其自主决定的结果。自杀者的这种意思决定自由不应当受到社会利益或者道德伦理的限制。而教唆、帮助自杀行为，仅仅是为自杀者行使自身的意思决定自由创设了外在的可能性或条件，并非对其自由的否定。所以，教唆或帮助他人自杀的行为人并没有因此侵犯其与自杀者之间外在的自由关系，其行为自然不能被认定为刑事不法。相反，如果认为法律规范应当禁止教唆或帮助自杀，反而会限制自杀者的意思决定自由，当自杀者只有凭借他人提供的建议、工具或条件才能完成自主决定的自杀行为时尤其如此。[③]

3. 刑法学论证

法哲学上的思考往往可以为刑法学研究指明方向，却不能替代从刑法角度的论证。因此接下来需要考虑的问题是，应当如何从刑法理论上得出上述结论。

---

① 参见陈兴良主编《罪名指南》（上册），中国人民大学出版社，2008，第663页以下。

② 〔德〕康德：《法的形而上学原理》，沈叔平译，商务印书馆，1991，第41页。

③ Vgl. Frisch, Tatbestandsmäßiges Verhalten und Zurechnung des Erfolgs, 1988, S. 156ff.; Murmann, Die Selbstverantwortung des Opfers im Strafrecht, 2005, S. 330, 334ff.

(1) 共犯说

如前所述，陈兴良教授试图从共犯角度论证教唆、帮助自杀不能成立犯罪（共犯说）：自杀行为本身不符合构成要件，所以根据共犯从属性原则，对之加以教唆和帮助也因为欠缺相应的主行为而不能成立可罚的（狭义）共犯。在德国主张教唆、帮助自杀不应当受到刑事处罚的文献资料中，这种从共犯角度的论证也是较为通行的见解。[①] 然而，如果仔细考察就会发现，这种论证方式并非没有缺陷。

首先，从认定犯罪成立的逻辑来看，对正犯的考察应当先于共犯。在考察教唆、帮助自杀行为的可罚性时，不能仅仅因为表面的文字用语就将这些行为认定为共犯行为，并且通过共犯理论认定其不受刑事处罚，而是应当先考察这些行为本身是否能够独立地作为正犯行为构成刑事不法。因为这里的“教唆”和“帮助”可能原本就不是狭义共犯意义上的教唆和帮助行为。[②] 虽然从客观事实来看，在自杀的场合确实是被害人自己支配着直接导致死亡的行为，而教唆、帮助者没有占据这种支配地位。但这种事实表象并不当然地导致不能从规范意义上将教唆、帮助自杀行为认定为正犯行为。这就恰如在有身份的行为人唆使无身份者实施身份犯的行为时，人们不可能仅凭行为人没有事实性地直接支配客观行为就认为其只能成立狭义共犯，进而以无身份者不能构成身份犯从而欠缺不法主行为为由，认定行为人不成立犯罪。所以，在考虑教唆、帮助自杀行为的可罚性时，首要的问题应该是教唆和帮助自杀的行为本身是否应当被认定为刑事不法行为。而共犯说直接将教唆、帮助自杀者认定为狭义共犯，绕过了这一关键问题，因此并不妥当。

其次，对共犯说更为原则性的质疑在于，刑法中有关共犯的规定是否真的能适用于教唆、帮助自杀的案件。宾丁早在1902年就指出：“从概念上来看……他人不可能构成自杀的共犯。”[③] 虽然宾丁并未对此提供有力的论据，但是这一结论即便从今天来看也有其合理内涵。因为刑法对于正犯和共犯的区分并非旨在解决不同行为人是否损害了他人法益，或者说是否

---

① Vgl. nur BGHSt 32, 367, 371; 46, 279, 284; Wessels/Hettinger, Strafrecht BT I, 35. Aufl. 2011, Rn. 43.

② 参见周光权《刑法各论》，中国人民大学出版社，2011，第14页。

③ Binding, Lehrbuch des Gemeinen Deutschen Strafrechts, BT 1, 1902, S. 25.

侵犯了其与被害人之间的自由关系这一问题，而是为了在已经存在对法益的侵害或者威胁的前提下界定不同行为人基于各自对同一法益的侵犯而形成的相互关系。[①] 换言之，至少只有当特定的损害结果对每一个行为人而言都足以被评价为法益侵害时，才有在他们之间界分正犯与共犯的问题。然而，在教唆、帮助自杀的场合，情况并非如此。因为前文已经确定，自杀行为体现着自杀者处分自身生命的自由，其本身并非对自杀者权益的损害，并非刑法意义上的不法行为。所以，这里的死亡结果至少对自杀者本人来说不是法益侵害，从而也就欠缺在自杀者和教唆、帮助者之间区分正犯与共犯的前提条件。简而言之，由于自杀行为本身从一开始就欠缺法益侵害性，根本不可能符合构成要件，所以，在教唆、帮助自杀的案件中，实际上并没有区分正犯与共犯的余地。[②] 因此，通过刑法中的共犯理论论证教唆、帮助自杀行为不可罚，其实并非有力的见解。

（2）教唆、帮助自杀与刑事不法

否定共犯说并不意味着肯定教唆、帮助自杀可以独立构成刑事不法。诚然，如前文所述，我国部分学者从社会危害性、因果关系或者社会伦理的角度论证教唆、帮助自杀行为应当受到刑事处罚，但是在本文看来，这些观点并不成立。

第一，如果承认客观归责理论，那么，由于前文已经确定自杀是被害人自主决定的结果，是其意志自由的体现，所以便可以较为简明地认为，被害人的死亡结果不能归责于教唆和帮助者。因为根据刑法中的自我答责理论，在未遭受强制也未陷入认识错误的状态下选择危害自身法益的，原则上应当对自身行为所导致的结果自负其责。所以，当存在被害人自负其责的自我损害时，也即当在损害结果中所实现的只是被害人自己有意识地承受的风险时，他人就不应当再对这一损害结果负刑事责任。[③] 将这一原理运用于自杀案件中，就正如罗克辛指出的："只有当被害人没有完全自我答责地杀死自己时，行为人才可能以可归责的方式杀害他。"[④] 相反，如

① Vgl. Murmann, Die Selbstverantwortung des Opfers im Strafrecht, 2005, S. 331.

② Vgl. Neumann, Die Strafbarkeit der Suizidbeteiligung als Problem der Eigenverantwortlichkeit des "Opfers", JA 1987, S. 246.

③ Vgl. Zaczyk, Strafrechtliches Unrecht und die Selbstverantwortung des Verletzten, 1993, S. 40.

④ Vgl. Roxin, Täterschaft und Tatherschaft, 8. Aufl. 2006, S. 573.

果将同一个杀害行为一方面评价为被害人自负其责的自杀，另一方面又同时认定其相对于教唆和帮助者而言是符合构成要件的杀人行为，就会导致自相矛盾的结果。[①] 因此，认定教唆、帮助自杀行为与自杀者的死亡之间欠缺归责关系，同样不能符合故意杀人罪的构成要件，才是正确的立场。这种从自我答责角度的论证正是前述法哲学思想在刑法理论中的具体体现：法律规范只能界分和保护被害人与行为人之间外在的自由关系。如果被害人在能够充分保护自身法益时自主地选择死亡，那么这完全是发生在被害人自己权利领域内的事件，法律规范不能因此限制他人（行为人）的行为自由。[②] 所以，此时只能认定被害人自负其责，而行为人的行为不能构成犯罪。由此可见，自我答责理论正是基于法律规范的目的与任务发展而来的刑法学说，其并非如我国部分论者[③]所质疑的那样只是德国刑法制度和刑法学理论的产物，而是也应该适用于我国。

第二，从法益侵害的角度也应当得出相同的结论。虽然对于教唆和帮助者而言，自杀者生命的终结意味着“他人”的死亡，但是这种死亡结果并不能被认为是一种法益损害。因为如前所述，法益并不仅仅意味着某种属于权利人的对象物或客体的客观存续，而是也包含着权利人根据自己的意志对这些属于自己的对象物或客体加以利用的自由。因此，成立法益侵害必然以特定行为侵犯了权利人对相应对象物或客体进行自主支配、使用和处分的自由为前提。具体而言，生命法益所保护的并不只是生命存续或者说自然地耗损的状态，也包括个人根据自己的价值观念与目标设定自主地对生命加以支配和利用，从而发展自身人格、达成自我实现的（潜在）自由。事实上，自杀者往往不是为了死亡而死亡，其恰恰是（试图）通过放弃生命来摆脱自身艰难困苦的处境、实现自己特定的目标或者为他人谋求利益等。因此，虽然自杀伴随着生命的消亡，但其所表现的正是自杀者对自身生命进行的自由支配与使用。正是基于这个原因，教唆或者帮助自杀的行为实际上并没有侵犯自杀者的生命法益。[④] 我国主张教唆、帮助自杀

① Vgl. Engländer, Anmerkung zu OLG Nürnberg, Beschluss v. 18. 9. 2002-Ws 867/02, JZ 2003, S. 748.

② 我国学者的类似见解，参见冯军《刑法中的自我答责》，《中国法学》2006 年第 3 期。

③ 参见王志远《论我国共犯制度存在的逻辑矛盾》，《法学评论》2011 年第 5 期。

④ Vgl. Sax, Sterbehilfe durch vorzeitigen Abbruch einer Intensivbehandlung, JZ 1975, S. 146.

行为具有法益侵害性的见解，大体上都是对法益概念做了过于静态的理解，即简单地将生命法益理解为生命存续的状态。然而，如前文所述，这种理解显然忽视了法益作为权利人人格发展之工具的性质。

第三，从社会危害性、因果关系或者社会伦理的角度论证教唆、帮助自杀行为应当受到刑事处罚并不妥当。既然自杀本身都难以被认定为危害社会的行为，就更不可能认为最多只有导致自杀可能性的教唆和帮助行为有损社会的稳定秩序。在教唆、帮助自杀的场合，教唆与帮助行为确实与自杀行为和死亡结果之间存在自然意义上的条件因果关系：如果没有教唆行为，被害人可能不会自杀；如果没有帮助行为，被害人可能只能以其他方式自杀。然而，这种单纯的、自然意义上的条件关系并不意味着一定要对行为人科处刑罚，否则会使得可罚性范围无限延伸。因此，刑法理论必然要对这种自然意义上的条件关系加以限制或者修正。赞同客观归责理论的论者自然会对构成要件的成立附加客观归责的要求（譬如适用自我答责理论等），并由此从规范意义上限制刑事可罚性的范围。[①] 如果不采纳客观归责理论，就必须规范地理解刑法中的因果关系，从而在一些存在介入因素的情形中认定条件关系的中断（条件说的立场）或者否定因果进程的相当性（相当因果关系说）。[②] 从这种理论立场出发，既然承认在教唆、帮助自杀的案件中是自杀者自主决定并且控制、支配了死亡结果的发生，那么就至少应当认定这种事后介入的被害人行为对死亡结果具有决定性作用，足以阻断教唆、帮助自杀行为与死亡结果之间的因果关系。由此可见，不论是否采纳客观归责理论，都无法凭借教唆、帮助行为与死亡结果之间的因果关系来论证教唆、帮助自杀者的可罚性。此外，我国主张教唆、帮助自杀行为在道德上具有重大可谴责性的论者认为，大多数自杀者都是因为遇到一时困难在悲观失望的情绪下选择了死亡，而教唆、帮助其自杀的行为人不仅不帮助其克服困难，反而加速其离开人世的步伐，故而应当在道义上受到严厉谴责。[③] 然而，论者显然过于宽泛地理解了自杀概念。前文

---

① 客观归责理论并不排斥自然意义上的条件关系，只是要求在这种条件关系之外，结果还必须能够从规范的意义上被归责于行为人的行为。

② 参见张明楷《刑法学》，法律出版社，2011，第 185 页以下；周光权《刑法总论》，中国人民大学出版社，2011，第 100 页以下。

③ 参见张绍谦《略论教唆、帮助他人自杀行为的定性及处理》，《法学评论》1993 年第 6 期。

对自杀的认定表明，由于暂时遭受挫折而仓促决定死亡的，不能成立自杀。此时的死亡结果并非被害人真实意志的反映，刑法当然应当禁止行为人唆使或者帮助这些被害人终结生命。但是，这并不能证明教唆、帮助真正意义上的自杀行为也是违背道德规范的。恰好相反，现代道德哲学理论普遍主张，如果能确定是自杀者自主决定死亡，则难以认为对其加以帮助有违道德伦理。[①]

第四，我国部分论者试图通过与刑法第353条的比较来论证刑法可以规定对教唆、帮助自杀行为的处罚。这种见解认为，吸毒是自损行为，其本身并不违法，但是，刑法仍然通过第353条的规定处罚引诱、教唆他人吸毒的行为。因此，即便肯定自杀不具有刑事违法性，刑法也完全可以处罚教唆、帮助自杀行为。[②] 然而，这种比较忽视了刑法第353条所保护的法益。刑法特别地处罚引诱、教唆他人吸毒并不是因为这些行为危害了吸毒者本人的身体健康，而是因为这些行为会造成毒品扩散，有危害国民或公众健康的危险。[③] 这种公共法益不属于个别的被害人能够自主支配的范畴，所以此时既不能适用自我答责理论也不能通过欠缺法益侵害来说明引诱、教唆吸毒的行为不具有刑事可罚性。基于同样的理由，也不能依据我国刑法第359条禁止引诱他人卖淫的规定论证刑法可以处罚教唆、帮助自杀行为。因为卖淫本身就是违法行为，而且该条所保护的法益是社会管理秩序，而不是卖淫者的个人法益。

第五，由于本文主张严格定义自杀，确保自杀是自杀者自主决定的结果，所以不处罚教唆和帮助自杀行为不会导致其被滥用的风险。一般情况下，心智健全的成年人即便受到了他人唆使也不会自杀。虽然在特定的场合中，行为人的意见对被害人的意思决定有着较大的影响力，尤其在医生建议身患绝症的病人自杀时更是如此，但是，如果医生谎报病情对病人进行欺骗或者利用了病人欠缺认知或判断能力的状态，则如上文所述应当成立故意杀人的间接正犯。相反，如果医生只是如实将病情告知病人，并且

① Vgl. Rippe, Suizidbeihilfe und das Recht auf Selbstbestimmung, in: Rehmann-Sutter u. a. (Hrsg.), Beihilfe zum Suizid in der Schweiz, 2006, S. 192.

② 参见于志刚、许成磊《再论教唆他人自害行为的定性》，《湖南省政法管理干部学院学报》2000年第6期。

③ 参见张明楷《刑法学》，法律出版社，2011，第1005页。

建议其选择更少痛苦的方式终结自己的生命，那么医生实际上只是为病人提供了进行理性自主决定所必需的信息，客观上并未侵犯病人的权利领域。此时不论医生主观上出于何种卑劣动机希望病人死亡，都不应当追究其刑事责任。同样，正是因为自杀总是体现着自杀者自主决定的权利，教唆或帮助自杀行为不会动摇社会公众对生命价值的尊重。

4. 小结

自杀是被害人自主决定的结果，体现着其处分自身生命法益的自由，所以，从自我答责和法益侵害角度都应当认为教唆或帮助自杀行为不足以构成刑事不法。这一结论与如何从共同犯罪体系上评价教唆、帮助自杀行为没有关系。不论是对这里的教唆、帮助行为赋予间接正犯性质,[①] 还是立足于扩张的正犯概念将其认定为直接正犯,[②] 抑或是从共犯独立性[③]或者所谓的二重性理论出发,[④] 都无法改变此处的结论。因此，本文认为，不仅必须将教唆或帮助自杀行为排除在故意杀人罪的构成要件之外，而且不应当在我国刑法中增设教唆或帮助自杀罪。实际上，只要能正确界分自杀与他杀，将那些貌似教唆或帮助“自杀”、实为他杀的行为作为故意杀人的间接正犯处罚，就没有在我国增设类似条文的必要。部分国家的司法实践也佐证了这一结论。譬如，瑞士刑法第 115 条虽然规定了引诱和帮助自杀罪，但是在从 1960 年到 2005 年近半个世纪的时间里，一共只有 7 起适用该条作出判决的案件，以至于瑞士学者普遍认为该条已经在司法实务中基本丧失了意义。[⑤] 同样，虽然美国许多州都规定有教唆或帮助自杀罪，

---

① Vgl. Schilling，Abschied vom Teilnahmeargument bei der Mitwirkung zur Selbsttötung，JZ 1979，S. 163ff. 这种见解认为，自杀者本人没有实现故意杀人罪构成要件的可能，相反，只有对自杀者进行教唆或帮助的行为人才可能成立故意杀人罪的正犯，其对故意杀人罪构成要件的实现与否具有（规范意义上的）支配性。所以，所有故意教唆、帮助自杀的行为人都成立故意杀人的间接正犯，而自杀者应当被视为行为人用以实现构成要件的工具。本文反对这种见解。自杀者本人不能实现故意杀人罪的构成要件这一点并不意味着其他进行教唆、帮助的行为人就可以“自动地”符合这一构成要件。持这种见解的学者同样应当论证，教唆、帮助自杀的行为人侵犯了其与自杀者之间的外在自由关系，威胁到了自杀者的法益。而如本文之前所述，这种论证不能成立。

② 参见解兵《将帮助自杀行为认定为杀人罪的法理根据》，《检察日报》2010 年 10 月 22 日。

③ 参见王志远《论我国共犯制度存在的逻辑矛盾》，《法学评论》2011 年第 5 期。

④ 参见胡海《论教唆他人自杀的犯罪性来源》，《福建警察学院学报》2008 年第 3 期。

⑤ Vgl. Schwarzenegger，in：Basler Kommentar，Strafrecht Ⅱ，2. Aufl. 2007，Art. 115 I. Kriminalstatistik.

但司法实务中极少据此追究行为人的刑事责任。[①] 既然如此，我国似乎没有特别的理由设立这样一条既难以与刑法理论相契合又欠缺实务意义的条款。

（二）不作为的场合

我国学界较少讨论的问题是，如果行为人发现被害人实施自杀行为，却不加以阻止或救助，是否应当构成不作为的故意杀人罪。

1. 作为义务

成立不作为的故意杀人罪当然以行为人具有作为义务为前提。表面上来看，在涉及自杀的案件中，行为人可能的作为义务来源主要有三个方面：其一为先前行为，譬如，行为人之前向被害人提供了实施自杀的工具等；其二为医患关系，即医护人员发现自己所负责的病人自杀却不加阻止或救助的情形；其三为紧密家庭关系，如妻子自杀，丈夫不予救助的场合。但是实际上，认定行为人负有阻止他人自杀的作为义务是不妥当的。

首先，需要指出的是，在以保障自由为己任的法律规范中，被害人对自身权益的自由处分并不能成为限制他人自由的理由。既然肯定自杀是自杀者对自身生命的自由支配和处分，就不应当再认为他人有义务对之加以阻止。因为作为义务的目的与意义在于防止对被害人的法益侵害，而不是在被害人不愿意接受保护时干涉其意志自由。[②] 尤其是不能将保护义务转化为对被保护者的约束和管制。[③] 因此，认为被害人的自主决定限制了作为义务的成立范围才是正确的立场。[④]

其次，劝说具有自主决定能力的被害人自杀或者为其提供自杀工具不是导致作为义务的先前行为。因为奠定作为义务的先前行为至少应当造成了侵害法益的危险；如果是被害人基于自主决定使自己陷入了危险，则先前行为不产生作为义务。[⑤] 而如前文所述，在自杀的场合，被害人恰恰是自主决定地选择了死亡，这种死亡结果不能被认定为对其生命法益的侵

① Vgl. Nuβbaum, The Right to Die, 2000, S. 89.

② Vgl. Schneider, in: Münchener Kommentar, StGB, Band 3, 2003, Vor. § §211ff. Rn. 74.

③ Vgl. Otto, Grundkurs Strafrecht-Die einzelnen Delikte, 7. Aufl. 2005, §6 Rn. 53.

④ Vgl. OLG München, NJW 1987, 2940 (2943).

⑤ 参见张明楷《不作为犯中的先前行为》，《法学研究》2011 年第 6 期。

犯。因此，教唆和帮助自杀行为本身并未威胁到自杀者的生命法益，从而难以据此认定教唆、帮助者负有义务救助自杀者。而且，如果一方面认为教唆、帮助自杀行为本身不应当受到刑事处罚，另一方面又肯定这种行为会导致教唆、帮助者负有阻止自杀者死亡的作为义务，就会造成价值评价上的自相矛盾。譬如，如此就意味着，行为人可以向企图自杀的被害人提供毒药，但在被害人服毒之后又必须对之加以救助。这种结论显然脱离生活现实，也难以从学理上加以解释。

再次，医护人员当然应当救死扶伤。但是，《中华人民共和国执业医师法》第 22 条第 3 项也明确规定了医师负有“尊重患者”的义务，《护士条例》第 18 条也明文要求护士尊重患者。这就意味着医护人员必须承认患者的自主决定权，尊重其意志自由。因此，在涉及手术等对患者进行创伤性治疗的场合，只要有可能，就必须取得患者承诺，医生不得无视患者自主决定权擅自对之进行治疗。换言之，患者的自主决定权限制着医护人员对之加以救治的权利和义务。[①] 同样，当自杀者意图造成自身死亡，不愿接受甚至拒绝救助时，医护人员不能违背其意志加以救助。在必须尊重其自主决定权这一点上，自杀者与其他的“普通患者”没有什么不同，不应该对其进行区别对待。[②] 所以，在自杀的情形中，应当认为医护人员不负有阻止患者死亡的作为义务。

最后，紧密的家庭关系也不能导致阻止自杀的作为义务。虽然夫妻之间存在相互扶养、照护的义务，但这种义务的成立范围同样应当受到对方自主决定权的限制。[③] 因此，如果心智健全的妻子自主决定自杀，丈夫没有义务加以阻止或者救助。我国部分学者认为，“刑法对生命实行绝对保护”，所以丈夫此时仍然有救助义务。[④] 但这种见解必然导致否定个人处分自身生命的自由，而前文已经确定，没有理由从法律上对个人的这种自由加以限制。因此，本文不采纳此见解。

2. 意志转变

值得特别考察的问题是，如果被害人出于自主决定实施自杀行为，但

---

① Vgl. BGHSt 11, 111, 114; 40, 257, 262.

② Vgl. Ranft, Rechtsprechungsbericht zu den Unterlassungsdelikten-Teil 2, JZ 1987, S. 912.

③ Vgl. z. B. Roxin, Strafrecht AT, Band Ⅱ, 2003, §25 Rn. 46.

④ 参见张明楷《刑法学》，法律出版社，2011，第 159 页。

在死亡结果发生之前改变了自己的意思决定，那么行为人是否有义务对之加以救助。对此应当根据作为义务的不同来源分别进行讨论。

首先，与被害人具有医疗关系的医护人员以及被害人的家庭成员此时仍然必须救助被害人。因为这些行为人基于特定的身份或者与被害人之间的特定关系而负有保护被害人法益的义务。虽然如前所述，在被害人自主决定选择死亡时，这种保护义务受到被害人自主决定权的限制而暂时性地被排除，但是，当被害人放弃死亡决定，重新需要保护时，便不再存在阻却保护义务的被害人意志。因此，从这一刻开始，行为人再度受到保护义务的约束。换言之，只有在被害人自主死亡决意的存续期间，才例外地“暂停”对被害人的保护义务；一旦被害人放弃了自我损害的意思决定，行为人仍然必须尽其所能救助被害人。当然，此时并不需要被害人以言语明确表示自己放弃了死亡决定，任何能够征表其意志转变的外在举动，譬如求救的手势、剧烈的挣扎等，均足以重新“激活”保护义务。①

其次，如果行为人并非被害人的医护人员或者家庭成员，而只是之前教唆被害人自杀或者为其自杀提供了工具，则不负有救助义务。诚然，当被害人放弃死亡决定时，死亡结果已经不能再被评价为其支配和处分生命之自由的体现，此时应当肯定其生命法益处于紧迫的危险之中；另外，行为人之前的唆使或帮助行为和被害人的这种生命危险之间具有自然意义上的条件因果关系。因此，如果采用严格的引起说，认为只要先前行为引发了法益侵害的紧迫危险就足以产生作为义务，② 那么就应当肯定此时教唆、帮助者有义务对被害人加以救助。然而，严格的引起说会导致不作为犯的成立范围过于宽泛，并不妥当。今天即便是原则上主张引起说的学者，也会在不同程度上修正其立场，尤其是认为当被害人自我答责地导致危险时，行为人不因之前的行为负有作为义务。③ 从这种立场出发，就应当否定此时教唆、帮助者负有救助义务。因为被害人的生命法益虽然处于危险之中，但是这种危险是由其之前自负其责的自杀行为导致的，不能在规范

① Vgl. Eser, in: Schönke/Schröder Kommentar, StGB, 28. Aufl. 2010, Vorbem. § §211ff. Rn. 44.

② Vgl. Baumann/Weber, Strafrecht AT, 9. Aufl. 1985, §18 Ⅱ 4c.

③ Vgl. Kühl, Strafrecht AT, 6. Aufl. 2008, §18 Rn. 105. 另参见张明楷《不作为犯中的先前行为》，《法学研究》2011 年第 6 期。

意义上被评价为行为人教唆、帮助行为的结果。主张义务违反说的论者当然也会支持这一结论。因为如前所述，教唆、帮助自杀并非违法行为，根据义务违反说的见解原本就不能构成奠定作为义务的先前行为。

3. 小结

自杀是被害人自主决定的结果，并非法益侵犯行为，所以法律规范不能要求行为人对之进行干涉。因此，行为人不阻止他人自杀或者不对自杀者加以救助的，由于欠缺作为义务而不能成立不作为的故意杀人罪。当被害人在自杀过程中放弃死亡决意时，其医护人员或家庭成员仍然应当对之加以救助。但是，除此之外，之前教唆其自杀或者为其自杀提供帮助的行为人不负担救助义务。

（三）过失导致自杀

从前文的论述中已经可以得出，过失导致他人自杀的（譬如没有保管好枪支或者其他危险物品，从而使得自杀者可以借此实施自杀行为等），也不应当受到刑事处罚。德国联邦最高法院曾经在判决中指出：既然故意地教唆、帮助自杀不是不法行为，那么出于公平，过失导致自杀就更不应当构成犯罪。[①] 这虽然并非严谨的学术论证，但是，这一结论本身是正确的。原因仍然在于，在过失导致他人自杀的场合，行为人并没有妨害自杀者自主行使意志自由，没有侵入后者的权利领域，所以法律规范不能因此禁止行为人的相应行为。换言之，自杀者自由处分生命的行为不能成为对行为人科处注意义务的依据，此时不能认为行为人违反了注意义务。[②] 退一步而言，即便不从注意义务的角度也同样可以解释此处的结论。因为自杀者自主决定的死亡不能被认定为法益侵害结果，而在欠缺法益侵害、没有结果无价值时当然不可能成立过失犯。此外，和教唆、帮助自杀的情形一样，在过失的场合中也可以认为自杀者自主的死亡决定足以阻断过失行为与结果之间的因果关系。[③]

---

① Vgl. BGHSt 24，342，343f.

② Vgl. Schneider，in：Münchener Kommentar，StGB，Band 3，2003，Vor. § § 211ff. Rn. 86.

③ Vgl. Bloy，Die Beteiligungsform als Zurechnungstypus im Strafrecht，1985，S. 147.

五 结语

只有当被害人主观上自主决定追求或放任死亡结果发生，并且客观上在最后关键时刻支配了直接终结生命的行为时，才能认定其构成刑法意义上的自杀。自杀本身并非刑事不法行为，教唆或帮助自杀、对自杀者不予救助或者过失导致他人自杀等自杀相关行为也不应当受到刑事处罚。在我国司法实务所涉及的绝大部分所谓“相约自杀”或者“教唆、帮助自杀”案件中，其实并不能认定被害人实施了自杀行为。因此，在这些案件中对行为人加以处罚从结果上来看往往是正确的。但是，这类案件并不是真正意义上的自杀相关案件，从定性上应当直接认定行为人成立以间接正犯或者不作为方式实施的故意杀人。如果行为人欠缺故意，则应当成立过失致人死亡。当然，这并不意味着，在这类案件中只要被害人不成立自杀就应当追究行为人的刑事责任。个案中仍然需要谨慎判断行为人的行为本身是否构成犯罪。

在开篇所提及的四则案例中，案例 1 属于标准的帮助自杀案件，行为人宋某应当无罪。案例 2 中，被害人张某在情绪激动状态下所做的死亡决定不是真实意志的体现，不能成立自杀。虽然行为人亓某争夺农药的举动表明其之前尚无杀害故意，但其在被害人情绪激动时购置农药，过失地引发了对被害人生命法益的侵害危险。这一先前行为导致其在被害人吞服农药后负有救助义务，但行为人此时明知被害人有生命危险却未予救助，因而构成不作为的故意杀人。案例 3 中，舒某是在心理医院接受治疗的精神病人，如果否认其拥有自主决定能力，则不能认为成立自杀。但是，王某在 17.5 分钟之后才发现自缢的舒某，此时舒某应该已经死亡，没有救助可能。倘若王某此时以为舒某尚未死亡却置之不理，则可以认定其成立以不作为方式实施的故意杀人未遂。当然，这以承认不能犯的可罚性为前提。如果否认这一点，就只能考虑王某构成过失致人死亡罪。然而，从案件事实来看，很难认为王某看到病房门口的椅子却未加重视就足以被评价为违反注意义务。所以，如果不存在其他违反注意义务的情节（譬如没有按规定及时巡视病房等），就只能认为王某无罪。在案例 4 中，行为人段某的行为直接导致了被害人小秋的死亡，在最后关键时刻支配、掌控事态发展的并不是被害人小秋，所以同样不成立自杀。至于这种被害人主观上具有死亡意愿，[①] 但是客观上是由行为人直接导致死亡结果的情形应当如何处理，是需要进一步研究的难题。在这类案件中，由于并非被害人支配并直接导致死亡的行为，所以行为人的杀害行为总是蕴含着妨害被害人自主决定生死的危险。因此，从尽可能保护生命的角度来看，我国司法实务在这类案件中处罚行为人的做法具有一定的合理性。但是，毕竟故意杀人罪是实害犯而非危险犯，通过故意杀人罪来防范这种危险似乎并不妥当。在许多安乐死案件中，也有着类似的疑问。当然，这一难题已经偏离了本文主旨，只能另外撰文探讨。

① 本案中小秋并非因为段某允诺自杀才决意终结自己生命，所以这里不存在动机错误。

“被教唆的人没有犯被教唆的罪”之理解*

——兼与刘明祥教授商榷

周光权**

摘　要： 如果体系性地考虑刑法总则关于共犯的规定以及分则关于拟制正犯的规定，就应该认为我国刑法对共同犯罪采用区分制而非单一正犯概念，共犯从属性说应该得到肯定。刑法第 29 条第 2 款规定的“被教唆的人没有犯被教唆的罪”只能解释为教唆犯教唆他人犯罪，被教唆人已经着手实行犯罪，但没有达到既遂状态。如此解释既有助于维持共犯的实行从属性，坚持刑法客观主义，也不会放纵犯罪。对于教唆信息完全没有传递给被教唆人、被教唆人明确拒绝教唆、被教唆人虽接受教唆但尚未开始实施预备行为等情形，教唆行为对法益的危险仅仅停留在教唆者内心，不能成立非共同犯罪的教唆未遂。将上述教唆行为评价为教唆未遂，是对刑法第 29 条第 2 款的曲解，没有体系地解释刑法规范，有走向刑法主观主义的危险。

关键词： 共犯　区分制　教唆未遂　实行从属性　刑法客观主义

---

* 本文原载《法学研究》2013 年第 4 期，略有修改。本文的部分观点，曾由笔者在“海峡两岸暨第八届内地中青年刑法学者高级论坛”提出（2012 年 10 月，中国青年政治学院发表）。评论人刘明祥教授对相关主张进行了回应，在此特别感谢刘明祥教授的理解和宽容，与参会的冯军教授、王昭武博士、何庆仁博士的讨论，使笔者获益良多，在此谨致谢忱。

** 周光权，清华大学法学院教授。

我国刑法第 29 条第 2 款规定，被教唆的人没有犯被教唆的罪，对于教唆犯，可以从轻或者减轻处罚。对“被教唆的人没有犯被教唆的罪”的解释，总体上可以分别按照正犯、共犯区分制（又称为“二元的犯罪参与体系”，以下简称“区分制”）和单一正犯概念（又称为“单一正犯体系”）两种思路进行。

在区分制之下，又有三种学说。①共犯独立性说，即刑法第 29 条第 1 款、第 2 款都体现了教唆犯刑事责任的独立性，共犯不从属于实行犯。[①]“我国刑法第 29 条第 2 款明文规定处罚教唆犯的未遂犯，即没有正犯的共犯，因而不存在实行从属性。换言之，从我国刑法第 29 条第 2 款规定不得不得出我国刑法采共犯独立性说的结论。”[②] ②从属性说。其中又包括两种解释思路：其一，将刑法第 29 条第 2 款解释为关于共同犯罪的教唆而未达到既遂状态的处罚规定；[③] 其二，认为刑法第 29 条规定的是广义的教唆犯，即第 1 款规定的是狭义或真正意义上的教唆犯，且采取的是教唆犯从属性说；第 2 款则是对以教唆方式实施的间接正犯未遂所作的规定。[④] ③二重性说，即刑法第 29 条第 1 款的规定体现了教唆犯的从属性，而第 2 款规定，被教唆的人即便没有犯被教唆的罪，教唆犯与被教唆人根本不成立共同犯罪，对教唆犯仍然要定罪处罚，这表明教唆犯具有独立性。[⑤]

但是，刘明祥教授曾撰文指出，前述讨论共犯独立性和从属性的各种观点，都以区分制为法律根据，但我国刑法采用的不是区分制，而是单一正犯概念。[⑥] 以此为前提，刘明祥教授认为，教唆犯从属性说没有存在的法律基础，对刑法第 29 条第 2 款必须做新的解释，即将其解释为被教唆人

---

① 参见高铭暄主编《刑法学原理》（第 2 卷），中国人民大学出版社，1993，第 411 页。

② 陈兴良：《教义刑法学》，中国人民大学出版社，2010，第 652 页。

③ 参见张明楷《论教唆犯的性质》，载陈兴良主编《刑事法评论》第 21 卷，北京大学出版社，2007，第 85 页以下；张明楷《刑法学》，法律出版社，2011，第 378 页。笔者也赞成这样的解释方法，参见周光权《刑法总论》，中国人民大学出版社，2011，第 233 页。

④ 参见何庆仁《我国刑法中教唆犯的两种涵义》，《法学研究》2004 年第 5 期。对何庆仁博士的观点，张明楷教授、刘明祥教授在各自的研究中都提出了批评意见，笔者赞同他们关于共同犯罪的规定中不应该出现间接正犯规定的质疑。

⑤ 参见伍柳村《试论教唆犯的二重性》，《法学研究》1982 年第 1 期；马克昌主编《犯罪通论》，武汉大学出版社，1999，第 556 页；陈世伟《论共犯的二重性》，中国检察出版社，2008，第 60 页。

⑥ 参见刘明祥《“被教唆的人没有犯被教唆的罪”之解释》，《法学研究》2011 年第 1 期。与此类似的观点，参见江溯《区分制共犯体系的整体性批判》，《法学论坛》2011 年第 6 期。

没有按教唆犯的意思实施犯罪，具体包括四种情形：①教唆犯已实施教唆行为但教唆信息（或内容）还未传达到被教唆人；②被教唆人拒绝教唆犯的教唆；③被教唆人接受教唆，但还未为犯罪做准备；④被教唆人接受教唆，但后来改变犯意或者因误解教唆犯的意思实施了其他犯罪，并且所犯之罪不能包容被教唆的罪。论者还将刑法第 29 条第 2 款的规定与我国台湾地区旧“刑法”的相关规定类比，最终得出单一正犯概念意义上的共犯独立性说的结论。①

对此，笔者的基本观点是：①我国刑法关于共同犯罪的规定采用单一正犯概念的理由并不充分；②如果考虑刑法客观主义，共犯从属性必须坚持；③按照共犯从属性的进路，对刑法第 29 条第 2 款可以做不同于刘明祥教授的解读。因此，本文一方面与以刘明祥教授为代表的单一正犯概念及其共犯独立性理论相辩论，另一方面也详尽论证解释刑法第 29 条第 2 款规定的合理思路，以确保刑法客观主义立场在共犯论中得到贯彻。

一　我国刑法相关规定未采用单一正犯概念

我国学者认为，我国刑法相关规定与单一制相吻合。一方面，我国刑法没有区分正犯和共犯，在构成要件层面将所有参与者都视为等价的行为人；另一方面，我国刑法重视主犯、从犯的区分，在量刑层面根据各参与者的不法与责任情况确定其在共同犯罪中的当罚性，这些都与单一制的立法精神相符合。② 刘明祥教授也以此为基础认为，由于我国刑法采取的是单一正犯概念，实行犯、教唆犯和帮助犯并无严格加以区分的必要；根据我国的刑法理论，实行犯、教唆犯和帮助犯的行为都是互相联系、互相利用的，不能单独抽取出来进行独立的评价；只要行为人基于共同故意，参与了共同犯罪行为，即构成共同犯罪，根据其在共同犯罪中所起的作用大小，给予轻重不同的处罚。由此，刘明祥教授得出结论：我国刑法与德日刑法在共犯参与体系上存在差异，因此不能套用德日的教唆犯从属性说或

① 参见刘明祥《“被教唆的人没有犯被教唆的罪”之解释》，《法学研究》2011 年第 1 期。类似的观点，参见王作富主编《刑法》，中国人民大学出版社，2011，第 136 页。

② 参见江溯《犯罪参与体系研究——以单一正犯体系为视角》，中国人民公安大学出版社，2010，第 251 页。

教唆犯独立性说来解释刑法第29条第2款的规定。[①] 刘明祥教授的观点与其他刑法学通说赞成者的观点相暗合。例如，陈世伟博士就认为：“共同犯罪中各个共同犯罪行为人由于相互利用对方的行为作为自己行为的一部分而成为独立存在的行为。共同实施犯罪行为的人皆为正犯。这才是共同犯罪的本质所在……单一正犯体系相较于‘正犯·共犯’分离体系更具有前瞻性和合理性。”[②] 按照这一思路，对刑法第29条第2款的规定，恐怕只能朝着共犯独立性的方向加以解释。

确实，只有采用区分制才能讨论从属性。“统一性正犯体系（即单一正犯概念——引者注）与从属性被认为是互相排斥的。”[③] 单一正犯概念将所有对犯罪有贡献的人都一视同仁地当作正犯。至于这些主体各自对整个犯罪过程和结果的重要性、影响力，在定罪上都在所不问。不法的判断永远是就个人的情形独立判断，不法的判断根本无法从属，因此，在单一正犯概念之下，不会有共犯从属性问题。[④] 但是，问题在于，如果不能断言我国刑法采取了单一正犯概念，同时，将我国刑法相关规定朝着单一正犯概念的方向解释会带来很多负面效应的话，刘明祥教授的观点及其论证就是不充分的，其结论就可能是错误的。

（一）我国刑法总则的共同犯罪规定不符合单一制的特征

1. 可以认为我国刑法相关规定是根据分工区分犯罪人

单一正犯概念的特点是，所有人无论贡献大小都是正犯；立法上对狭义共犯不作规定；所有的共犯人共用一个法定刑，只是在法官最后裁量时根据其责任调节刑罚。[⑤] 一般认为，采用单一正犯概念的典型立法例是奥地利刑法。该法第12条规定，自己实施应受刑罚处罚的行为，或者通过他人实施应受刑罚处罚的行为，或者对应受刑罚处罚的行为的实施给予帮助的，均是正犯。

我国刑法与奥地利刑法的规定明显不同。我国刑法的相关规定虽然没

---

① 参见刘明祥《“被教唆的人没有犯被教唆的罪”之解释》，《法学研究》2011年第1期。

② 陈世伟：《论共犯的二重性》，中国检察出版社，2008，第135页以下。

③ 〔日〕高桥则夫：《共犯体系和共犯理论》，冯军等译，中国人民大学出版社，2010，第58页。

④ 参见黄荣坚《基础刑法学》（上），中国人民大学出版社，2009，第520页。

⑤ 参见许玉秀《当代刑法思潮》，中国民主法制出版社，2005，第555页。

有明确使用正犯的概念，但是在第27条、第29条第1款中明确规定了帮助犯（从犯）、教唆犯这两种狭义共犯，正犯的概念可以从与狭义共犯的区分、比较中清晰地界定出来。对此，陈兴良教授认为刑法第29条关于教唆犯的规定为区分正犯、共犯提供了依据，即刑法分则规定的是正犯，其在逻辑上不能包括教唆犯、帮助犯，对狭义共犯行为只有按照总则规定再结合相关分则规定才能定罪，这是共犯对于正犯在定罪上的从属性。因此，不能认为在我国刑法中有采取单一制的可能性。[①] 王昭武博士指出，刑法第23条规定的“已经着手实行犯罪”和第29条第1款规定的“教唆他人犯罪”均隐含了对正犯的确认。[②] 何庆仁博士也指出，从规范的角度看，只有对构成要件的实现有实质贡献，是行为事件的核心角色的，才是正犯；加功于他人的构成要件行为的人只能是从犯。“通过对我国刑法规定的主犯和从犯予以规范化以及通过对学理上的共犯与正犯予以实质化，正犯、帮助犯就与主犯、从犯合二为一，从而在我国刑法中找到了容身之所，也为解决我国传统共同犯罪论和新共同犯罪论（即正犯、共犯的区分制——引者注）各自的合法性危机提供了理想的途径。”[③] 由此可以认为，我国刑法规定的主犯就是正犯；关于从犯的规定就是关于帮助犯的规定，其中刑法第27条关于“次要作用”或“辅助作用”的规定都是用来说明帮助犯这一对象的，是无意义的重复；而刑法第28条规定的胁从犯是对情节较轻的帮助犯（被胁迫的帮助犯）的规定，不是新的行为人类型。这种通过作用标准的规范化和分工标准的实质化将主犯限定为正犯，将从犯解释为帮助犯的做法，也得到了其他学者的赞同。金光旭教授也认为，正犯与共犯的区别归根到底只能根据其在犯罪中的重要性来认识；在这个意义上，可以说中国刑法中的主犯、从犯分别与日本刑法中的正犯、帮助犯相对应。[④]

因此，认为我国刑法没有采取区分制而仅采用单一正犯概念的观点还存

---

① 参见陈兴良《共犯论：二元制与单一制的比较》，载中国人民大学刑事法律科学研究中心编《刑事法热点问题的国际视野》，北京大学出版社，2010，第155页。

② 参见王昭武《教唆犯从属性说之坚持与展开》，载赵秉志主编《刑法论丛》第15卷，法律出版社，2008，第63页。

③ 何庆仁：《我国共犯理论的合法性危机及其克服》，载陈泽宪主编《刑事法前沿》第6卷，中国人民公安大学出版社，2012，第182页。

④ 参见金光旭《日本刑法中的实行行为》，《中外法学》2008年第2期。

在问题。其实，我国刑法关于帮助犯的规定和日本刑法的相关规定极为类似。我国刑法第27条规定，“在共同犯罪中起次要或者辅助作用的，是从犯。对于从犯，应当从轻、减轻处罚或者免除处罚”。日本刑法第62条规定，“帮助正犯者，为从犯”；第63条规定，“从犯之刑，依正犯之刑减轻之”。而对日本刑法的相关规定，通说明显朝着区分制的角度进行解释。①

2. 难以认为我国刑法第29条第2款与台湾地区旧“刑法”第29条第3项的规定类似

刘明祥教授认为，我国刑法第29条第2款与台湾地区旧“刑法”第29条第3项的规定类似，所以是对单一正犯概念的规定。但是，笔者认为，对此还需要进一步辨析。

台湾地区旧“刑法”第29条第3款规定，“被教唆人虽未至犯罪，教唆犯仍以未遂犯论”。这一规定似乎和我国刑法第29条第2款的规定类似，但是，对这一规定是否只能解释为共犯独立性说的产物，本身还有争议。学者一般认为台湾地区旧“刑法”第29条第3项主要适用于三种情况：教唆犯着手实行教唆，但相关意思并未传递给被教唆人；教唆的意思传递给被教唆人，但后者不接受教唆；被教唆人接受教唆，但并未着手实行。有学者认为，对这三种情况以教唆未遂处罚，实际上是在处理教唆犯和正犯不构成共同犯罪（共同犯罪成立前的行为）的情形，因而和共犯从属性问题无关。② 但是，也有学者认为这是共犯独立性说的体现，③ 是在立法上基于预防犯罪的刑事政策考虑，将教唆犯从共犯从属关系中解脱出来，承认其“独立处罚”的必要性。④ 所以，对台湾地区旧“刑法”第29条第3项，并不像刘明祥教授所说的那样，仅有一种理解路径。

综上所述，可以认为，我国刑法的相关规定不符合单一正犯概念的特征。具体表现在，刑法条文中没有明确规定，为犯罪成立赋予条件者都是正犯；立法上单独规定了帮助犯、教唆犯，而不是不重视共犯行为形态的区别；对于各共同犯罪人，不能适用同一法定刑。例如，帮助犯就不能适用正犯之刑，而是“应当从轻、减轻处罚或者免除处罚”。

---

① 参见〔日〕井田良《讲义刑法学总论》，有斐阁，2008，第494页。

② 参见林山田《刑法通论》下册，北京大学出版社，2012，第74页。

③ 参见林钰雄《新刑法总则》，中国人民大学出版社，2009，第343页。

④ 参见苏俊雄《刑法总论Ⅱ》，作者自版，1997，第435页。

（二）不能将我国刑法相关规定朝着单一正犯概念的方向解释

承认单一正犯概念，从根本上讲，会产生和罪刑法定原则的紧张关系，从而与法治国立场相抵牾。具体表现在以下方面。

其一，单一正犯概念将构成要件的实现视为因果关系的起点，可能无限扩张刑事可罚性的范围。例如，单一正犯概念认为刑法分则对教唆行为和帮助行为进行了规定，对共犯可以直接按照分则的规定定罪处罚，这明显是不合理的。[①] 因为其抹杀了构成要件的定型化功能。同时，单一正犯概念并不能提出任何决定正犯范围的标准，其所声称的对实现构成要件结果有贡献，实际上就是因果关系条件说的另一种表述，而因果关系条件说饱受攻击之处就在于处罚范围的扩大化，这一缺点在单一正犯概念中仍然存在。[②]

就法治国原则来看，单一正犯概念舍弃从构成要件的角度来定位正犯概念，与根植在构成要件行为基础上的刑事处罚原则相抵触，也背离社会上一般人对行为的理解。例如，很难把出借工具的举止理解成窃取他人之物的行为。根植于因果关系条件说的单一正犯概念尤其会造成无法接受的刑法扩张现象。例如，单纯的教唆行为或者协助行为会被解读成可罚的构成要件实施行为，从而构成相关犯罪的未遂犯。[③]

其二，在身份犯的场合，单一正犯概念可能缩小共犯的处罚范围。对此，张明楷教授指出，如果承认教唆犯、帮助犯都是正犯，那么，在身份犯的场合，其就必须具有特定身份才可能成立狭义共犯。换言之，教唆他人贪污者也需要具有国家工作人员身份，否则难以成立共犯，但这一结论明显不合理，也有违反罪刑法定原则之嫌。[④]

其三，单一正犯概念竭力绕开共犯论的很多难题，[⑤] 不再明确区分正

---

① 参见张明楷《刑法学》，法律出版社，2011，第 354 页。

② 参见许玉秀《当代刑法思潮》，中国民主法制出版社，2005，第 565 页。

③ 参见林山田《刑法通论》下册，北京大学出版社，2012，第 6 页。

④ 参见张明楷《刑法学》，法律出版社，2011，第 354 页。

⑤ 例如，行为人利用未成年人的行为而实行犯罪，理论上可以成立间接正犯，也可以成立教唆犯。此时，便需要借助共犯从属性理论，从犯罪支配的立场来判断应成立（间接）正犯还是共犯（教唆犯）。

犯和共犯，以使刑法判断简单化，在实务上有相当的便利和经济之处。[①]但是，其目的可能难以达到。采取单一正犯概念，在制定共同犯罪人的刑罚裁量原则时，必须针对不同参与者确定极其烦琐的处理规则，并通过这些规则实现量刑平衡，这是一项可能比区分正犯和共犯更为繁重的任务。如果无法做到这一点，单一正犯概念“将导致量刑标准变得粗糙”；[②] 而随着法官个案裁量权限的扩大，单一正犯体系必然有“量刑不确定性”的致命缺陷。[③]

其四，不能无视刑法分则对实行行为的定型。①刑法分则是对构成要件行为、结果的定型性规定，其中主要是对类型化的、直接侵害法益的实行行为的规定，而该行为是犯罪的核心。例如，刑法分则关于盗窃、诈骗、伤害等的规定，都是对直接指向保护客体的行为的描述，而不会对边缘行为作出限定。那么，只有单独实现分则构成要件的人，其行为才可能和构成要件相当，帮助行为、教唆行为不可能是分则类型化地禁止的行为。例如，我们显然不能认为教唆他人盗窃的行为就是“窃取”。因此，单独犯、共同正犯因为自身的行为符合分则的定型性规定，原本就值得处罚，其违法性从对构成要件的符合中可以充分展示出来，不从属于他人。而狭义共犯自身的行为不符合分则的定型性规定，必须以正犯符合构成要件的行为为存在前提。②分则的定型性规定往往详尽、具体，有独特的存在价值，不能认为帮助犯、教唆犯符合分则的定型性规定，因为即便是共同正犯也可能不完全符合分则的全部构成要件。例如，甲、乙二人经共谋后均进入现场翻箱倒柜，盗窃他人财物，但最终只有甲拿到价值 1 万元的财物，乙一无所获。如果将共犯独立性的逻辑贯彻到底，就会认为甲、乙之间的行为是独立的，乙并未实现盗窃罪的构成要件结果，但也属于盗窃既遂。但是，几乎所有的学者都会认为，盗窃罪既遂的定型性是指实施窃取行为并“取得”他人财物。如果按照这一点，乙明显属于盗窃未遂。而按照共犯从属性说的逻辑，就会认为共同正犯有“正犯性”（与单独犯相同）的一面，但是，在共同盗窃仅一人取得财物的场合，即使另外的实行

---

① 参见柯耀程《变动中的刑法思想》，中国政法大学出版社，2003，第 200 页。

② 参见〔德〕汉斯·海因里希·耶赛克、托马斯·魏根特《德国刑法教科书（总论）》，徐久生译，中国法制出版社，2001，第 778 页。

③ 参见林钰雄《新刑法总则》，中国人民大学出版社，2009，第 311 页。

犯并未满足盗窃既遂的单独构成要件，也应该作为盗窃既遂的共同正犯处罚，在这一点上其又有共同性，共同正犯的正犯性较之单独正犯的正犯性也是扩张的，其原理“和教唆犯、帮助犯是相通的”。[①] ③单一正犯概念将所有对犯罪有影响的行为都解释为侵害法益的原因，相关构成要件的特殊行为便不复存在了。[②]

（三）我国刑法分则的某些规定明确承认区分制和共犯从属性

我国刑法分则的某些规定具有特殊性，表明我国采取区分制的立场，决定了将总则的共同犯罪规定解释为单一正犯概念和分则相关规定不协调。刘明祥教授的结论是，这是只考虑总则的文字表述，不进行体系性解释的产物。而体系性解释要求将个别的刑法规定和观念放到整个法律秩序的框架之中加以思考，发现条文间、法律规范和法律制度间的内在关联。[③]

1. 刑法第 382 条第 3 款的规定

如前所述，在我国刑法分则大量规定的只有特殊主体才能构成的身份犯中，不具有特殊资格的人，无论其行为样态如何、在犯罪中的分工如何、对危害结果如何，都不可能成为正犯。此时，正犯和共犯的界限十分清晰，不可能按照单一正犯概念的立场将狭义共犯视为正犯。[④] 比如，刑法第 382 条第 3 款规定，伙同国家工作人员贪污的，“以共犯论处”。这是特别指明没有特定身份者只能构成狭义共犯，不能以正犯论。在这个意义上，正犯、共犯的概念对立就是存在的。

2. 拟制的正犯

由于采用共犯从属性说可能将处罚面限制在一个较小的范围内，为此，立法上在刑法分则中从刑事政策的角度把个别共犯行为作为独立的正犯加以处罚，从而出现“拟制的正犯”的规定。这种规定实际上是共犯行为正犯化。在这里，明确了存在正犯、共犯概念的相对区分问题，否则这样的规定就是多余的。类似的规定有：①在甲帮助本犯乙毁灭犯罪证据的

---

① 参见〔日〕山口厚《刑法总论》，付立庆译，中国人民大学出版社，2011，第 295 页。

② 参见〔德〕汉斯·海因里希·耶赛克、托马斯·魏根特《德国刑法教科书（总论）》，徐久生译，中国法制出版社，2001，第 778 页。

③ 参见〔德〕齐佩利乌斯《法学方法论》，金振豹译，法律出版社，2009，第 61 页。

④ 参见周光权《论身份犯的竞合》，《政法论坛》2012 年第 5 期。

场合，因为本犯毁灭自己的犯罪证据不构成犯罪，按照共犯从属性说，甲也不构成犯罪。为堵处罚漏洞，我国刑法第 307 条第 2 款规定了帮助毁灭、伪造证据罪。②教唆他人吸毒罪的规定，是在正犯行为只是行政违法的情况下，刑法单独将教唆行为规定为正犯。③刑法第 358 条第 3 款规定的协助组织卖淫罪，是在组织卖淫的正犯行为之外，将帮助行为正犯化。在类似规定中，如果不承认存在正犯概念，将教唆、帮助行为拟制为正犯行为就难以理解。其实，类似“拟制的正犯”的规定在国外刑法以及我国台湾地区的“刑法”中也存在。例如，因为自杀不具有违法性，教唆、帮助他人自杀的，无杀人正犯，当然也就没有杀人共犯。立法上为了减少处罚漏洞，在共犯从属性说的理念下，只得另行规定自杀关联犯罪。

最后附带指出，其实，即便承认单一制，也可能承认限制从属性。只不过从属性的内容有所不同，不再是共犯的从属性，而是教唆型、帮助型行为人对实行型行为人的从属性（限缩的单一行为人体系）。单一制、区分制与独立性、从属性之间没有必然的对应关系。[①] 刘明祥教授认为，采用单一制就必然采用共犯独立性说，或许并不正确。

二 解释刑法第 29 条第 2 款的方法论

“方法”意指通往某一目标的路径。在科学上，方法是指这样一种路径，它以理性的因而是可检验和可控制的方式导向某一理论上或实践上的认识，或导向对已有认识之界限的认识。[②] 对刑法第 29 条第 2 款的解释应该受某些基本方法论的指引。

（一）对刑法第 29 条第 2 款的解释必须考虑刑法客观主义潮流

刑法客观主义认为，犯罪是对社会有害的行为；如果没有客观的行为，没有客观的法益侵害后果，就没有犯罪；行为没有对社会造成可以从外观上观察的实害或者危险时，不能作为犯罪处理。刑法客观主义坚信，

---

① 参见何庆仁《我国共犯理论的合法性危机及其克服》，载陈泽宪主编《刑事法前沿》第 6 卷，中国人民公安大学出版社，2012，第 187 页，注释 3；江溯《关于单一正犯体系的若干辩驳》，《当代法学》2011 年第 5 期。

② 参见〔德〕齐佩利乌斯《法学方法论》，金振豹译，法律出版社，2009，第 1 页。

不以行为而以行为人的主观恶意为处罚根据，会混淆法与伦理的关系，还可能造成法官的恣意判断，所以，判定刑事责任的基础应该是表现在外部的犯罪人的行为。客观主义重视的是行为（行为主义），而作为科刑基础的行为是现实的行为，只要没有现实地表现于外的行为，个人就不应该受到处罚（现实主义）。作为刑法客观主义的对立派别，刑法主观主义主张，犯罪人的反社会性，也就是反复实施犯罪行为的危险性，才是判定刑事责任的基础。刑法主观主义重视行为人概念（行为人主义）。如果把刑法主观主义贯彻到底，会得出犯罪人的危险性格、内心的危险性是科刑的对象这一结论。刑法主观主义降低了行为的重要性，即行为并不具有决定性意义，它只有在征表犯罪人危险性的意义上有存在的必要性（征表主义）。刑法主观主义的特色在于，从人的危险性出发来思考定罪和处罚问题，用行为来佐证、征表其意思，行为的重要性大幅度下降。

20 世纪 20 年代之后，在世界范围内，刑法客观主义在刑法学中取得了绝对优势地位。各国刑法学发展的主流是承认犯罪行为作为现实存在所具有的决定性意义，否认将犯罪行为作为犯罪人危险性的征表。

在共同犯罪领域，刑法主观主义典型地表现在共犯独立性说上。[①] 该说是将行为人的危险性格作为处罚根据的主观主义犯罪理论的产物。根据这种立场，在行为人的危险性格表现于外时，就必须进行处罚，除此之外，无法为处罚行为人寻找到理由。[②] 刘明祥教授的前述观点完全秉持了刑法主观主义立场。陈世伟博士坚持的独立性说也以主观主义刑法观为前提，即认为主观罪过是犯罪构成的核心，是行为人承担刑事责任的唯一根据，因而对所有共同犯罪人的定性也从主观要素出发。[③] 在上述刑法主观主义的观点看来，教唆行为即便没有引发他人的行为，甚至教唆信息没有传递给他人，教唆犯自身的行为也能够揭示教唆犯个人的危险性格，故要处罚教唆犯。

但是，如果从刑法客观主义的立场看，教唆犯本身应当是引发他人犯意的行为，他人根本没有由此产生犯意的，或者虽接受教唆但没有实施任何行为的，教唆行为并未直接面对行为客体，共犯行为本身不会对法益造

---

① 参见〔日〕大谷实《刑法讲义总论》，黎宏译，中国人民大学出版社，2008，第 367 页。

② 参见〔日〕井田良《讲义刑法学总论》，有斐阁，2008，第 440 页。

③ 参见陈世伟《论共犯的二重性》，中国检察出版社，2008，第 84 页。

成损害，当然不能处罚教唆者。对此，有学者认为，对法律所保护的私益的侵害处于相对较远的早期阶段时，至少从法治国以及刑事政策的角度看，能否将可罚性进行这样的扩张仍然存在很大问题。①

因此，在刑法客观主义的重要性得以彰显的今天，把原本对共犯从属性已经作出规定的刑法条文朝着刑法主观主义的方向解释，存在明显缺陷。无论按照单一正犯概念还是区分制下的共犯独立说，对刑法第29条第2款进行刑法主观主义的解释，明显是不可取的。对我国刑法相关规定的解释，必须考虑刑法客观主义的世界潮流。②

（二）对刑法第29条第2款必须进行实质的、功能性的解释

刘明祥教授认为，其对刑法第29条的解释，是严格按照刑法条文进行字面含义的解释。虽然"所有的解释都是对于一个制定法的文本所为，所以解释必须从字面上的解释（所谓的文理解释）开始"，③ 但是，依据字面意思所作的解释具有某种局限性。某种解释是否被罪刑法定原则禁止，不能仅仅靠字面含义进行判断，而要通过权衡刑法条文的目的、行为的处罚必要性、国民的预测可能性、刑法条文的协调性、解释结论与用语核心含义的距离等诸方面才能得出结论。④ 在刑法条文的字面含义并不清晰时，经常需要从用语的文义出发进行扩张解释，进而得出符合法条规范目的的结论。在这个意义上，使解释得以反复推演的是目的解释，而不是所谓对字面含义的"严格解释"。不考虑解释方法的多种运用，尤其是不结合体系性解释、历史解释、目的解释对解释理由进行说明，而一味强调对法条

---

① 参见〔德〕冈特·施特拉腾韦特、洛塔尔·库伦《刑法总论Ⅰ——犯罪论》，杨萌译，法律出版社，2006，第327页。

② 对任何刑法条文都必须朝着符合法治潮流的方向去解释，此乃各国刑法学者的共识。例如，日本刑法第207条规定了"同时伤害的特例"，即二人以上实施暴行伤害他人，在不能辨别各人暴行所造成的伤害的轻重或者不能辨认何人造成了伤害时，即使不是共同实行，也依照共犯的规定处断。有学者认为该规定违宪，是让其中的个别人承担"莫须有"的罪名（参见〔日〕平野龙一《刑法概说》，东京大学出版会，1977，第170页）。但是，多数学者为使刑法适用符合法治的要求，还是对其"朝着限制其适用范围的方向进行解释"，而不是相反（参见〔日〕山口厚《刑法总论》，付立庆译，中国人民大学出版社，2011，第55页）。

③ 〔德〕Ingeborg Puppe：《法学思维小课堂》，蔡圣伟译，元照出版有限公司，2010，第111页。

④ 参见张明楷《罪刑法定与刑法解释》，北京大学出版社，2009，第129页。

"字典意思"（字面含义）的解释，是一种似是而非的说法。

刘明祥教授认为，刑法第29条第1款中"教唆他人犯罪的，应当按照他在共同犯罪中所起的作用处罚"是关于共同犯罪的教唆犯的规定，也就是对被教唆人犯了被教唆的罪的规定。因为只有被教唆人犯了被教唆的罪（包括实施了为犯罪做准备的行为），双方才可能构成共同犯罪，才有可能判断教唆犯在共同犯罪中起何种作用。刘明祥教授进一步认为，第29条第2款中"被教唆的人没有犯被教唆的罪"，无疑是指教唆犯与被教唆人不构成共同犯罪的情形。因为从法条或语言表达的顺序来看，既然前面说的是被教唆人犯了被教唆的罪从而构成共同犯罪的情形，后面接着说"被教唆的人没有犯被教唆的罪"从而不构成共同犯罪的情形，就成为合乎逻辑的结论。如果说"被教唆的人没有犯被教唆的罪"是指被教唆人已着手实行而没有犯罪既遂，也是关于共同犯罪的教唆犯的规定，那么，这一款就成为多余的了。[①] 但是，刘明祥教授的观点明显存在问题。

其一，对刑法规定的字面含义进行解释，只能探寻规范的一种含义，而且很多时候所得出的结论仍不甚明了。例如，刑法第382条第3款关于伙同贪污时"以共犯论处"的规定。如果按照字面解释就是"以共同犯罪论"，但如此解释等于什么都没有说，因为我们还需要回答没有身份者在共同犯罪中能否成为核心角色的问题。另外，由于"词不达意"的现象非常普遍，条文的字面含义在很多时候可能并不是规范的真实意思。的确，如果仅仅从字面上看，在被教唆人着手实行犯罪但未既遂的场合，被教唆人成立犯罪未遂，是"已经犯了被教唆的罪"而不再属于"没有犯被教唆的罪"，似乎对教唆犯不能再引用第29条第2款进行处罚。但是，如果考虑法条目的——对仅仅造成法益危险的行为的处罚，要轻于造成法益实害的情形——那么，对"被教唆人没有犯被教唆的罪"的解释，完全可以限定为"被教唆人没有犯被教唆的（既遂）罪"。换言之，即便是被教唆人着手实行犯罪的场合，只要其尚未达到既遂状态，就可以认为被教唆人"没有犯被教唆的罪"。这样的解释结论完全在法条的目的范围之内。刘明祥教授关于刑法第29条第2款的前述解释明显"是以该款的其中一种字面含

① 参见刘明祥《"被教唆的人没有犯被教唆的罪"之解释》，《法学研究》2011年第1期。

义为根据选择的立场，而没有考虑到单一的正犯概念的固有缺陷”。[①] 确实，对刑法问题的解释，在很多时候要进行实质解释和规范判断，仅仅停留在字面含义的层面解释刑法第 29 条第 2 款的规定，难免顾此失彼。

其二，刑法第 29 条第 1、2 款都应该理解为关于共同犯罪的规定，而不能说第 1 款是关于共同犯罪的教唆犯的规定，第 2 款是教唆犯与被教唆人不构成共同犯罪的规定。刑法总则第二章第三节的标题是“共同犯罪”，在关于共同犯罪的这一节中却规定了不是共同犯罪的情形，这是没有说服力的，也不符合本节的立法旨趣。其实，对于刑法第 29 条第 1、2 款的关系，应该体系化地进行理解。首先，可以认为第 29 条第 1 款是关于共同犯罪中教唆犯成立与处罚的一般规定，第 2 款规定的是共同犯罪中教唆犯的未完成形态和从宽处罚形态，但其也应在第 1 款原则的指导下适用，第 2 款只是第 1 款的提示性规定：教唆他人犯罪应当按照其在共同犯罪中的作用处罚。例如，教唆成年人犯罪的，可以认为教唆犯起次要作用；教唆未成年人犯罪的，对教唆犯要认定为主犯。但是，被教唆人没有犯被教唆的罪的，对于教唆犯，应该以第 1 款规定为基准从轻或者减轻处罚。其次，对刑法第 29 条第 1 款所规定的教唆他人犯罪的应当按照他“在共同犯罪中所起的作用处罚”进行当然解释，可以得出结论：教唆他人犯罪，如果在共同犯罪中“不起作用的”，不处罚。例如，行为人甲试图教唆乙犯罪，但教唆信息没有传递给乙的，谈不上甲乙之间形成了共犯关系，甲在共同犯罪中“不起作用”，不处罚。再次，对刑法第 29 条第 1、2 款的规定，完全可以在共同犯罪的前提下进行对照理解。教唆不满十八周岁的人犯既遂罪的，应当按照既遂罪从重处罚；教唆不满十八周岁的人犯未遂罪的，首先要按照教唆未遂从轻或者减轻处罚，再按照其教唆未成年人犯罪应当从重处罚的规定，从重处罚。最后，第 29 条第 1 款规定对教唆犯要按照其在共同犯罪中所起的作用处罚，如果将第 29 条第 2 款解释为不成立共犯的情形，与第 29 条第 1 款明显相悖；处罚教唆信息没有传递到被教唆人、被教唆人拒绝教唆等情形，也与第 29 条第 1 款的精神不符，在实务上也会得出非常荒唐的结论。例如，甲教唆乙强奸妇女，乙一笑了之，毫不理会甲。按照刘明祥教授的观点，乙无罪，甲却成立强奸罪的（教唆）未遂。

① 张明楷：《刑法学》，法律出版社，2011，第 354 页。

再如，无业人员甲教唆其丈夫乙（国有公司财务主管）贪污公款，但乙严词拒绝的，乙无罪，但按照刘明祥教授的观点，甲要成立贪污罪未遂。

（三）对刑法第29条第2款必须结合其他相关理论无矛盾地加以理解

刘明祥教授认为，教唆犯已实施教唆行为但教唆信息（或内容）还未传达到被教唆人的、被教唆人拒绝教唆犯的教唆的、被教唆人接受教唆但还未为犯罪做准备的，都属于教唆未遂。其实质是将共犯行为当成实行行为看待，即便是在教唆行为自身以失败告终的场合，也作为犯罪未遂进行处罚。这一结论，如果仅仅从教唆行为自身具有违法性这一角度看，似乎是合理的。但是，如果结合未遂犯理论、共犯处罚根据理论体系性地加以思考，就会发现其结论是不可靠的。未遂犯都是危险犯，而且是具体危险犯。在教唆失败的场合，教唆行为对法益仅有抽象危险而没有具体危险，将其作为教唆未遂看待，和客观未遂论的一般法理不符。此外，在共犯处罚根据问题上，将刘明祥教授的观点贯彻到底，必然得出责任共犯论的结论，即共犯使正犯堕落。但是，现在的通说认为，共犯通过正犯的行为对构成要件结果的实现施加影响时才是处罚的对象（因果共犯论）。换言之，在共犯以正犯的意思或者规范意识为媒介，使得法益受到侵害时，对共犯才能进行处罚。重视共犯的因果性，就会认为，对教唆犯，因为其和最终的法益侵害结果有关联，才能进行处罚。[①] 因此，如果同时考虑共犯处罚根据，就会认为，教唆行为自身并没有引起构成要件结果的足够危险，而只有在被教唆的正犯的实行行为介入时，才会产生实现构成要件结果的现实且具体的危险。因此，在共犯处罚根据上，如果坚持具有充分合理性同时得到多数学者认同的因果共犯论，厘清共犯处罚根据和共犯从属性说之间的天然联系，就会得出拒斥共犯独立性说的结论。刘明祥教授人为割裂共犯从属性说和共犯处罚根据之间的联系，没有坚持体系性地解决刑法问题的方法论，导致在最终结论上难免失当。

三 共犯从属性理论与对刑法第29条第2款的理解

事实上，刘明祥教授如此解释刑法第29条第2款，真正的目的是想防

① 参见〔日〕前田雅英《刑法总论讲义》，东京大学出版会，2006，第459页。

止刑法的打击面过窄。应该说，这一出发点是可以理解的，他也确实看到了刑法第29条的规定和其他国家关于教唆未遂的规定在文字表述上存在些许差异。不过，笔者认为，这不应该成为将刑法第29条朝着刑法主观主义方向解释的理由。

当然，刘明祥教授在其论文中展示出来的问题意识，明显逼迫刑法客观主义者思考：仅仅将刑法第29条第2款的规定解释为对共犯从属性说意义下的教唆未遂的规定是否妥当？刘明祥教授提出的应以教唆未遂处理的四种情形，哪些不应该成为刑罚处罚的对象？哪些情形如果不认定为教唆未遂，也可以利用其他刑法解释原理加以处理？

对此，合理的解释思路是，剥离刘明祥教授所例示的诸种情形，将其区别为三种情况处理：刑法第29条第2款规定的被教唆人“没有犯被教唆的罪”，仅指教唆犯教唆他人犯罪，被教唆人已经着手实行犯罪，但“没有达到既遂状态”的情形；[①] 对于教唆犯教唆他人犯罪，被教唆人仅有预备行为但“没有着手犯被教唆的罪”的情形，即便要处罚教唆犯，也应该适用（他人）预备罪的法理，引用刑法第22条第2款的规定进行处罚，与教唆未遂和共犯从属性原理无关，更不需要对教唆预备犯适用刑法第29条第2款；至于刘明祥教授所说的教唆信息没有传递给被教唆人、被教唆人拒绝教唆、被教唆人虽接受教唆但尚未开始实施预备行为等三种情形，教唆行为对法益缺乏抽象危险，教唆者不但不能成立教唆未遂，而且连教唆预备犯都不成立，其不属于刑罚处罚的对象。

（一）笔者观点的展开

1. 在被教唆人存在预备行为时，处罚教唆犯与共犯从属性原理无关

刘明祥教授认为，刑法第29条第2款中的“被教唆的人没有犯被教唆的罪”的规定，应当按字面含义解释为“被教唆的人没有按教唆犯的意思实施犯罪”。由于教唆犯与被教唆人之间没有共同犯罪关系，对教唆犯只能按单独犯定罪处罚，因而，他认为该款是关于单独教唆犯的处罚规定。[②] 对此，笔者认为，如果否定我国刑法采用单一正犯概念，刘明祥教授的观

---

① 参见周光权《刑法讲义总论》，中国人民大学出版社，2011，第233页；张明楷《刑法学》，法律出版社，2011，第378页。

② 参见刘明祥《“被教唆的人没有犯被教唆的罪”之解释》，《法学研究》2011年第1期。

点就缺乏存在依据。在区分制之下，对共犯的性质只能朝着从属性的方向进行解释，即只要“在肯定了正犯行为具备正犯构成要件该当性和违法性的场合，也充足了其他的（共犯）构成要件要素的前提下，就能够肯定共犯的构成要件该当性”。[①] 相应地，对于刑法第 29 条第 2 款，应该认为其以教唆犯与被教唆人之间存在共犯关系为存在前提。

我国刑法从形式上看以处罚预备犯为原则，因此，在被教唆人依教唆犯的唆使实施预备行为但未着手实行的场合，共犯关系成立且对教唆犯能够予以处罚。此时，被教唆人从形式上看属于“‘没有犯’被教唆的罪”。即便被教唆人的行为处于预备阶段，尚未着手实行犯罪，教唆犯也因为自身的行为而具备未遂犯的可罚性，而这正是共犯独立性说的立场。[②] 但是，因为教唆、帮助行为“只有在具有正犯的实行行为时，才产生了发生构成要件结果的现实危险，所以，应当说，只有在达到这一阶段时，才能认可共犯行为的可罚性”。[③] 因此，从实质上看，对共犯（未遂意义上的）从属性的讨论，必须在有正犯概念之后才能进行，只能讨论正犯着手实行之后既遂之前，共犯是独立还是从属于正犯的问题。在教唆预备阶段，不存在共犯从属性问题，也没有教唆未遂问题，而这正是共犯的实行从属性说的要义。

教唆预备的处罚理由仅仅是预备犯的法理——教唆行为具有造成构成要件结果的抽象危险。张明楷教授认为，在教唆预备的场合，对教唆犯的处罚建立在被教唆人具有可罚性的基础上，这符合共犯从属性原理。[④] 但是，笔者认为这一说法值得商榷。一方面，处罚教唆预备的法理在于对（他人）预备犯的承认，这是对预备犯法理的运用，而非对共犯从属性原理的运用。另一方面，过分扩大共犯从属性原理的“射程”，在刑法客观主义并未得到较好贯彻的语境下，会动摇正犯概念和构成要件观念，从而带来负面影响。

有必要提及，在被教唆人预备的场合，也不是处罚所有的教唆预备犯。对此，有学者指出，只有共犯参与的主要犯罪既遂，共犯的成立才毫

---

① 〔日〕山口厚：《刑法总论》，付立庆译，中国人民大学出版社，2011，第 302 页。

② 参见〔日〕平野龙一《刑法总论 Ⅱ》，有斐阁，1975，第 345 页。

③ 〔日〕大谷实：《刑法总论》，黎宏译，中国人民大学出版社，2008，第 368 页。

④ 参见张明楷《刑法学》，法律出版社，2011，第 373 页。

无疑问；相反，如果主要犯罪只处于预备阶段，共犯的可罚性显然取决于例外情况下的预备是否受到处罚。[①] 因此，在实务中尽量不处罚教唆预备犯。一方面，在共同犯罪中，被教唆人处于预备阶段，其行为对法益没有现实危险，最多只有抽象危险，而教唆犯对法益的危险更是非常间接，此时处罚教唆犯，等于是处罚抽象危险犯背后的危险犯，与刑法客观主义的精神实质明显存在抵牾之处。另一方面，被教唆人的预备行为缺乏定型性，对教唆预备犯进行处罚，更有无限扩大处罚范围的危险。[②] 因此，在被教唆人预备的场合，尽量不处罚共犯更可能和共犯从属性说的“处罚消极主义”具有一致性。当然，对于教唆他人实施重罪（如抢劫、杀人、强奸等），他人也为此做了充分准备，预备行为距离着手实行很近的，则应当处罚教唆预备犯。

2. *在被教唆人没有预备行为时，不能处罚教唆犯*

刘明祥教授认为，教唆犯已实施教唆行为但教唆信息还未传递到被教唆人、被教唆人拒绝教唆犯的教唆、被教唆人接受教唆但还未为犯罪做准备等三种情形，都应当成立教唆未遂。但是，在笔者看来，教唆者此时的法益侵害性没有达到值得刑罚处罚的程度，其不仅不能成立教唆未遂，而且连教唆预备犯都不成立，从而不是刑罚处罚的对象。将上述教唆行为作为刑罚处罚的对象，不仅是对教唆未遂概念、刑法第 29 条第 2 款规定的曲解，而且没有考虑体系性地解释刑法规定的要求，最终有滑向刑法主观主义的危险。

此外，对于被教唆人接受教唆，但后来改变犯意或者因误解教唆犯的意思而实施了其他犯罪，并且所犯之罪不能包容被教唆的罪的情形，刘明祥教授认为，教唆犯与被教唆人之间没有共犯关系，教唆犯单独成立教唆未遂。但是，如果被教唆人按照他人的教唆进行了预备，只是在实行时才有所改变的，教唆犯与被教唆人可以在预备的层面成立共犯关系，只

---

① 参见〔德〕冈特·施特拉腾韦特、洛塔尔·库伦《刑法总论 I——犯罪论》，杨萌译，法律出版社，2006，第 327 页。

② 刘明祥教授将教唆行为看作独立的行为类型、犯罪类型，但学者指出，如果按照这种逻辑，就应该肯定“教唆行为一经实施完毕，即为既遂。被教唆人是否实施被教唆之罪，只是量刑情节，不影响教唆罪的成立”（参见韩晓峰《论教唆未遂》，载中国人民大学刑事法律科学研究中心编《现代刑事法治问题探索》第 2 卷，法律出版社，2004，第 65 页）。但是，这一结论即使在刑法分则规定独立的教唆罪时也难以成立。

是不涉及教唆犯的未遂问题而已。例如，甲教唆乙盗窃他人财物，乙为盗窃准备了工具，但到现场后发现没有可以随意搬动的财物，就砸毁了被害人的汽车的，甲只能成立（盗窃罪）教唆犯的预备，而不能成立教唆未遂。

3. 被教唆人已经着手实行犯罪的，教唆犯有成立未遂的余地

将上述两种情况剔除出刑法第 29 条第 2 款的适用范围之后，对教唆未遂就只能解释为，教唆犯教唆他人犯罪，被教唆人接受之后，已经着手实行犯罪，但尚未达到既遂状态。换言之，被教唆人“‘没有犯’被教唆的罪”仅指被教唆人已经实行但“没有犯（被教唆的、达到既遂状态）的罪”，如此才有成立教唆未遂的余地。在这个意义上，教唆犯从属于正犯的实行。

（二）限制解释刑法第 29 条第 2 款的合理性：进一步论证

肯定刑法第 29 条第 2 款规定的被教唆人“没有犯被教唆的罪”仅指被教唆人“没有犯被教唆的、既遂的罪”这一种情形的合理性在于：

1. 坚持共犯从属性原理

按照笔者对刑法第 29 条第 2 款的解释，在正犯处于实行阶段时，其具有可罚性，共犯也才具有未遂的可罚性。此时，教唆行为产生了一个对应的直接侵害法益的共同参与人，刑法这才处罚狭义共犯，使得共犯从属性原理得到坚持。于是，教唆未遂必须从属于正犯的未遂（实行从属性），必须以正犯着手实行为前提的有力观点没有改变。

2. 在解释论上使得法条之间没有矛盾

按照刘明祥教授以及我国刑法学通说的观点，被教唆人连犯罪预备行为也没有实施时，也要适用刑法第 29 条第 2 款处罚教唆犯。这意味着对教唆犯最多只能减轻处罚而不能免除处罚，但被教唆人如果单独实施犯罪预备行为，按照刑法第 22 条的规定，可以免除处罚。由此出现的奇怪现象是，对直接针对法益的单独预备犯的处罚，比必须通过被教唆人才能（间接）针对法益的教唆预备犯的处罚要轻。

对于刘明祥教授将教唆未遂的范围无限扩张，可能带来处罚上明显不合理的结局这一问题，如果结合实例，可以看得更为清楚。①甲自己为盗窃准备工具、制造条件的，成立犯罪预备，适用刑法第 22 条，可以免除处

罚。②甲教唆乙盗窃，乙接受教唆后，为盗窃准备工具、制造条件的，乙是预备犯，按照刘明祥教授的观点，对甲适用刑法第 29 条第 1 款，认定为教唆犯未遂，同时适用刑法第 23 条，不能免除处罚。③甲教唆乙盗窃，但信息未传递给乙或者乙拒绝教唆的，对甲适用刑法第 29 条第 2 款，甲成立单独犯的未遂犯，但不能免除处罚。实际上，如果考虑法益保护主义，考虑共犯处罚根据，不难看出，在上述三种情形中，情形①中甲对法益的危险性最大，情形③中甲对法益还没有值得刑罚处罚的危险，原本就不应该受到刑法追究，更遑论犯罪未遂。因此，对情形①免除处罚但对情形③不能免除处罚的合理性难以得到认同。情形②中甲的行为存在一定危险，但是，如果认为情形②中甲成立共犯意义上的教唆未遂犯，那么对其的处罚就和情形①明显不协调。换言之，其不合理的结局是一个离法益侵害的危险性越远的人，在刑罚处罚上越重，这明显难以令人接受。其实，正如德国学者所指出的那样，狭义共犯的“不法内容不在其本身，而是在他人的犯罪行为之中”。[①] 因此，不结合法益保护原则而扩大教唆未遂处罚范围的观点明显不合时宜。

通说面对这种处理结论上的不合理毫无解决办法，只能将其解释为刑法第 29 条第 2 款规定自身的不合理所造成的；解决上述处罚不协调的问题，只能是修改刑法的规定，即对单独教唆犯按预备犯的规定处罚。[②] 但是，笔者认为，在刑法解释论上，不对现有条文进行目的性限缩和体系性解释，而动辄批评立法不当，在方法论上存在根本缺陷。因此，通说和刘明祥教授在法条规定原本没有矛盾时，不当理解刑法第 29 条第 2 款，人为制造法条之间的矛盾，过分扩大教唆未遂的范围所带来的负面效果，在这里充分显示出来。

其实，只要对教唆预备犯适用他人预备罪的法理，而不与教唆未遂挂钩，对于教唆预备犯，就应当按照刑法第 22 条（因为承认共犯关系，再辅之以第 29 条第 1 款）进行处罚，而不能适用刑法第 29 条第 2 款。对此，张明楷教授正确地指出：“教唆者唆使他人犯罪，他人实施了犯罪预备行为的，如果需要处罚预备犯，则对于教唆犯同时适用刑法第 29 条第 1 款与

---

① 〔德〕汉斯·海因里希·耶赛克、托马斯·魏根特：《德国刑法教科书（总论）》，徐久生译，中国法制出版社，2001，第 794 页。

② 刘明祥：《“被教唆的人没有犯被教唆的罪”之解释》，《法学研究》2011 年第 1 期。

第22条，对于教唆犯，可以从轻、减轻或者免除处罚。”①

3. 考虑刑法的法益保护目的，杜绝错误理解刑法第29条，防止滑向刑法主观主义

刘明祥教授认为刑法第29条第2款能够包容的前三种情形，都明显不属于刑罚处罚的对象，其结论明显和法益保护原则相冲突。对这些情形以未遂犯处罚，等于在法益危险性的判断上坚持纯粹主观说，“仅仅以行为人主观上的危险性为判断依据来认定犯罪未遂，采取了从主观到客观的思考方法，有主观归罪之嫌，并不足取”。②

刘明祥教授主张刑法第29条第2款只规范共犯自身具有违法性的情形。③ 但是，如果承认刑法第29条第2款所要惩罚的教唆犯，至少是被教唆人接受教唆后开始实行的情形，实际上是在重申犯罪是违反行为规范进而侵害法益的行为。狭义共犯参与他人的犯罪，在被教唆人、被帮助人的行为处于实行阶段，对法益有具体危险时，刑法必须做出反应。但是，对于教唆信息未传递到被教唆人、被教唆人拒绝教唆、被教唆人实施其他与教唆无关的犯罪等情形，教唆犯的行为对法益不会造成需要刑罚处罚的抽象危险，不能将表现教唆者犯罪人格的行为与正犯的实行行为同等看待，对这种教唆者不应进行处罚。唯其如此，才能在教唆未遂问题上，不走向日本已抛弃的共犯独立性说的老路（正犯的实行行为对教唆者、帮助者而言，不过是牧野英一所说的“因果关系的经过”或者木村龟二所说的“客观处罚条件”④），进而从根本上防止对我国刑法具体规定的解释滑向刑法主观主义。

最后需要指出，有学者认为，共犯独立性说与刑法主观主义、共犯从属性说与刑法客观主义之间并没有对应关系：即便赞成刑事古典学派的客观主义立场，但将行为无价值论彻底化，也可以认为即使正犯未实行犯罪，共犯也应受罚；反过来，如果刑事近代学派不将理论绝对化、夸张化，在考虑处罚必要性的前提下也可能认同共犯从属性说。⑤ 但是，笔者

---

① 张明楷：《论教唆犯的性质》，载陈兴良主编《刑事法评论》第21卷，北京大学出版社，2007，第89页。

② 周光权：《刑法总论》，中国人民大学出版社，2011，第191页。

③ 参见刘明祥《“被教唆的人没有犯被教唆的罪”之解释》，《法学研究》2011年第1期。

④ 参见〔日〕大塚仁《刑法概说（总论）》，冯军译，中国人民大学出版社，2003，第243页。

⑤ 参见〔日〕山中敬一《刑法总论》，成文堂，2007，第410页。

对此持不同看法。①这一观点在日本刑法学语境下也未必有道理。因为共犯独立性说、从属性说是刑法学派对立在共犯论中的"火力集中点",当今共犯从属性说的知识背景仍然只能是刑法客观主义。②将行为无价值论彻底化的观点,处于刑法客观主义和刑法主观主义的交叉地带,甚至更接近于刑法主观主义,其承认共犯独立性说不足为奇;在刑罚论上属于刑事近代学派,但在犯罪论上肯定实行行为概念的重要性,且强调限制处罚范围的学者,其实是刑法客观主义者,[①] 这样的学者肯定共犯从属性说是理所当然的。这与刑法主观主义者赞成共犯独立性说、刑法客观主义者强调共犯从属性说并不矛盾。③就当下我国赞成共犯独立性说的学者而言,其理论出发点是教唆行为本身展示了行为人的反社会性格,对社会具有危险性,因而成为独立于正犯的刑罚处罚对象,这样,其与刑法主观主义之间的联系就始终割舍不断。

① 参见林东茂《一个知识论上的刑法学思考》,中国人民大学出版社,2009,第21页。

先前行为与实行过限下知情共犯人的刑事责任*

姚　诗*

摘　要：明知实行犯实施超出共同谋议的行为，共犯人既不参与也不阻止的，对共犯人刑事责任的认定应舍弃容忍说而采取义务说，即以共犯人是否有阻止义务来判断其应否承担不作为的刑事责任。共犯人的作为义务源自先前行为，有必要准确地把握先前行为的性质和特征，以合理确定义务范围。先前行为理论上存在因果关系说和义务违反说的对立，原则上宜采取义务违反说；在先前行为的主观方面，不要求行为人对危害结果有预见可能性；在客观方面，应将先前行为分为监督危险源和保护法益两种类型分别考察：对前一类型，应根据共犯行为与过限行为是否具有直接违法关系、共犯行为是否促使过限行为发生来判断共犯人有无作为义务；对后一类型，应以共犯人是否使被害人陷入需保护状态来判断其有无作为义务。

关键词：先前行为　实行过限　共犯人　作为义务

我国刑法理论认为，实行过限是指在共同犯罪中实行犯故意或者过失地实施了超出共同犯罪故意的行为。① 根据共犯人对实行过限是否知情，

---

* 本文原载《法学研究》2013 年第 5 期，略有修改。

* 姚诗，湖南大学法学院副教授。

① 参见叶良芳《实行过限之构成及其判定标准》，《法律科学》2008 年第 1 期。关于如何进一步界定实行过限，参见王昭武《实行过限新论——以共谋射程理论为依据》，《法商研究》2013 年第 3 期。

可将具体案件分为两类。一类是共犯人对实行犯实施超出谋议的行为一无所知，此时共犯人对该行为不承担刑事责任。例如，甲在客厅盗窃，不知乙在卧室将被害人杀死，甲仅承担盗窃罪的刑事责任，无须对乙的杀人行为负责。另一类则是共犯人明知实行犯正在实施超出共同谋议的行为，但既不积极参与也不阻止。在这类案件中，知情共犯人对实行犯的过限行为应否以及如何承担刑事责任是理论和实践上的难题。本文对此进行探讨。[①]

一　现有学说的疑问及启示

从我国目前的研究来看，对知情共犯人的归责存在两种思考路径。

第一，以共犯人与实行犯是否构成作为的共同犯罪来判断共犯人应否对过限行为承担刑事责任，代表学说是容忍说。该说由陈兴良教授于20世纪80年代提出，[②] 现已成为我国学界的通说。该说认为，若共犯人对实行犯所实施的超出谋议的行为是知情的，即表明其主观上对该犯罪行为的容忍态度，尽管没有亲手实行，也应该承担刑事责任。此后，又有学者提出“精神支持说”予以补充，主张不管行为人表面上是作为（积极参与、予以协助）还是不作为（不予制止、袖手旁观），都对实行犯给予了精神支持或者鼓励，对被害人造成了心理压力或恐惧，说明其对过限行为持积极追求或放任的主观心态，从而与实施过限行为者构成临时起意的共同犯罪。[③]

第二，以共犯人是否具有避免过限行为发生的义务、是否成立不作为犯来判断共犯人的刑事责任，代表学说是义务说。该说认为，即使共犯人知情，也不能简单地认为其与实行犯之间形成新的共同故意；追究共犯人的刑事责任必须以其负有作为义务为前提。义务说中又有两种观点，其中否定说认为，由于共犯人对实行犯不负监督义务，故不应要求

① 本文所称共犯人是指共同实行犯，本文的研究结论仅适用于共同实行犯。对于帮助犯和教唆犯是否有阻止过限犯罪的作为义务，在此不予讨论。

② 参见陈兴良《论共同犯罪中的实行过限》，《法学杂志》1989年第6期。

③ 参见赵丰琳、史宝伦《共犯过限的司法认定》，《法律适用》2000年第8期。

其承担不作为之责;[①] 折中说认为，不应全盘肯定或否定共犯人的责任，而应区别判断：负有作为义务而没有阻止犯罪的，应对该犯罪承担刑事责任，反之则不应归责。[②] 在笔者看来，上述观点要么存在疑问，要么有待完善。

（一）容忍说的缺陷

根据容忍说所采取的归责路径，由于共犯人并未实施任何积极参与行为，不可能与实行犯构成共同正犯，故应以共犯人和实行犯对过限行为是否达成共同故意、共犯人是否实施帮助行为来判断二者是否成立共同犯罪。但是，容忍说无法对这两点作出合理论证。

首先，“知情”的事实不能说明共犯人与实行犯达成共同故意。众所周知，对于实行犯超出谋议所实施的行为，共犯人的同意必须是双边的，共犯人单方面的知道和同意并不能构成共同故意。[③] 根据容忍说，若共犯人在一旁目睹实行犯实施超出谋议的行为，即便内心并不同意，其容忍的态度也体现了事实上的同意，与实行犯达成了新的共同故意，因而成立共同犯罪。简言之，“知情”等同于“容忍”，“容忍”即可拟制为“同意”甚至是“犯意沟通”。但是，这一论断有偷换概念之嫌。“知情”充其量只是“单方面知道”，即使按照容忍说将其拟制为“同意”，也不能代表“双边同意”或者“沟通后的同意”。不仅如此，该论断也不符合事实。共犯人袖手旁观时，对实行犯的行为可能并不赞同，也不打算帮助，实行犯也可能明显感觉到同伴“不干涉、不加入”的态度，若认为此时双方又重新达成了共同故意，显属牵强。

其次，“在场”的事实不能表明共犯人实施了帮助行为。容忍说一再表示，共犯人“知情”这样一种容忍的态度就足以使其承担刑事责任，但这仅仅涉及对共犯人主观方面的拟制。如上文所述，这种拟制并不合理；即使合理，也必须考察共犯人是否实施了帮助行为，否则，经过犯罪现场的路人也能成立犯罪。因此，当知情共犯人并未实施望风、言语刺激、眼

---

① 参见聂昭伟、吴郁槐《共同犯罪中的实行过限与一体转化》，《人民司法》2009 年第 4 期。

② 参见夏强《过限犯认定问题研究》，《法制与社会发展》2002 年第 4 期。

③ 参见〔德〕约翰内斯·韦塞尔斯《德国刑法总论》，李昌珂译，法律出版社，2008，第 299 页。

神鼓励等传统的帮助行为时，容忍说必须将“在场”这一事实本身评价为一种心理帮助，唯此才能认定共犯人实施了帮助行为。但是，这一评价难获肯定。

其一，如“精神支持说”所言，只要共犯人在场，就会对实行犯给予精神支持或者鼓励，对被害人造成心理压力或恐惧，但仅凭此并不能说明共犯人实施了帮助行为。假设甲、乙二人一起出游途中甲突然起意抢劫，乙只在一边观看。对甲来说，乙的存在提供了某种程度的精神支持；对被害人来说，乙会被视为与甲一伙，从而给被害人带来更大的心理压力。可是我们不会就此得出乙成立帮助犯的结论。这一点从国外学说和判例中亦能得到印证。例如，美国学者约书亚·德雷斯勒总结判例后认为，“出现在犯罪现场”并不构成对犯罪的鼓励，不是一种心理帮助，甚至当在场者有“在需要时提供帮助”这种隐藏的意图时，亦不足以认定其行为成立帮助。[①] 德国联邦最高法院也在判例中强调了这一点。[②]

其二，将“在场”这一事实视为帮助行为，会令共犯人承担不公平的责任。诚然，若行为人与实行犯协议后主动去犯罪现场为其“造势”，即使没有实施任何行为，也应肯定行为人的共犯责任，但在共同犯罪中，实行犯临时起意实施新的犯罪时，共犯人的“在场”是其参与前一个共同犯罪的附随状态，不应再次论责。此外，认为“在场”就成立犯罪，会不当加重共犯人的刑事责任。例如，甲、乙相约对丙进行伤害，但甲另有强奸的故意，乙有非法占有财物的目的；二人对丙实施了伤害行为后，甲对丙实施了奸淫行为，而乙将丙身上的财物取走。根据共同犯罪理论，甲、乙成立共同犯罪，甲成立强奸罪，乙成立抢劫罪。但是，若根据容忍说，只

---

① 参见〔美〕约书亚·德雷斯勒《美国刑法精解》，王秀梅等译，北京大学出版社，2009，第435页以下。

② 被告人A与另两名被告人B和F商议，趁K女士领取失业救济金的那天，去她家拿走这笔钱，必要时使用暴力。B和F还决定利用这个机会强奸K。A对B与F的行为表示不满，但B与F并未改变主意。当A离开客厅时，回头看见B对着K的脸打了一拳，使K停止了反抗。B脱K的裤子时，K的钱包从裤子口袋里掉了出来；于是A走过去，拾起钱包并继续翻找K的裤子口袋。A清楚地知道B正在违反K的意志强行与K发生性关系，也知道自己正在利用这个机会获取财物。B数次尝试勃起不成功而没能强奸K，于是A、B和F三人拿走价值100多马克的钱财离开K家。对于在现场的A，多特蒙德地方法院认为A构成强奸罪的共犯，但德国联邦最高法院认为，A既没有实施强奸罪的意图，也没有实施帮助行为。参见BGH，15.04.1997，4 StR 116/97。

要甲、乙目睹了对方的后续行为，即可直接认定甲、乙构成强奸罪和抢劫罪的共同犯罪，这一结论显然不合适。

其三，容忍说并没有对“在场”是否属于帮助行为作出说明，反而指望借助义务说来论证知情共犯人的刑事责任，殊有不当。容忍说提出，若共犯人采取了“不容忍”的措施，就无须承担责任。问题是：什么情形属于“不容忍”？共犯人目睹过限犯罪发生后可能实施四种行为：在场观看、继续实施原定犯罪、离开现场、阻止犯罪行为。前两种情形无疑属于容忍说所指的“容忍”。第三种情形，即共犯人离开现场最多表明其不同意该犯罪，而远未达到“不容忍”的程度；共犯人不加干涉，使实行犯顺利实施该行为也应属于“容忍”。于是，只有上述第四种情形才是容忍说所谓的“不容忍”。① 但要求共犯人阻止犯罪，必然以承认共犯人的作为义务为前提。在此，容忍说实际上已经抛弃了自己的立场，向义务说转变。

在笔者看来，容忍说之所以存在不能容忍的缺陷，乃在于该说所依循

---

① 司法实践中的认定更为严苛，认为没有实施“明确、有效的制止行为”的都是“容忍”。以王兴佰、韩涛、王永央故意伤害案为例。被告人王兴佰与被害人逄孝先各自承包了本村的沙地售沙，王兴佰因逄孝先卖沙价格较低，影响自己经营，于是预谋找人教训逄孝先。2003 年 10 月 8 日 16 时许，被告人王兴佰得知逄孝先与妻子在地里干活，即纠集了被告人韩涛、王永央及崔某某、肖某某、冯某某等人。在地头树林内，被告人王兴佰将准备好的 4 根铁管分给被告人王永央等人，并指认了被害人逄孝先。被告人韩涛、王永央与崔某某、肖某某、冯某某等人即冲入田地殴打被害人逄孝先。其间，被告人韩涛掏出随身携带的尖刀捅刺被害人逄孝先腿部数刀，致其双下肢多处锐器创伤，进而导致失血性休克死亡。被告人王永央看到韩涛捅刺被害人并未制止，后与韩涛等人一起逃离现场。法院在判决书中指出，被告人王永央实施伤害行为时，发现被告人韩涛持刀捅刺被害人也未予以制止，故被告人韩涛的持刀捅刺行为并非实行过限的个人行为。裁判理由是：“在共同实行犯罪的情形下，判定实行行为过限的基本原则是看其他实行犯对个别实行犯所谓的‘过限行为’是否知情。如果共同实行犯罪人中有人实施了原来共同预谋以外的犯罪，其他共同实行犯根本不知情，则判定预谋外的犯罪行为系实行过限行为，由实行者本人对其过限行为和后果承担责任；如果其他实行犯知情，除非其有明确、有效的制止行为，则一般认为实行犯之间在实施犯罪当场临时达成了犯意沟通，其他人对实行者的行为予以了默认或支持，个别犯罪人的行为不属于实行过限，其行为造成的危害结果由各实行犯共同承担责任。”显然，法院在采取容忍说的基础上，为了给共犯人提供出罪机会而提出了构成“不容忍”的条件，即是否存在“明确、有效的制止行为”。但是，这一标准很难得到满足。在过限行为突然发生，共犯人虽然想制止或者实施了制止行为，但不可能做到有效制止的情况下，按该标准也应否定实行过限，成立共同犯罪。如此高的要求使得实际案件中“没有犯意沟通”的情况少之又少，共犯人几乎都以入罪告终。参见牛传勇《王兴佰、韩涛、王永央故意伤害案——共同故意伤害犯罪中如何判定实行过限行为》，载熊选国主编《刑事审判参考》总第 52 辑，法律出版社，2007，第 5 页以下。

的归责路径存在根本疑问。以共犯人是否与实行犯构成作为的共同犯罪来判断共犯人应否承担刑事责任的思路值得反思。当实行犯实施超出谋议的行为时，在场的共犯人倘若没有通过言语、动作、眼神等对实行犯进行心理上的鼓励，与实行犯达成新的犯罪协议，仅凭其“在场”的事实，无论如何不可能成立共犯。因此，容忍说应予抛弃。

（二）义务说的启示

义务说主张，判断共犯人是否承担刑事责任的关键在于考察其是否具有作为义务。若共犯人有阻止实行犯的义务而不履行，未避免法益侵害结果发生的，应承担不作为的刑事责任。然而，无论是义务说中的折中说还是否定说，都存在理论上的缺陷，更无法运用于司法实践。例如，折中说仅仅以“共犯人有作为义务就承担刑事责任，反之则不承担”这样的空洞表述为观点，而没有说明共犯人何时有义务、何时没有。否定说以“共犯人没有监督其他共犯人的作为义务”为由全盘否定共犯人责任，但是，即使共犯人没有这类义务，也可能基于其他原因产生作为义务，该说考虑得显然欠周全。总之，义务说虽然在归责逻辑上清晰可行，但其内容远未完善。

折中说和否定说的缺陷表明，采取义务说必须解决两个问题：第一，知情共犯人阻止过限行为的作为义务来源是什么；第二，知情共犯人在何种情况下具有作为义务。

在第一个问题上，可以肯定的是，共犯人并不具有“监督他人的义务”。该类义务是指，当行为人缺乏答责能力或者答责能力有限时，或当监督者和行为人之间具有某种等级关系时，监督者有防止行为人犯罪的义务。[①] 在共同犯罪中，共犯人之间结成的同盟关系既不会使任何一个共犯人的答责能力降低，也不会使相互间产生监督与被监督的关系，故共犯人不可能基于此而产生作为义务。检视不作为犯的义务来源，[②] 值得进一步考察的是先前行为。先前行为理论的思想基础是，行为人实施的某种行为

---

① Vgl. Claus Roxin, Strafrecht AT Band 2, Besondere Erscheinungsformen der Straftat, Beck, 2003, SS. 745 – 755.

② 参见〔德〕约翰内斯·韦塞尔斯《德国刑法总论》，李昌珂译，法律出版社，2008，第434页以下。

有导致法益侵害发生的危险时，行为人有义务避免该结果发生。例如，驾驶者撞伤路人，即因该行为而承担救助义务；过失导致起火者应承担灭火义务。在共同犯罪中，虽然过限行为由某个实行犯直接造成，但若共犯人之前参与的犯罪行为给法益侵害的发生提供了客观助力，其亦可能因此承担结果回避义务。无疑，这一义务的履行内容既包括阻止其他共犯人实施过限行为，也包括阻止不及的情况下对被害人予以救助。

据此，在第二个问题上，有必要借助“先前行为”来判断具体案件中共犯人是否有作为义务。我国学者对先前行为做过恰当的表述，如先前行为是“制造了法益侵害的危险”的行为,[①] 先前行为“使某种合法权益处于遭受严重损害的危险状态”,[②] 等等。德国司法界则认为，当行为人违反义务地制造了临近某个构成要件结果发生的危险时，即应承担作为义务。[③]但是，仅凭这类抽象的概念还难以对具体案件作出准确判断，我们应深入研究先前行为理论以寻找答案。

二 先前行为的理论展开

在大陆法系刑法学理上，关于先前行为已经发展出一套较为成熟的理论体系，具体包括先前行为的实质化根据、基本性质与特征、成立范围等。其中，先前行为的实质化根据与先前行为保证人地位的存废问题相关；先前行为的基本性质与特征为具体案件中先前行为保证人地位成立与否提供判断标准；先前行为的成立范围则是在对前两个主题进行充分探讨的基础上，对先前行为能否为不作为、过失犯罪、故意犯罪等问题进行的补充讨论。解决本文问题的关键在于准确把握先前行为的基本性质和特征。[④]

（一）先前行为的性质之争

关于先前行为的性质，在德国存在因果关系说（Verursachungstheorie）

① 参见张明楷《刑法学》，法律出版社，2011，第156页。

② 参见陈兴良《本体刑法学》，中国人民大学出版社，2011，第209页。

③ BGHSt 34，82，84；BGHSt 37，106，115；BGHSt 44，196.

④ 目前来看，支持先前行为保证人地位的学说仍是主流，本文也持这一观点。在此，本文不打算详细讨论先前行为的实质化根据；就先前行为的成立范围所讨论的问题，后文略有涉及。

和义务违反说（Pflichtwidrigkeitstheorie）的对立。[①] 因果关系说认为，先前行为不应限定为违法行为，只要某行为因果性地产生对被避免的结果来说“逼近”且“相当”的危险，行为人就负有避免结果发生的义务。该说主张，每个人都有对由其行为甚至合法行为产生的非其所愿的影响承担责任的“责任感”，因此，法律上进行义务设定时必须考虑这种责任感，而不必要求行为必须“违法”。该说进一步论述道，一些保证人地位在来自先前行为的同时也可能来源于“自愿的责任承担”或“对实际危险源的控制”，但后两者常常不具备义务违反性，故不应要求先前行为违反义务。例如，行为人一旦购买了恶犬，就取得了对该危险源的控制地位。行为人防止恶犬侵犯他人的义务既来自先前的购买行为，也来自其所处的控制危险源的地位。由于对恶犬的实际控制并不违法，故作为先前行为的购买行为也不可能违法。义务违反说则认为，危险的先前行为必须是违反义务地或者说违法地制造了某种程度危险的行为。针对因果关系说的主张，该说反驳道：首先，每个人都会有的“责任感”是生活中的责任感，并且每个人的责任感程度并不相同，直接套用在刑法领域过于随意；其次，因果关系说对先前行为的理解过于宽泛，该说所描述的保证人地位既来自先前行为又来自其他义务的情形并不存在。例如，行为人购买恶犬后确实形成了对实际危险源的控制，但购买行为本身并非先前行为，行为人的保证人地位仅来自“危险接受”。[②]

两说在先前行为是否必须是“违法的”、“违反义务的”这一点上存在根本分歧。具体来说，争议焦点在于：第一，客观上没有法益侵害的行为能否产生保证人义务？因果关系说对此持肯定回答。例如，在正当防卫的情形下，若不将正当防卫限制在一定的限度内，等于是对侵权者判了死刑，因此防卫人也应承担保证人义务。义务违反说则主张，行为本身合法时，就不可能基于该行为产生刑法上的义务；在正当防卫的情况下，若被害人还必须基于其合法的防卫行为承担保证人义务，保护侵权人，这难以

---

① 在德国，还有少数学者反对先前行为理论。例如，许迺曼就实质保证人理论采取“事实支配说”，认为先前行为人因对其所造成的损害缺乏支配而不承担保证人义务。参见许迺曼《德国不作为犯法理的现况》，陈志辉译，载许玉秀、陈志辉合编《不移不惑献身法与正义——许迺曼教授刑事法论文选辑》，新学林出版股份有限公司，2006，第629页以下。

② Vgl. Thomas Hillenkamp, 32 Probleme aus dem Strafrecht, Allgemeiner Teil, Luchterhand, 1996, SS. 228 - 232.

让人接受。第二，客观上虽然造成了某种侵害，但行为人主观上对此没有认识，能否产生保证人义务。例如，行为人合法驾驶却造成了交通事故的，产品制造人不违反任何产品检验标准却给消费者带来损害的，是否成立保证人地位？因果关系说认为，没有过失地制造了法益侵害，也应承担避免该侵害扩大的义务。义务违反说则主张，先前行为必须是违法行为，所谓的违法既包含客观的违法，也包括主观的违法，因此，行为人主观上至少应对自己造成的危害有过失。当行为人实施了合法的交通行为、产品制造行为时，由于行为人并没有违反主观的注意义务，先前行为缺乏主观违法性，也就不能产生保证人义务。① 在德国，因果关系说和义务违反说都获得了许多著名学者的支持。② 需要注意的是，站在不同阵营的学者对一些具体问题的看法并不是泾渭分明的。由于彻底坚持因果关系说可能导致处罚范围过广，而完全主张义务违反说也会使先前行为的范围过窄，所以，学者通常在各自阵营的基础上，对具体问题做必要的修正。例如，持因果关系说的学者基本认为正当防卫人不具有保证人地位，而主张义务违反说的学者则开始承认攻击型紧急避险者的保证人义务。③

因果关系说和义务违反说是关于先前行为违法或合法这一根本性质的讨论。但是，在具体案件中探讨某个行为是否成立先前行为时，仅凭该行为合法或违法的事实尚不足以作出判断。无论持因果关系说还是义务违反说，都有必要从其所确定的先前行为基本性质出发，进一步探讨先前行为主客观方面的特征，合理界定先前行为的范围。

（二）先前行为的主观方面

因果关系说和义务违反说的对立揭示出先前行为主观方面的讨论焦点，即“是否要求行为人对其所引起的法益侵害有预见可能性”。基于刑事政策的要求，德国法院对此倾向于持否定回答，在一些判决中直接采用

---

① Vgl. Thomas Hillenkamp, 32 Probleme aus dem Strafrecht, Allgemeiner Teil, Luchterhand, 1996, SS. 228 - 232.

② 因果关系说和义务违反说都有有力的支持者。Roxin、Rudolphi、Schmidhäuser、Wessels、Blei、Mezger 等坚持义务违反说，而 Jakobs、Welp、Arthur Kaufmann、Arzt、Freund 等则主张因果关系说。

③ Vgl. Thomas Hillenkamp, 32 Probleme aus dem Strafrecht, Allgemeiner Teil, Luchterhand, 1996, SS. 229 - 231.

了因果关系说。例如，被告人将一把折刀交到S手中，S在被告人不可预见的情况下将折刀插入V的身体，给其造成了生命危险；被告人没有救助V。法院认为，被告人递折刀的行为和V的死亡有自然因果关系，因此被告人有义务避免V的死亡；被告人是否能预见这一危险并不重要。[①] 在另一些案件中，判决即使表面采取义务违反说，也抛弃了对行为人预见可能性的要求。例如在皮革喷雾剂案中，法院虽然查明，厂家在生产喷雾剂的过程中根据当时的技术对产品做了各种检验，没有检测出任何违禁成分，也未检测出任何对人体有害的物质，因此厂家生产时没有违反任何注意义务，但是仍然主张，厂家生产、销售喷雾剂的行为客观上制造了危险，进而认定有关人员基于先前行为成立保证人地位。[②] 法院对此进一步解释道，先前行为所要求的“客观义务违反”和过失犯所要求的“侵害注意义务”并不一样，前者不包括主观违法，后者则包含主观违法；虽然仅违反客观义务并不一定符合过失犯罪的构成要件，但已经足够使刑法对危险结果进行法律上的谴责；先前行为是否违反注意义务、能否在责任意义上被谴责，并不重要。[③]

然而，学界对此持完全相反的观点，并对法院的判决进行了有力抨击。如罗克辛认为，在递折刀一案中，被告人递折刀的行为虽然与V的死亡结果有因果关系，但由于被告人没有预见到S的伤害行为，亦即没有违反主观上的注意义务，该行为并非违法行为，所以被告人不具有结果回避义务。[④] 就

---

① BGHSt 11，353.

② 皮革喷雾剂案（Lederspray-Fall）：A公司生产皮革喷雾剂并由其子公司销售。1980年秋该集团接到消费者在使用皮革喷雾剂过程中受到损害的通知，消费者呈现呼吸急促、咳嗽、恶心、发抖、发热等症状，并且必须进行治疗，诊断结果为肺水肿。公司内部开始对回收的产品进行检验，但检验结果认为并没有制造上的过错，只是Silikonöl这种成分过高。1981年该公司降低了Silikonöl的比例，又或者采用其他药品替代，但是仍然有消费者发回损害通知。公司一度作出停止制造和销售该产品的决定，但不久后又再度制造。在公司专门的临时会议上，受邀列席的专家表示根据检验结果产品并不包含有毒物质，并建议委托外国机构做进一步检验以及在产品外部设计警告标识。会上大家一致认为，只有在检验结果显示确实存在制造上的错误或者可以证明对消费者而言存在风险的时候，才作出停止销售和回收产品的决议。之后公司继续销售皮革喷雾剂，损害也不断发生。BGHSt 37，106.

③ Vgl. Claus Roxin，Strafrecht AT Band 2，Besondere Erscheinungsformen der Straftat，Beck，2003，S. 778f.

④ Vgl. Claus Roxin，Strafrecht AT Band 2，Besondere Erscheinungsformen der Straftat，Beck，2003，S. 767.

皮革喷雾剂案，罗克辛指出，行为的主客观不法不能分离，先前行为中所谓的“客观义务违反”和“侵害注意义务”两者是同一的，不可能只有前者而没有后者；义务违反必须是在先（刑法前的）而不是事后从危险结果中确定，行为人不可能在制造不被允许的危险的同时又不违反注意义务；法院把注意义务和责任摆在一起，其实是混淆了不法和责任；行为人有没有责任，其过失是否可避免，已经是另外一个问题了。[①] 罗克辛的批判得到了多数学者的肯定，现在，“先前实施的行为只应为它所产生的可以预见的危险承担责任”这一规则已经获得德国学界的基本赞同。[②] 义务违反说在预见可能性的问题上取得了通说的地位。

（三）先前行为的客观方面

采取因果关系说的学者必须确定“什么样的合法行为能够成为先前行为”，持义务违反说的学者也必须对“义务违反”、“违法”作出解释。这里解决问题的关键在于界定先前行为的客观特征，亦即明确“先前行为所制造的危险与最终法益侵害结果间的关联度”。当然，对先前行为的基本性质持何种看法，为回答这一问题定了基调。以下介绍三位学者的观点。

1. 不被允许的风险说

罗克辛认为，先前行为应为违法行为，但“违法”这一表述还不够清晰，因此，其提倡以是否制造了“不被允许的风险”来界定先前行为的违法性。罗克辛指出，刑法要求先前行为人履行结果回避义务，乃是基于刑法对其所实施的先前行为的谴责，所以，先前行为必须提供这样一个谴责的基础，即其必定制造或者加大了法益侵害风险；先前行为与侵害结果之间若只存在条件关系而无归责关联，就无法提供刑法发动谴责所要求的“非价”。[③] 以此为指导思想，罗克辛运用客观归责理论提出了以下判断先前行为的标准。第一，先前行为是否制造或加大了不被允许的风险。例如，乙邀请甲散步，甲应邀出门却不幸遭遇车祸。乙的邀请行为只是产生

① Vgl. Claus Roxin, Strafrecht AT Band 2, Besondere Erscheinungsformen der Straftat, Beck, 2003, S. 779f.

② 参见〔德〕冈特·施特拉腾韦特、洛塔尔·库伦《刑法总论Ⅰ——犯罪论》，杨萌译，法律出版社，2004，第366页。

③ Vgl. Claus Roxin, Strafrecht AT Band 2, Besondere Erscheinungsformen der Straftat, Beck, 2003, SS. 764 - 766.

了一个日常生活中的危险，与甲的损害并无归责关系。法律既然不能谴责乙，就不能要求其承担救助甲的义务。第二，先前行为制造的危险并未在最终的法益侵害结果中实现时，应否定保证人地位的成立。这就是所谓的规范保护目的关联性要求。例如，屋主搜寻窃贼时摔下楼梯受伤，窃贼不成立保证人地位，因为，避免财产所有人的身体伤害并不是刑法规定盗窃罪的目的。第三，先前行为制造的危险在被害人的答责范围内时，不成立保证人地位。①

2. 特殊风险说

作为因果关系说的支持者，雅各布斯认识到完全采取因果关系说会不当扩大先前行为的范围，因此提出用“特殊风险”（Sonderrisiko）概念来界定先前行为。雅各布斯认为，先前行为需要制造一个与法益侵害结果相关的、临近的、足够的危险，才能产生作为义务，但是，并非只有“违法行为”才满足这一条件。既然如此，不如直接抛弃“违法”这一标准，用“特殊风险”作为先前行为的本质要素。具体而言，若某行为制造了比必要的日常行为更高的危险，该行为即使是合法的，也应产生作为义务。雅各布斯进一步解释道，一些行为虽然得到了法律的许可，但只是因为这些行为对于社会发展确有必要，法律才允许实施；而由于行为人实施的是法律特别允许的行为，比一般人享有更多的自由，故应比一般人承担更多的义务。至于“特殊风险”的判断标准是什么，雅各布斯并没有明言。但其指出，像皮革喷雾剂案这样的合法生产导致损害的情况，以及合法驾驶、紧急避险等情形，都属于法律特别允许的行为，制造了高于日常生活的“特殊风险”，行为人有义务避免这类行为可能造成的损害。②

3. 二元说

德国学者奥托认为，先前行为应分为监督危险源和保护法益两种类

---

① 罗克辛还运用该说得出了以下结论：当先前行为制造的危险通过正当防卫被合法化时，不成立保证人地位；当先前行为制造的危险通过紧急避险被合法化时，成立保证人地位；当合法的先前行为继续的过程中，合法前提丧失时，成立保证人地位；先前行为是违反保证人义务的不作为时，也能成立保证人地位；先前行为是故意犯罪行为时，产生结果回避义务，成立保证人地位。参见 Vgl. Claus Roxin，Strafrecht AT Band 2，Besondere Erscheinungsformen der Straftat，Beck，2003，SS. 766 – 777。

② Vgl. Jakobs，Vorangegangenes Verhalten als Grund eines Unterlassungsdelikts-Das Problem der Imgerenz im Strafrecht，http://www. akademienunion. de/_files/akademiejournal/2002 – 2/AKJ_2002 – 2 – S – 08 – 10_jakobs. pdf.

型。对于前者，即使是合法行为制造或者增加了法益损害发生的机会，引发了一个导向法益侵害的因果流程，行为人也必须切断该流程以避免法益侵害的产生或扩大。[①] 但是，奥托对此限定道，若危险并不是由先前行为制造的，或者行为引起了第三人犯罪的危险或被害人自损的危险，后者又独立地导致最终侵害结果发生时，应采用自我答责原则否定先前行为人的保证人地位，将侵害结果完全归责给第三人或被害人。奥托举例说，A 合法地驾驶车辆，撞上了未尽注意义务的路人 B，没有救助 B 即离去，B 被后来的车辆轧过而死亡。在这一案件中，导致结果实现的危险来自 B 的行为，A 并没有制造或者提高法益损害的危险，因此 A 不具备保证人地位。再如，在共同殴打被害人的过程中，若其中一名共犯人独立地作出杀人的决定，并实施杀人行为的，其他共犯人并没有监督共犯人的义务。[②]

对于后一类型，奥托认为，当行为人通过先前行为使被害人陷入一种无助的状态（Hilflosigkeit）或者需保护的状态（Schutzbedürftigkeit）时，行为人就自动成为被害人的保护屏障，必须使其免受新的侵害，不论这种侵害是来自第三人的行为还是其他原因。[③] 据此，虽然奥托以自我答责原则对监督危险源类型的先前行为范围进行限定，但其所主张的保护法益类型却从另一渠道扩大了先前行为的范围。

（四）本文的观点

过去，我国刑法学界对先前行为的研究缺乏体系性，还停留在问题思考的阶段。学者们略过对先前行为实质化根据和基本性质的探讨，而热衷于划定先前行为的成立范围。于是，“先前行为是否必须是违法的”这一问题，在德国本属于关于先前行为基本性质的研究，在我国却一直与先前行为的成立范围相关。不仅如此，学者们的讨论也缺乏深度，多数文献仅

① 奥托认为，义务违反说有时会使先前行为的范围过宽，有时又会过窄，这并不合适。Vgl. Harro Otto，Grundkurs Strafrecht，neubearbeitete Aufl. 6，Walter de Gruyter，2000，S. 170.

② Vgl. Harro Otto，Grundkurs Strafrecht，neubearbeitete Aufl. 6，Walter de Gruyter，2000，S. 169f.

③ Vgl. Harro Otto，Grundkurs Strafrecht，neubearbeitete Aufl. 6，Walter de Gruyter，2000，S. 168f.

仅以“合法行为也能产生危险”为理由，认为先前行为应包括合法行为；[①]所采用的论据也极其单一，均以“甲带邻居家的小孩乙去游泳不属于违法行为，但若乙溺水，甲仍有救助义务，因此先前行为也可以是合法行为”等类似情形为例进行说明。[②]

近年来，我国也出现了探讨先前行为性质的文献。如张明楷教授明确支持因果关系说，并对义务违反说进行了如下批判。第一，肯定先前行为成为作为义务来源并不是将先前行为作为处罚根据，因此没有理由将先前行为限定为违反义务的行为；很多合法行为也应产生作为义务，例如阻却违法的紧急避险行为，再如“X抢劫未遂后逃走，甲、乙、丙为了将X抓获归案而追赶，X在前方无路可逃时坠入深水中，甲、乙、丙的追赶行为并不违法，但的确给X的生命制造了危险”，因此有救助义务。第二，义务违反的界限并不明确，德国目前的学说也没有对义务违反提出一个明确的标准。第三，义务违反说最有力的论点是正当防卫不产生作为义务，但是，正当防卫产生了过当的危险时，一样应产生作为义务。第四，从我国相关法律规定来看，行为人基于先前行为引起作为义务时，不以违反义务为前提。如道路交通安全法中规定，车辆驾驶人应在发生交通事故后立即抢救伤者，但这里并不要求驾驶人违反交通运输管理法规。[③]

为界定先前行为的范围，我国学者对先前行为的特征也做了一定研究。在先前行为的主观方面，由于我国学者一般认为合法行为也能产生作为义务，故均主张不要求行为人对侵害结果的发生有预见可能性。[④] 在先前行为的客观方面，学者们的说法也大同小异，一般以先前行为是否对具

---

① 参见熊选国《刑法中行为论》，人民法院出版社，1992，第185页；高铭暄主编《刑法学原理》第1卷，中国人民大学出版社，1993，第545页；陈兴良《刑法哲学》，中国政法大学出版社，2004，第245页。

② 参见刘士心《不纯正不作为犯罪中先行行为引起的义务研究》，《北方法学》2007年第6期；郑进《论不作为犯罪中先前行为引起的义务》，《人民检察》1997年第4期。

③ 参见张明楷《不作为犯中的先前行为》，《法学研究》2011年第6期。

④ 参见齐文远、李晓龙《论不作为犯中的先行行为》，《法律科学》1999年第5期；许成磊《不纯正不作为犯理论》，人民出版社，2009，第295页；刘士心《不纯正不作为犯罪中先行行为引起的义务研究》，《北方法学》2007年第6期。论者多用以下案例来加以说明：仓库管理员下班前经巡视后认为无人在仓库，将大门锁死，但离开前听到仓库内有人呼喊。管理员知道有人在内却故意不开门，导致被锁在仓库的人窒息而死。该管理员应基于其无过失的先前行为产生作为义务。

体法益因果性地造成了紧迫、现实的危险为考虑重点；[①] 张明楷教授在此基础上还强调行为人是否对危险向实害发生的原因具有支配性，即是否没有其他人更应当优先保护法益。[②] 然而，上述学说仍较为笼统，尚未进一步整理出具体的判断要素。

本文认为，关于先前行为的性质，原则上可采纳义务违反说，即先前行为应为违法行为。首先，法律已经确定某个行为合法后，又因行为人实施该行为而强令其承担由刑罚威慑所保障的作为义务，这是前后矛盾的做法。从这个意义上说，义务违反说更具有合理性。其次，“义务违反”的界限虽然不明确，但已经很好地对先前行为进行了类型上的限定，足以说明其行为性质。当然，义务违反说在具体运用时有标准不明的问题，但即便采纳因果关系说，也需要采取具体的判断标准来界定先前行为。再次，在合法行为中，除了紧急避险之外，大多数情况下都应否定作为义务的成立。①一些作为义务看似由合法的先前行为产生，但实际上属于其他义务类型，应正确区分先前行为和其他法律义务。例如，甲带邻居家的小孩乙去游泳，当乙溺水时甲确有救助义务，但这并非由“带往游泳”这一合法行为产生；而应认为，当甲带小孩去游泳时，就在这期间承接了小孩监护人的保护义务。②正当防卫不宜被认定为义务来源。对于正当防卫应否产生作为义务，持正反两种观点的学者都无法找到对方法律逻辑上的漏洞，毋宁说这是一个价值选择问题。因此，有必要遵循民众的法感情和一般的法观念来判断。要求防卫人救助侵害人，这显然是强大多数人之所难；刑法理论和司法实践也都普遍主张否定正当防卫产生作为义务。[③] ③合法行为一般不会给法益带来危险，往往是被害人自己的行为造成危险，此时应由被害人自己承担责任。在前述甲、乙、丙追赶抢劫犯的案件中，追赶行为本身并不会给抢劫犯的生命法益带来危险；[④] 抢劫犯在被追赶的情况下选择

---

① 参见栾莉《刑法作为义务论》，中国人民公安大学出版社，2007，第179页；刘士心《不纯正不作为犯罪中先行行为引起的义务研究》，《北方法学》2007年第6期。

② 参见张明楷《不作为犯中的先前行为》，《法学研究》2011年第6期。

③ 美国判例如 *King v. Commonwealth*, 285 Ky. 654, 148 S. W. 2d 1044 (1941)。参见 Graham Hughes, “Criminal Omissions,” 67 *The Yale Law Journal* 624 (1957 - 1958)。德国近期的判例如 BGH 2 StR 582/992000。

④ 当然，如果甲、乙、丙不仅仅追赶，而且手持刀、棍砍打，有威胁抢劫犯人身安全之虞的，三人的行为就不再是正当的权利行为，而属于违法行为。

了跳水及其可能带来的危险（而不是束手就擒），这显然是他自由选择的结果；[①] 在这种情况下，不宜将义务分配给合法行为者。

在先前行为的主观方面，本文主张，虽然义务违反说一般要求行为人对侵害结果有预见可能性，但有必要从我国的理论传统和现实需求出发，对义务违反说进行一定的修正，否定预见可能性的要求。首先，我国与德国的违法性理论并不一致。德国学界对预见可能性的强调，与其二元的违法性理论紧密相连。自威尔采尔提出目的行为论以来，不法不再单独地建立在侵害结果之上，而是由行为无价值与结果无价值共同决定；[②] 故意和过失也不仅仅是责任要素，同时还是违法要素。因此，当义务违反说主张先前行为必须“违法”时，不仅要求该行为造成了法益侵害，还包括行为人主观上对规范的违反，即行为人的反规范态度；若行为人对侵害结果没有预见可能性，则不存在主观违法，其行为也就不会产生作为义务。但是，我国刑法理论并未受到目的行为论根深蒂固的影响，二元的违法性理论也并非我国通说。相反，主张违法性的本质是结果无价值、行为客观上侵害了法益时就满足了“不法”、故意和过失应按责任要素来理解的观点非常有力。[③] 从这一理论现状来看，我们无须将“行为人有预见可能性”视为先前行为作为义务的成立条件。其次，从我国社会治理的现状来看，更有必要在先前行为的成立上抛弃“预见可能性”的要求。我国公共安全责任事件时有发生，通过赋予关键的社会角色以作为义务，令其承担不作为责任来遏制风险的做法是刑事治理的必然发展方向。但是，若对先前行为人提出“预见可能性”的要求，则难以达到这一目标。以产品安全治理为例，由于我国产品生产的安全细则并不完善，在众多领域缺乏明确的安全标准，或者即使有标准也并不科学，所以，当我们无法确定企业的生产行为因违反标准而存在过失时，即便产品给消费者带来法益损害，也难以

---

① 试想两种情形：第一，抢劫犯甲对欲抓他并将他扭送至公安局的公民乙说，“如果你再追赶，我就跳河”；第二，不愿分手的女性甲对男友乙说，“如果你要分手，我就自杀”。这两种情形本质上是一样的，乙都没有制造侵犯对方法益的危险，甲也都是基于自己的意志作出了损害法益的决定。

② 参见〔德〕克劳斯·罗克辛《德国刑法学总论》第1卷，王世洲译，法律出版社，2005，第154页。

③ 参见张明楷《行为无价值论的疑问——兼与周光权教授商榷》，《中国社会科学》2009年第1期；黎宏《行为无价值论批判》，《中国法学》2006年第2期。

使企业承担因不回收产品而产生的刑事责任；而只有承认先前行为人对侵害结果无预见可能性情况下的作为义务，才能合理解决这一问题。

在先前行为的客观方面，考虑到先前行为明显呈现出两种类型，有必要分别探讨。首先，先前行为使法益处于脆弱的需保护状态时，先前行为产生保护义务。在这一类型中，不要求行为和最终的法益侵害有直接的、紧迫的、类型性的因果关系，只要行为使被害人处于需保护状态，被害人的自我保护功能丧失，行为人就具有保护义务。例如，在绑架犯罪中，被害人被剥夺了基本的生存能力，因此绑架者有义务向被绑架者提供食物和水等基本生活所需品。[①] 再如，共犯人对被害人实施了捆绑行为后，被害人丧失了对新的侵害的反抗能力。此时共犯人之一又独立地产生了杀人故意，杀死被害人的，其他共犯人对被害人有保护义务。其次，当先前行为本身作为危险源，开启了一个导向法益侵害的因果流程时，行为人即应承担安全义务。在这里，应重点考察行为是否不被允许地制造或者提高了法益侵害发生的风险。例如，在交通事故中，若驾驶者因违规驾驶而撞伤路人，就属于“不被允许地”给路人的生命法益制造了风险，肇事者有切断该行为引发的法益损害流程，防止危险进一步扩大为实害的义务。在这一类型中，当先前行为引起第三人的犯罪行为时，不宜简单适用自我答责原则排除先前行为人的作为义务。如下文所述，满足一定条件时，行为人仍有可能承担阻止他人犯罪的义务。

三 共犯人作为义务的确定

当实行犯超出共同谋议实施其他犯罪行为时，共犯人是否承担避免结果发生的作为义务，应由其所参与的共同犯罪行为是否属于“先前行为”来决定。根据上文对先前行为性质及主客观特征的讨论，可着重从以下两方面展开分析。

---

① 这是西班牙学者所举的案例。他表示，当行为人剥夺了他人的自我保护途径时，就破坏了他人的“自治领域”，行为人应中断这种风险。参见 Jacobo Dopico Gómez-Aller, “Criminal Omissions: A European Perspective,” 3 *New Criminal Law Review* 11 (2008)。

（一）共犯行为的主观方面

根据德国通行的观点，当先前行为人对其制造的风险有预见可能性时，才能产生作为义务。据此，在共同犯罪中，也应要求共犯人在实施原定犯罪行为时，对实行犯超出共同谋议所实施的犯罪有预见可能性。例如，罗克辛指出，当某个抢劫犯违反共同计划强奸被害人时，如果其他共犯人在共同实施抢劫的过程中即能认识到该人有实施强奸的倾向，就应成立保证人地位；反之，则不应要求行为人承担结果回避义务。[①] 但是，根据本文的观点，先前行为人在无过失的情况下制造了法益侵害危险的，也应有义务避免结果发生。因此，在共同犯罪中，若共犯人无法预见实行犯将实施超出共同谋议的犯罪，亦不妨碍共犯人作为义务的成立。对于上述案例，共犯人即使无法从言语、暴力方式、眼神等预见到实行犯将实施强奸，也不会因此免除阻止强奸发生的义务。再如，在共同抢劫的过程中，行为人之一超出事先谋议打算杀死被害人的，其他共犯人即使在抢劫时无法预见该行为，但只要共犯行为符合先前行为客观方面的要求，共犯人也应承担结果回避义务。

（二）共犯行为的客观方面

先前行为分为监督危险源与保护法益两种类型，这里结合各类型的特点分别讨论。

1. 监督危险源的先前行为类型

根据监督危险源的先前行为理论，先前行为制造了危险源，开启了导向法益侵害的因果流程时，行为人有义务切断该流程，防止法益侵害的产生。在共同犯罪的场合，若共犯人的共犯行为类型性地引发了实行犯实施新的犯罪，则该共犯行为即为先前行为，共犯人必须因此承担阻止新的犯罪的义务。这里，义务存否的关键在于确定共犯行为与过限行为是否存在“类型性的引发”关系。本文主张按照以下流程进行判断。

首先，应进行法益关联度的考察。若共犯行为与过限犯罪所侵害的法

---

① Vgl. Claus Roxin, Strafrecht AT Band 2, Besondere Erscheinungsformen der Straftat, Beck, 2003, S. 768.

益之间并无关联性，则不应认为共犯人有结果回避义务。这是因为，先前行为人只应对其行为性质所可能涉及的法益侵害承担责任，当过限行为制造的法益侵害不在此范围内时，不应要求先前行为人对此负责。在德国，持义务违反说的学者对这一点已达成共识，[①] 法官亦普遍遵循此点来判断作为义务。例如，数名被告人进入一昏暗的房间盗窃时点燃火柴照明，离开房间时丢弃了火柴（法院不能确定是哪一名被告人将火柴丢弃），结果引起火灾，但被告人没有救火即径行离去。在这个案件中，共犯行为是盗窃，丢弃火柴引起火灾属于某个共犯人过失超出共同谋议的实行过限行为；盗窃行为能否产生灭火义务是追究各被告人不作为放火罪的前提。石勒苏益格高等法院认为，判断本案中各共犯人是否负有救火义务的关键在于，“数被告人实施的盗窃行为是否包含引发火灾的危险，以及盗窃行为是否‘直接’导致了火灾结果”。[②] 由于共同盗窃行为侵犯的是财产法益，该行为无论如何不可能侵犯公共安全法益，火灾的发生与盗窃行为无关，因此共犯人没有灭火的义务。[③]

其次，若上述判断得出肯定结论，再考虑共犯人的行为是否“促使”过限行为发生，即是否为该行为的发生提供了较大的可能性。过去德国法院认为，只要先前行为和过限结果之间存在自然因果关系就肯定作为义务，但这样的观点已被德国联邦最高法院所否定。例如，被告人醉酒后，在另一被告人 W 的住所内，与多人一起共同殴打被害人 T。后被告人因酒意发作而睡着，没有继续参与殴打。T 被殴打了几个小时后，一些共犯人注意到 T 不再有生命迹象，W 主张把 T 丢出去。此时被告人醒来。当 T 被拖出屋外，弃至车库边时，被告人正站在旁边，发现 T 还没有死，但其没有采取任何措施，而是和其他共犯人饮完酒后回家。青少年法庭认为，虽然被告人对短暂的殴打行为不负“殴打致死”的责任，但只要其一开始积

---

① 德国学者以“义务违反关联性”（又称“规范保护目的关联性”）来强调这一点。更详细的研究，参见 Michael Kahlo，Das Problem des Pflichtwidrigkeitszusammenhanges bei den unechten Unterlassungsdelikten，Duncker & Humblot，1990。

② Vgl. Joerg Brammsen，Die Entstehungsvoraussetzungen der Garantenpflichten，Duncker & Humblot，1986，S. 325.

③ 当然，丢弃火柴的共犯人基于丢弃行为而产生灭火义务。在可以查明丢弃者的情况下，灭火义务的归属没有疑问。在无法查明是哪一共犯人丢弃火柴的情况下，由于丢弃火柴的行为不能被视为所有共犯人共同的行为，全体共犯人均不能因未灭火而被归责。

极参与了殴打就应处于保证人地位。但是，德国联邦最高法院否定了这一判决，认为被告人参与殴打的行为并没有促使其他共犯人实施更长时间的可能致人死亡的殴打，因此被告人不应因其行为承担结果回避义务。[①] 可见，先前行为是否对过限行为的发生起了较大的推动作用是问题的关键。在具体判断上，本文认为可从以下两方面考虑。

（1）共犯行为侵害法益的程度是否严重。从客观上说，共犯行为本身越严重，过限犯罪发生的可能性也越大。以生命法益为例，轻微的殴打和严重的殴打以致伤害这两种情形比较起来，后者更易促成对生命法益的侵害。不仅如此，共同侵害行为越严重，使被害人陷入越软弱的状态，就越有可能引起同伴的攻击欲望，[②] 越容易促使其实施新的犯罪。关于这一点，笔者举以下两个案例进行对比说明。

例 1：二被告人 B 和 W 商议一致，对被害人实施严重的殴打行为。在这个过程中，W 又决定继续实施更严重的侵害行为，并在没有 B 参与的情况下，最终杀死了被害人。[③]

例 2：A 和 M 在 A 的住所内殴打 T，但并未危及 T 的生命。由于 M 的暴力行为非常严重，A 向 M 表示，他并不想有什么麻烦。M 产生杀死 T 的想法，尽管 A 可以阻止这个行为，但是他什么也没有做。M 杀死了 T。[④]

在这两个案件中，被告人都实施了共同殴打行为，被害人也最终被另一名被告人杀死，但例 1 中 B 一开始实施的就是严重的殴打行为，而例 2 中 A 参与的殴打行为是较轻的、“未危及生命” 的。德国法院在例 1 中肯定了 B 的保证人地位，在例 2 中则否定了 A 的保证人地位。法院指出，共犯人实施的殴打行为是否向被害人死亡的方向制造了较高的风险是判断的

---

① BGH 4 StR 157 – 00 – 23_Mai 2000. 类似的案件还有前文提及的抢劫强奸案。多特蒙德地方法院认为，由于被告人是抢劫犯罪的起始者，因此有义务干涉事件的发展，阻止其他共犯人实施强奸行为。但德国联邦最高法院指出，被告人与其他共犯人共同商议实施抢劫行为，并没有为强奸行为的发生制造临近的、紧迫的风险，被告人无须承担不作为强奸的责任。

② Vgl. Jakobs, Vorangegangenes Verhalten als Grund eines Unterlassungsdelikts-Das Problem der Imgerenz im Strafrecht, http://www.akademienunion.de/_files/akademiejournal/2002 – 2/AKJ_2002 – 2 – S – 08 – 10_jakobs.pdf.

③ BGH NStZ 1985, S. 24.

④ Vgl. Harro Otto, Grundkurs Strafrecht, neubearbeitete Aufl. 6, Walter de Gruyter, 2000, S. 169.

关键。[①] 在例 1 中，先前行为属于严重的暴力行为，制造了一个值得法律注意的向死亡方向升高的危险，另一被告人则在此基础上"顺势而为"地实施了杀人行为，因此，先前行为人必须承担结果回避义务。在例 2 中，A 的行为虽然也侵犯了被害人的身体法益，但鉴于其侵害程度，其对被害人的生命法益来说并没有制造一个值得注意的风险。[②]

（2）共犯行为客观上是否起到引导过限行为发生的作用。即使共犯行为侵犯法益的程度并不非常严重，但当该行为本身的一些特质客观上促使实行犯实施更严重的犯罪时，共犯人的作为义务也应成立。例如，共犯人虽然实施了较轻的暴力，但其通过言语或者行为攻击的方式，令实行犯产生强奸被害人的故意，对此也应肯定共犯人有阻止强奸的作为义务。再如，在共同殴打过程中，乙通过演示殴打方式、为甲的殴打行为叫好等做法，促使甲决意实施更长时间的殴打行为，甚至产生杀害被害人的意图进而杀死被害人的，即使乙只参与了部分时段的殴打，也要承担阻止被害人死亡的作为义务。

2. 保护法益的先前行为类型

根据保护法益的先前行为理论，在共同犯罪中，当共犯人使被害人陷入无法抵抗侵害的状态，而实行犯利用该状态实施新的犯罪时，共犯人的行为即符合保护法益的先前行为类型，应对被害人承担保护义务。例如，甲、乙二人共同入室抢劫，甲将被害人丙女的手脚捆绑住，乙则在一旁搜索钱财。若乙又打算强奸丙女，由于甲捆绑丙的行为使丙陷入无法反抗乙之强奸的状态，因此甲有义务阻止乙的行为。同样，若甲、乙一起对丙实施暴力，乙再

---

① BGH NStZ 1985，S. 24.

② 奥托对例 2 中法院的判决做了批评。他认为，M 的杀人决定并非从之前的共同殴打中产生，死亡结果属于 M 的自我答责范围，因此，A 并无对 T 的保证人地位；同样持此立场的 Kühl 认为，A 的殴打行为只是造成了某种行为倾向（Tatgelegenheit），而利用这一倾向实施故意犯罪行为的人，在完全的答责状态下作出了杀人的决定，故应否定 A 的保证人地位。然而，这一主张受到学界的有力批判。罗克辛即认为，自我答责原则不足以排除作为义务。例如，倘若乙应甲的要求递刀给正在打斗的甲时能够认识到甲要用刀子实施犯罪，乙的认识并不会改变甲的"自我答责"，但乙必须因此承担保证人义务。Vgl. Harro Otto，Grundkurs Strafrecht，neubearbeitete Aufl. 6，Walter de Gruyter，2000，S. 169.；Kristian Kühl，Strafrecht Allgemeiner Teil，neubearbeitete Aufl. 3，München：Verlag Franz Vahlen GmbH，2000，S. 687；Vgl. Claus Roxin，Strafrecht AT Band 2，Besondere Erscheinungsformen der Straftat，Beck，2003，S. 767.

对因受伤而无力抵抗的丙实施强奸，甲也应承担阻止乙的义务。但是，若甲只是对丙女实施了一般的暴力或者胁迫行为，则不构成对丙女自我保护能力的剥夺，甲的行为不属于保护法益的先前行为类型。[①] 德国判例亦持此观点。例如，A 和 K 抢劫 F，对其实施了严重暴力后离去。当二人再次从 F 家经过时，听到 F 的呻吟。二人进入 F 家，K 起杀意并通过殴打、掐脖子等方式杀死 F。A 仅仅要求 K 停手，但没有阻止其行为。对于此案，法院认为 A 通过其先前行为使 F 丧失了自我保护能力，因此 A 应承担对 F 的保护义务。[②]

需要说明的是，与监督危险源的先前行为类型要求先前行为与过限行为之间存在类型性的引起与被引起的关系不同，保护法益的先前行为类型不要求共犯行为与实行犯的过限行为之间具备这样的关联。当共犯行为剥夺了被害人的自我保护能力时，即使实行犯超出共同谋议侵犯的法益与共犯行为侵犯的法益无关，或者实行犯的行为完全不是由共犯行为所“促成”的，也应肯定共犯人的保证人地位。例如，甲、乙二人对丙实施非法拘禁，将丙捆在封闭的房间里。若乙又起了放火烧死丙的犯意，则甲应对此有阻止义务。在这一案件中，虽然甲开始实施的共犯行为只是侵犯丙的人身自由，与乙另打算实施的杀人行为之间并无法益上的关联，但甲参与剥夺了丙的自我保护能力，使丙无法抵抗新的法益侵害，故应对丙的生命法益承担保护义务。[③]

综上所述，当共犯行为属于监督危险源或保护法益的先前行为类型时，共犯人即对实行犯的过限行为有结果回避义务，共犯人不履行该义务时可追究其不作为的责任。值得注意的是，从作为犯的角度看，共犯行为本身已经构成犯罪，因此在讨论共犯人的刑事责任时必然涉及罪数问题。无疑，若后一阶段的不作为侵犯的法益与前一阶段的作为侵犯的法益不同，则应对共犯人数罪并罚。但是，若不作为侵犯的法益包含作为侵犯的法益，或者两者侵犯的法益相同，由于最终只有一个法益遭到侵害，则按重罪处理即可。例如，共同故意伤害他人后不阻止实行犯杀死被害人的，

---

① 可根据甲的暴力、胁迫情形来判断甲是否成立监督危险源的保证人类型。

② Vgl. Harro Otto, Grundkurs Strafrecht, neubearbeitete Aufl. 6, Walter de Gruyter, 2000, S. 168.

③ 至于义务履行的内容和程度则是另一个问题。甲有义务松开捆绑住丙的绳索，但是否有义务把丙救离火场，还要根据捆绑时间、被害人的身体情况、火势情况等做具体讨论。

共犯人既成立作为的故意伤害罪，又成立不作为的故意杀人罪，按后者定罪处罚。[①] 共同故意伤害他人时对实行犯导致他人死亡的行为有预见可能性，有能力阻止该结果发生而没有阻止的，共犯人既构成作为的故意伤害（致死）罪，也构成不作为的故意杀人罪。在这种情况下，虽然故意伤害（致死）罪和故意杀人罪的法定刑相当，但后者的罪质更重，因此宜对共犯人按不作为的故意杀人罪论处。[②]

四　我国司法实践中的具体应用

从我国司法实践来看，很多共同犯罪案件中都涉及知情共犯人对过限行为是否存在阻止义务、是否构成不作为犯罪的问题，本文拟就下面二则案例进行具体说明。

例 1：胡某、李某、陈某（女）因经济拮据，共谋由陈某到车站以女色勾引男子至预先租用的暂住房，以为男子敲背为由窃取财物。2002 年 8 月 6 日上午，陈某按预谋将张某从车站骗到暂住房，骗张某脱下外裤，欲由埋伏在房屋后半间的胡某、李某实施盗窃。但张某因故未脱下外裤。胡某、李某见无法通过盗窃取得财物，就从房屋后半间冲出，采用拳打脚踢的暴力方法劫得张某人民币 2 万元。陈某见胡某、李某冲出对张某实施暴力劫财，既未参与也未阻止。事后陈某、胡某从劫得财物中分得赃款 15000 元，李某分得赃款 5000 元。[③]

李某与胡某在盗窃不成的情况下以暴力劫取被害人财物的行为已构成抢劫罪。有疑问的是，在场的陈某是否也成立抢劫罪？对此可从两个角度进行考察。一种是从作为犯的角度，认定陈某和胡某、李某成立抢劫罪的

① 关于共犯人（不作为）和实行犯（作为）是否成立故意杀人罪的共同犯罪，有不同的观点。一种观点认为，不作为犯属于义务犯，和作为犯无法构成共同犯罪，因此共犯人和实行犯均成立故意杀人罪的正犯。另一种观点则认为，不作为和作为可以构成共同犯罪，因此，实行犯为故意杀人罪的正犯，共犯人为该罪的共犯。在后一观点下，适用从一重罪处罚的原则对共犯人论以罪质更重的故意杀人罪（共犯）时，应在考虑“故意伤害罪的正犯所处刑罚”之后，以此为最低限确定故意杀人罪的刑罚，以避免量刑不公。

② 在德国则多以“不纯正竞合”理论来讨论这一问题。详细的论述参见张明楷《不作为犯中的先前行为》，《法学研究》2011 年第 6 期。

③ 参见《盗窃不成改抢劫　同伙不作为是否同罪》，http://www.njlsw.cn/html/anlidaquan/xingshianli/200805/10-10455.html，最后访问日期：2013 年 6 月 28 日。

共犯。根据前文介绍的容忍说的观点，陈某在场并且知情，对胡某和李某的行为采取了放任态度，应成立共同犯罪。但是，陈某的“知情”不表示其有抢劫故意，陈某的“在场”也不能说明其对抢劫提供了客观上的帮助，故不能据此认定陈某构成抢劫罪。另一种是从不作为犯的角度，认定陈某未阻止胡某、李某的抢劫行为，与二人构成共同犯罪。这里的关键是判断陈某是否有作为义务。根据本文前面的分析，陈某并不具有阻止犯罪的义务，不构成抢劫的共犯。首先，虽然陈某共谋盗窃以及将被害人诱骗至暂住处的行为与胡某、李某的暴力劫财行为都侵犯了财产法益，但前者本身不具有引发侵犯人身法益的危险，两种行为间不具有违法关联性；而且，陈某的行为并没有起到“促使”另两名被告人实施抢劫的作用，因此，其不属于监督危险源的先前行为类型。其次，陈某虽然将被害人带至暂住处，但并没有使被害人陷入软弱的需保护状态，也不属于保护法益的先前行为类型。

根据上述分析，实践中经常讨论的事后抢劫的共犯问题也有了答案。例如，甲与乙共同入室盗窃，乙在里屋行窃，甲在外屋行窃。适逢室主 A 回家，甲为了抗拒抓捕，对 A 实施暴力，将 A 打昏。乙知情但没有参与实施暴力。对于乙而言，不论从作为犯角度还是不作为犯角度，都不能认定其构成事后抢劫的共犯。①

例 2：2005 年 8 月 12 日上午 8 时 30 分许，被告人廖某携带一把单刃尖刀，同被告人周某、被告人王某前往王某的邻居郑某家抢劫。廖某指使王某以自家停电为由敲开被害人的家门，发现只有郑某和他的两个儿子在家，廖某于是决定实施抢劫，三人还分了工。随后，廖某即持刀和周某、王某进入郑某家。在郑某家中，廖某将郑某带进主卧室取存折，并要周某捆绑郑某的两个儿子。周某找来围裙、毛巾等在客厅将郑某两个儿子的双手捆绑，交给王某看守，自己也进入主卧室。在主卧室内，廖某以持刀刺杀郑某的儿子相要挟，威逼郑某交出了存折并说出了密码，周某则从抽屉内搜出了一叠人民币。之后，廖某又要周某将郑某捆住，周某就用一根手机充电器的电线将郑某双手反绑，然后拿着郑某的存折到银行取钱。大约

① 张明楷教授亦通过否定容忍说和共犯人义务，认定此类情形不构成事后抢劫的共犯。参见张明楷《事后抢劫的共犯》，《政法论坛》2008 年第 1 期。

20分钟后，周某返回被害人家里，告知廖某取到了4.2万元现金，廖某便决定杀人灭口。之后，廖某一人进入主卧室，将门关上，杀死了被害人郑某，随即回到客厅指使周某、王某杀死郑某的两个儿子，周某、王某二人均表示不敢杀人。于是，廖某返身又将郑某的两个儿子分别带进主卧室杀死。之后，三人迅速逃离现场。[①]

本案中，被告人廖某的行为较易认定，其在实施抢劫之后再杀人灭口，应以抢劫罪和故意杀人罪并罚。周某、王某也参与了抢劫行为，无疑成立抢劫罪的共犯。有疑问的是，二人应否对被害人的死亡负责？若需负责应承担何种责任？法院认为，周某、王某二人虽然明确拒绝廖某提议的杀人行为，但其“在抢劫犯罪阶段中实施的大量行为，已延续到故意杀人犯罪阶段，所以应按故意杀人罪来处理”。显然，法院所说的抢劫行为延续到故意杀人犯罪阶段，实际上强调的是二人在抢劫罪中所实施的行为对廖某后来的杀人行为起到了客观上的帮助作用；再加上本案性质恶劣，不让二名被告人承担故意杀人的责任似乎不符合情理，因此，法院综合考虑，作出周某、王某二名被告人成立故意杀人罪的判决。但是，这一判决不符合法理。被告人廖某有杀人的故意且实施了杀人行为，这对于另外两个仅想实施抢劫罪的被告人来说属于过限行为。若要认为周某、王某二人与廖某就故意杀人罪成立共同犯罪，必须证明二人有杀人的故意和行为。但是从案情来看，周某、王某二人在廖某要求其杀人的情况下都表示不敢杀人，说明其并无杀人的故意，且二人仅实施了抢劫行为，没有参与廖某的杀人行为。因此，法院的判决值得商榷。

本文认为，有必要从不作为的角度考虑二名被告人的刑事责任。被告人周某在共同抢劫的过程中，实施了捆绑被害人的行为，周某应基于这一行为对被害人的生命法益承担保护义务。首先，周某的行为剥夺了被害人的反抗能力，属于应承担保护法益义务的先前行为，周某有义务防止被害人遭受更严重的侵害；其次，周某将被害人捆绑起来，使后者陷入无力抵抗的状态，这不仅使廖某的杀人行为更容易得逞，且更易激发其杀死被害人的故意，客观上起到了促使廖某实施杀人行为的作用。因此，周某有结

---

① 参见《三青年入室抢劫4.2万　67刀杀死一家三口》，http://info.secu.hc360.com/2006/10/101637106615.shtml，最后访问日期：2013年1月17日。

果回避义务，在可以履行的情况下却没有履行，根据案情可综合考虑成立不作为的故意杀人罪。至于被告人王某，从案情描述来看，虽然王某在抢劫罪中实施了为同伙提供作案对象、骗开被害人家门、看守被捆绑的被害人等行为，但这些行为和廖某的杀人行为之间仅存在自然意义上的因果关联；其在整个过程中没有实施暴力行为，也没有实施任何促使廖某杀人的行为。因此，其先前参与的共犯行为并不会产生阻止廖某杀人的义务，对王某以抢劫罪处理更为合适。

共同犯罪的认定方法*

张明楷**

摘　要：我国认定共同犯罪的传统方法，存在不区分不法与责任、不区分正犯与狭义的共犯、不分别考察参与人行为与正犯结果之间的因果性等三个特点，这种认定方法导致难以处理诸多复杂案件。认定共同犯罪应当采取相反的方法。其一，共同犯罪的特殊性仅在于不法层面，应当以不法为重心认定共同犯罪；至于其中的责任判断，则与单个人犯罪的责任判断没有区别。其二，正犯是构成要件实现过程中的核心人物，应当以正犯为中心认定共犯；当正犯造成了法益侵害结果（包括危险）时，只要参与人的行为对该结果作出了贡献，就属于不法层面的共犯。其三，只有当参与人的行为与正犯结果之间具有因果性时，才承担既遂犯的刑事责任，故共同犯罪的认定应当以因果性为核心。完全没有必要提出和回答“共同犯罪犯的是什么罪”之类的问题。在刑法理论与司法实践中，可以淡化“共同犯罪”概念。

关键词：共同犯罪　认定方法　不法　正犯　因果性

一　传统认定方法的缺陷

按照我国传统刑法理论，成立共同犯罪必须具备三个条件：第一，

---

* 本文原载《法学研究》2014 年第 3 期，略有修改。

** 张明楷，清华大学法学院教授。

"共同犯罪的主体，必须是两个以上达到刑事责任年龄、具有刑事责任能力的人或者单位"；第二，"构成共同犯罪必须二人以上具有共同的犯罪行为"，"各行为人所实施的行为，必须是犯罪行为，否则不可能构成共同犯罪"；第三，"构成共同犯罪必须二人以上具有共同的犯罪故意"。[①] 显然，认定共同犯罪的传统方法是，不区分共同犯罪的不同形态，统一确定共同犯罪的成立条件；符合共同犯罪成立条件的，即认定为共同犯罪；共同犯罪中的参与人便是共犯人。[②] 这种方法有三个基本特点。一是不区分不法与责任，混合认定共同犯罪是否成立。在上述三个条件中，第一个基本上是责任条件，第二个是违法条件，第三个又是责任条件。[③] 二是不区分正犯与狭义的共犯，整体认定共同犯罪是否成立。上述三个条件讨论的是二人以上是否成立共同犯罪，而不是在确定正犯后，讨论哪些人成立狭义的共犯（教唆犯与帮助犯）。三是仅判断参与人是否实施了共同的犯罪行为，而不分别考察参与人的行为与结果之间是否具有因果性，[④] 抽象认定共同犯罪是否成立。

（一）混合认定共同犯罪的缺陷

混合认定共同犯罪，表现为同时在不法与责任层面认定共同犯罪，而且先判断责任，再判断不法。这种认定方法存在明显缺陷。

1. 不利于处理没有责任的人参与共同犯罪的案件

例 1：15 周岁的甲入户盗窃时，请 17 周岁的乙为其望风。在乙的帮助下，甲顺利窃取了丙的 2 万元现金。按照通说，由于甲没有达到刑事责任年龄，故甲与乙不成立共同犯罪，对乙不能以共犯论处。但是，这种结论

---

① 高铭暄、马克昌主编《刑法学》，北京大学出版社、高等教育出版社，2011，第 163 页以下。

② 众所周知，"共犯"一词具有不同含义，有时指广义的共犯，有时指狭义的共犯；有时侧重于行为，有时侧重于行为人。"共犯"一词在本文中也具有不同含义，相信读者容易识别。此外，如后所述，虽然笔者主张淡化"共同犯罪"概念，但由于本文针对的是传统观点，故不得不使用这一概念。

③ 根据行为无价值论的观点，第三个条件是主观违法要素。

④ 诚然，通说也认为，共同犯罪行为与危害结果之间具有因果性，但是，通说强调的是共同犯罪行为作为有机整体与危害结果之间具有因果性（参见高铭暄、马克昌主编《刑法学》，北京大学出版社、高等教育出版社，2011，第 164 页）。而且，通说是在认定结局的意义上说明因果关系的，亦即，只要二人以上具有共同行为与共同故意，全部参与人的行为就与危害结果具有因果关系。

不能被人接受。既然乙为年满 16 周岁的盗窃犯望风应以盗窃罪论处，那么，当其为15 周岁的人望风时，也应以盗窃罪论处。或许有人认为，对乙的行为可以直接以单个人犯盗窃罪论处。然而，其一，对乙不可能以直接正犯论处，因为乙没有直接实施将丙占有的财物转移给自己或第三者占有的实行行为，其望风行为根本不符合盗窃罪直接正犯的构成要件。其二，对乙也不可能以间接正犯论处，因为只有幕后控制或者支配了构成要件实现的人，才是间接正犯。[①] 乙应邀为甲望风的行为，不可能成立间接正犯。由此可见，传统方法不利于共犯的认定。当直接实施构成要件行为的人缺乏责任能力、违法性认识的可能性、期待可能性等其他责任要素时，也存在完全相同的问题。

2. 不利于处理他人参与本犯的不可罚的事后行为的案件

例 2：本犯甲盗窃大型赃物后，需要特殊工具分割赃物以便窝藏；乙知道真相却将特殊工具提供给甲，甲使用该工具顺利分割、窝藏了赃物。乙的行为是否成立赃物犯罪？按照传统观点，本犯不能成为赃物犯罪的主体，于是，乙与甲不构成共同犯罪。乙的行为也不是赃物犯罪的实行行为，故不成立赃物犯罪。但是，这种结论难以被人接受（参见本文第二部分）。

不难看出，用传统的认定方法之所以难以处理上述案件，一个重要原因是没有将犯罪的实体区分为不法与责任，没有认识到共同犯罪是一种不法形态，从而导致责任判断在前。然而，责任是对不法的非难可能性，不是一种单纯的心理状态，也不是一种单纯的行为意志或者行动计划。只有确定了不法之后，才能判断有无责任，而不能相反。

（二）整体认定共同犯罪的缺陷

整体认定共同犯罪，表现为将二人以上的行为作为整体，进而判断该整体是否成立共同犯罪，并且同时确定共同犯罪的性质；得出成立共同犯罪的结论之后，对各共犯人按照该犯罪定罪，接着再考虑共犯人在共同犯罪中所起的作用，并依此量刑。这种认定方法存在诸多问题。

1. 难以判断“共同的”犯罪行为

在部分共同正犯案件（如参与人均手持凶器对被害人实施伤害行为）

---

① Vgl. C. Roxin，Strafrecht Allgenmeiner Teil，Band Ⅱ，C. H. Beck，2003，S. 22f;〔日〕西田典之：《刑法总论》，弘文堂，2010，第 328 页。

中，一般容易认定参与人存在共同的犯罪行为。但是，在共犯人以教唆、帮助的方式参与犯罪时，则难以判断是否存在共同的犯罪行为，因为“共同”包含了“相同”的意思。而犯罪的认定是一个从事实认定到规范评价的过程，如若在事实认定阶段就否定了共同行为，则无论如何也不能认定为共犯。正犯行为是符合分则规定的基本构成要件的行为，而教唆行为、帮助行为则不是。尤其是帮助行为，因为缺乏定型性而与正犯行为存在明显区别；看似日常生活行为，也可能成立帮助行为。所以，很难认定帮助行为与正犯行为是相同的行为。

例 3：甲坐上乙驾驶的出租车后，发现前方丙女手上提着包，就让乙靠近丙行驶。乙知道甲的用意，依然靠近丙行驶。甲夺得丙的提包后，让乙加速，乙立即提速并将甲送往目的地。在本案中，难以认为乙与甲有“共同的犯罪行为”。因为在离开甲的行为孤立地判断乙的行为时，根本不能得出乙实施了“犯罪行为”的结论，甚至可能认为乙实施的是正当业务行为。其实，传统的认定方法是一种循环论证：在肯定了乙是共犯的情况下，才说乙的行为是犯罪行为。可是，基于什么理由肯定乙是共犯，又不得不说乙实施了犯罪行为？

2. 难以认定“共同的”故意

例 4：甲向乙提议“收拾丙”，乙同意并与甲共同对丙实施暴力，致丙死亡。事后查明，甲有杀人故意，乙仅有伤害故意，二者的故意内容并不相同。通说指出：“如果实施犯罪时故意的内容不同，就背离了共同犯罪故意的本意，因而也不能构成共同犯罪。例如一人基于伤害的故意，另一人是基于杀人的故意，即使先后或同时对同一对象实施的，也不能视为共同犯罪，只能按照各自的罪过和行为分别处理。”① 可是，倘若不将本案认定为共同犯罪，又不能查明是谁的行为直接造成了被害人死亡时，就只能认定二人分别成立故意杀人未遂与故意伤害未遂。但这一结论并不妥当，也不符合共同犯罪的立法本旨（参见本文第二部分）。如果既否认共同犯罪，又强行让甲、乙均对丙的死亡结果负责，则违反存疑时有利于被告人的原则。反过来说，只有将甲、乙认定为共同正犯，才能使案件得到妥当处理。通说显然没有为类似案件提供处理根据。其实，参与一起具体犯罪

---

① 王作富主编《刑法》，中国人民大学出版社，2009，第 138 页。

的人，既可能有相同的故意，也可能有不同的故意；要求故意内容相同，必然导致许多案件难以得到妥当处理。

不仅如此，通说还自相矛盾。例如通说认为，“共同犯罪故意的认识内容，包括……共同犯罪人认识到自己与他人互相配合共同实施犯罪”；同时指出，在片面帮助的情形下，“由于毕竟帮助他人犯罪，比较起来，还是以从犯处理为宜”。[①] 可是，在片面帮助的场合，只是帮助犯主动配合正犯，而正犯并没有配合帮助犯，这不符合“相互配合”的要件。

3. 难以认定身份犯的共犯

例 5：普通公民乙唆使国有公司出纳甲将公司保险柜内的现金据为己有。某日深夜，二人到达现场，乙撬开财务室铁门，甲用其掌管的钥匙打开保险柜，取走了 10 万元现金。

由于传统的认定方法要求二人以上具有共同故意与共同行为，所以，当二人参与的犯罪是身份犯，而其中只有一人具备身份时，有身份者利用其身份实施的行为与无身份者的行为具有不同性质，于是出现认定上的困难。也正因为如此，我国刑法理论与司法实践一直讨论的问题是，类似例 5 这样的案件，应如何确定共同犯罪的性质。司法解释的观点是，应当按照主犯犯罪的基本特征来确定共同犯罪的性质。[②] 但是，这种观点存在明显的缺陷：首先，在我国，行为人在共同犯罪中所起的作用大小，只是量刑的依据，而不是定罪的依据；司法解释的观点导致先确定量刑情节后认定犯罪性质；其次，如果无身份者与有身份者在共同犯罪中都起相同的主要作用，便无法确定罪名。在例 5 中，很难认为二人的作用有明显差异。刑法理论虽然认为应当以正犯的行为性质确定共同犯罪的性质，但这种整体认定的方法，意味着无身份者与有身份者的罪名必须相同，其结论明显不当（参见本文第二、三部分）。

4. 难以贯彻共犯从属性原理

“与正犯一样，共犯的处罚根据在于引起了法益侵害的危险性，这得到了广泛的认同。如果共犯的处罚根据与正犯的处罚根据相同，那么，对于共犯在什么阶段可以作为未遂犯处罚这一问题的回答，与对于正犯在什

---

① 高铭暄、马克昌主编《刑法学》，北京大学出版社、高等教育出版社，2011，第 165 页以下。

② 参见最高人民法院、最高人民检察院 1985 年《关于当前办理经济犯罪案件中具体应用法律的若干问题的解答（试行）》。

么阶段可以作为未遂犯处罚这一问题的回答，应当基本上是相同的。”① 如后所述，之所以处罚共犯，是因为共犯通过促使或者帮助正犯实施实行行为，参与引起了法益侵害结果（包括危险）。因此，将正犯着手实行犯罪作为处罚共犯的条件，实属理所当然，② 亦即，只有当正犯着手实行犯罪，使法益遭受紧迫危险时，才能处罚教唆犯、帮助犯。这正是共犯从属性说的结论。坚持共犯从属性说，使罪刑法定主义得以坚持，构成要件的机能得以维护，共犯的处罚界限得以明确，会“避免刑法将所有与结果具有因果性的行为都视为狭义的共犯，以致造成刑法界限之过度泛滥，严重破坏法的安定性”。③ 因此，坚持共犯从属性说，有利于防止处罚不当罚的行为。事实上，当教唆者只是说了一句“杀死某人”时，即使对方完全默认，仅此也没有处罚的必要。④ 因为在被教唆者没有实施威胁法益的行为时，即使不处罚教唆者，也可以确保国民的平稳生活。同样，当乙提供一把刀给甲，但甲没有使用刀实行犯罪时，对乙也不应以犯罪论处。否则，许多正当行为都会受到司法机关的怀疑，从而侵害国民的自由。共犯从属性还可以从我国刑法分则有关共犯行为正犯化的规定中找到法律根据。⑤ 但是，整体地认定共同犯罪，意味着并不是先判断谁是正犯，而是整体地判断谁和谁成立共同犯罪，这便不可能贯彻共犯从属性原理。我国司法机关经常对共同犯罪案件进行分案审理，并且先审理帮助犯，再将帮助犯的成立作为认定正犯的依据。这种本末倒置的做法，没有以共犯从属性为前提，也容易造成冤假错案。

不难看出，传统认定方法之所以存在缺陷，是因为没有以正犯为中心认定共同犯罪。⑥ 整体认定共同犯罪的思路，导致人们思考、提出和回答一些没有意义的问题，进而影响对参与人行为的认定。例如，当某人说甲

---

① 〔日〕佐伯仁志：《教唆的未遂》，载〔日〕阿部纯二等编《刑法基本讲座》第 4 卷，法学书院，1992，第 209 页。

② 参见〔日〕平野龙一《刑法总论Ⅱ》，有斐阁，1975，第 347 页以下。

③ 何庆仁：《我国刑法中教唆犯的两种涵义》，《法学研究》2004 年第 5 期。

④ 参见〔日〕前田雅英《刑法总论讲义》，东京大学出版会，2011，第 464 页。

⑤ 参见周光权《“被教唆的人没有犯被教唆的罪”之理解——兼与刘明祥教授商榷》，《法学研究》2013 年第 4 期。

⑥ 如通说认为，“所谓共同的犯罪行为，指各行为人的行为都指向同一犯罪，互相联系，互相配合，形成一个统一的犯罪活动整体”（高铭暄、马克昌主编《刑法学》，北京大学出版社、高等教育出版社，2011，第 163 页）。

与乙构成共同犯罪时，对方一般会问：“甲与乙构成何种共同犯罪?”或者会问：“甲与乙的共同犯罪的性质是什么?”其实，这类问题不仅没有任何意义，而且会导致定罪的困难。

例6：甲、乙与丙女共谋勒索财物。由丙女假装卖淫女勾引被害人后，甲、乙立即到现场，丙女迅速离开，甲、乙向被害人勒索财物。在被害人识破真相后，甲、乙使用暴力抢劫被害人的财物。倘若要问“甲、乙、丙构成什么共同犯罪”，结局是，既不能回答构成抢劫罪的共同犯罪，也不能回答构成敲诈勒索罪的共同犯罪。

（三）抽象认定共同犯罪的缺陷

抽象判断参与人是否实施了所谓犯罪行为，而不具体考察其行为与结果之间是否具有因果性的传统认定方法，要么不当扩大了共犯的范围，要么不当扩大了既遂犯的范围。

1. 不当扩大共犯的处罚范围

例7：甲潜入丙家盗窃时，恰好被乙发现。乙知道甲会盗窃，就主动为甲望风，但甲对此并不知情，乙的望风行为在客观上也没有对甲的盗窃起作用。按照传统的认定方法，乙实施了帮助行为，且有帮助故意，成立盗窃罪的共犯。但是，在例7中，乙的行为与甲窃取他人财物的结果之间没有因果性，事实上也没有促进甲的盗窃行为，将乙以盗窃罪的共犯论处，没有根据。

2. 不当扩大既遂犯的处罚范围

这表现为两种情形：一是没有充分考虑共犯行为与正犯结果之间是否具有因果性；二是没有充分考虑共犯脱离的情形。

例8：甲意欲盗窃他人的汽车，让乙提供了用于盗窃汽车的钥匙，但甲在使用乙提供的钥匙时，却不能打开车门。于是，甲用其他方法盗走了汽车。按照传统的认定方法，乙与甲有盗窃的共同故意和共同行为，成立盗窃罪的共犯，乙对盗走汽车的结果承担刑事责任。[①] 可是，乙虽然对甲盗窃汽车实施了帮助行为，但其帮助行为与甲盗窃既遂的结果之间，既没

---

① 例如，通说指出：“只要属于整个犯罪的行为有机体中任何一个实行犯的行为直接造成了犯罪结果，整个犯罪便告完成和既遂，全体犯罪人都必须负犯罪既遂之责。”（高铭暄主编《刑法专论》上编，高等教育出版社，2002，第330页）

有物理的因果性，也没有心理的因果性，让乙承担盗窃既遂的刑事责任，明显不当。

例9：甲、乙共谋杀害丙，相约翌日到丙家共同将丙杀死；甲如期到丙家，而乙未去，甲一人将丙杀死。通说指出："共谋……是共同犯罪预备行为，共谋而未实行者无疑亦具备成立共同犯罪所需要的主客观要件。……甲一人杀死丙的行为与乙参与密谋杀人是密不可分的，乙同样应负杀人罪既遂的罪责。"[①] 显然，通说是以共谋属于预备行为因而是犯罪行为为由来论证乙应当负杀人既遂责任的。然而，杀人预备行为不可能致人死亡。所以，在例9中，必须讨论乙是否脱离了共犯关系，亦即，必须考察乙先前与甲共谋的行为与丙的死亡结果之间是否具有物理的或者心理的因果性，但通说并没有这样做。

不难看出，认定共同犯罪的传统方法，之所以不能对例7、例8得出正确结论，也难以对例9的不同情形得出妥当结论和提出适当理由，[②] 是因为其只是抽象地判断共同犯罪的成立范围，而没有具体考察各共犯行为与结果之间的因果性。

针对传统方法的上述缺陷，根据共同犯罪的特点，本文就共同犯罪的认定，提出以不法为重心、以正犯为中心、以因果性为核心的基本方法。

二　以不法为重心

共同犯罪是不法形态。[③] 处理共同犯罪案件时，应当首先从不法层面判断是否成立共同犯罪，[④] 然后从责任层面个别地判断各参与人是否具有责任以及具有何种责任。换言之，共同犯罪的特殊性只是表现在不法层面，共同犯罪的立法与理论只是解决不法层面的问题；在责任层面，共同犯罪与单个人犯罪没有区别。所以，必须以不法为重心认定共同犯罪。

---

① 高铭暄主编《刑法专论》上编，高等教育出版社，2002，第363页。

② 在我国，"共谋"一词实际上包含了不同的情形。由于例9的案情过于简单，故乙应否对丙的死亡负责还需要具体判断，不可得出唯一结论。

③ 本文在三阶层体系下展开讨论，所谓"不法"是指行为符合构成要件且具有违法性。

④ "犯罪"一词有时仅就不法层面而言，有时在不法且有责的意义上而言（参见张明楷《犯罪构成体系与构成要件要素》，北京大学出版社，2010，第70页以下）。与之相应，"共同犯罪"既可能仅指不法层面的共同犯罪，也可能指不法且有责意义上的共同犯罪。

从实质的观点进行考察，只有具备了以下两个条件，才能被认定为犯罪：其一，发生了违法事实（违法性）；其二，能够就违法事实进行非难（有责性）。据此，犯罪的实体是违法性与有责性。[①] 但是，由于刑法实行罪刑法定原则，所以，只有符合构成要件的违法行为，才能成为犯罪的实体之一。责任是对不法的责任，[②] 是针对符合构成要件的违法事实的非难可能性，所以，不法是责任的前提。现实生活中存在“没有责任的不法”（行为符合构成要件且违法，却没有责任），但绝对不存在“没有不法的责任”（行为不符合构成要件或者不违法，但行为人却有责任）。基于同样的理由，认定犯罪必须依照从不法到责任的次序，而不能相反。[③]

刑法总则有关共同犯罪的立法所要解决的问题是，应当将不法事实归责于哪些参与人的行为。就具体案件而言，认定二人以上的行为是否成立共同犯罪，只是解决二人以上参与人的客观归责问题，或者说，只是认定二人以上的行为是不是造成法益侵害结果（包括危险）的原因。只要认定共同犯罪成立，就要将法益侵害结果客观地归责于参与人的行为（不论参与人是否具有主观责任）。至于各参与人对归责于他的结果是否承担主观责任，则需要个别判断。但参与人是否具有责任以及具有何种责任，在共同犯罪中没有任何特殊性。

例 10：甲与乙基于意思联络共同向丙开枪，甲射中丙的胸部，致丙死亡；乙射中丙的大腿，造成丙轻伤。在本案中即使不考察乙的行为，也能认定甲的行为造成了丙的死亡结果。甲若具备杀人故意等责任要件，便成立故意杀人既遂。但是，倘若单独认定乙的行为，则不能将丙的死亡归责于乙的行为。即使乙具备杀人故意等责任要件，也仅成立故意杀人未遂；倘若乙仅具有伤害的故意，则仅成立故意伤害（轻伤）罪。但是，这种结论明显不当。共同犯罪的立法与理论，就是为了将丙的死亡结果客观归责于乙的行为，亦即，只要认定乙的行为与丙的死亡结果之间具有因果性，那么，丙的死亡结果也要归责于乙的行为。如果乙具备杀人故意等责任要件，便成立故意杀人既遂。但是，倘若乙仅具有伤害的故意，即使乙的行

① 参见〔德〕乌尔斯·金德霍伊泽尔《论犯罪构造的逻辑》，徐凌波、蔡桂生译，《中外法学》2014 年第 1 期；〔日〕前田雅英：《刑法总论讲义》，东京大学出版会，2011，第 29 页。

② Vgl. C. Roxin, Strafrecht Allgenmeiner Teil, Band I, 4. Aufl., C. H. Beck, 2006, S. 226.

③ 参见张明楷《犯罪构成体系与构成要件要素》，北京大学出版社，2010，第 49 页以下。

为与丙的死亡结果之间具有因果性，也不能因为甲具有杀人故意而认定乙构成故意杀人罪，而只能按照乙的责任内容，认定为故意伤害致死。

由此可见，认定共同犯罪，实际上解决的只是不法问题，亦即，哪些参与人的行为与结果之间具有因果性，并据此应当将结果归责于其行为。至于各参与人的责任如何，则不是共同犯罪的立法与理论所要解决的问题。既然如此，司法实践就必须以不法为重心认定共同犯罪。

“违法（原则上）是连带的，责任是个别的”的命题，① 也说明了共同犯罪是不法形态。众所周知，责任是不可能连带的。“‘责任’的判断，在法政策上与对实施了符合构成要件的违法行为的人科处作为犯罪的法律后果的刑罚是否妥当的判断相联系。”② 根据责任主义的要求，即使行为符合构成要件且违法，但倘若行为人没有责任，就不能以犯罪论处，不得科处刑罚。显而易见的是，在判断参与人是否值得处罚时，只能以每个参与人是否具有责任为根据，而不能因为此参与人有责任，便处罚彼参与人。事实上，责任能力、责任年龄、故意内容、违法性认识的可能性与期待可能性等责任要素，都只能进行个别判断。参与人甲具有责任能力，不意味着参与人乙也具有责任能力；参与人 A 具有期待可能性，不等于参与人 B 也具有期待可能性。③ 在例 10 中，应当认定甲与乙的行为共同造成了丙的死亡（因为乙的行为与丙的死亡之间具有心理的因果性），丙的死亡结果必须归责于二者的行为，二者的行为都是违法的（违法的连带性）。但如上所述，不能因为这一点而让二者都承担故意杀人罪的责任，而是必须分别判断甲、乙二人的责任要素。倘若甲完全具备故意杀人罪的责任要素，而乙是没有责任能力的精神病患者，则甲构成故意杀人罪，乙无罪（责任是个别的）。

例 11：16 周岁的甲与 13 周岁的乙共同轮流奸淫了幼女丙。由于二人共同实行不法行为，所以，丙遭受轮流奸淫的结果不仅要归责于甲的行为，而且要归责于乙的行为，据此，二人成立轮奸。即使乙没有达到刑事

---

① 参见〔日〕山口厚《刑法总论》，有斐阁，2007，第 300 页。

② 〔日〕内藤谦：《刑法讲义总论》（下），有斐阁，1991，第 737 页。

③ 正因为如此，德国刑法第 29 条规定：“对每一个参与人的处罚，都不得考虑其他人的责任，只能根据参与人自身的责任处罚。”

责任年龄，对甲也要以轮奸论处。[①] 不难看出，参与人是否具备责任要素，不影响能否将结果归责于其行为。这也说明，共同犯罪是不法形态。

正犯的处罚根据与单个人犯罪的处罚根据相同。在共犯处罚根据问题上，责任共犯论的缺陷与因果共犯论的优势，正好也说明共同犯罪是不法形态。

责任共犯论认为，共犯因为将正犯引诱至责任与刑罚中而受处罚。其经典表述是："正犯实行了杀人行为，教唆犯制造了杀人犯。"根据责任共犯论，共犯的成立以正犯具有构成要件符合性、违法性、有责性为前提（极端从属性说）。可见，责任共犯论实际上认为共同犯罪是不法且有责的形态。根据责任共犯论，甲唆使乙重伤甲自己的身体的，乙成立故意伤害罪，甲成立故意伤害罪的教唆犯。但这种观点明显不当。此外，根据责任共犯论，共犯尤其是教唆犯的危害在于使被教唆者堕落。换言之，不管被教唆者实施何种犯罪，教唆犯侵害的都是被教唆者的自由、名誉、社会地位等综合性利益。然而，若说教唆犯是一种"堕落罪"，刑法就应当对其规定独立的法定刑。可是，一方面，教唆犯与正犯侵害的法益是相同的，如故意伤害罪的教唆犯与正犯所侵害的法益一样，都是被害人的身体健康。另一方面，各国刑法并没有对教唆犯规定独立的法定刑。[②] 责任共犯论的缺陷使其完全衰落，而只具有学说史上的意义。[③] 之所以如此，就是因为它没有将共同犯罪视为不法形态，而是将不法与责任混合在一起认定共同犯罪，这正好印证了共同犯罪是不法形态。

当今的通说为因果共犯论。[④] "因果共犯论的观点是，'之所以处罚共犯，是因为其与他人引起的法益侵害之间具有因果性'，也称为惹起说。亦即，所谓共犯，是指将其他参与人作为媒介而间接地侵害法益的行为。因此，受侵害的法益相对于共犯者自身而言，也必须是应受保护的。"[⑤] 如

① 传统观点认为，对甲不能以轮奸论处［参见王作富主编《刑法分则实务研究》（中），中国方正出版社，2010，第855页］。但是，这样的结论存在诸多缺陷（参见钱叶六《"轮奸"情节认定中的争议问题研讨》，《江淮论坛》2010年第5期）。

② 参见〔日〕松原芳博《刑法总论》，日本评论社，2013，第368页。

③ 参见 Vgl. C. Roxin, Strafrecht Allgenmeiner Teil, Band Ⅱ, C. H. Beck, 2003, S. 133。

④ 除了责任共犯论与因果共犯论以外，还存在违法共犯论。此说也认为，共犯的成立只要求正犯的行为具备构成要件符合性与违法性。可见，违法共犯论同样承认共同犯罪是不法形态。

⑤〔日〕西田典之：《刑法总论》，弘文堂，2010，第336页以下。

A 请求正犯 B 杀害自己（A），正犯 B 杀害 A 未遂。虽然 A 的承诺无效，B 的行为成立故意杀人罪，但刑法并不将 A 间接侵害自己生命的行为以犯罪论处，故 A 的行为不可罚。[①] 因果共犯论内部又分为纯粹惹起说、混合惹起说、修正惹起说，[②] 但它们都没有将责任的内容纳入共同犯罪中。

本文认为，与单个人犯罪一样，共同犯罪的本质也是侵害法益。单独正犯表现为直接引起法益侵害，共同正犯表现为共同引起法益侵害，间接正犯通过支配他人的行为引起法益侵害，教唆犯与帮助犯则通过正犯间接引起法益侵害。换言之，共犯的处罚根据，在于共犯通过正犯间接地侵害了法益，即处罚共犯是因为其诱使、促成了正犯直接造成的法益侵害。

共犯的违法性由来于共犯行为自身的违法性和正犯行为的违法性。共犯行为自身的违法性，并不是指共犯行为本身具有行为无价值性，而是指共犯不具有违法阻却事由（承认违法的相对性）。其一，正犯必须实施了符合构成要件的违法行为，否则，不能处罚教唆者与帮助者。所以，教唆未遂（教唆行为失败）是不可罚的，但未遂的教唆（被教唆者着手实行犯罪而未得逞）具有可罚性。其二，在正犯实施了符合构成要件的违法行为时，只要共犯没有违法阻却事由，就必须肯定共犯行为也是违法的。换言之，如果正犯侵犯的法益，不是教唆者、帮助者不得损害的法益（共犯具有违法阻却事由），则只有正犯的行为成立犯罪。概言之，只有当共犯不具有违法阻却事由时，才能承认违法的连带性。反过来说，应当在例外情况下承认违法的相对性。本文赞同的这种因果共犯论，正好说明共同犯罪是不法形态。

由于共同犯罪是不法形态，而不法是指行为符合构成要件且违法，所以，在认定共同犯罪时，首先要判断参与人中谁的行为符合什么罪的构成要件，法益侵害结果由哪些人的行为造成（或者说，哪些人的行为为结果的发生作出了贡献）。这方面的判断可谓构成要件符合性的判断，基本上表现为共犯的因果性的判断（参见本文第四部分）。

在前述例 1 中，15 周岁的甲入户盗窃造成了他人财产损失的结果（实施了符合盗窃罪构成要件的行为），17 周岁的乙的望风行为与结果之间具

---

① 违法共犯论否认违法的相对性，认为 A 使正犯 B 实施了杀人未遂的违法行为，故成立故意杀人罪的教唆犯。但这种结论不合理。

② 参见〔日〕曾根威彦《刑法学基础》，黎宏译，法律出版社，2005，第 137 页以下。

有心理的因果性。所以，该结果应当归责于乙的行为。在不法层面，甲是正犯，乙是帮助犯或者从犯。在此前提下，分别判断各自的责任。由于甲没有达到刑事责任年龄，其行为最终不成立犯罪。乙具备各种责任要素，最终成立盗窃罪，而且应以从犯论处。基于同样的理由与认定方法，倘若例 1 中的甲是缺乏其他责任要素的人，乙也成立盗窃罪的从犯。

在例 2 中，第三者帮助本犯窝藏赃物的行为是否成立共犯，取决于不处罚本犯的根据何在。如果说不处罚本犯，是因为本犯窝藏赃物的行为不具备构成要件符合性与不违法，那么，第三者的帮助行为也没有违法性，因而不可能构成共犯。反之，如果本犯窝藏赃物的行为具备构成要件符合性且违法，只是缺乏有责性，则第三者的帮助行为也具有违法性，因而与本犯在不法层面成立共同犯罪；本犯只是由于缺乏有责性而不可罚，第三者如果具有责任，则依然成立共犯。众所周知，德国、日本等国刑法将赃物犯罪规定在财产罪中，盗窃犯（本犯）盗窃了他人财物后再窝藏赃物的，之所以不成立赃物犯罪，是因为没有侵犯新的法益（财产）；本犯实施的窝藏行为，属于不可罚的事后行为。[①] 在这种情况下，对于第三者帮助本犯窝藏赃物的行为，难以认定为犯罪。但在我国，赃物犯罪属于妨害司法的犯罪，盗窃犯（本犯）窃取他人财物后再实施窝藏等行为的，也妨害了司法，具备构成要件符合性与违法性。本犯之所以不成立赃物犯罪，不是因为没有侵犯新的法益，而是因为缺乏期待可能性（即缺乏责任）。根据限制从属性原理，只要正犯（例 2 中的本犯甲）的行为具备构成要件符合性与违法性，共犯便能成立。所以，如果认识到共同犯罪是不法形态，那么，就可以得出如下结论：第三者帮助本犯窝藏赃物的，也与本犯成立赃物犯罪的共同犯罪；本犯是正犯，第三者是共犯。但是，由于本犯不具有期待可能性而不可罚，第三者并不缺乏期待可能性，故依然成立赃物犯罪的从犯。例 2 中的乙便是如此。

在通常情况下，行为符合构成要件就能推定其具有违法性。但是，由于法益主体对自己的法益造成的损害不可能具有违法性（如伤害自己的身体、毁损自己的财物的行为并不违法），而法益主体完全可能与他人共同损害自己的法益，所以，在共同犯罪中，各参与人的行为的违法性可能具

① 参见〔日〕山口厚《刑法各论》，有斐阁，2010，第 349 页以下。

有相对性，因而需要进一步在违法性层面作出判断。

例 12：甲、乙、丙三名逃犯共同计划，如果有人追捕就开枪射击。在夜间逃亡的过程中，逃犯甲错将同案犯乙当作追捕者，以杀人的故意向其射击，但没有造成乙死亡。德国联邦最高法院的判决认为，对被害人乙也要以谋杀未遂论处。[①] 德国也有学者支持这一判决结论。[②] 诚然，如果甲射击的是追捕者或者其他人，三名逃犯都要承担刑事责任。因为相对于三名逃犯而言，其他任何人的生命都是其不得损害的法益。乙的生命、身体虽然是甲、丙不得损害的法益，但并不是乙不得损害的法益。既然如此，就必须承认，乙与甲、丙的共谋行为虽然与乙的生命危险之间具有心理的因果性，但是，由于乙给自己的生命造成的危险的违法性被阻却，故在不法层面，只有甲与丙成立共同犯罪。不难看出，违法的连带性不是绝对的。

综上所述，共同犯罪是不法形态，其特殊性仅在于不法层面。当然，这并不意味着最终意义上的共同犯罪不需要责任，而是说对共同犯罪中各参与人的责任的认定，与单个人犯罪的责任认定没有区别（当然，各共犯人的故意认识内容会有所不同）。所以，在认定共同犯罪时，没有必要，也不应当将责任内容作为重要问题。既不能将责任要素作为判断共同犯罪成立与否的条件，更不能先判断责任后判断不法。“共同犯罪”也不意味着各参与人最终均成立犯罪。其一，虽然在不法层面成立共同犯罪，但其中的部分参与人可能因为缺乏责任要素而最终不成立犯罪，仅部分参与人成立犯罪。例 1 便是如此。其二，即使所有参与人均有所谓的共同行为与共同故意，但部分参与人可能存在违法阻却事由而不成立共犯。例 12 即如此。其三，共同犯罪只是不法形态，而参与人的行为最终构成何罪还取决于责任内容，所以，在最终成立共同犯罪的情况下，虽然所有参与人都成立犯罪，但完全可能成立不同罪名的犯罪。在例 4 中，甲成立故意杀人罪，乙成立故意伤害（致死）罪；在例 6 中，甲、乙成立抢劫罪，丙成立敲诈勒索罪。

或许有人认为，本文观点违反刑法第 25 条第 1 款。该款规定：“共同犯罪是指二人以上共同故意犯罪。”我国传统理论与司法实践正是以对此

---

① BGHSt 11，268.

② Vgl. H. Jeschck，T. Weigend，Lehrbuch des Strafrechts，Allgemeiner Teil，5. Aufl.，Duncker & Humblot，1996，S. 675.

款的一种解释结论（强调“共同故意”）为依据的。然而，对任何一个法条都可能作出两种以上的解释，解释者不应当将其中一种解释结论当作真理，也不得将自己的前理解当作教义。在本文看来，刑法第25条第1款只是将共同犯罪限定在故意犯罪之内，而不是要求二人以上具有相同的故意。倘若要在上述规定中加一个“去”字，就应当说“共同犯罪是指二人以上共同去故意犯罪”，而不是说“共同犯罪是指二人以上共同故意去犯罪”。[①] 所以，该款规定并没有否认共同犯罪是一种不法形态。刑法第25条第2款规定：“二人以上共同过失犯罪，不以共同犯罪论处；应当负刑事责任的，按照他们所犯的罪分别处罚。”这一规定明显承认了共同过失犯罪的事实，只是对共同过失犯罪不按共同犯罪论处而已。这也没有否认共同犯罪是一种不法形态。

三 以正犯为中心

共同犯罪分为简单的共同犯罪与复杂的共同犯罪。简单的共同犯罪是指共同正犯。[②]“复杂的共同犯罪，是指各共同犯罪人之间存在一定分工的共同犯罪。这种分工表现为：有的教唆他人使他人产生实行犯罪的故意，有的帮助他人实行犯罪使他人的犯罪易于实行，有的直接实行犯罪即实行该种犯罪构成客观要件的行为。”[③] 在不法层面，任何复杂的共同犯罪都有正犯，不可能存在没有正犯的共同犯罪。[④] 在认定复杂的共同犯罪时，不应当整体判断哪些人成立共同犯罪，而应当先判断正犯，再以正犯为中心判断其他参与人是否成立共犯。

“正犯是实现符合构成要件的实行行为这一过程中的中心人物或者核心人物。”[⑤] 因为犯罪的本质是侵害或者威胁法益，其具体表现为对法益造

① 参见张明楷《刑法学》，法律出版社，2011，第348页以下。此外，也可能将该款解释为对共同正犯的规定。

② 因篇幅所限，本文不能对共同正犯的认定展开讨论，但本文提出的认定方法同样适用于共同正犯。共同正犯的特别之处只是在于，参与人究竟是成立共同正犯还是狭义的共犯，这是成立广义共犯之后的内部区分问题。

③ 高铭暄、马克昌主编《刑法学》，北京大学出版社、高等教育出版社，2011，第169页。

④ 当然，当不法层面的正犯缺乏责任要素时，在责任层面就可能只有共犯，而没有正犯。

⑤ Vgl. C. Roxin, Strafrecht Allgenmeiner Teil, Band Ⅱ, C. H. Beck, 2003, S. 9.

成侵害结果（包括危险），而支配这种结果发生的人正是正犯。所以，在处理共同犯罪案件时，先确认正犯，在正犯的行为符合构成要件且违法的前提下，再判断是否存在教唆犯、帮助犯，就变得相对容易。这是认定共同犯罪的最佳路径，没有必要抽象地讨论共同犯罪的成立条件。

正犯的行为与结果之间的因果关系（包括结果归属）是容易判断的。当甲持枪射中被害人心脏导致其死亡时，我们很容易将该死亡结果归责于甲的射击行为。在例1中，我们丝毫不会怀疑丙的2万元财产损失是由甲的行为造成的，而且能肯定甲的行为符合盗窃罪的构成要件，具有违法性。在肯定了甲的行为在不法层面成立盗窃罪之后，再判断乙的行为是否为甲的法益侵害作出了贡献，这就可以从不法层面得出乙是否成立盗窃罪从犯的结论。在例3中，人们很容易判断丙女的财产损失是由甲的行为造成的，因而能直接认定甲的行为成立抢夺罪。同样，在肯定了甲的行为成立抢夺罪之后，再判断乙的行为是否为甲的法益侵害作出了贡献，是否具有违法阻却事由，这就可以从不法层面得出乙是否成立抢夺罪从犯的结论。所以，以正犯为中心，可以使共同犯罪的认定更为容易。

根据在国内外居于通说地位的限制的正犯概念，“正犯原则上限于分则的构成要件所规定的行为”。[①] 既然如此，就可能单独认定正犯，亦即，不管教唆者、帮助者是否成立共犯，司法机关完全可以不依赖其他人而认定正犯。而且，正犯的认定与单个人犯罪（单独正犯）的认定没有区别。以正犯为中心，就意味着在认定了正犯之后，只需要进一步判断哪些参与人的行为成立狭义的共犯。如果不以正犯为中心，而是将原本可以明确认定的正犯纳入所有参与人中进行整体判断，就不利于案件的妥当处理。

例13：2000年甲、乙曾因共同抢劫受过刑罚处罚。2011年七夕节下午，二人通过手机短信联系“骗个人来搞一下”。当晚二人将丙女骗上车并开车带至某公园。甲拉丙往树林里走，丙不愿意，乙朝丙大吼：“你知道我是谁吗?”丙很害怕。到树林后，甲一巴掌将丙打倒在地，并强迫丙脱掉衣服，丙不从，甲就对站在旁边的乙说：“你去拿刀。”乙知道甲这么说是为了吓唬丙，于是站着没动，也没说话。接着，甲强奸了丙，强奸时甲让乙翻丙的包。乙从丙背包中获得手机一部、现金400元，二人均分。

---

① Vgl. C. Roxin, Strafrecht Allgenmeiner Teil, Band Ⅱ, C. H. Beck, 2003, S. 7.

事后查明，关于共谋时说的“搞”，甲称是指劫色，乙称是指劫财。

显然，本例中的甲是强奸罪的正犯，即使不考虑乙的行为，也可以顺利地认定甲的行为成立强奸既遂。问题是：乙是否成立强奸罪的共犯？在这种场合，如果整体判断二人是否有共同的强奸故意、共同的强奸行为，反而不能得出妥当结论，因为起初的“共谋”并没有形成共同的犯罪故意。正确的做法是，先肯定甲的行为是符合强奸罪构成要件且违法的行为，成立强奸既遂。接下来判断乙的行为与甲的强奸既遂之间是否具有因果性。从作为角度来说，乙虽然在甲强奸丙之前对丙实施过暴力、胁迫行为，客观上对甲强奸既遂起到了促进作用，但此时乙并没有强奸的故意。就此而言，乙虽然是不法层面的共犯，但因为其缺乏故意，最终不能被认定为强奸罪的共犯。从不作为角度来看，乙此前实施的行为（包括将丙带至公园、对丙实施恐吓）客观上使丙处于孤立无援的境地，在当时的情形下使丙的性行为自主权陷入需要保护的状态，故乙对丙的性行为自主权具有保护义务，但乙没有履行这一义务，因而与丙被强奸的结果之间具有因果性，且乙具有帮助的故意，所以乙就强奸罪成立不作为的共犯。①

根据共犯从属性原理，对教唆犯与帮助犯的认定依赖于正犯，只有当正犯的行为具备构成要件符合性且违法时，教唆行为、帮助行为才可能成立犯罪。“如此认定的理由在于对共犯（教唆、帮助）的处罚根据的理解。亦即，这是因为，既然共犯的处罚根据与单独正犯一样，在于法益侵害（构成要件的结果）的引起（因果共犯论即惹起说），那么，如果没有产生作为处罚基础的法益侵害、危险，也就没有产生使刑法的介入、禁止（共犯处罚）正当化的事态。”② 共犯从属性原理决定了，在共同犯罪的认定过程中，必须先认定正犯。只要正犯的行为具备构成要件符合性与违法性，即使没有责任，共犯也能成立。所以，共犯的从属性也要求以正犯为中心认定共犯。

从不法层面认定正犯后，再认定狭义的共犯，不仅克服了认定“共同的犯罪故意”、“共同的犯罪行为”的难题，贯彻了共犯从属性原理，因而容易认定普通犯罪的共犯，也容易解决身份犯的共犯问题。身份犯的共犯

① 相关的详尽理由及论证，参见姚诗《先前行为与实行过限下知情共犯人的刑事责任》，《法学研究》2013 年第 5 期。由于篇幅所限，本文不可能对不作为的共犯展开讨论。

② 〔日〕山口厚《刑法总论》，有斐阁，2007，第 309 页。

其实有如下三个方面的问题值得深入讨论。

其一，有身份者与无身份者的共同犯罪。

在有身份者与无身份者共同犯罪的案件中，同样要先认定正犯。成立身份犯的正犯，既要求行为人具有特殊身份，也要求行为人实施了符合构成要件的违法行为。

首先，无身份者不可能成为身份犯的正犯。这是因为，在身份犯中，身份是正犯必须具备的构成要件要素，而且与身份相联系的“利用自己身份的行为”也是正犯必须具备的构成要件要素。正犯的行为必须具备构成要件的全部要素。据此可以肯定，在例 5 中，普通公民乙不可能成为贪污罪的正犯，只有国家工作人员甲才能成为贪污罪的正犯。在甲是贪污罪正犯的情况下，乙便是贪污罪的共犯。

其次，认定身份犯的共犯，以正犯实施了符合构成要件的违法行为为前提。问题是：无身份者的行为符合非身份犯的构成要件时，应当如何处理？如前所述，以往的司法解释主张以主犯确定案件性质，但刑法理论的通说则主张按实行犯的性质确定案件性质。[①] 其实，在有身份者与无身份者的共同犯罪案件中，完全可能存在这样的局面：有身份者的行为符合身份犯的构成要件，因而是身份犯的正犯；无身份者的行为符合非身份犯的构成要件，因而是非身份犯的正犯。对此问题，现行通说的观点是难以解决的。

在本文看来，应当肯定正犯的相对性，同时运用想象竞合犯的原理。其一，当有身份者为身份犯的正犯时，无身份者对正犯实施了教唆、帮助行为，也没有触及其他犯罪的情况下，只能按照身份犯触犯的罪名定罪量刑。如一般公民教唆国家工作人员收受贿赂的，对一般公民只能认定为受贿罪（教唆犯）。其二，在有身份者与无身份者共同犯罪，有身份者为身份犯（贪污罪）的正犯（同时也是非身份犯，即盗窃罪的正犯或者从犯），无身份者为非身份犯（盗窃罪）的正犯（同时也是身份犯，即贪污罪的从犯），即无身份者与有身份者的共同犯罪行为同时触犯两个以上罪名时，应按照想象竞合犯的原理处罚：如果将其中一方认定为较重罪的从犯，导

---

① 参见马克昌主编《犯罪通论》，武汉大学出版社，1999，第 584 页；林维《真正身份犯之共犯问题展开》，《法学家》2013 年第 6 期。

致对其处罚轻于将其认定为较轻罪的正犯时（即按较轻罪的正犯处罚更符合罪刑相适应原则时），则应将其认定为较轻罪的正犯。于是，有身份者与无身份者的罪名有可能不同。

由此可见，以正犯为中心并不意味着一概以身份犯为中心。刑法第382条规定，对内外勾结的行为以贪污罪的共犯论处，似乎表明以身份犯为中心。其实不然。刑法第382条的规定，一方面肯定了无身份者可以成立身份犯的共犯，另一方面贪污罪的法定刑重于盗窃罪的法定刑，故规定对非身份犯以贪污罪的共犯论处。因此，倘若法定刑存在相反的情况，即如果非身份犯的法定刑更重时，以身份犯为中心认定共犯就会暴露出明显的缺陷。

其二，不同身份者的共同犯罪。

司法实践经常面临不同身份者共同犯罪时如何定罪的问题。按照本文的观点，只要以正犯为中心，且承认正犯的相对性，并运用想象竞合犯与法条竞合犯的原理，这一问题就非常容易解决。

例如，非国有公司的工作人员甲与国有公司委派到该非国有公司从事公务的国家工作人员乙共同侵占该非国有公司的财产的，不应当整体地认定二者构成何种共同犯罪，而应首先判断正犯。如果二人共同侵占财产时仅利用了国家工作人员乙的职务便利，则乙是贪污罪的正犯，甲是贪污罪的从犯。如果二人共同侵占财产时仅利用了甲的职务便利，则甲是职务侵占罪的正犯，乙的国家工作人员身份没有意义，仅成立职务侵占罪的从犯。如果分别利用了各自的职务便利，那么，甲既是职务侵占罪的正犯，也是贪污罪的从犯，乙既是贪污罪的正犯，也是职务侵占罪的从犯。此时，每个人都触犯了两个罪名，但由于只有一个行为，故应按想象竞合犯的原理从一重罪论处。如果将甲认定为贪污罪的从犯，导致对其处罚轻于将其认定为职务侵占罪的正犯时，则应将甲认定为职务侵占罪的正犯（此时，甲与乙虽然成立共同犯罪，但罪名不同）。①

① 2000年通过的《最高人民法院关于审理贪污、职务侵占案件如何认定共同犯罪几个问题的解释》指出："公司、企业或者其他单位中，不具有国家工作人员身份的人与国家工作人员勾结，分别利用各自的职务便利，共同将本单位财物非法占为己有的，按照主犯的犯罪性质定罪。"这一解释明显不当。既然一般公民与国家工作人员相勾结伙同贪污的，能成立贪污罪的共犯，那么，公司、企业人员更能构成贪污罪的共犯。

再如，分管政法的党委副书记甲利用职务上的便利，指使法官乙将有罪的人宣告为无罪时，甲实施了滥用职权罪的正犯行为，也实施了徇私枉法罪的共犯（教唆）行为。由于徇私枉法罪是滥用职权罪的特别条款，所以，乙实施的徇私枉法罪的正犯行为，也可谓滥用职权罪的正犯行为。于是，甲、乙均同时触犯滥用职权罪与徇私枉法罪。根据法条竞合犯的处理原则，对乙只能按徇私枉法罪论处；对甲则既可以按滥用职权罪的正犯论处，也可以按照徇私枉法罪的共犯（教唆犯）论处；此时需要比较法定刑的轻重，对甲应从一重罪论处。[1]

其三，实施构成要件行为的人有身份却无责任。

例 14：普通公民 A 与公司出纳 B 关系密切。A 谎称要购买汽车，唆使 B 将公司资金挪给自己使用，并"保证"自己的定期存款两周后到期即可归还。B 信以为真，便将公司资金 30 万元挪出交给 A。A 使用该资金赌博并获利，在两周内将 30 万元归还给 B 所在的公司。

根据刑法第 272 条的规定，如果 B 知道 A 使用该资金赌博，便是挪用资金罪的正犯，A 则可能成立共犯。[2] 但是，B 对于 A 使用 30 万元赌博的事实并不知情，没有认识到 A 利用资金进行非法活动，而是误以为 A 将资金用于购车，所以，缺乏挪用资金罪的故意，亦即，A 的行为客观上引起了 B 实施挪用资金的行为，但没有引起 B 挪用资金的故意。[3] 按照刑法理论的传统观点，"所谓教唆，就是唆使具有刑事责任能力没有犯罪故意的人产生犯罪故意"。[4] 于是，A 的行为不成立挪用资金罪的教唆犯。概言之，按照我国的传统观点，A 与 B 不能成立挪用资金罪的共同犯罪，且均不受刑罚处罚。

或许有人认为，A 成立挪用资金罪的间接正犯。但是，这种观点不能成立。挪用资金罪是真正身份犯，只有具备身份的人才可能成为正犯。间接正犯是正犯的一种，具有身份的人才可能成为身份犯的间接正犯。德国刑法理论与判例几乎没有争议地认为，在身份犯中，间接正犯必须具有身

---

① 参见张明楷《刑法学》，法律出版社，2011，第 398 页。

② 另参见 1998 年通过《最高人民法院关于审理挪用公款案件具体应用法律若干问题的解释》第 8 条。虽然本条是关于挪用公款罪的规定，但同样适用于挪用资金罪。

③ 在 A 于三个月内将资金归还给 B 所在公司的前提下，B 挪用资金给 A 用于购车的"故意"，并不是刑法上的挪用资金罪的故意。

④ 高铭暄、马克昌主编《刑法学》，北京大学出版社、高等教育出版社，2011，第 176 页。

份，否则只能成立教唆犯与帮助犯。因为间接正犯是正犯而不是共犯，刑法规定的身份就是针对正犯而言的。[①] 例如，德国学者指出："在幕后欠缺作为该犯罪的构成要件的前提的特别资格时（真正身份犯），间接正犯被排除。"[②] 德国联邦最高法院的判决也认为，无身份者不能成为身份犯的间接正犯。[③] 如果认为身份犯的间接正犯可以不需要特殊身份，就必然使构成要件丧失定型性，进而违反罪刑法定原则。[④] 例如，国家工作人员甲让妻子乙接受贿赂的，国家工作人员是受贿罪的正犯，其妻子为帮助犯；而并非妻子是正犯，国家工作人员是帮助犯。[⑤] 反之，即使乙胁迫甲索取贿赂，并由乙亲手接受贿赂，乙也不可能成立受贿罪的间接正犯。

然而，在例 14 中，得出 A 与 B 均不成立挪用资金罪的结论，并不合适。其实，只要以不法为重心、以正犯为中心、以共犯从属性原理为指导，上述案件就会迎刃而解：具有公司人员身份的 B，客观上实施了符合挪用资金罪构成要件（挪用资金进行非法活动）的违法行为，在不法层面是正犯，但由于其没有故意，即缺乏责任而不可罚。可是，根据限制从属性说，只要正犯的行为具备构成要件符合性与违法性，教唆犯与帮助犯就得以成立。A 的教唆行为引起了正犯符合构成要件的违法行为，并且具备故意等责任要素，所以，A 成立挪用资金罪的教唆犯。[⑥] 在实施构成要件行为的人有身份但不具备其他责任要素时，也是如此。

不难看出，以正犯为中心，在正犯行为符合构成要件且违法的前提下，再判断共犯成立与否，可以使共同犯罪的认定相当顺利，而且能够得出妥当的结论。基于同样的理由，在司法实践中，对于共同犯罪案件不应当分案审理，更不得先审理教唆犯、帮助犯，后审理正犯。因为在没有认

---

① Vgl. C. Roxin, Strafrecht Allgenmeiner Teil, Band Ⅱ, C. H. Beck, 2003, S. 109, S. 138. 〔德〕冈特·施特拉腾韦特、洛塔尔·库伦：《刑法总论Ⅰ——犯罪论》，杨萌译，法律出版社，2006，第 292 页，第 309 页。

② Vgl. H. Jeschck, T. Weigend, Lehrbuch des Strafrechts, Allgemeiner Teil, 5. Aufl., Duncker & Humblot, 1996, S. 664.

③ BGHSt 9. 370，参见〔日〕松宫孝明《刑事立法与犯罪体系》，成文堂，2003，第 259 页。

④ 参见〔日〕团藤重光《刑法纲要总论》，创文社，1990，第 155 页。

⑤ 参见〔日〕团藤重光《刑法纲要总论》，创文社，1990，第 159 页；〔日〕大塚仁《刑法概说（总论）》，有斐阁，2008，第 162 页；〔日〕山口厚《刑法总论》，有斐阁，2007，第 72 页。

⑥ 参见张明楷《共犯对正犯故意的从属性之否定》，《政法论坛》2010 年第 5 期。

定正犯的情况下，是不可能认定教唆犯与帮助犯的。

诚然，我国刑法并没有使用“正犯”这一概念，但刑法分则就单独犯罪的规定，实际上是关于正犯的规定。刑法总则关于教唆犯、帮助犯的规定，也从反面肯定了正犯。[①] 所以，刑法实质上规定了正犯，正如刑法中并没有“犯罪构成”一词，但实际上规定了犯罪构成一样。有的学者以比较简单的共同犯罪案件为例，否认正犯概念的必要性，认为正犯概念对于解决行为人之间是否构成共同犯罪问题不起什么根本性作用。[②] 也有学者认为，我国刑法采取了单一正犯体系，即所有参与犯罪的人均为正犯；“实行犯、教唆犯和帮助犯并无严格加以区分的必要……实行犯、教唆犯和帮助犯的行为都是互相联系、互相利用的，不能单独抽取出来进行独立的评价。”[③] 其实，这样的观点显然旨在维护我国传统的共同犯罪理论及其认定方法，而没有发现问题的症结，没有认清共同犯罪的本质。事实上，如上所述，如果不是以正犯为中心，我们对许多案件将束手无策。上述例14就充分说明了这一点。

四　以因果性为核心

犯罪有既遂与未遂之分，所以，在共同犯罪案件中，参与人是不是共犯人与参与人应否对法益侵害结果负责，是两个不同的问题。共犯的因果性问题，既关系到共犯成立与否，也关系到共犯应在什么范围内承担责任。

例15：甲、乙二人同时开枪射击丙，但只有一发子弹击中丙。设定A、B两种情形：A情形为甲击中了丙；B情形为不能查明谁击中了丙。根据共同犯罪的立法，如果甲、乙二人成立共同犯罪，那么，在A情形中，乙也要对丙的死亡负责；在B情形中，甲、乙均要对丙的死亡负责。倘若甲、乙二人不成立共同犯罪，那么，在A情形中，乙仅成立杀人未遂；在B情形中，甲、乙均只成立杀人未遂。问题是，为什么一旦成立共同犯罪，

---

① 参见钱叶六《双层区分制下正犯与共犯的区分》，《法学研究》2012年第1期。

② 参见杨兴培《共同犯罪的正犯、帮助犯理论的反思与批评》，《法治研究》2012年第8期。

③ 刘明祥：《“被教唆的人没有犯被教唆的罪”之解释》，《法学研究》2011年第1期。

甲、乙二人就都要对丙的死亡结果承担刑事责任？或许人们会说，这是因为刑法的规定。可是，刑法为什么这样规定？答案只能是：因为丙的死亡结果能够归责于甲、乙二人的行为，或者说，甲、乙二人的行为与丙的死亡结果之间都具有因果性。所以，共犯的因果性成为共犯论中特别重要的内容。正如日本学者所言："共犯论的核心，是能否认定共犯行为（共同或者间接）引起了法益侵害、危险的共犯的因果性问题，以及在具有因果性的前提下，将共犯构成要件限定在何种范围的共犯的限定性问题。"①

如前所述，认定共同犯罪必须以正犯为中心。在正犯行为不法时认定共犯是否成立，意味着认定共犯行为是否与正犯的不法之间具有因果性。如果具有因果性，在不法层面便成立共犯，进而判断参与人是否具有故意。问题在于，共犯行为是必须与正犯行为之间具有因果性，还是必须与正犯造成的结果（正犯结果）之间具有因果性？一般来说，教唆犯的行为与正犯结果之间所具有的心理的因果性，是容易认定的。② 需要讨论的是帮助行为的因果性。

显而易见的是，正犯行为是正犯结果的原因，所以，如果帮助行为与正犯行为之间没有因果性，那么，帮助行为就不可能与正犯结果之间具有因果性。问题是：当帮助行为仅对正犯行为具有促进作用，而没有对正犯结果起到促进作用时，或者说与正犯结果之间没有因果性时，能否将正犯结果归因于帮助犯？

抽象的危险说认为，一般来说，在正犯实施犯罪行为之际，使其实施更为容易的行为，就间接地对法益造成了危险，这便是作为从犯处罚的理由。因此，不仅不要求帮助行为与正犯结果之间具有因果性，而且不需要帮助行为与正犯行为之间具有因果性。例如，只要一般地来看，行为强化、助长了他人的犯罪意思，就成立帮助犯。③ 我国传统理论在论述共同犯罪的成立条件时，只要求二人以上具有共同的犯罪行为，既没有要求共犯行为与正犯结果之间具有因果性，也没有要求共犯行为与正犯行为之间具有因果性，基本上采取了这种抽象的危险说。但是，这种抽象的危险

① 〔日〕佐伯仁志：《刑法总论的思之道·乐之道》，有斐阁，2013，第370页。

② 当然，在特殊情况下，不排除教唆行为仅与正犯行为之间具有因果性。

③ 参见〔日〕野村稔《刑法总论的思之道·乐之道》（补订版），成文堂，1998，第421页以下。

说，没有区分可罚的帮助与不可罚的帮助，不可能适用于我国。

例 16：乙与丙吵架后，甲以为乙会杀害丙，便将一把长刀递给乙，但乙根本没有杀害丙。按照抽象的危险说，甲的行为也“一般性地”助长了乙的犯意。可是，我国刑法规定的未遂犯是针对正犯而言的，刑法第 27 条规定的帮助犯也仅存在于共同犯罪之中，所以，甲的行为不可罚。

由此可见，抽象的危险说并不符合我国刑法的规定。另外，如果认为只要行为人实施了帮助行为，即使对正犯行为没有产生影响也成立帮助犯，就不能区分对既遂犯的帮助与对未遂犯的帮助，更不能区分对未遂犯的帮助与帮助未遂。[①]

例 17：甲欲入户盗窃丙的财物，让乙将丙家的钥匙放在丙家的信箱里，乙答应后将丙家的钥匙错放在别人家的信箱里。甲没有发现钥匙，就采用其他方法入户盗窃了丙家的财物。如果采取抽象的危险说，就会认为乙应当承担盗窃既遂的责任。可是，乙的所谓帮助行为与甲的盗窃行为、盗窃结果之间没有因果性。乙是帮助未遂，而不是对未遂犯的帮助，更不是对既遂犯的帮助。所以，不应当将甲的盗窃结果归责于乙的行为。

具体的危险说认为，帮助行为的因果性，尤其是心理的因果性是难以限定的，应当予以放弃，而有必要采取“促进”公式，亦即，采用客观归责原理的“危险增加论”，从行为时点有专门知识的人的视点来考察，如果认为帮助行为“提高了正犯行为的成功机会”，就成立既遂的帮助。[②] 据此，向入户盗窃的人提供入户钥匙的，即使正犯没有使用该钥匙，但只要事前能够认定该钥匙可能是必要的，就应认定为既遂的帮助。[③] 显然，具体的危险说同样不能区分对既遂犯的帮助与对未遂犯的帮助，也不能区分对未遂犯的帮助与帮助未遂。

例 18：正犯甲决意入户盗窃，乙知情并提供了入户的钥匙。但是，甲出门时忘了带乙提供的钥匙，到现场后翻窗入户窃取了财物。在本例中，虽然事前能够肯定入户盗窃需要钥匙，但将乙的行为认定为既遂的帮助，

① 参见〔日〕山口厚《问题探究刑法总论》，有斐阁，1998，第 252 页。

② Vgl. F. Schaffstein, Die Risikoerhöhung als onjektives Zurechnungsprinzip im Strafrecht, insbesondere bei der Beihilfe, in: Festschrift für Richard M. Honig, Otto Schwartz & Co., Göttingen, 1970, S. 175ff.

③ Vgl. R. D. Herzberg, Anstiftung und Beihilfe als Straftatbestände, GA, 1971, S. 7.

明显不当。

正犯行为说认为，只要帮助行为与正犯行为之间具有因果性即可；或者说，“只要帮助行为使正犯行为变得可能、容易，或者促进、强化了正犯行为，就足以认定帮助的因果性”。[①] “德国历来的判例采取的立场是，不要求帮助行为与正犯结果之间具有因果性，只要帮助行为促进（fördern）了正犯‘行为’就足够了。据此，B将仓库的钥匙交给A，但A认为该钥匙对侵入仓库不起作用，最后用另外的方法侵入仓库窃取了财物时，或者B将铁钳作为侵入仓库使用的工具交给了A，但A没有使用铁钳而用别的方法侵入仓库窃取了财物时，B要被认定为盗窃既遂的帮助。”[②]

正犯行为说有两点理由。①帮助犯是指帮助正犯者，[③] 因此，“只要帮助行为援助了正犯，使正犯行为更为容易就足够了。应当将帮助犯的因果关系理解为在物理上或者心理上使正犯行为更为容易”。[④] ②帮助行为只能使正犯行为变得容易，而不可能成为结果的直接原因。所以，将帮助行为与正犯结果之间的因果关系作为问题，直接证明帮助的因果性，本身是很勉强的。另外，从共犯从属性说的立场出发，正犯行为与结果之间的因果关系，要作为正犯的犯罪行为来考虑；帮助行为的法益侵害性，以正犯行为与结果之间的因果关系为前提，只要帮助行为与正犯行为之间具有促进关系就可以了。[⑤]

但是，上述两点理由不能成立。①从文理上说，日本刑法规定的“帮助正犯者”，并不意味着只是对正犯行为起促进作用。②诚然，帮助行为与正犯结果之间不可能有直接的因果关系，但帮助犯的特点本来就是通过他人间接地引起法益侵害结果。因此，完全可以判断帮助行为是否与正犯结果之间具有间接的因果性，亦即，帮助行为是否经由正犯行为对结果起到了促进作用。③所谓对正犯行为起促进作用的认定标准是相当模糊的。在正犯没有使用帮助者提供的侵入仓库的工具时，难以判断该帮助行为对正犯行为起到了促进作用。④如果认为只要帮助行为与正犯行为之间具有

① Vgl. H. Jescheck, T. Weigend, Lehrbuch des Strafrechts, Allgemeiner Teil, 5. Aufl., Duncker & Humblot, 1996, S. 694.

② 〔日〕西田典之：《共犯理论的展开》，成文堂，2010，第193页。

③ 如日本刑法第62条第1款规定：“帮助正犯者，是从犯。”

④ 〔日〕川端博：《刑法总论讲义》，成文堂，2006，第575页。

⑤ 参见〔日〕植松正等编《现代刑法论争Ⅰ》，劲草书房，1997，第341页。

因果性就够了，就无法区分对正犯未遂的帮助与对正犯既遂的帮助。于是，仅仅为未遂的可罚性提供基础的行为，同时也成为对既遂承担责任的根据。这明显不妥当。[①] ⑤正犯行为说实际上是违法共犯论的立场，但是，违法共犯论的观点存在重大缺陷。[②]

正犯结果说认为，只有当帮助行为与正犯结果之间存在因果性时，才能使帮助犯承担既遂的责任。[③] 本文提倡这一观点。

首先，既然采取因果共犯论，就只能采取正犯结果说。根据因果共犯论，共犯的处罚根据在于通过正犯引起符合构成要件的法益侵害结果。因此，只有当帮助行为从物理上或者心理上促进、强化了正犯结果时，才能为帮助犯的处罚提供根据。如果帮助行为对构成要件结果的出现没有产生影响，就不可能将正犯结果归责于帮助行为，帮助者就不可能承担既遂的责任。而要认定共犯通过正犯引起了构成要件结果，就得要求帮助行为促进了正犯结果。否则，就不可能说，帮助行为通过介入正犯行为造成了法益侵害结果。在例 7 中，乙虽然主动帮甲望风，但客观上没有对甲的盗窃结果产生任何影响，因而没有物理的因果性。又由于甲不知道乙在为自己望风，乙的望风行为没有从心理上强化、促进甲的犯意，因而与甲的盗窃结果之间也没有心理的因果性。不仅如此，乙的望风行为与甲的盗窃行为之间也没有任何因果性。所以，乙对甲的盗窃不可能承担任何刑事责任。

其次，只要区分对未遂的帮助与对既遂的帮助，就必须采取正犯结果说。如果将对结果没有促进作用的行为作为对既遂的帮助予以处罚，就使得对未遂的帮助与对既遂的帮助之间丧失了界限。在例 8 中，甲着手实行盗窃行为时，使用的是乙提供的钥匙。就此而言，乙的帮助行为还只是对未遂的帮助。但是，乙提供的钥匙对甲盗走汽车的结果并没有起到促进作用，因此，乙仅承担盗窃未遂的刑事责任。如果让乙对甲盗走汽车的结果承担盗窃既遂的刑事责任，就意味着乙要为与自己的行为没有因果关系的结果承担刑事责任，这明显不当。

---

① Vgl. C. Roxin, Strafrecht Allgenmeiner Teil, Band Ⅱ, C. H. Beck, 2003, S. 192. ff. 〔日〕曾根威彦：《刑法总论》，弘文堂，2008，第 263 页。

② 参见杨金彪《共犯的处罚根据》，中国人民公安大学出版社，2008，第 44 页以下。

③ 参见〔日〕小岛阳介《关于精神帮助的因果关系》，《法学论丛》（京都大学）2007 年第 4 号，第 83 页。

最后，因果关系是归责的必要要件，对帮助犯也不例外。就单独正犯以及共同犯罪中的正犯而言，因果关系是将结果客观归责于正犯的必要条件。如果结果的发生与正犯的行为之间没有因果关系，就不可能令正犯对结果负责。帮助犯是刑罚扩张事由，既然将结果归责于正犯以因果关系为前提，那么，对于帮助犯而言，也必须提出这样的要求；否则，就与帮助犯的这种刑罚扩张事由明显不相当。也可以说，认为帮助犯对与自己的行为没有因果关系的结果也要承担既遂犯的刑事责任，是主观主义刑法理论的结论，为当今刑法理论所不取。

综上所述，只有当帮助行为与正犯结果之间具有物理的或者心理的因果性时，帮助犯才对正犯结果负责。

帮助行为与正犯结果之间物理的因果性，主要表现为如下情形。①没有帮助行为，就不可能发生正犯结果。例如，帮助犯向正犯提供打开保险柜的钥匙，正犯利用该钥匙窃取了保险柜内的现金。②帮助行为使正犯结果的范围扩大。例如，正犯向帮助犯借枪杀人，帮助犯提供了手榴弹，导致更多人死亡。③帮助行为使正犯结果的程度加重。例如，正犯向帮助犯索要麻醉剂抢劫，帮助犯提供了致人死亡的化学品，导致正犯抢劫时致人死亡。④帮助行为使正犯结果提前。例如，帮助犯提供被害人的行踪，使正犯迅速地杀害了被害人。⑤帮助行为使正犯结果发生的危险性增大（使结果发生更为容易）。例如，正犯准备撬窗入户盗窃，帮助犯提供了入户盗窃的钥匙，使正犯盗窃更为容易。

帮助行为与正犯结果之间心理的因果性，主要表现为强化正犯造成法益侵害结果的决意，或者使正犯安心实施法益侵害行为，造成法益侵害结果。

例 19：与乙男有不正当关系的甲女，得知乙想杀害妻子丙时便对乙说："如果你杀了丙，我就和你结婚。"于是，甲强化了乙的杀人动机，降低了乙放弃犯意的可能，最终乙杀害了丙。对此，应当肯定甲的行为与正犯结果之间具有心理的因果性。[①]

当然，在具体案件中，有的帮助行为可能与正犯结果之间既具有物理的因果性，也具有心理的因果性。例如，望风行为不仅使正犯安心盗窃，

① 参见〔日〕松原芳博《刑法总论》，日本评论社，2013，第 379 页。

而且在客观上阻止了被害人立即发现正犯，从而使正犯盗窃既遂。

在采取正犯结果说时，还有如下几个需要讨论的问题。

第一，关于正犯行为说与正犯结果说的关系，德国有学者指出，“只要对正犯的行为方式产生了影响，实际上就与结果之间具有因果关系”。[①] 日本也有学者认为，“如果促进了正犯行为，自然就能评价为促进了正犯结果”。[②] 其实，促进正犯行为与促进正犯结果是应当区别开来的。比如在例8中，乙的帮助行为虽然促进了正犯的盗窃行为，却没有促进正犯的盗窃结果。

例20：帮助犯将盗窃金库所用的钥匙提供给正犯，正犯使用该钥匙时用力过猛，导致钥匙断在锁中。于是，正犯采用其他方法打开了金库，盗走了现金。可以认为，正犯使用帮助犯提供的钥匙时，已经着手实行盗窃行为，帮助犯的行为的确促进了正犯行为。但是，由于正犯以其他方法打开了金库，故不能认为帮助犯的行为促进了正犯结果。由此可见，帮助行为与正犯行为之间的因果性和与正犯结果之间的因果性，是存在区别的。[③]

第二，在采取正犯结果说的同时，是否还要求帮助行为与正犯行为之间具有因果性？日本有学者指出：“鉴于共犯的处罚根据是介入正犯行为引起结果，作为（广义的）共犯的成立要件的客观方面的问题，不仅要求与最终的结果之间具有因果关系，而且要求有使正犯行为更为容易的因果性。”[④] 从逻辑上说，只有与正犯行为之间具有因果性的帮助行为，才可能进一步与正犯结果之间具有因果性。但事实上，如果能够肯定帮助行为与正犯结果之间具有因果性，就必然能够肯定帮助行为与正犯行为之间具有因果性。另外，在否定了帮助行为与正犯结果之间具有因果性时，如果能够肯定帮助行为与正犯行为之间具有因果性，则能认定为未遂犯的帮助犯。前述例8即是如此。

第三，在采取正犯结果说时，是否要求帮助行为与正犯结果之间具有

---

① C. Roxin, Was ist Beihilfe? in Festschrift für Koichi Miyazawa, Nomos, 1995, S. 502f.

② 〔日〕大塚仁等编《大评注　刑法》第五卷，青林书院，1999，第576页。

③ 参见〔日〕小岛阳介《关于精神帮助的因果关系》，《法学论丛》（京都大学）2007年第4号，第80页以下。

④ 〔日〕岛田聪一郎：《他人行为的介入与正犯成立的界限（二）》，《法学协会杂志》2000年第3号，第108页。

“没有前者就没有后者”的条件关系？这在德国、日本均存争议。[①] 在本文看来，这取决于是否同意对条件关系进行修正以及如何理解正犯结果（是否采取具体的结果说）。

例 21：甲决意杀害丁，知情的乙与丙并无意思联络，却分别向甲提供了性能相同的枪支，甲使用乙提供的枪支杀害了丁。根据条件关系必要说的观点，乙与丙的行为都难以成立帮助犯，因为即使没有乙提供的枪支，甲也会用丙提供的枪支杀害丁，反之亦然。但是，其一，如果对条件关系进行修正，[②] 那么，乙、丙的行为与丁的死亡之间均有条件关系；其二，如果认为死亡结果并不是抽象意义上的丁的死亡，而是丁在什么时间、被什么枪支击中而死亡，则能肯定乙的帮助行为与丁的死亡之间具有条件关系。换言之，只要没有该帮助行为就不会出现此时、此种形态的正犯结果，就可以肯定帮助的因果性。[③] 在本文看来，采取条件关系必要说时，完全可能同时采取合法则的条件说。[④] 在例 21 中，乙提供的枪支合法则地引起了丁死亡的结果，必须肯定乙的行为与丁死亡之间的物理的因果性。

第四，帮助行为与正犯结果之间缺乏物理的因果性时，并不必然意味着同时缺乏心理的因果性。在缺乏物理的因果性时，需要判断有无心理的因果性，反之亦然。当然，由于物理的因果性比较容易判断，故应先判断物理的因果性。[⑤] 在例 21 中，虽然丙的行为事实上与丁的死亡结果之间没有物理的因果性，但丙的行为也强化、促进了甲的犯意，因而与丁的死亡结果之间具有心理的因果性。[⑥]

例 22：甲打算入户盗窃，乙知情后将撬门工具提供给甲。甲携带该撬门工具和自己准备的万能钥匙前往丙家，甲使用万能钥匙打开了丙家的

---

① 参见〔德〕约翰内斯·韦塞尔斯《德国刑法总论》，李昌珂译，法律出版社，2008，第 330 页以下；〔日〕西田典之《共犯理论的展开》，成文堂，2010，第 189 页以下。

② 亦即，在数个行为引起一个结果的情况下，如果除去一个行为结果将发生，除去全部行为结果将不发生，则全部行为都是结果发生的原因。Vgl. Welzel, Das Deutsche Strafrecht, 11. Aufl., Walter de Gruyter & Co, 1969, S. 41.

③ 参见〔日〕内田文昭《帮助的因果性》，《判例时代》1990 年第 717 号，第 38 页。

④ 参见张明楷《也谈客观归责理论——兼与周光权、刘艳红教授商榷》，《中外法学》2013 年第 2 期。

⑤ 当然，在存在物理的因果性的情况下，也可以再进行心理的因果性的判断。不过，这种判断只是对量刑有一定意义，对定罪不起实质作用。

⑥ 参见〔日〕西田典之《共犯理论的展开》，成文堂，2010，第 199 页。

门，窃取了巨额财物。在此案中，乙提供撬门工具的行为，虽然与甲的盗窃结果之间没有物理的因果性，但该行为强化、促进了甲的盗窃犯意，因而与甲的盗窃结果之间具有心理的因果性。

由此可见，物理的帮助与心理的帮助，并不等同于物理的因果性与心理的因果性。在例22中，乙实施的是物理的帮助行为，但与正犯结果之间仅具有心理的因果性。再如，帮助犯只是向盗窃正犯口述如何打开他人汽车门以及如何发动汽车的方法，正犯按照帮助犯所述方法盗走汽车的，帮助犯的行为与正犯结果之间具有物理的因果性。又如，帮助犯向正犯提供了盗窃汽车所需要的钥匙。如果帮助犯不提供该钥匙，正犯就不会决意实行犯罪时，该帮助犯的物理的帮助行为，实际上与正犯结果之间也具有心理的因果性。

问题是：在什么情况下，物理的帮助行为会产生心理的因果性？一种观点认为，即使正犯已经具有盗窃的故意，甚至在实行过程中也没有使用帮助犯提供的钥匙，但是，提供钥匙的行为也可能与正犯结果之间具有心理的因果性。[①] 据此，任何物理的帮助行为都与正犯结果之间具有心理的因果性，但这种绝对的观点会使因果性的判断丧失意义。本文认为，就这类案件而言，可以区分三种情形。①乙知道甲将入户盗窃而将入户钥匙提供给甲。但甲到了现场后，首先使用自己携带的工具，入户盗窃了他人财物。在这种情况下，仍能肯定乙的帮助行为与甲的盗窃结果之间具有心理的因果性。因为甲在盗窃过程中清楚地知道，即使自己的钥匙打不开门，也还有乙提供的钥匙，所以，乙的帮助行为强化了甲的犯意。②甲到了现场后首先使用乙提供的钥匙，但发现乙的钥匙根本不起作用，于是使用自己的钥匙入户盗窃了财物。在这种情况下，乙的帮助行为只是与正犯着手实行盗窃的行为之间具有物理的因果性，而与正犯结果之间既没有物理的因果性，也没有心理的因果性。既然甲明知乙的钥匙不起任何作用，就不能认为乙的帮助行为仍然在强化甲的犯意。所以，乙仅成立未遂的帮助犯。③如若甲到现场后首先使用乙提供的钥匙，并且打开门窃取了财物，则可以认为，乙提供钥匙的行为与甲的盗窃结果之间，既具有物理的因果性，也具有心理的因果性。

---

① 〔日〕佐伯仁志：《刑法总论的思之道·乐之道》，有斐阁，2013，第372页以下。

第五，共犯行为与正犯结果之间是否具有因果性（尤其是心理的因果性），与帮助者有没有故意是两个不同的问题。不要认为心理的因果性以有共同故意为前提。因为即使没有犯罪故意的言行，也可能强化正犯的决意。这再一次说明，在不法层面理解和认定共同犯罪，是完全可行的。

第六，所谓共犯的脱离，实际上也是共犯的因果性问题，亦即，共犯放弃或者被迫停止共犯行为后，由他人导致结果发生时，在什么情况下，否认先前的共犯行为与正犯结果之间具有因果性（即肯定共犯的脱离），从而只让共犯承担中止犯或者未遂犯的刑事责任。换言之，在某些情形下，行为人虽然实施了共犯（教唆或者帮助）行为，但是，如果后来又消除了该行为对犯罪的促进作用，导致先前的共犯行为与正犯结果之间不具有因果性时，就属于共犯的脱离。因此，所谓共犯的脱离，实际上是指同时消除已经实施的共犯行为与正犯结果之间的物理因果性与心理因果性。

例 23：甲入户盗窃，邀约乙为其盗窃望风，乙同意并为甲望风。但在甲入户后，乙悄悄溜走了，甲对此并不知情。对此，如果能够肯定乙离开之前的行为与甲的盗窃既遂之间没有因果关系，那么，就属于共犯的脱离，乙仅承担中止或者未遂犯的刑事责任。反之，乙依然对正犯结果承担刑事责任。

显然，对共犯脱离的判断实质上是对因果性的判断。就例 23 而言，由于甲一直以为乙在为自己望风，所以，即使乙离开了望风现场，其行为依然使得甲安心盗窃，因而与甲的盗窃结果之间具有心理的因果性。反之，倘若在甲盗窃既遂之前，乙明确告诉甲自己要离开现场，不再为甲望风，而甲依然独自盗窃的，乙便切断了自己先前的望风行为与甲后来盗窃既遂之间的因果性，因而成立共犯的脱离。在前述例 9 中，乙并没有如约到达现场，实际上将自己不参与杀害行为的决定通知到了甲。乙是否对甲造成的死亡结果负责，取决于甲与乙的共谋内容。如果乙与甲共谋了杀害丙的地点、方法等内容，甲按照共谋内容杀害了丙，或者共谋内容表现为乙促使甲产生了杀害丙的决意，那么，这都可以肯定乙的共谋行为与甲的杀害结果之间具有因果性。但是，倘若甲提出杀害丙，只是邀约乙次日一同前往丙家共同杀害丙，或者让乙为自己的杀害行为望风，乙次日却没有到达现场的，则不能认为乙的共谋行为与甲的杀害结果之间具有因果性。此时，乙脱离了共犯关系，充其量仅成立故意杀人的预备犯。

同理，共同正犯的脱离也是对因果性的判断问题。

例 24：夫妻二人想杀死女儿的非婚生孩子，在二人以为已经杀死孩子后，丈夫先行离开。妻子后来发现孩子还活着，就独自杀死了孩子。[①] 丈夫与妻子先前共同实施的杀害行为，与孩子的生命处于危险状态之间具有因果性，因此，二人成立故意杀人未遂的共同正犯。但是，在丈夫离开后，妻子独自将孩子杀害的结果就不能归责于丈夫先前的行为，因此，妻子必须独自承担杀人既遂的刑事责任。

反之，即使部分正犯放弃了自己的行为，但只要其已经实施的行为与其他正犯的行为结果之间具有因果性，就必须对该结果负责。

例 25：甲与乙以轮奸的犯意对丙女实施暴力。甲奸淫丙后，乙出于同情放弃了奸淫行为。有学者以强奸罪属于亲手犯、奸淫行为不具有可替代性为由，认为乙成立强奸罪的中止犯。[②] 其实，强奸罪不是亲手犯。[③] 更为重要的是，乙虽然中止了自己的奸淫行为，但其中止前的暴力行为与丙女被甲强奸的结果之间具有因果性。既然如此，就必须将丙女被甲奸淫的结果归责于乙的行为；又由于乙有强奸罪的故意，故其同样成立强奸罪的既遂。

五　简短的结论

综上所述，共同犯罪的认定应当以不法为重心（从不法到责任）、以正犯为中心（从正犯到共犯）、以因果性为核心（从物理因果性到心理因果性）。因此，不能将不法与责任混为一体来认定共同犯罪，也不能不区分正犯与狭义的共犯而整体地讨论共同犯罪成立与否，更不能忽视对因果性的判断。

犯罪的实体是不法与责任。“犯什么罪”不只取决于不法，还取决于责任，而共同犯罪解决的是不法问题，故完全没有必要提出和回答“共同

① Vgl. C. Roxin, Strafrecht Allgenmeiner Teil, Band Ⅱ, C. H. Beck, 2003, S. 79. ff.

② 参见陈兴良《共同犯罪论》（第二版），中国社会科学出版社，2006，第 372 页以下。

③ 亲手犯的基本标志是没有成立间接正犯的可能。但是，妇女利用无责任能力的男性强奸其他妇女的行为，无疑成立强奸罪的间接正犯。另参见〔日〕山口厚《刑法各论》，有斐阁，2010，第 109 页。

犯罪犯的是什么罪”这样的问题。如例4，只要查明甲、乙共同对丙实施暴力致丙死亡，就应认定二人成立共同犯罪，并将死亡结果客观归责于二人的行为，二人在不法层面对丙的死亡负责（客观归责）。至于甲与乙的主观责任（各自的故意内容）以及构成何罪，则需要分别认定。由于甲持杀人故意，故成立故意杀人罪既遂；由于乙仅有伤害故意并对死亡有过失，故成立故意伤害（致死）罪。所以，在二人成立共同犯罪时，二人成立的罪名可能并不相同。既然如此，就完全没有必要追问二人以上共同构成什么罪的问题。

根据本文的观点，刑法理论与司法实践完全可以淡化“共同犯罪”概念。换言之，只要以不法为重心、以正犯为中心、以因果性为核心判断数人参与犯罪的案件，就首先要在不法层面认定正犯（包括共同正犯），确定了正犯之后，就必须将结果或者危险客观地归责于正犯行为；其次，判断哪些参与人的行为与正犯结果之间具有因果性，只要具有因果性，就可以肯定其为不法层面的共犯（在参与人的行为仅与正犯行为之间具有因果性时，则在未遂犯的不法层面成立共犯）；再次，分别判断各参与人的责任（如责任年龄、故意的内容等），进而确定参与人触犯的罪名；最后，按照我国刑法关于主犯、从犯、胁从犯、教唆犯的处罚原则，分别给各参与人量刑。不难看出，在其中的任何一个步骤，都没有必要提出和回答“谁和谁成立共同犯罪”、“共同犯罪犯的是什么罪”这样的问题。所以，即使不使用“共同犯罪”概念，也完全可以处理数人共同参与犯罪的现象。诚然，我国刑法使用了“共同犯罪”概念，但我国刑法有关共同犯罪的规定，的确存在多种解释的可能。

刑法教义学研究的中国主体性*

丁胜明**

摘　要：刑法教义学既包括教义学方法，也包括教义学知识；教义学方法是无国界的，但教义学知识是对一国现行有效的法律所作的解释，因而是有国界的。德日刑法关于共同犯罪的规定表明，共犯的定罪与量刑均取决于正犯，因而决定了其共犯理论必须采取实质客观说以区分正犯与共犯；而中国刑法关于共同犯罪的规定表明，共同犯罪的定罪与量刑是截然可分的不同层次，因而在正犯与共犯的区分上采取形式客观说就足以解决问题。中国刑法和德日刑法对侵占罪规定的成立要件并不相同，“拒不退还”、“拒不交出”在中国的侵占罪中是一种客观处罚条件，是独立的行为要件，因而不能将其融入“非法占为己有”的含义之中。中国的刑法教义学研究者必须清醒地认识到，要以中国刑法的规定为研究的逻辑起点并受其严格约束；要真正构建中国的刑法教义学，必须唤起研究者的主体意识。

关键词：刑法教义学　共犯理论　侵占罪　中国主体性

一　无国界的教义学方法和有国界的教义学知识

近年来，“教义学”一词在法学界尤其是刑法学界流行了起来。这是

---

* 本文原载《法学研究》2015 年第 2 期，略有修改。

** 丁胜明，西南政法大学副教授。

中国法制建设逐步完善的结果。在刑事法律体系基本建成之后，不少刑法学者把主要精力转向了理解和解释刑法，刑法教义学研究逐步取代了刑事立法学研究的主导地位。[①] 早在2005年，就有学者在国内率先对刑法教义学的基本问题展开了探讨，认为“刑法学如欲成为一门科学，必须推进刑法教义学方法论的研究”；[②] 2010年，该学者又提出了“走向教义学的刑法学”的历史性课题。[③] 此后，多篇关于刑法教义学问题的论文陆续发表。[④] 与此同时，国外关于刑法教义学的学说相继被介绍到国内。[⑤] 可以说，刑法教义学已经成为目前国内刑法学研究最热门的话题之一。

但是，众所周知，刑法教义学（Strafrechtsdogmatik）是舶来品。那么，作为舶来品的刑法教义学是否如“科学”那样是无国界的？舶来的刑法教义学能否直接适用于中国？要回答这些问题，首先必须对“教义学”这一概念作进一步的分析。教义学首先指的是某种研究方法，但另一方面，根据教义学方法发展起来的体系化知识则是教义学的实体性内容。法律方法论可谓是无国别的，[⑥] 因此教义学方法是无国界的，也不存在法律部门的界别。实际上，不仅刑法学在运用教义学方法，民法、宪法等法律部门的研究也在运用教义学方法。

教义学方法作为一种研究方法，有其不可动摇的方法论预设。“法教义学是以实证法，即实在法规范为研究客体，以通过法律语句阐述法律意蕴为使命的一种法律技术方法。”[⑦] 而教义学是指诠释宗教戒律的学问，[⑧] 是对宗教经典进行解释的方法及其学说体系。显然，对于宗教来说，宗教经典的正确性不容置疑，这是教义学的起点。“教义学的思想经常被视为

---

① 参见冯军《刑法教义学的立场和方法》，《中外法学》2014年第1期，第172页以下。

② 陈兴良：《刑法教义学方法论》，《法学研究》2005年第2期，第41页。

③ 参见陈兴良《教义刑法学》，中国人民大学出版社，2010，序言第1页。

④ 如周详：《教义刑法学的概念及其价值》，《环球法律评论》2011年第6期；陈兴良：《刑法教义学与刑事政策的关系：从李斯特鸿沟到罗克辛贯通——中国语境下的展开》，《中外法学》2013年第5期；冯军：《刑法教义学的立场和方法》，《中外法学》2014年第1期；张明楷：《也论刑法教义学的立场——与冯军教授商榷》，《中外法学》2014年第2期。

⑤ 如〔德〕沃斯·金德豪伊泽尔：《适应与自主之间的德国刑法教义学——用教义学来控制刑事政策的边界?》，蔡桂生译，《国家检察官学院学报》2010年第5期；〔德〕沃尔福冈·弗里希：《法教义学对刑法发展的意义》，赵书鸿译，《比较法研究》2012年第1期。

⑥ 参见周详《教义刑法学的概念及其价值》，《环球法律评论》2011年第6期，第85页。

⑦ 陈兴良：《刑法教义学方法论》，《法学研究》2005年第2期，第40页。

⑧ 参见陈兴良《刑法知识的教义学化》，《法学研究》2011年第6期，第27页。

一种不能批判思想的典范。这就表明：教义学是以自身已经确定而无须再作任何检验的信条为前提的，而且通过对这些前提的深入思考可以进一步认识教义学。这种理解其实是以预先给定的内容和权威为前提，而不是对该前提进行批判性检验。"① 就法教义学而言，这种不容置疑的教义就是实在法。易言之，实在法对法教义学来说，是一种先在的东西，是教义学分析的逻辑起点，并对教义学分析形成约束。② 而对刑法教义学来说，不容置疑的教义就是现行刑法。正如学者所言，刑法教义学将现行刑法视为信仰的来源，现行刑法既是刑法教义学者的解释对象，也是解释根据；在解释刑法时，不允许以非法律的东西为基础；对刑法教义学者而言，现行刑法就是"圣经"。③ 同时，解释总是对某种对象的解释，如果离开了解释的对象，这种解释就成了无本之木；欠缺对象的解释是不可想象的。另外，如果置疑解释的对象本身，也就不能称之为解释了。因此，教义学必须将解释的对象视为不可置疑的权威。而刑法教义学所解释的对象就是现行刑法，对现行刑法进行解释而形成的观点、学说和理论的体系，就是刑法教义学知识。

既然刑法教义学知识是对现行刑法进行解释而形成的知识体系，就不能不认为刑法教义学知识是有国界的，因为刑法作为实在法是有国界的。尽管中国刑法与外国刑法，哪怕是同为大陆法系国家的刑法，在很多规定上是相似甚至相同的，但中外刑法之间终究存在很多差别。一种法律制度，有规定与没有规定，或者都有规定但规定的方式不同，必然导致对其进行解释而形成的教义学知识存在差别。既然法教义学以一国现行实在法为基础及界限，④ 那么当实在法存在差异时，法教义学知识也就只在各自实在法有效的国界内有效。这就是法教义学知识的国界性。

可是，在引进德日刑法理论的浪潮中，学界似乎并未有意识地区分教义学方法和教义学知识这两个不同的层面。更令人担忧的是，当人们笼统地以"理论"这种模糊国别色彩的概念为名接受国外的教义学知识时，教

① 〔德〕沃尔福冈·弗里希：《法教义学对刑法发展的意义》，赵书鸿译，《比较法研究》2012 年第 1 期，第 143 页。

② 参见陈兴良《刑法知识的教义学化》，《法学研究》2011 年第 6 期，第 27 页。

③ 参见冯军《刑法教义学的立场和方法》，《中外法学》2014 年第 1 期，第 173 页。

④ 参见白斌《论法教义学：源流、特征及其功能》，《环球法律评论》2010 年第 3 期，第 9 页。

义学知识固有的国界性被彻底遗忘了。其中隐藏的危险显而易见。无国界的教义学方法当然可以直接为我所用，如将国外的教义学知识有意识地作为比较法研究的参考资料来使用尚无大碍，但如果忘了这些知识是以相关外国刑法是不可置疑的教义为前提而产生的，将其直接拿到中国当作我们的教义学知识，则中国学者的主体性在教义学知识的生产过程中就完全丧失了，而这种拿来的教义学知识也可能无法解决中国的问题。不幸的是，上述担忧在当前中国刑法学的部分研究领域已经成为现实。下面，本文就刑法总论和分论各选取一个问题，展示刑法教义学知识的国界性在中国是如何被忽视的。在总论部分，本文选取的问题是中国的共犯理论能否采取实质客观说；在分论部分，本文将讨论“拒不退还”、“拒不交出”在中国的侵占罪中是不是独立的要件。

二 中国的共犯理论不能采取实质客观说

共犯理论一向是刑法学说争论的主要领域，而共犯理论被称为刑法理论最混乱、最黑暗的一章，在很大程度上缘于正犯与共犯区分标准的理论争议。关于这一区分标准，历来存在主观说与客观说、形式客观说与实质客观说的争论。目前，主观说已经淡出历史舞台，形式客观说与实质客观说的争论则如火如荼。形式客观说主张以是否实施构成要件行为作为区分正犯与共犯的标准；正犯是实施构成要件行为者，否则为共犯。而实质客观说的核心思想是，在犯罪进程中起重要作用、支配作用的人是正犯，否则为共犯。其下又有必要性说、同时性说、犯罪事实支配理论以及重要作用说等分支学说。

在中国传统的刑法学说中，并不存在上述争论；更确切地说，形式客观说没有对手。事实上，在传统理论中我们只有实行犯和非实行犯（教唆犯、帮助犯）的划分，是否实施了实行行为（构成要件行为）是唯一的划分标准。正犯概念以及正犯与共犯的区分是大量引进德日刑法理论之后才被认真对待的研究课题。目前在德国和日本，实质客观说已经取代形式客观说，占据了绝对优势。近年来，部分中国学者认为应当引入实质客观说。比如，有学者认为应该采取犯罪事实支配理论来区分正犯与共犯；[①] 也有学者认为，应该采取日本通行的重要作用说，[②] 并呼吁引进日本刑法理论特有的共谋共同正犯理论。[③]

然而，正犯与共犯的区分应当采取何种学说，不能脱离一国的立法。因为共犯理论是以一国刑法关于共犯的规定为前提的，属于解释论、教义学的范畴。[④] 换言之，正犯与共犯的区分理论属于刑法教义学知识，是对特定的共犯立法的解释，故只有在具体刑法条文的语境之下谈论某种共犯理论是否有效，才是有意义的。反之，脱离共犯立法的共犯理论体系，不论多么精致，其实践意义都会大打折扣。[⑤] 因此，不能笼统地断定形式客观说与实质客观说哪个更为合理，而必须具体讨论根据哪国刑法采取何种学说作为自己的教义学知识才更为合理。中国的共犯理论是否可以采取德国和日本通行的实质客观说，也必须立足于中国刑法来考量。可是，中国与德国、日本虽同采区分制，但在共犯分类的具体规定上，特别是在正犯的功能界定上，可谓大相径庭。罔顾这种立法上的差异而直接采用德国、日本的犯罪事实支配理论或者重要作用说，是否可行？[⑥]

德国、日本在学说上倾向于实质客观说，而在学说的背后有相应的关于共犯的法律规定作为支持。比如，德国刑法第 25 条规定，自己实施犯罪，或通过他人实施犯罪的，依正犯论处（第 1 款）；数人共同实施犯罪的，均依正犯论处（第 2 款）。第 26 条规定，故意教唆他人故意实施违法行为的是教唆犯，对教唆犯的处罚与正犯相同。第 27 条规定，对他人故意实施的违法行为故意予以帮助的，是帮助犯（第 1 款）；对帮助犯的处罚参照正犯的处罚，并依第 49 条第 1 款减轻其刑罚（第 2 款）。再比如，日本刑法第 60 条规定，二人以上共同实行犯罪的，皆为正犯。第 61 条规定，教唆他人实行犯罪的，处正犯之刑（第 1 款）；教唆教唆犯的，依前款论

① 参见张明楷《刑法学》，法律出版社，2011，第 357 页；周光权《刑法总论》，中国人民大学出版社，2011，第 212 页；任海涛《大陆法系正犯与共犯区分理论评述》，《中国刑事法杂志》2006 年第 3 期，第 48 页；阎二鹏《区分制共犯设立模式之前提》，《国家检察官学院学报》2008 年第 5 期，第 102 页。

② 参见刘艳红《论正犯理论的客观实质化》，《中国法学》2011 年第 4 期，第 139 页。

③ 参见刘艳红《共谋共同正犯论》，《中国法学》2012 年第 6 期，第 120 页。

④ 参见陈兴良《教义刑法学》，中国人民大学出版社，2010，第 631 页。

⑤ 参见钱叶六《中国犯罪参与体系的性质及其特色——一个比较法的分析》，《法律科学》2013 年第 6 期，第 150 页。

⑥ 参见钱叶六《双层区分制下正犯与共犯的区分》，《法学研究》2012 年第 1 期，第 127 页。

处（第 2 款）。第 62 条规定，帮助正犯的，是从犯（第 1 款）；教唆从犯的，处从犯之刑（第 2 款）。第 63 条规定，从犯之刑，比照正犯之刑减轻。[①] 从上述德国刑法第 26 条、第 27 条第 2 款和日本刑法第 61 条、第 63 条的规定不难看出，共犯的刑罚与正犯直接挂钩：对教唆犯处以正犯之刑，对帮助犯则必须参照正犯之刑减轻处罚。这意味着，德日刑法中的正犯概念具有双重功能，其不仅影响定罪，还直接决定共犯的刑罚轻重。所以，德日刑法中参与人类型的区分在多数场合下涉及的是，参与人究竟成立作为重犯罪类型的正犯，还是成立作为轻犯罪类型的共犯。[②]

在这种立法背景下，教义学上怎么解释正犯和共犯，尤其帮助犯的含义，就成为至关重要的问题。依据形式客观说，只有实施了构成要件行为的人才构成正犯，实施了教唆行为、帮助行为的是共犯。但这必然导致如下局面：部分行为人虽然仅仅实施了（物理的或者心理的）帮助行为，却在犯罪进程中发挥了重要甚至支配性作用；如果这类行为人被定性为帮助犯，就必须对其减轻刑罚。这显然不合理，因为确定共犯刑罚的实质标准只能是行为人在犯罪进程中所发挥的作用的大小。因此，德国和日本在司法实践中都会把某些没有实施实行行为但起了主要或重要作用的人，尤其是在幕后策划、指挥犯罪的人，认定为正犯。[③] 最典型的是将部分场合下的望风者认定为共同正犯，同时还承认所谓共谋共同正犯。[④] 而促成实现这一目标的教义学理论，便是实质客观说。根据实质客观说，除了实施构成要件行为的人是正犯外，没有实施构成要件行为但发挥了重要甚至支配性作用的行为人也被纳入了正犯范畴。也就是说，在实质客观说取代形式客观说之后，正犯概念的内涵发生了根本变化。原先在形式客观说之下所坚持的正犯与实行行为的对应关系被打破，是否被认定为正犯取决于行为人对犯罪实现的贡献（作用），而非其行为样态（分工）。[⑤] 很多学者已经

① 参见《德国刑法典》，徐久生、庄敬华译，中国方正出版社，2004，第 11 页；《日本刑法典》，张明楷译，法律出版社，2006，第 27 页。

② 参见〔日〕林干人《刑法总论》，东京大学出版会，2008，第 392 页。

③ 参见陈洪兵《我国未规定共同正犯不是立法疏漏》，《东南大学学报》（哲学社会科学版）2011 年第 1 期，第 70 页。

④ 参见刘明祥《论中国特色的犯罪参与体系》，《中国法学》2013 年第 6 期，第 124 页。

⑤ 参见阎二鹏《共犯行为正犯化及其反思》，《国家检察官学院学报》2013 年第 3 期，第 106 页。

洞察到这一点，认为完全可以将德日刑法中的正犯与中国刑法中的主犯放在同一平台上加以讨论。①

至此，我们已经能够清晰地认识到，实质客观说取代形式客观说的根本原因是其满足了罪刑均衡的需要。② 部分望风者被认定为共同正犯，共谋共同正犯理论能在日本流行，都是为了避免特定行为人因被认定为共犯而被判处相对较轻的刑罚。③ 而在德国和日本之所以产生这种需要，是因为两国刑法将共犯的刑罚与正犯的刑罚关联在一起。因此，当望风者、共谋者在犯罪中起了重要作用时，就不能将其定性为共犯，而必须将其纳入正犯，这样才能实现罪刑均衡。

可是，上述实质客观说赖以生存的土壤在中国并不存在。中国刑法第26条第1款规定，组织、领导犯罪集团进行犯罪活动的或者在共同犯罪中起主要作用的，是主犯。第27条规定，在共同犯罪中起次要或者辅助作用的，是从犯（第1款）；对于从犯应当从轻、减轻处罚或者免除处罚（第2款）。第29条第1款规定，教唆他人犯罪的，应当按照他在共同犯罪中所起的作用处罚。

根据上述中国刑法第27条的规定，在共同犯罪中起次要或者辅助作用的是从犯。从犯是与主犯相对的概念，后者在犯罪中起主要作用，前者起次要作用。而从犯与帮助犯并非完全对应的关系，因为前者根据行为人在共同犯罪中所起的作用大小来认定，而后者根据行为人在共同犯罪中的分工来认定。所以，完全存在分工上属于帮助犯却在共同犯罪中起了主要作用的情况，比如前述望风者、共谋者被认定为正犯（主犯）的例子。因此，即使认为德日刑法中的正犯与中国刑法中的主犯大致相当，也不能认为帮助犯在中国刑法中与正犯（主犯）存在刑罚挂钩关系。

---

① 参见金光旭《日本刑法中的实行行为》，《中外法学》2008年第2期，第243页；张明楷《刑法的基本立场》，中国法制出版社，2002，第347页；张明楷《刑法学》，法律出版社，2011，第405页；陈家林《共同正犯研究》，武汉大学出版社，2004，第24页；陈洪兵《共犯论思考》，人民法院出版社，2009，第63页；钱叶六《双层区分制下正犯与共犯的区分》，《法学研究》2012年第1期，第132页。相反观点，参见刘明祥《主犯正犯化质疑》，《法学研究》2013年第5期，第114页以下。

② 参见阎二鹏《共犯行为正犯化及其反思》，《国家检察官学院学报》2013年第3期，第107页。

③ 参见陈洪兵《我国未规定共同正犯不是立法疏漏》，《东南大学学报》（哲学社会科学版）2011年第1期，第70页。

就中国刑法中的教唆犯而言，其与正犯（主犯）之间同样不存在刑罚挂钩关系。在德日刑法的语境下，对教唆犯必须处以与正犯相同的刑罚。但中国刑法规定教唆犯“应当按照他在共同犯罪中所起的作用处罚”。据此，教唆犯可能因为在共同犯罪中起主要作用而成为主犯，也可能因为起次要作用而构成从犯。事实上，在刑法起草过程中，对教唆犯的刑罚也曾经考虑德日刑法的规定模式，但最终讨论的结果是，“学者们普遍认为，从实践中看，教唆犯不一定都是主犯，一律按照主犯处罚，是不合理的。有鉴于此，……立法机关又将其改回‘按照他在共同犯罪中所起的作用处罚’，并一直维持到新刑法典通过”。①

可见，在中国刑法中，无论帮助犯还是教唆犯，与正犯（主犯）之间都不存在刑罚挂钩关系。有学者指出，日本刑法中的从犯与中国刑法中的从犯含义不尽相同。前者是分工分类标准下的共犯类型，指的是帮助正犯的帮助犯；后者是在分工分类的基础上，为了合理解决共犯的量刑问题所作的进一步分类。在中国刑法中，能够成为从犯的不只是帮助犯，还包括部分正犯和部分教唆犯。② 如此一来，中国刑法就不存在德日刑法那种将帮助犯等同于从犯并硬性规定帮助犯比照正犯减轻处罚的制度，对教唆犯也不一定要处以与正犯相同的刑罚。简言之，“共犯的量刑较之正犯要轻”这样的认识在中国刑法上并不成立。③

实际上，中国采取了与德日刑法完全不同的共犯制度。在共犯的分类上，中国刑法同时采用了分工和作用这两种标准。一是按照分工分类法，在构成要件层面将共犯划分为正犯、组织犯、教唆犯和帮助犯，以解决共犯的分工定性及其关系问题；二是在分工分类的基础上，按照作用分类法进一步将共犯划分为主犯、从犯，并明定其处罚原则，以解决共犯的量刑问题。④ 也就是说，中国刑法在共同犯罪的量刑中，是根据参与者各自在共同犯罪中所起的作用大小给予轻重不同的处罚，而并非依据参与形式的

① 高铭暄：《中华人民共和国刑法的孕育诞生和发展完善》，北京大学出版社，2012，第209页。

② 参见钱叶六《中国犯罪参与体系的性质及其特色——一个比较法的分析》，《法律科学》2013年第6期，第153页。

③ 参见阎二鹏《共犯行为正犯化及其反思》，《国家检察官学院学报》2013年第3期，第109页。

④ 参见钱叶六《双层区分制下正犯与共犯的区分》，《法学研究》2012年第1期，第127页。

不同给予不同的处罚。[①]

在这种立法模式下，正犯和主犯的概念与功能是分开的。[②] 中国的正犯是与教唆犯、帮助犯相对的概念，其主要解决共犯的定罪问题，尤其是着手和从属性问题，而主犯是与从犯、胁从犯相对的概念，其主要解决共犯的量刑问题。“在这种双层区分制立法模式下，正犯与共犯的界分宜采以构成要件为轴心的实行行为说。”[③] 也就是说，在中国刑法已经根据共犯在共同犯罪中所起的作用将其分为主犯、从犯的前提下，再讨论正犯、教唆犯、帮助犯的区分标准，就难以采取实质客观说，否则可能使正犯、教唆犯、帮助犯的区分与主犯、从犯的区分完全重叠。[④]

另外，在中国，即使采取形式客观说，也不会出现罪刑不均衡的问题。对于那些在共同犯罪中起重要作用却没有分担构成要件行为的人，虽然不能认定为正犯，却可以认定为主犯，因而最终能够实现罪刑均衡。具体而言，实质客观说所要解决的那些问题在中国刑法的语境下并不存在。按中国刑法的规定，将一些望风者、组织领导犯罪的幕后操纵者以其在共同犯罪中起主要作用为依据认定为主犯，是既合法也合情合理的。[⑤] 比如望风者虽然仅构成心理作用意义上的帮助犯，[⑥] 但可能在共同犯罪中起了重要作用，因此成立主犯，不必对其减轻处罚。而在日本，对于成立共谋共同正犯的情形，按照形式客观说，虽然不能成立正犯，但完全可能成立心理作用意义上的帮助犯；对这类行为人，如果符合中国刑法规定的组织犯的条件，就可以按照组织犯处罚；如果不符合组织犯的条件，仍然可以构成其他类型的主犯。因而同样不存在罪刑不均衡的问题。这样，日本刑法实务界出于刑事处罚合理性需要而创立的共谋共同正犯理论，对中国刑法理论而言并无借鉴价值。[⑦]

一国刑法理论中正犯与共犯的区分标准究竟采用何种学说，应以其立

① 参见刘明祥《论中国特色的犯罪参与体系》，《中国法学》2013 年第 6 期，第 118 页。

② 参见陈家林《共同正犯研究》，武汉大学出版社，2004，第 25 页。

③ 钱叶六：《双层区分制下正犯与共犯的区分》，《法学研究》2012 年第 1 期，第 126 页。也有学者认为中国采取了单一制，并且中国的共犯规定更为合理，参见刘明祥《论中国特色的犯罪参与体系》，《中国法学》2013 年第 6 期。

④ 参见张明楷《刑法的基本立场》，中国法制出版社，2002，第 292 页。

⑤ 参见刘明祥《论中国特色的犯罪参与体系》，《中国法学》2013 年第 6 期，第 124 页。

⑥ 参见张明楷《共同犯罪的认定方法》，《法学研究》2014 年第 3 期，第 20 页。

⑦ 参见钱叶六《双层区分制下正犯与共犯的区分》，《法学研究》2012 年第 1 期，第 135 页。

法为阈限和依托。因而，在中外刑法关于共犯分类的规定及其共犯体系存在实质差异时，应当注意国外理论的应用边界，而不能不加甄别、不究根底地采信和照搬。[①] 作为一种教义学知识，实质客观说根植于德日刑法的共犯制度，是为了解决两国共犯立法所导致的问题而产生的，但中国的共犯制度与德日两国并不相同，也不存在德日两国共犯制度所存在的问题。换言之，共犯的刑罚与正犯的刑罚相关联只是德日刑法的规定，而不是中国刑法的规定。

实际上，抛开教义学不谈，单从立法论上来讲，中国刑法的规定也更加合理。共犯制度要解决两个问题：共同犯罪的定罪和量刑。而解决这两个问题需要依靠不同的共犯分类法。有学者很早就提出了应将共同犯罪的定罪和量刑进行明确的分层次规定的立法主张。[②] 应当说，这种观点具有高度的合理性。因为定罪层面的判断与量刑层面的判断是有逻辑顺序的，参与类型与参与程度的设置根本不是同一个层面并列的问题。[③] 所以，在共犯制度中有必要将定罪和量刑的问题分开讨论：将对共犯分工的讨论和对共犯作用的讨论当作先后有序的两个不同问题；先采取分工分类法，在定罪层面将共犯分为正犯（实行犯）、帮助犯与教唆犯，这种分类对于认定构成要件行为的着手、共犯的从属性等问题具有重要意义；然后运用作用分类法，在量刑层面将共犯分为主犯（含组织犯）、从犯和胁从犯，这种分类主要解决共犯的刑罚轻重问题。

但是，根据德日两国的立法模式，正犯既是定罪的模本，也是共犯量刑的参照物；共犯不仅在定罪上从属于正犯，在量刑上也必须以正犯为标杆，这实际上混合了分工分类法和作用分类法的功能。事实上，区分制中诸多问题的根本症结就在于企图将构成要件的范围问题与量刑问题合并加以解决。[④] 但是，“要先验地决定各类共犯行为的意义，以及它们在具体犯

---

① 钱叶六：《双层区分制下正犯与共犯的区分》，《法学研究》2012 年第 1 期，第 133 页。

② 参见陈兴良《共同犯罪论》（第二版），中国人民大学出版社，2006，第 171 页；陈兴良《历史的误读与逻辑的误导——评关于共同犯罪的修订》，载陈兴良主编《刑事法评论》第 2 卷，中国政法大学出版社，1998，第 304 页。

③ 参见阎二鹏《犯罪参与类型再思考——兼议分工分类与作用分类的反思》，《环球法律评论》2011 年第 5 期，第 99 页。

④ 参见江溯《单一正犯体系研究》，载陈兴良主编《刑事法评论》第 24 卷，北京大学出版社，2009，第 418 页。

罪实施过程中对罪过的影响，在任何情况下都是一件非常困难的事情”。[①]一个简单的道理是，实施构成要件行为的正犯并非在所有共同犯罪中都起主要作用，并非都有必要处以比共犯更重的刑罚。[②]反之，没有实施构成要件行为的共犯，也可能在共同犯罪中起主要作用。因此，所谓单独正犯、共同正犯、直接正犯、间接正犯、教唆犯以及帮助犯等形式，和支配力的有无以及支配力的强弱都没有必然关系，用这些形式的区别来等同于支配力上的区别会导致严重的误差。[③]从根本上说，德日两国共犯制度的问题就在于高估了犯罪参与形式在共犯量刑中的意义，赋予了参与类型不能承受的“确定刑罚轻重”这一量刑层面的功能。[④]硬性地将参与形式与参与程度这两个问题糅合在一起，其导致的直接后果是，客观上为了实现具体案件的罪刑均衡，不得不以扭曲参与形式之间的界限为代价，在正犯与帮助犯的区分、间接正犯与教唆犯的划界、特别犯等一系列问题上造成混乱，以致扭曲了区分制的前提——限制正犯概念，导致了共犯理论中构成要件观念的模糊。[⑤]

三　“拒不退还”、“拒不交出”是成立侵占罪的独立要件

刑法总论教义学知识的国界性在上述正犯与共犯的区分标准问题上，已经得到了充分展示。刑法分论教义学知识的国界性同样随处可见，甚至可以说，教义学知识的国界性更多体现在刑法分论中，这是因为各国刑法规定的差异更多体现在分则中。立法者对哪种行为具有可罚性的理解不同，导致了各国刑法对个罪的具体描述存在重大差异。刑法分则条文对犯罪类型的不同描述，必然导致各国刑法分论教义学知识呈现出不同的面貌，而这种差异也经常被学界忽视。下面就以学者关于中国刑法侵占罪中“拒不退还”、“拒不交出”的学说争论为例，展示教义学知识的国界性是

① 〔意〕杜里奥·帕多瓦尼：《意大利刑法学原理》（注评版），陈忠林译，中国人民大学出版社，2004，第296页。

② 参见刘明祥《论中国特色的犯罪参与体系》，《中国法学》2013年第6期，第124页；刘明祥《主犯正犯化质疑》，《法学研究》2013年第5期，第115页。

③ 参见黄荣坚《刑罚的极限》，元照出版有限公司，1998，第126页。

④ 参见任海涛《承继共犯研究》，法律出版社，2010，第169页。

⑤ 参见任海涛《统一正犯体系之评估》，《国家检察官学院学报》2010年第3期，第94页。

如何在刑法分论中体现的。

中国刑法第270条规定，将代为保管的他人财物非法占为己有，数额较大，拒不退还的，处二年以下有期徒刑、拘役或者罚金；数额巨大或者有其他严重情节的，处二年以上五年以下有期徒刑，并处罚金（第1款）；将他人的遗忘物或者埋藏物非法占为己有，数额较大，拒不交出的，依照前款的规定处罚（第2款）；本条罪，告诉的才处理（第3款）。上述第1款是关于委托物侵占的规定，第2款是关于脱离占有物侵占的规定。这两款规定都要求行为人有“非法占为己有”的行为，同时第1款有“拒不退还”的表述，第2款有“拒不交出”的表述。

当前侵占罪的刑法教义学研究经常讨论一个问题：“拒不退还”、“拒不交出”是不是独立的犯罪成立要件？原本这并不是一个问题，因为自1997年刑法修订以来，传统理论都认为，“拒不退还”、“拒不交出”是独立的具有实体性意义的行为，只有行为人拒不退还、拒不交出的，才成立侵占罪（独立性说）。① 但近年来有学者认为，“非法占为己有”和“拒不退还”表达的是一个含义，都是将自己占有的他人财物变为自己所有的财物。当行为人将他人财物出卖、赠与、消费、抵偿债务时，就充分表明行为人拒不退还；反之，当行为人拒不退还时，就说明行为人将他人财物非法占为己有。也就是说，以财物的所有人自居而对财物加以所有或者处分的，即使从未作出拒绝退还或者拒绝交出的表示，仍然属于拒不退还、拒不交出（非独立性说）。②

按照非独立性说，“拒不退还”、“拒不交出”将被溶解在“非法占为己有”的语义之内，从而对于侵占罪的认定来说，不再具有独立意义。易言之，侵占罪的客观行为仅仅是非法占为己有。从实务上来讲，行为人拒不退还、拒不交出时，当然说明行为人将他人财物非法占为己有，此时在定性上不存在太大问题；因此解释难题并不在于行为人事实上拒不退还、拒不交出的场合，而在于行为人将他人财物非法占为己有后以所有权人自

① 参见高铭暄、马克昌主编《刑法学》，北京大学出版社、高等教育出版社，2014，第515页；刘志伟《侵占犯罪的理论与司法适用》，中国检察出版社，2000，第106、111页；于世忠《侵占罪研究》，吉林人民出版社，2002，第205页以下；朱本欣、郭理蓉《侵犯财产犯罪司法适用》，法律出版社，2005，第168页。

② 参见张明楷《刑法学》，法律出版社，2011，第903页以下；周光权《刑法各论》，中国人民大学出版社，2011，第115页；黎宏《刑法学》，法律出版社，2012，第760页。

居，之后又退还、交出了该财物的，是否能够认定构成侵占罪。此时，按照独立性说，会否定侵占罪的成立，因为拒不退还、拒不交出是需要进行独立判断的行为要件；而按照非独立性说，则成立侵占罪，因为拒不退还、拒不交出不是独立的行为要件，侵占罪的成立有非法占为己有的行为即已足够。显然，“拒不退还”、“拒不交出”是不是区别于“非法占为己有”的独立的成立要件，是关涉罪与非罪的重大实务问题。

通过考察国外相关学说，不难发现，独立性说是在采纳日本的取得行为说的基础上，将“拒不退还”、“拒不交出”融入“非法占为己有”的含义之中的。[①] 在日本，认为侵占罪的行为是非法占为己有的观点被称为取得行为说，这是日本的判例和理论所主张的通说。[②] 在德国，学说上也毫无疑问地认为，侵占是将他人财物非法占为己有。并且，在德日刑法教义学看来，侵占罪的行为就是非法占为己有，成立侵占罪有此一行为即已足够。

因为中国刑法在侵占罪的条文中明文规定了“非法占为己有”，所以笔者赞同取得行为说。但是，侵占罪的本质是取得行为，与中国刑法侵占罪的成立要件是否和德日刑法一样仅止步于非法占为己有的行为，是两个不同的问题。应当说，在德日刑法教义学中，认为侵占罪的行为仅仅是非法占为己有是不存在障碍的，这是由两国刑法关于侵占罪的规定所决定的。德国刑法第 246 条规定，为自己或者第三人违法地取得他人可移动之物的，当其他条款未对该行为处以更重的刑罚时，处三年以下自由刑或罚金刑（第 1 款）；如果第 1 款中的物品系委托给行为人保管的，处五年以下自由刑或罚金刑（第 2 款）；犯本罪未遂的，亦应处罚（第 3 款）。日本刑法第 252 条规定，侵占自己占有的他人的财物的，处五年以下惩役（第 1 款）；虽然是自己的财物，但在经公务机关命令其保管的情形下侵占该财物的，与前款同（第 2 款）。第 254 条规定，侵占遗失物、漂流物或者其他脱离占有的他人的财物的，处一年以下惩役或者十万日元以下罚金或者科料。[③] 从上述规定看，其关于侵占罪的条文都没有类似中国的“拒不退

---

① 参见张明楷《刑法学》，法律出版社，2011，第 902 页；周光权《刑法各论》，中国人民大学出版社，2011，第 114 页。

② 参见〔日〕西田典之《刑法各论》，王昭武、刘明祥译，法律出版社，2013，第 255 页；〔日〕山口厚《刑法各论》，王昭武译，中国人民大学出版社，2011，第 356 页。

③ 此处德国刑法相关条文由华东政法大学马寅翔博士翻译。此处日本刑法相关条文，参见《日本刑法典》，张明楷译，法律出版社，2006，第 93 页。

还”、“拒不交出”的表述，因此，关于“拒不退还”、“拒不交出”是否为独立行为要件的争论，在德日刑法理论中并不存在。

但是，能否因为德日刑法教义学的这种理解，就认为在中国刑法的教义学研究中，可以把“拒不退还”、“拒不交出”稀释在“非法占为己有”的含义中，从而认为成立侵占罪仅仅具备非法占为己有的行为就足够了？笔者对此持否定的回答。

首先，从历史解释来看，相对于“非法占为己有”，“拒不退还”、“拒不交出”自始具有独立含义。自1950年中央人民政府法制委员会制定《中华人民共和国刑法大纲草案》开始，历次刑法草案的侵占罪中都没有“拒不退还”、“拒不交出”的规定。[①] 以上述大纲草案为例，其规定：“侵占自己持有他人之财物者，为侵占，处三年以下监禁或批评教育。侵占业务上持有他人之财物者，处六月以上五年以下监禁。就自己持有他人之物，以品质较差之物掉换者，以侵占论罪。”再以1988年12月25日《中华人民共和国刑法（修改稿）》为例，其规定：“侵占公私财物，数额较大或者情节严重的，处三年以下有期徒刑或者拘役，可以单处或者并处罚金；数额巨大的，处三年以上十年以下有期徒刑，并处罚金；数额特别巨大或者情节特别严重的，处十年以上有期徒刑，并处罚金或者没收财产。”据公开的立法资料，可以查到的最早关于“拒不交出”的规定是在1996年8月8日的草案中，而直到1996年10月10日的草案中，“拒不退还”才第一次出现在侵占委托物的表述之中。[②] 特别值得注意的是，在此前的1996年8月31日草案中，对侵占委托物的规定是“将自己代为收管的他人财物非法占为己有，数额较大的，……”这已经与1997年刑法的规定基本相同了。这意味着，立法者起初确实打算将侵占罪的行为限定为非法占为己有，后来又有意加入了“拒不退还”、“拒不交出”的规定。至于为什么加入这样的规定，立法资料显示，主要是因为立法者考虑到在侵占罪中，行为人往往是基于一时的贪欲，临时产生了犯意，而且当事人之间往往是邻居、同事、朋友等熟人关系，拾得他人遗失物、埋藏物与故意占有

① 参见高铭暄、赵秉志主编《中国刑法立法文献资料精选》，法律出版社，2007，第224、270、296、523页。

② 参见高铭暄《中华人民共和国刑法的孕育诞生和发展完善》，北京大学出版社，2012，第495页。

他人财物的性质也大不相同，因此，如果事后能够协商解决，没有必要一定要定罪处罚。基于这种考虑，定稿时对侵占罪的成立加了两个限制性条件，一是要求行为人拒不退还或者拒不交出，二是将侵占罪规定为亲告罪。[①] 以上情况说明，立法者自始就有意识地将“拒不退还”、“拒不交出”作为独立要件来规定：在非法占为己有后，如果退还、交出的，就不构成侵占罪。

其次，从体系解释来看，也应该认为“拒不退还”、“拒不交出”是独立于“非法占为己有”的要件。中国刑法第 271 条第 1 款紧接着侵占罪规定了职务侵占罪：“公司、企业或者其他单位的人员，利用职务上的便利，将本单位财物非法占为己有，数额较大的，处五年以下有期徒刑或者拘役；数额巨大的，处五年以上有期徒刑，可以并处没收财产。”职务侵占罪与侵占罪不仅在罪名上相似，在内容上存在竞合，而且在法条的表述上都有“非法占为己有”的规定，但职务侵占罪中并无“拒不退还”的规定。这说明，“拒不退还”并非“非法占为己有”的附属，而是与之并列的独立要件。否则无法解释职务侵占罪中为什么没有“拒不退还”的规定，或者为什么侵占罪中要特地强调“拒不退还”。

再次，从文理解释来看，也很难认为“非法占为己有”的含义射程能够覆盖“拒不退还”、“拒不交出”。“非法占为己有”在刑法教义学上具有自己完整、独立的构造，其含义是指通过对财物的利用和处分剥夺他人所有权。[②] 在日本刑法教义学中，买卖、赠与、典当、抵押权的设定、消费、侵吞、携款潜逃、截留等被认为是典型的非法占为己有行为，[③] 这种解释在中国也被广泛接受。[④] 而“拒不退还”、“拒不交出”，无论如何对其字面意思进行扩大解释，都应该是指经权利人要求退还、交出而不退还、不交出的行为。这种不退还、不交出可以是明确拒绝的作为，也可以

① 参见全国人大常委会法制工作委员会刑法室编《〈中华人民共和国刑法〉条文说明、立法理由及相关规定》，北京大学出版社，2009，第 565 页。

② 参见徐凌波《刑法上的占有》，载陈兴良主编《刑事法评论》第 25 卷，北京大学出版社，2009，第 469 页。

③ 参见〔日〕西田典之《刑法各论》，王昭武、刘明祥译，法律出版社，2013，第 258 页；〔日〕山口厚《刑法各论》，王昭武译，中国人民大学出版社，2011，第 356 页。

④ 参见张明楷《刑法学》，法律出版社，2011，第 902 页；周光权《刑法各论》，中国人民大学出版社，2011，第 114 页；高铭暄、马克昌主编《刑法学》，北京大学出版社、高等教育出版社，2014，第 509 页。

是沉默不语的不作为，但如果经权利人要求退还、交出而退还、交出了，就不可能视为“拒不退还”、“拒不交出”。“罪刑法定原则要求对刑法做严格解释，这就决定了刑法解释的空间是有限的，超越法条词语含义的范围来做解释是不允许的。”① 而上述“非法占为己有”和“拒不退还”、“拒不交出”的含义表明，两者是相互独立的概念，将“拒不退还”、“拒不交出”融入“非法占为己有”，超越了“非法占为己有”可能具有的含义。比如，行为人携款潜逃后，因厌倦了东躲西藏的生活而回来归还财物的，可以认定行为人将他人财物非法占为己有，但不可能同时认定行为人拒不退还。另外，按照非独立性说的观点，根据非法占为己有本身就足以认定行为人拒不退还、拒不交出，那么“拒不退还”、“拒不交出”的规定就形同具文，这也就等于将德日刑法对侵占罪的规定等同于中国刑法对侵占罪的规定了，这明显违背中国刑法文本，低估了“拒不退还”、“拒不交出”规定的价值。②

进一步的问题是，德日刑法对侵占罪的规定止于非法占为己有的行为，那么，中国刑法所特有的“拒不退还”、“拒不交出”在侵占罪中是什么性质的要件？为什么额外增加了这一要件？对此，有学者认为“拒不退还”、“拒不交出”是与“非法占为己有”相并列的构成要件要素（构成要件要素说），③ 也有学者认为是侵占罪的罪量要素（罪量要素说），④ 或者是一种情节（情节说），⑤ 还有学者认为它是一种附加行为（附加行为说）。⑥ 近期则有学者认为，“拒不退还”、“拒不交出”是一种消极的客观处罚条件（客观处罚条件说）。⑦

笔者认为，要认定“拒不退还”、“拒不交出”在侵占罪成立要件中属于什么性质的要件，必须从其与不法和罪责的关系来判断。众所周知，侵

---

① 刘明祥：《主犯正犯化质疑》，《法学研究》2013 年第 5 期，第 119 页。

② 参见于世忠《侵占罪研究》，吉林人民出版社，2002，第 217 页；柏浪涛《构成要件符合性与客观处罚条件的判断》，《法学研究》2012 年第 6 期，第 143 页。

③ 参见刘志伟《侵占犯罪的理论与司法适用》，中国检察出版社，2000，第 106 页；于世忠《侵占罪研究》，吉林人民出版社，2002，第 222 页。

④ 参见陈兴良《口授刑法学》，中国人民大学出版社，2007，第 674 页。

⑤ 参见刘明祥《财产犯罪比较研究》，中国政法大学出版社，2001，第 359 页。

⑥ 参见马寅翔《侵占罪的刑法教义学研究》，博士学位论文，北京大学，2013，第 132 页。

⑦ 参见柏浪涛《构成要件符合性与客观处罚条件的判断》，《法学研究》2012 年第 6 期，第 143 页。

占罪是财产犯罪，其保护的法益是财物的所有权。既然如此，就不得不认为“拒不退还”、“拒不交出”既不是不法要素，也不是罪责要素。原因在于，非法占为己有的行为已经侵犯了财物的所有权，并且已经达到既遂的状态，此后的拒不退还、拒不交出的行为无法进一步对财物的所有权造成侵害。换言之，拒不退还、拒不交出的行为与法益侵害并无关系。例如，当行为人将自己占有的他人财物出售后，经所有权人索要，因害怕受到刑事处罚而将财物赎回并退还的，无疑已经对财物的所有权造成了侵害，退还行为并不能回溯性地否定这一法益侵害结果。可见，拒不退还并不能影响侵占罪的不法。那么，它是否体现了行为人的罪责？不可否认的是，从一般人的观念来讲，拒不退还、拒不交出财物的行为人的主观恶性更大，[①]因而其似乎与罪责的程度存在关联。但是，这种主观恶性其实和罪责没有关系，因为罪责是与不法相联系的，罪责是针对不法的罪责，[②]而侵占罪的罪责针对的是侵犯法益的非法占为己有行为。既然拒不退还、拒不交出的行为与不法没有关系，那么，这一行为就不是侵占罪罪责的评价对象，因而对认定侵占罪的罪责来说也就没有意义。如此一来，构成要件要素说就难以成立。因为构成要件属于不法类型，既然拒不退还、拒不交出的行为并不能影响侵占罪的不法，那么就不可能是构成要件要素。罪量要素说、情节说在表述上不同，实际上却并无区别。这两种观点似乎并无可指摘之处，但它们也没有进一步说明问题：中国刑法中的情节实际上包含了多种要素，既可能是违法要素，也可能是罪责要素，还可能是客观处罚条件，甚至是一些刑事政策考量要素。[③]因此，说“拒不退还”、“拒不交出”是一种罪量要素或者情节，却没有进一步明确其到底应该归入上述要素中的哪一种，这等于只是做了简单的形式性归类，而缺乏实质意义。附加行为说存在同样的不足。

因此，最终值得考虑的就只剩下客观处罚条件说。从侵占罪的特点、立法讨论的过程以及客观处罚条件本身的性质来看，认为“拒不退还”、“拒不交出”属于客观处罚条件是合理的。侵占罪是较为轻微的财产犯罪，

---

① 参见刘志伟《侵占犯罪的理论与司法适用》，中国检察出版社，2000，第111页。

② 参见〔德〕弗兰茨·冯·李斯特《德国刑法教科书》，徐久生译，法律出版社，2006，第257页。

③ 参见王莹《情节犯之情节的犯罪论体系性定位》，《法学研究》2012年第3期，第143页。

从实务来看，此类犯罪大多发生在亲戚、朋友等熟人之间，被害人最主要的诉求是拿回财物。正是基于这些考虑，立法者才在立法讨论的过程中将“拒不退还”、“拒不交出”设定为侵占罪的成立要件。这样一来，侵占罪的成立范围便被大大缩小了。而通过增加犯罪成立要件来限缩处罚范围，正好契合了客观处罚条件作为刑罚限制条件的本质。[①] 另外，与不法和罪责均无关系，则更加说明“拒不退还”、“拒不交出”只可能是客观处罚条件。

总而言之，与德日刑法侵占罪的教义学知识不同，在中国刑法的侵占罪中，“非法占为己有”与“拒不退还”、“拒不交出”属于性质不同的两个行为，后者无法被溶解在前者之中。而之所以存在这点差异，根本上是因为德日刑法和中国刑法对侵占罪的规定并不相同。中国刑法对侵占罪在“非法占为己有”之外又规定了作为客观处罚条件的“拒不退还”、“拒不交出”，这不是什么错误，也无须回避。何种行为具有可罚性、可罚性的程度如何，在各国立法者那里存在不同的理解，这是一个以文化传统、国民观念为基础的价值判断问题，而非是非对错问题。因此，不能因为顾及德日刑法教义学认为侵占罪的行为止于非法占为己有的行为，就悄悄地把中国刑法侵占罪所特有的“拒不退还”、“拒不交出”给解释没了。[②]

四 中国刑法教义学研究的主体意识

通过对上述两个实例的分析可以发现，虽然教义学有席卷刑法学界之势，但落实到具体问题上，教义学的核心精神却没有真正贯彻到学术研究之中。一方面，在面对国外关于共同犯罪和侵占罪的教义学理论时，部分研究者并没有真正认识到上述理论属于教义学知识，其仅仅是对相关外国刑法规定的解释，因而也只有在外国刑法规定效力所及的范围内有效；另一方面，在面对中国刑法问题时，学者没有真正将教义学的核心思想融入自己的研究，没有意识到中国的刑法教义学应当以解释中国刑法的规定为

---

① 参见林钰雄《新刑法总则》，元照出版有限公司，2006，第 307 页；〔德〕克劳斯·罗克辛《德国刑法学总论》第 1 卷，王世洲译，法律出版社，2005，第 691 页。

② 参见于世忠《侵占罪研究》，吉林人民出版社，2002，第 223 页。

旨归。

一方面积极拥护刑法教义学研究，另一方面又不真正在研究中贯彻教义学的核心思想，形成这种自相矛盾的局面恐怕是因为：在法律移植中，人们对法条、法律制度的移植始终抱着谨慎的态度，因为人们知道，国情不同，立法就有可能采取完全不同的选择；但在理论移植的问题上，上述谨慎态度往往会松弛下来，因为人们通常认为，理论是没有国界的。在这一思想之下，人们对国外刑法教义学知识也就丧失了辨别力。可是，“理论无国界”的观点至少在教义学中并非总是成立，这是由教义学的本质决定的。法教义学以实然性的法条为研究对象，而这种实然性表现在以一国现行有效的法条为其逻辑出发点，[1] 并且教义学的认识程序必须受到“于此范围内不可再质疑的”法律规定的拘束。[2] 因此，法教义学本身所具有的以一国现行有效法律为逻辑出发点并受其约束的本质特性，是直接引进国外教义学知识的最大障碍。因为政治国家的边界限制了国家的权力和法律空间效力的边界，也界定了法教义学的有用范围，从而决定了法教义学的地方性。[3] 而法教义学的这种性质，决定了教义学知识是有国界的。显然，法教义学知识的地方性和国界性特征，被部分中国刑法学者忽视了。

在今后很长的一个时期内，中国刑法学界还将持续不断地引进国外的刑法教义学理论。而教义学知识的国界性要求我们面对国外的刑法教义学理论时要保持高度的清醒。无视他国的法律背景，不加区分地引进国外的教义学知识，并进一步将其直接当作中国的教义学知识的做法，实际上是视中国法律的具体规定为无物，而这恰恰违背了法教义学最核心的精神——法教义学正是要特别重视和尊重法条，把法条视为不可置疑的前提。无视国与国之间法律规定的差异，而不加区别地把对他国法条的解释结论嫁接到中国，这无异于以教义学之名行反教义学之事。刑法教义学知识具有根深蒂固的国界性和地方性，这是中国刑法学者必须认真对待的问题。对于构建中国的刑法教义学体系而言，当下最重要的是唤醒研究者的主体意识。

首先，在研究对象上，中国学者应当始终对中国刑法与外国刑法在制

---

① 参见陈兴良《刑法教义学与刑事政策的关系：从李斯特鸿沟到罗克辛贯通——中国语境下的展开》，《中外法学》2013 年第 5 期，第 998 页。

② 参见〔德〕卡尔·拉伦茨《法学方法论》，陈爱娥译，商务印书馆，2003，第 107 页以下。

③ 参见白斌《论法教义学：源流、特征及其功能》，《环球法律评论》2010 年第 3 期，第 14 页。

度上和具体规定上的差异保持高度的敏感。在面对国外的刑法教义学知识时，必须联系其法律背景作系统性的理解。尤其是在对某种制度中外刑法都有规定时，一定要注意区别其中的细微差别，本文讨论的共犯制度便是最好的例证。当然，在中外刑法的规定并不冲突，或者都没有明文规定时，直接引进国外的刑法教义学知识就不存在太大的障碍。比如，犯罪论体系并不是德国刑法规定的，中国刑法也没有对此作出任何规定，因此这种教义学知识可以跨越国界，成为国际共享的理论财富。①

其次，在研究的方法论上，研究者必须清醒地意识到自己是在做比较法研究，还是在做教义学研究。教义学研究要求研究者始终将中国刑法的规定作为研究的指南和不可逾越的界限，而比较法研究是比较各国法律及其理论的异同。当然，这并不是说刑法教义学研究完全排斥比较法研究方法。在教义学研究中，当然可以参考外国学者的研究，比较本国刑法与外国刑法的异同，并借鉴外国的教义学知识。但是，最终能被称为中国刑法教义学知识的，永远应当“于中国刑法有据”，永远不应脱离中国刑法的具体规定。

“走向教义学的刑法学”应该是中国的刑法学知识、刑法研究方法的教义学化，是通过教义学的方法自主更新原有刑法学知识的过程，而非单纯移植外国已经成型的刑法教义学知识。虽然目前国内刑法教义学的研究倾向有令人担忧之处，但在一些中国刑法独有的特殊规定上，中国学者却作出了精彩的解释性研究，比如刑法第 13 条的但书规定、刑法分则的罪量要素规定、扒窃型盗窃罪。② 在这些事实面前，我们又有什么理由怀疑，中国学者在重塑中国刑法教义学研究的主体性方面，不会取得更大的成就？

① 参见江溯《犯罪论对刑法典的形塑作用——以德国犯罪论与刑法典的关系史为线索的考察》，《南京师大学报》（社会科学版）2013 年第 1 期，第 83 页。

② 参见陈兴良《但书规定的法理考察》，《法学家》2014 年第 4 期；陈兴良《作为犯罪构成要件的罪量要素——立足于中国刑法的探讨》，《环球法律评论》2003 年秋季号；张明楷《“客观的超过要素”概念之提倡》，《法学研究》1999 年第 3 期；梁根林《但书、罪量与扒窃入罪》，《法学研究》2013 年第 2 期；车浩《“扒窃”入刑：贴身禁忌与行为人刑法》，《中国法学》2013 年第 1 期。

间接正犯概念之否定*

——单一正犯体系的视角

刘明祥**

摘　要：“间接正犯”是德、日刑法学为弥补限制的正犯概念与极端从属性说所带来的处罚漏洞而不得不提出的“补救概念”。尽管间接正犯的正犯性无法得到合理论证，承认间接正犯概念会产生许多弊病，甚至会动摇区分正犯与共犯的区分制犯罪参与体系的根基，因而早就有学者从不同立场提出了取消间接正犯概念的观点，但由于间接正犯概念具有弥补区分制缺陷的功能，所以，在采取区分制的德国、日本，还不得不保留这一概念。我国刑法在犯罪参与体系的问题上，采取不区分正犯与共犯的单一正犯体系，因此并无间接正犯概念赖以依存的法律基础；在我国，采用间接正犯概念不仅不能合理解决相关问题，而且在处理有关案件时存在明显的弊病；在不采用间接正犯概念的同时，运用单一正犯体系，反而能更好地解决相关问题，还有操作更为简便、易于司法人员掌握执行的优点。

关键词：间接正犯　犯罪参与体系　区分制　单一正犯体系　教唆犯

间接正犯是德、日刑法学中的概念，目前在我国刑法学论著中也被广泛使用，其相关理论也已为我国许多刑法学者所接受，并且已在司法实践

* 本文原载《法学研究》2015 年第 6 期，略有修改。

** 刘明祥，中国人民大学刑事法律科学研究中心教授。

中发挥实际作用。[①] 但是，我国刑法所采取的单一正犯体系决定了，间接正犯概念在我国并无存在的法律基础，因而应否定间接正犯概念并消除其对我国刑法的影响。

一 间接正犯概念的缘起

一般认为，正犯是指亲自实行犯罪的人。行为人亲自动手实施实行行为的，是直接正犯；将他人作为工具，就如同自己直接实施实行行为的，则是间接正犯。[②] 在采取区分正犯与共犯的犯罪参与体系（即区分制）的国家（如德国、日本），间接正犯是被普遍接受的法律概念。其中，德国刑法对此有明文规定，日本刑法虽无明文规定，但间接正犯概念在刑法解释论上被普遍承认。

在数人参与犯罪的场合，如果采取区分制，往往得先确定谁是正犯、谁是共犯，再分别按正犯与共犯的定罪处罚规则来处理。而要进行这种区分，就必须先确定正犯与共犯的内涵和外延，再按一定的标准来判断。限制的正犯概念与扩张的正犯概念，就是应这种需求而产生的。限制的正犯概念认为，亲自动手实施构成要件行为的直接行为人是正犯；由于刑法的共犯规定是将处罚扩展到正犯以外的人，因此共犯是扩张刑罚事由。扩张的正犯概念认为，在实现构成要件行为上提供了某种条件者，都是正犯；只不过刑法是在正犯之中对教唆犯和帮助犯予以限制处罚，因而共犯是限缩刑罚事由。应该肯定，这两种学说都是围绕间接正犯是正犯还是共犯而展开讨论的。[③]

区分制的基本理念是，正犯属于犯罪的核心人物，共犯则为犯罪的从属者，故刑法应以处罚正犯为原则、以处罚共犯为例外。限制的正犯概念正好与这种观念相符，而扩张的正犯概念同这种观念相冲突，因此，限制的正犯概念是德、日等采取区分制的国家的通说。按照区分制的基本理念和限制的正犯概念，共犯具有从属于正犯的特性，即只有在正犯已着手实

① 参见陈兴良《间接正犯：以中国的立法与司法为视角》，《法制与社会发展》2002 年第 5 期，第 3 页。

② 参见〔日〕大谷实《刑法讲义总论》（新版第二版），成文堂，2007，第 156 页。

③ 参见〔日〕大谷实《刑法讲义总论》（新版第二版），成文堂，2007，第 399 页。

行犯罪并具备犯罪成立的相关要素时，共犯才能成立，才可能受刑罚处罚。至于共犯对正犯要从属到何种程度，即共犯的成立应从属于正犯的构成要件该当性、违法性和有责性中的哪些要件，学者有不同解释。以前德国、日本的通说是极端从属性说，① 认为共犯的成立必须从属于正犯的构成要件该当性、违法性和有责性这三个要件。但是，采用限制的正犯概念和极端从属性说遇到的一大难题是，如果行为人唆使、帮助无责任能力的人实施危害行为，由于实行者无责任能力，不具备有责性要件，按极端从属性说，行为人就不可能构成教唆犯、帮助犯；又由于行为人只实施了唆使、帮助他人犯罪的行为，而没有亲自动手实施构成要件行为，按限制的正犯概念，行为人也不属于正犯。但是，不处罚这类唆使者、帮助者，显然是遗漏了比普通的教唆犯、帮助犯情节更为严重的犯罪。正是为了弥补限制的正犯概念与极端从属性说所带来的上述处罚漏洞，才不得不提出间接正犯这一“补救概念”，② 即“‘间接正犯’是‘极端的’共犯从属性说的产物。提出这个概念的目的，是为了在犯罪的直接实行人不具有可罚性的情况下，让犯罪行为的操纵人为自己实施的不具备构成要件的行为承担刑事责任，从而堵塞‘从属性’理论中这一明显的‘漏洞’”。③

作为“补救概念”的间接正犯在极端从属性说被限制从属性说取代之后，本来可以不再使用了。但是，在德国 1943 年修改刑法，明文规定采取限制从属性说，在日本刑法解释论上限制从属性说取得了支配地位之后，间接正犯概念仍然被保留了下来。④ 究其缘由，主要有两方面。一是刑法理论界对间接正犯之正犯性的研究取得了一些进展，主要是对作为限制的正犯概念之核心的实行行为概念予以实质化、规范化，从规范的视角把利用他人犯罪的情形包容在实行行为之中，从而与经自己之手实行进行同一的评价。同时，对限制从属性说的适用作了一定的限制，即尽管在正犯无责任能力的场合，按限制从属性说，对背后的利用者是可以认定为教唆犯

① 参见〔德〕汉斯·海因里希·耶赛克、托马斯·魏根特《德国刑法教科书（总论）》，徐久生译，中国法制出版社，2001，第 792 页；〔日〕西田典之《刑法总论》（第二版），王昭武、刘明祥译，法律出版社，2013，第 348 页。

② 参见〔日〕高桥则夫《刑法总论》（第二版），成文堂，2013，第 410 页。

③ 〔意〕杜里奥·帕多瓦尼《意大利刑法学原理》（注评版），陈忠林译，中国人民大学出版社，2004，第 348 页。

④ 参见〔日〕西田典之《共犯理论的展开》，成文堂，2010，第 83 页。

的，但日本的通说认为，除利用十二三岁、有辨认与控制自己行为的能力的未成年人之外，原则上仍应将利用者视为间接正犯。二是考虑到只有正犯与共犯的罪名相一致，才符合罪名从属性的要求。如果将利用他人过失行为以实行犯罪的情形（如医生吩咐粗心的护士为病人注射掺了毒的药液而致病人死亡）认定为教唆犯，就会出现作为共犯的教唆犯定故意犯罪（如故意杀人罪）、正犯却定过失犯罪（如过失致人死亡罪）这种不太自然的现象。[①] 在笔者看来，或许还有一个更为重要的原因，那就是德、日等采取区分制的国家，为了解决这种立法体系所可能带来的处罚不均衡问题而不得不使用间接正犯概念。对此，笔者将在下文展开述说。

二 间接正犯概念动摇了区分制的根基

（一）区分制的根基及其漏洞

如前文所述，德、日等国对数人参与犯罪的情形，区分正犯与共犯予以轻重不同的处罚，这种犯罪参与体系在理论上被称为区分制。之所以进行这种区分，一般认为是因为“划分这样的种类，使得对行为人的每个行为贡献按照其各自的事实上的分量和各自的举止上的无价值进行相应的处理成为可能”。[②] 简而言之，就是要区别对待。危害结果总是由实行行为直接引起的，教唆、帮助行为不可能直接引起危害结果发生，所以，实行行为具有侵害法益的直接性，教唆、帮助行为只是间接侵害法益；两相比较，前者的危害性往往大于后者。又由于行为的外在形式相较而言更具有客观性，以法律规定的构成要件行为作为区分基准，既符合罪刑法定主义的要求，又便于司法实践掌握认定。这正是限制的正犯概念能够被普遍接受并成为区分制的根基的原因所在。

早期限制的正犯概念（形式客观理论）“严格以构成要件对行为的描述为准，不考虑行为人在整个犯罪过程中所发挥作用的重要性如何，只将那些完全实现构成要件中所规定的行为之人看成是正犯，而任何其他对犯

① 参见〔日〕西田典之《共犯理论的展开》，成文堂，2010，第83页。

② 〔德〕约翰内斯·韦塞尔斯：《德国刑法总论》，李昌珂译，法律出版社，2008，第281页。

罪行为的产生起到因果作用之人只能被看作是共犯”。[1] 应当肯定，这种理论完全符合区分制的本意和初衷。对于正犯与共犯，如果只是为区分而区分，采取形式客观理论无疑是最佳选择。但是，从刑事政策的立场而言，区分二者的目的无非要区别对待，即把正犯视为犯罪的核心人物从而予以重罚，将共犯视为犯罪的从属者从而予以轻罚。但是，按上述形式客观理论来区分正犯与共犯，在许多场合并不能达到预期目的。“其不足之处在于它不能够解释间接正犯这个法学概念，也无能力对共同性质的行为实施中一直躲在幕后的团伙头目认定是共同正犯人。”[2] 也就是说，这一理论有可能导致前述的处罚漏洞和处罚轻重失衡等问题。

（二）间接正犯概念对区分制的冲击

为了解决上述问题，间接正犯概念应运而生。间接正犯并非自己亲自动手实施构成要件行为，而是利用他人的行为引起危害结果。同直接正犯相比，其侵害法益的间接性十分明显，更类似于共犯，却不以共犯论处，而要作为正犯来对待。这无疑与传统的区分正犯与共犯的形式客观理论不符，是对区分制的一大冲击，因此必须说明这种理论解释的根据何在。肯定间接正犯概念的学者，试图通过论证间接正犯的正犯性来回答这一问题，从而形成了工具理论、实行行为性说、规范障碍说、行为支配说和自律的决定说等不同理论与学说，但这些学说均无法合理论证间接正犯的正犯性。因篇幅与主旨所限，本文对此不展开论述。[3] 但要特别指出的是，上述学说都是从实质上将利用者的利用行为解释成正犯行为；也就是说，将形式上的唆使或帮助他人犯罪的行为，从所谓实质的、规范的立场说成符合构成要件的正犯行为。这显然与传统的从行为形式上区分正犯与共犯的观念相悖。例如，工具理论认为，利用无责任能力的人犯罪或者利用他人的过失行为犯罪，与行为人利用刀枪之类的工具犯罪具有同样的性质，因而应认定利用者实施了符合构成要件的实行行为，也就是说，其行为具

---

① 〔德〕汉斯·海因里希·耶赛克、托马斯·魏根特：《德国刑法教科书（总论）》，徐久生译，中国法制出版社，2001，第782页。

② 〔德〕约翰内斯·韦塞尔斯：《德国刑法总论》，李昌珂译，法律出版社，2008，第287页。

③ 对这些学说的介绍与评述，参见黎宏、姚培培《间接正犯概念不必存在》，《中国刑事法杂志》2014年第4期，第35页以下。

有正犯性。[①] 实行行为性说也只是换了一种说法，认为利用者既有实行（即利用他人实行）的意思，又有利用他人实现一定犯罪的现实危险性，同自己直接实行的危险性程度相当，因而对利用者应以正犯论。[②] 笔者也不否认，进行这样的实质评价并非没有道理。只不过区分制和形式客观理论是以行为形式为区分基础的，直接实施（包括全部实施和部分实施）符合构成要件的实行行为的，比教唆、帮助他人实施符合构成要件的实行行为的有更大的危害性，因而应将前者视为犯罪的核心人物，将其作为正犯给予较重的处罚，而后者是犯罪的边缘角色，只能将其作为共犯给予较轻的处罚。

上述形式的解释论虽然能够比较客观准确地区分正犯与共犯，但对行为人在犯罪过程中所发挥的作用大小，有时却不能准确评价。间接正犯概念的支持者正是为了解决这一问题，才不得不从实质解释的立场，将形式上不具备正犯成立条件的行为解释成正犯行为。这固然弥补了形式解释论的缺陷，填补了处罚漏洞，解决了处罚轻重不均衡的问题，却动摇了区分制的根基，混淆了正犯与共犯的界限，使正犯与共犯的区分变得更为困难。既然幕后利用他人犯罪的行为可以与利用刀枪之类的工具同样评价，利用他人实行犯罪可以与自己亲自实行犯罪同等看待，那么，共犯之中的教唆犯，还有部分帮助犯，也是将他人作为工具、利用他人的行为实施犯罪，以达到自己的犯罪目的，按行为支配理论，二者只是利用的程度有差异，即间接正犯达到了支配被利用者的程度，教唆犯、帮助犯尚未达到支配被利用者的程度。这样一来，正犯与共犯的区分就变成了利用程度的区分。但是，按何种标准来区分或判断这种抽象的“利用程度”，无疑会成为更大的难题。以间接正犯与教唆犯的区分为例。关于幕后唆使者唆使未达刑事责任年龄的人盗窃，是一概成立间接正犯，还是有的场合为间接正犯、有的场合为教唆犯，德、日刑法理论界的认识并不一致。现在的通说认为，如果被利用者的年龄已接近刑事责任年龄，事实上已有辨认和控制自己行为的能力，则不能认为幕后唆使者支配了其盗窃行为，因而幕后唆使者只能构成盗窃罪的教唆犯；相反，如果是父母唆使五六岁的幼儿盗窃

① 参见〔日〕林干人《刑法总论》（第二版），东京大学出版会，2008，第413页。

② 参见〔日〕大塚仁《间接正犯的研究》，有斐阁，1958，第123页以下。

他人财物，显然是幕后唆使者支配着幼儿的盗窃行为，所以其成立间接正犯。[①] 从行为支配理论的立场而言，这样解释是合理的。可是，幕后者唆使十二三岁的孩子盗窃成立教唆犯，唆使 11 岁、10 岁、9 岁、8 岁、7 岁的孩子盗窃，是成立盗窃罪的间接正犯还是教唆犯？姑且不论对基于同样主观心理实施同样唆使行为者，却要分别认定为间接正犯与教唆犯的科学合理性何在，仅就以哪一年龄段作为判断标准才合适、确定这一基准年龄的根据是什么而论，也显然无法找到正确的答案。如果以被利用者事实上的辨认和控制能力为根据，则同一年龄的人由于其智力状况、所处环境、所受教育等的不同，还会有较大差异。另外，要准确判断利用者是否支配了被利用者的行为或利用、控制的程度，并以此区分间接正犯与教唆犯，有时几乎完全没有可行性。正因为如此，罗克辛明确指出“这种个别化的解决方案并不可行”。[②]

另外有必要一提的是，作为目前德、日刑法学通说的犯罪事实支配理论（行为支配理论），[③] 同工具理论、实行行为性说等几种学说相比，在对间接正犯正犯性的解释上，其朝实质化的方向走得更远。此理论事实上已经脱离了限制的正犯概念的核心——法定的构成要件，认为即便是没有实施构成要件行为的人，只要通过他人实现构成要件，并对整个犯罪事件起了支配作用，就可以被认定为正犯；反过来，即便是亲自故意实施构成要件行为并成立犯罪的人，也可能因为被幕后者所支配而成为共犯（不构成正犯）。例如，情报局长指令特工杀害异己这种所谓“正犯后的正犯”案件，直接杀人的特工构成故意杀人罪的帮助犯，幕后的情报局长成立故意杀人罪的间接正犯。[④] 这意味着“利用他人不构成犯罪的行为来实现犯罪，是间接正犯，利用他人构成犯罪的行为来实现犯罪，也是间接正犯。因此，被利用人的行为是否构成犯罪，就间接正犯的概念（定义）而言，其实已经没有任何的意义，结果是只要透过他人之手实现犯罪，就是间接正犯。依此，就正犯的构成而言，自己有没有亲自为法定构成要件之行为已

---

① 参见〔日〕曾根威彦《刑法的重要问题（总论）》（第二版），成文堂，2005，第 296 页。

② 参见〔德〕克劳斯·罗克辛《德国刑法学总论》第二卷，王世洲等译，法律出版社，2013，第 47 页。

③ 参见〔日〕桥本正博《“行为支配论”与正犯理论》，有斐阁，2000，第 159 页以下。

④ BGHSt 18，87. 转引自蔡圣伟《论间接正犯概念内涵的演变》，载陈兴良主编《刑事法评论》第 21 卷，北京大学出版社，2007，第 73 页。

经不再是重点，重点只在于有没有对于构成要件的实现具有支配关系。这不正是扩张之行为人概念（即扩张的正犯概念——笔者注）所主张的内容?”“凡此种种，都显示了通说已经走到了扩张之行为人概念的门前，只差没跨过门槛而已。”① 但是，如果采取扩张的正犯概念，正犯与共犯的区分就没有了实际意义，间接正犯概念也就没有了存在的余地。事实上，间接正犯、“正犯后的正犯”之类的问题，“只有统一正犯体系（即单一正犯体系——笔者注）才能妥当处理”。② 对此，笔者将在下文展开述说。

三 间接正犯取消论剖析

毋庸置疑，间接正犯概念从诞生之日起就受到了种种质疑。因此，在刑法学界，早就有不少学者从不同立场提出了取消间接正犯概念的主张。这些主张概括起来主要有：

第一，从共犯独立性说的立场提出的间接正犯取消论。有持共犯独立性说的学者认为，“间接正犯概念是共犯从属性理论产生的无父之子，是没有祖国的永远的犹太人，其正犯的论证是不可能的，具有与共犯从属性原则共存亡的命运”，因而主张取消间接正犯概念。③ 此说是从主观主义的刑法理论立场出发，在共犯问题上采取行为共同说，认为共犯具有独立性，进而得出取消间接正犯的结论。具体而言，共犯是数人共犯一罪，只要行为共同即属共犯，无所谓从属性；参与犯罪的人中，即使有无责任能力人或无犯罪意思人，对于共犯的成立也不产生影响。因而，利用（教唆或帮助）无责任能力人或无犯罪意思人的行为实施犯罪，仍不失为共犯，根本没有承认间接正犯的必要。④

第二，从扩张的正犯概念的立场提出的间接正犯取消论。如前所述，扩张的正犯概念以与结果具有条件关系的行为全部等价这种条件说为前

① 蔡圣伟：《论间接正犯概念内涵的演变》，载陈兴良主编《刑事法评论》第 21 卷，北京大学出版社，2007，第 74 页。

② 参见〔日〕高桥则夫《共犯体系和共犯理论》，冯军、毛乃纯译，中国人民大学出版社，2010，第 64 页。

③ 转引自〔日〕大塚仁《刑法概说（总论）》（第 3 版），冯军译，中国人民大学出版社，2003，第 143 页。

④ 参见马克昌《比较刑法原理：外国刑法学总论》，武汉大学出版社，2002，第 630 页。

提，认为直接或者间接引起结果发生或与结果具有条件关系的行为，都是正犯行为；仅有根据法律特别将其排除在正犯之外的，才例外地成为共犯。因此，间接正犯的正犯性论证当然没有必要，间接正犯概念并无存在价值。这一取消论指出，间接正犯概念的意图在于"填补由极端从属性说所产生的处罚漏洞。因为，按照极端从属性说，唆使无刑事责任能力者实施犯罪的，不成立教唆犯。然而，若认为此类行为不可罚，又显然不妥当，于是，在不能成立狭义的共犯的场合，就应回归原则，作为'正犯'来处罚，扩张的正犯概念使得这种处理方式成为可能"。[①]

第三，从缓和共犯的要素从属性的立场提出的间接正犯取消论。有持共犯从属性说的学者试图通过缓和共犯的要素从属性将间接正犯概念消解于共犯概念之中，也就是把相当于间接正犯的情形纳入共犯的范围内。这被称为扩张的共犯论，此种主张在德国、日本早就有较多的支持者。[②] 我国近年也有学者开始采取类似主张。[③] 持此种主张的学者一般是以坚持限制的正犯概念和共犯从属性说为前提，认为在共犯的要素从属性问题上，只要不采取极端从属性说，改采较为缓和的限制从属性说，就不再需要依赖间接正犯概念来填补处罚漏洞。例如，唆使无责任能力的人盗窃，由于实行盗窃者无责任能力，不具备责任要素，若按极端从属性说来处理，则只有承认间接正犯概念才能处罚唆使者。但按限制从属性说，只要正犯的行为符合构成要件并具有违法性，就不影响共犯的成立。唆使无责任能力人盗窃的，既然实施者的行为符合盗窃罪的构成要件又具有违法性，那么，对唆使者按盗窃罪的教唆犯处罚就不成问题。

以上几种间接正犯取消论，都是为了解决间接正犯概念所带来的问题而提出来的。但是，在采取区分制立法体系的情况下，间接正犯概念有其存在的土壤，取消这一概念并不能从根本上解决问题，反而会产生新的弊病。

第一，共犯独立性说固然可以将间接正犯包容于共犯之中，间接正犯概念也确实与共犯独立性说不相容。但是，共犯独立性说的理论基础是主

---

① 〔日〕松原芳博：《刑法总论重要问题》，王昭武译，中国政法大学出版社，2014，第279页。

② 参见〔日〕大塚仁《刑法概说（总论）》（第3版），冯军译，中国人民大学出版社，2003，第143页。

③ 参见黎宏、姚培培《间接正犯概念不必存在》，《中国刑事法杂志》2014年第4期，第40页。

观主义的刑法理论，其与现代社会重视客观行为及其形态的刑法理念不符。并且，此说与区分制的基本理念相冲突。如前所述，按区分制的基本理念，在数人参与犯罪的场合，正犯是犯罪的核心人物，共犯是犯罪的从属者；刑法以处罚正犯为原则，以处罚共犯为例外。既然是有限制地处罚共犯，那么，对共犯的成立条件予以严格限制，要求共犯具备从属于正犯的特性才予以处罚，从而缩小共犯的处罚范围，就是当然的结论。由此可见，共犯独立性说不仅不符合区分制的基本理念，也与采取区分制的刑事立法不符。

第二，若采取扩张的正犯概念，确实不需要间接正犯这一“补救概念”。但是，如前所述，区分制只能以限制的正犯概念为基础，而不可能采取扩张的正犯概念。因为如果说所有的犯罪参与行为都是正犯行为，连共犯本来也是正犯，那么，区分正犯与共犯就没有任何价值或必要性了。再说，如果共犯原本就是正犯，法律将其排除在正犯之外或者限制其可罚性的理由何在？另外，从德、日刑法的规定看，刑法是从正犯概念推导出共犯概念，“在逻辑上，正犯概念应该先于共犯概念”。[①] 而扩张的正犯概念采取反推论的方式，即如果不成立法律特别规定的共犯，那就是正犯。况且，扩张的正犯概念把所有犯罪参与行为都理解为当然的正犯行为，这与采取区分制的德、日等国的刑法规定也明显不一致。

第三，通过缓和共犯的要素从属性，将所有间接正犯情形均纳入共犯之中，这虽然与限制的正犯概念没有冲突，也不会与区分制的基本理念产生矛盾，但无疑会使共犯概念变得松弛，共犯的可罚性范围会被扩大。[②] 并且，还有可能得出不合理的结论。例如，医生教唆护士泄露患者的秘密这种有身份者教唆无身份者犯罪的情形。按这里的取消论观点，医生构成日本刑法规定的泄露秘密罪的教唆犯，护士成立此罪的帮助犯。这种肯定“无正犯的共犯”的主张，等于是将本来不能说是“教唆他人使之实行犯罪”的情形解释为教唆犯，这明显与日本刑法的规定不符。[③] 另外，此种取消论也不能将所有间接正犯情形均纳入共犯之中。例如，采用欺骗、胁

---

① 〔日〕大塚仁：《刑法概说（总论）》（第3版），冯军译，中国人民大学出版社，2003，第143页。

② 参见〔日〕井田良《犯罪论的现在与目的行为论》，成文堂，1995，第175页以下。

③ 参见〔日〕山口厚《刑法总论问题探究》，有斐阁，1998，第239页以下。

迫手段使他人自杀的，德、日刑法学说认为有可能构成故意杀人罪的间接正犯。但是，由于自杀者本人实施的结束自己生命的行为并不符合故意杀人罪的构成要件，而按共犯从属性说（包括限制从属性说甚至最小从属性说），直接实施者的行为如果不符合构成要件，教唆、帮助者（包括欺骗、胁迫者）是不可能构成共犯的，所以，对欺骗、胁迫他人自杀者，不能按故意杀人罪的教唆犯、帮助犯处罚。这意味着如果取消了间接正犯概念，就无法对欺骗、胁迫者定罪处罚，这无疑造成了新的处罚漏洞。①

第四，在立法采取区分制的情况下，间接正犯概念具有一定的弥补区分制缺陷的功效。这也是间接正犯概念尽管存在种种弊病，并且早已有学者从不同立场提出多种取消论的情况下，非但没有消亡，其内涵反而大为扩张的重要原因。②

正如前文所述，按区分制的基本理念，正犯是犯罪的核心人物，共犯是犯罪的边缘角色，因而对正犯的处罚应重于共犯。但是，按传统的限制的正犯概念，从参与犯罪的行为形式来区分正犯与共犯，有时很难得出行为人在犯罪过程中是核心人物还是边缘角色的结论。如果将实施实行行为者一概认定为正犯，将实施教唆、帮助行为者均视为共犯，就有可能出现在事实上将核心人物作为共犯给予较轻处罚、将边缘角色作为正犯给予较重处罚的不合理现象。最典型的事例是，黑社会组织头目指使言听计从的手下杀害某个想要脱离黑社会组织的成员，如果认定实行杀人者是正犯，指使杀人的头目为共犯（教唆犯），显然颠倒了主次关系。正因为如此，理论上不得不承认所谓“正犯后的正犯”，从而得出违反常规的解释，即把黑社会头目认定为故意杀人罪的间接正犯，把直接实行杀人的被指使者视为帮助犯。又如前文所述，父母指使自己年仅五六岁的孩子盗窃他人财物，由于实施盗窃行为者不具备刑事责任能力，按极端从属性说，对指使者无法按教唆犯定罪处罚；而按限制从属性说，对指使者可按盗窃罪的教唆犯处罚。如此一来，不定罪处罚会放纵犯罪，而按共犯（教唆犯）处

---

① 尽管日本刑法第 202 条规定“教唆或帮助他人使之自杀的”构成参与自杀罪，但是，一般认为，自杀者必须对死亡的意义有认识并基于自由意思而形成自杀的决意，如果可以肯定在欺骗、胁迫他人自杀的场合他人不是基于自由意思而形成自杀的决意，欺骗、胁迫者就不能构成参与自杀罪。如果既不能构成参与自杀罪，也不能构成故意杀人罪的教唆犯、帮助犯，又取消了间接正犯概念，对欺骗、胁迫他人自杀者自然就无法定罪处罚了。

② 参见阎二鹏《论间接正犯概念的消解》，《法学论坛》2011 年第 4 期，第 66 页。

罚，又存在评价不当的问题。因此，尽管目前德、日刑法学的通说是限制从属性说，却仍将类似教唆年幼孩子犯罪的行为人本可以被认定为教唆犯的情形作为间接正犯来处理。这是因为虽然德、日刑法规定“对教唆犯的处罚与正犯相同”或对教唆犯“判处正犯的刑罚”，但一般认为“在不法的程度上，是有重有轻的：正犯最重，教唆次之，帮助最轻”，[①] 即尽管“不论以教唆的方式或以间接正犯的方式参与犯罪，都成立同样的罪，但处罚不会一样”；[②] “对于正犯的处罚要重于教唆犯”。[③]

正是为了确保合理处罚，使在犯罪过程中发挥支配作用的核心人物受到更重的处罚，德国“在实际的法律适用中，区分正犯和共犯从构成要件问题变成了量刑问题”。[④] 日本近年来也出现了把正犯性作为当罚性问题、量刑评价问题看待的倾向，也是完全离开构成要件及其关联性来考虑包括间接正犯在内的正犯性问题，认为应当重罚的就具有正犯性。[⑤] 在笔者看来，这是为了弥补区分制的缺陷而采取的迫不得已的做法。因为传统区分制的最大缺陷，是仅根据构成要件行为来区分正犯与共犯，不能保证应当重罚的一定会被认定为正犯，从而不能做到合理处罚。而间接正犯行为大多是不具备典型正犯特征的行为，但从全部案件事实来看，却是应当重罚的情形。如果取消了间接正犯概念，将间接正犯作为共犯来处理，即便是更符合传统的区分正犯与共犯的规则，但由于是将事实上属于犯罪核心的人物降格认定为共犯，使本来该被重罚的对象受到了较轻的处罚，也无疑从根本上违背了区分制的宗旨。

另外，按照德、日刑法学通说，间接正犯可罚性产生的时间点比教唆犯、帮助犯要早，处罚的限制条件也要少，如果取消了间接正犯概念，对于有必要作为间接正犯从严处罚的案件，就完全有可能因不具备共犯从属性等条件而无法定罪处罚。例如，医生意图杀害病人而让护士给其注射掺了毒的药液，但因被细心的护士发现而失败。如果认定医生是间接正犯，

---

① 〔德〕乌尔斯·金德霍伊泽尔：《刑法总论教科书》，蔡桂生译，北京大学出版社，2015，第402页。

② 林东茂：《刑法综览》（修订五版），中国人民大学出版社，2009，第178页。

③ 黄荣坚：《基础刑法学》（下），中国人民大学出版社，2009，第491页。

④ 参见〔德〕汉斯·海因里希·耶赛克、托马斯·魏根特《德国刑法教科书（总论）》，徐久生译，中国法制出版社，2001，第785页。

⑤ 参见〔日〕照沼亮介《体系的共犯论与刑事不法论》，弘文堂，2005，第4页以下。

医生就构成故意杀人罪的未遂。如果取消了间接正犯概念，由于被唆使的护士尚未实行犯罪，那么，按共犯从属性说，对这种想利用护士杀人的医生就不能定罪处罚。这样的结论显然不合理。

再说，如果取消了间接正犯概念，还可能使本来应该作为犯罪处罚的案件不能得到处罚，使不应当减轻处罚的案件必须减轻处罚。前者如日本的通说认为，仅处拘留或科料的犯罪原则上不处罚教唆、帮助者。如果取消了间接正犯概念，就不会处罚这类犯罪的教唆、帮助者；如果不取消间接正犯概念，根据案情应当认定为间接正犯的，当然就在处罚之列，而不会被排除。后者如日本刑法规定对帮助犯减轻处罚。如果取消了间接正犯概念，认定为帮助犯的，就必须减轻处罚；如果不取消间接正犯概念，根据案情应当认定为间接正犯的，就不可能享受这种减轻处罚的待遇。[①]

四　我国不应采用间接正犯概念

（一）间接正犯概念的借用

众所周知，我国的刑法和司法解释中并未使用间接正犯概念，加之我国刑法有关共同犯罪的规定与德、日刑法有较大差异，所以，在我国的刑法学论著中，过去很长时期大多不使用间接正犯概念，而一般用“间接实行犯”来概括利用他人作为工具实施犯罪的现象。[②] 也有学者将间接实行犯与间接正犯这两个概念混同使用，认为二者只是称谓不同，可以互相替代。[③] 毋庸置疑的是，过去学者在探讨我国刑法中的相关问题时，即便使用间接正犯概念，往往也是仅指利用他人作为工具实施犯罪的现象，即所谓间接实行犯罪，并且利用者与被利用者之间不构成共同犯罪。因此，在这种场合对利用者一般是单独按其间接实行的犯罪定罪处罚，[④] 而并非将

---

① 参见〔日〕齐藤信治《刑法总论》，有斐阁，1998，第 262 页。

② 参见高铭暄、马克昌主编《刑法学》，中国法制出版社，2007，第 205 页；陈兴良《共同犯罪论》（第二版），中国人民大学出版社，2006，第 442 页以下。

③ 参见林维《间接正犯研究》，中国政法大学出版社，1998，第 1 页以下；阮齐林《刑法学》，中国政法大学出版社，2008，第 216 页。

④ 参见王志远《共犯制度的根基与拓展：从“主体间”到“单方化”》，法律出版社，2011，第 83 页；南英、张军主编《刑事审判参考》第 5 辑，法律出版社，2001，第 75 页。

这类行为人视为与共犯相对的正犯，从而按正犯的处罚规则来处罚行为人。对利用者做如此处理是因为我国刑法并无关于正犯及其处罚的规定。例如，对于利用未达到刑事责任年龄的人犯罪的案件，我国刑法学通说认为，利用者是间接实行犯，对其单独按所间接实行的犯罪定罪处罚。但前文所述的德、日刑法学通说认为，如果被利用者的年龄已接近刑事责任年龄，被利用者已有辨认和控制自己行为的能力，则利用者不成立间接正犯而成立教唆犯。可见，过去我国刑法学论著中的“间接正犯”大多只是借用这一术语，实际上与德、日刑法学中的间接正犯概念有很大差异。

不过，近年来，一些中青年学者受德、日刑法学的影响，认为我国刑法也是采取区分制，进而用区分制的理论来解释我国刑法的共同犯罪规定，自然也就引进了德、日刑法学中的间接正犯概念，① 并且有日益扩大其适用范围的趋势。②

（二）我国不存在采用间接正犯概念的法律基础

如前所述，间接正犯概念是为弥补区分制的缺陷而提出的，尽管其有诸多弊病，但仍然不得不保留。那么，我国是否需要引进这一概念来解决我们的相关问题？笔者的回答是否定的。最根本的理由在于，我国刑法采取的犯罪参与体系是不区分正犯与共犯的单一正犯体系，③ 从而并无间接正犯概念赖以依存的法律基础。“间接正犯概念的存在以及它的地位与一个国家关于共同犯罪的立法有着密切联系。从……中国刑法关于共同犯罪人的分类来看，没有采用大陆法系的分工分类法，即正犯与共犯的区分，而是主要采取作用分类法，即分为主犯、从犯与胁从犯，教唆犯只是一种补充。在这种情况下，在中国刑法中既然没有正犯的概念，当然也就没有间接正犯的概念。不仅在立法上没有间接正犯的概念，而且在解释论上也

① 参见张明楷《刑法学》，法律出版社，2011，第366页以下；钱叶六《共犯论的基础及其展开》，中国政法大学出版社，2014，第49页以下。

② 参见王志远《我国现行共犯制度下间接正犯的泛化及其思考》，《河南师范大学学报》2007年第5期，第137页。

③ 参见刘明祥《论中国特色的犯罪参与体系》，《中国法学》2013年第6期，第119页；阮齐林《刑法学》，中国政法大学出版社，2008，第197页；江溯《犯罪参与体系研究》，中国人民公安大学出版社，2010，第253页。

往往否认间接正犯的概念。”①

首先，“依照单一正犯论的观点，所有的犯罪参与者，在犯罪论的层次并不区分正犯与共犯，只要对于构成要件实现有因果关系者，无论其行为贡献的比重大小，一律当作正犯来处理。至于各个行为人对于犯罪贡献的方式与大小，只是法官量刑时的考量因素而已”。② 单一正犯体系中的正犯，明显不同于区分制立法体系中的正犯。后者是相对于共犯而言的，只是犯罪参与者中的一部分，并且是犯罪的核心人物；前者则是指所有的犯罪参与者，与“行为人”、“犯罪人”同义。“不仅是直接实行了所干之事的人，强化了实行者意思的人或者援助了实行者的人也被视为正犯，不存在正犯内部的价值性分级，因为参与了所干之事的人都被统一地视为正犯。……不过，作为语言问题，也可以把实行所干之事的人称为‘直接性正犯’，把相当于共犯体系（即区分制体系——笔者注）中的间接正犯、教唆犯、帮助犯的人称为‘间接性正犯’。”③ 可见，作为区分制立法体系中正犯的一种类型的间接正犯，即与共犯相对并与之有质的差异的间接正犯，在单一正犯体系中是不可能存在的。道理很简单，在单一正犯体系中，“所有行为主体在参与形式上，均为等价”。也就是说，无论是实施实行行为、教唆行为还是帮助行为者，都是等价的行为主体，不存在谁是核心人物、谁是依附（从属）者的问题。④

其次，单一正犯体系中不可能出现区分制所带来的处罚漏洞，因此，根本不需要用间接正犯概念来补救。如前所述，按传统的限制的正犯概念和共犯从属性说，在利用他人作为工具实施犯罪的场合，由于利用者没有亲自实施构成要件行为，故利用者不能成为正犯；而被利用者有可能不具备有责性或违法性要件，即不存在共犯从属性，从而利用者也可能无法被认定为共犯。这样一来，对利用者就无法定罪处罚。例如，甲唆使无刑事责任能力的乙杀害了自己的仇人。对此，只有采用间接正犯概念，将甲认定为故意杀人罪的间接正犯，才能对其予以合理的定罪处罚。但是，“根

① 陈兴良：《间接正犯：以中国的立法与司法为视角》，《法制与社会发展》2002年第5期，第5页。

② 林钰雄：《新刑法总则》，元照出版有限公司，2014，第409页。

③ 〔日〕高桥则夫：《共犯体系和共犯理论》，冯军、毛乃纯译，中国人民大学出版社，2010，第18页。

④ 参见柯耀程《参与与竞合》，元照出版有限公司，2009，第38页。

据统一性正犯体系（即单一正犯体系——笔者注），对甲的答责性问题而言，乙因无刑事责任能力而不受处罚的事实并不重要。甲要对其固有的不法、固有的责任进行答责，乙不受处罚的理由不影响甲的可罚性，甲显然要作为杀人既遂受到处罚”。[①] 因为在数人参与犯罪的场合，“所有的参与者，都对其固有的不法、固有的责任进行答责”，[②] 所以，在认定参与者是否构成犯罪时，认定犯罪的规则与单个人犯罪的场合完全相同。就利用他人作为工具实施犯罪而论，利用者除了主观上有犯罪的故意之外，客观上的利用行为大多表现为唆使他人实施侵害法益的行为，也有的是为他人实施侵害法益的行为提供便利或帮助。这就表明利用者的利用行为也是符合刑法规定的构成要件的行为，对其单独定罪处罚并不违反罪刑法定原则。因为刑法分则规定的故意犯罪行为，并非仅限于正犯行为（实行行为），还包括共犯行为（教唆行为、帮助行为）等与危害结果或法益侵害事实有因果关系的所有行为。[③] 至于被利用者是否具有责任能力、是否有犯罪的故意或过失、是否违法地实施了行为、实施的行为是否符合构成要件，对利用者能否构成犯罪不会有任何影响。[④] 因而，也就不会出现对本来应该定罪处罚的行为无法定罪处罚的现象，即不会产生区分制所带来的处罚漏洞。

再次，单一正犯体系也不可能出现区分制所带来的处罚轻重不合理的弊病，因此，同样不需要用间接正犯概念来补救。如前所述，按区分制的基本理念，正犯是犯罪的核心人物，共犯是犯罪的边缘角色，因此对正犯的处罚重、对共犯的处罚轻；并且，正犯与共犯的区分是从参与行为的形式来区分的。但是，在利用他人作为工具实施犯罪的场合，有时无法贯彻上述理念。例如，指使四五岁的孩子盗窃他人财物。按极端从属性说对幕后指使者不定罪，不合适；按限制从属性说将幕后指使者定为教唆犯，也不合理。因为幕后指使者显然是犯罪的核心人物，有必要重罚。同样道

① 〔日〕高桥则夫：《共犯体系和共犯理论》，冯军、毛乃纯译，中国人民大学出版社，2010，第19页。

② 〔日〕高桥则夫：《共犯体系和共犯理论》，冯军、毛乃纯译，中国人民大学出版社，2010，第25页。

③ 参见许玉秀《当代刑法思潮》，中国民主法制出版社，2005，第566页。

④ 参见〔日〕高桥则夫《共犯体系和共犯理论》，冯军、毛乃纯译，中国人民大学出版社，2010，第25页。

理，在前述黑社会组织头目指使言听计从的手下杀人的所谓“正犯后的正犯”情形中，幕后指使者实施的本来是教唆行为，但将其作为教唆犯认定，显然低估了其在共同犯罪中的地位和作用，因而不得不将这类幕后指使者解释为间接正犯，从而给予较重的处罚，以克服按共犯处罚不合理的弊病。但是，按单一正犯体系，对各个犯罪参与者都是根据其参与的性质和程度来量定刑罚。对于上述“正犯后的正犯”情形中的幕后指使者，按我国刑法的规定可以认定为共同犯罪中的主犯，给予其比直接实行者更重的处罚，这在法律上没有任何障碍。对于指使年幼孩子盗窃的幕后者，按盗窃罪的单独犯依法给予较重的处罚，也是顺理成章的事。在这些场合根本不会出现区分制所产生的处罚轻重不合理的问题，自然也就不需要用间接正犯概念来补救。

（三）在我国采用间接正犯概念处理相关案件存在明显弊病

采用德、日刑法学中的间接正犯概念，不仅不能合理解决我国与之相关的问题，在处理有关案件时还存在明显的弊病。

第一，对于有些利用他人作为工具实施犯罪的案件，按德、日刑法学中的间接正犯概念处理，明显与我国刑法的规定不符。例如，国家工作人员甲让知情的、不具有国家工作人员身份的妻子乙收受他人贿赂。德、日刑法学通说认为，这属于利用无身份有故意的工具的情形，甲构成受贿罪的间接正犯，乙成立受贿罪的帮助犯。[①] 我国也有采用德、日刑法学间接正犯概念的学者持同样的主张，认为“利用有故意但无身份的人时，无身份者因为欠缺特定身份，其行为不是身份犯才能构成之罪的实行行为，不能构成正犯，利用者就不能成立教唆犯，只能以间接正犯处理”。[②] 或者其认为，在德国，由于“犯罪支配说并没有很好地解决身份犯的问题，罗克辛教授在此之外提出了义务犯理论，认为真正身份犯属于义务犯的范畴”；在有身份者（有特定义务的人）与无身份者共同犯罪的场合，只能是有身份者成立正犯，无身份者只能成立共犯。[③] 又由于按德、日刑法的规定，对包含间接正犯在内的正犯的处罚明显重于作为共犯的帮助犯，所以，对

---

① 参见〔日〕山中敬一《刑法总论》，成文堂，2008，第 821 页。

② 周光权：《刑法总论》，中国人民大学出版社，2011，第 217 页。

③ 参见周光权《论身份犯的竞合》，《政法论坛》2012 年第 5 期，第 123 页。

有身份的甲的处罚肯定会重于无身份的乙，而不可能反过来。但如果是乙胁迫本来不愿受贿的丈夫甲受贿，并且乙负责收受行贿者提供的财物，此时认定甲为受贿罪的（间接）正犯，乙为受贿罪的帮助犯，对甲的处罚就会比乙重。但是，这显然不具有合理性，也是采取区分制的立法体系和上述有关身份犯、义务犯的解释论所无法避免的问题。而我国主张采用区分制和间接正犯概念的学者没有看到这一点，同时忽视了我国刑法与德、日刑法相关规定的重大差异，也认为这后一种受贿情形中的甲是正犯（间接正犯）、乙为帮助犯，且正犯就是主犯、帮助犯即为从犯。[①] 但是，这不仅不合情理，也与我国刑法关于共同犯罪的相关规定不符。因为我国刑法是按照共同犯罪人在共同犯罪中所起作用的大小来区分主犯与从犯并给予轻重不同处罚的，而并非像德、日刑法那样主要是根据参与行为的形式来划分正犯与共犯。这就决定了，正犯不能等同于主犯，共犯不能等同于从犯。按德、日刑法学通说，不具有特定身份者固然不能实施身份犯的构成要件行为，因而不能成为正犯（包括间接正犯）。但根据我国刑法的规定和通说，实行犯可能成为从犯，教唆犯和帮助犯也可能成为主犯，因此，将上述妻子乙胁迫丈夫甲受贿的案件认定为双方构成共同犯罪，因乙在共同犯罪中起主要作用而将其定为主犯，甲起次要作用而将其定为从犯，对乙的处罚重于甲，这完全符合情理和我国刑法的规定。如果按德、日刑法学中的间接正犯概念，将甲认定为间接正犯（主犯），将乙认定为帮助犯（从犯），那就意味着将在共同犯罪中起主要作用者定为从犯，将起次要作用者定为主犯，这明显违反我国刑法有关主犯与从犯的规定。

第二，对有些利用他人作为工具实施犯罪的案件，按德、日刑法学中的间接正犯概念处理，明显不具有可操作性。如前所述，在唆使未达到刑事责任年龄的人犯罪的场合，德、日刑法学通说认为，如果是唆使五六岁、没有辨认和控制自己行为能力的幼儿实施杀人行为，背后的唆使者构成故意杀人罪的间接正犯；但如果是唆使十二三岁、有辨认和控制自己行为能力的未成年人杀人，则幕后的唆使者成立故意杀人罪的教唆犯。我国采用德、日刑法学中间接正犯概念的学者也持此种主张，认为“十二三周

---

① 参见周光权《“被教唆的人没有犯被教唆的罪”之理解——兼与刘明祥教授商榷》，《法学研究》2013 年第 4 期，第 183 页。

岁的人不同于无知的幼儿，已具有对事物的基本辨别能力及一定的行为控制能力……这种场合，很难肯定其‘工具性’，所以应否定利用者成立间接正犯，而应认定刑事未成年人与教唆者成立共同犯罪，其中，刑事未成年者构成正犯，因其未达法定责任年龄，不负刑事责任；教唆者成立教唆犯，并根据其在共同犯罪中所起的作用论定为主犯或者从犯”。[①] 正如前文所述，根据德、日刑法学中的间接正犯概念，只有利用他人作为工具，即利用者能够支配、控制被利用者来实施犯罪的情形，才能被认定为间接正犯。十二三岁的孩子已具有了一定的辨认和控制自己行为的能力，教唆其犯罪确实很难说是利用其作为工具实施犯罪。但是，如果以被利用的未成年人事实上是否已具有辨认和控制自己行为的能力作为教唆其犯罪能否成立间接正犯的根据，则由于不可能找到客观的、科学的判断标准而不具有可行性。未成年人的年龄虽然是客观事实，却不能认为十二三岁的孩子就有辨认和控制自己行为的能力，而与十二三岁差几天的孩子就没有这种能力。并且，同一年龄的孩子，其辨认和控制行为的能力也会有较大差异。但是，也不可能对这类案件都提请专家进行司法鉴定，即便是司法鉴定，不同专家也会有不同意见。因此，不可避免地会存在无法确定某个实施了侵害法益行为的未成年人实际上有无辨认和控制自己行为的能力，即其能否成为幕后者所利用、支配的对象的问题。况且，按照我国刑法的规定和通说的主张，区分间接正犯与教唆犯并无实际意义。尽管德、日刑法学通说认为间接正犯是正犯，即犯罪的核心人物，对其的处罚应重于共犯（包括教唆犯），但我国通说认为，大多数情况下，教唆犯在共同犯罪中所起的都是主要作用，对其应以主犯从重处罚。[②] 这意味着在我国即便采用德、日刑法学中的间接正犯概念，行为人无论是被认定为间接正犯还是教唆犯，罪名相同，也大多要作为主犯来从重处罚，即最终的处理结果并无差异。既然如此，就没有必要挖空心思进行区分。

再说，按上述采用德、日刑法学中间接正犯概念的学者的主张，对于唆使十二三岁孩子杀死人的案件，认定背后的唆使者构成故意杀人罪的教唆犯，这一做法并无法律根据，并且对其如何处罚，也存有疑问。这是因

---

① 钱叶六：《共犯论的基础及其展开》，中国政法大学出版社，2014，第51页。

② 参见陈兴良《共同犯罪论》（第二版），中国人民大学出版社，2006，第242页。

为我国刑法对教唆犯的规定与德、日刑法不同。德、日刑法采用区分制，对如何处罚正犯、教唆犯和帮助犯有明文规定，并且是以正犯之刑作为处刑基准，规定“对教唆犯的处罚与正犯相同”或者对教唆犯“判处正犯的刑罚”，因此，确定行为人是教唆犯就意味着知道对其应如何处罚。我国刑法采取单一正犯体系，对每个参与者应分别根据其实施的行为、主观方面的罪过以及自身的情况进行综合判断后，确定其是否构成犯罪；如果构成犯罪，且与其他参与者不构成共同犯罪的，就对其按单独犯的处罚规则定罪处罚；如果与其他参与者构成共同犯罪，则要根据其在犯罪中所起作用的大小，确定其是主犯还是从犯，[①] 然后按刑法规定的主犯、从犯的处罚规则予以处罚。我国刑法对教唆犯的定罪处罚，也是采取这种方式，即如果教唆犯与被教唆人构成共同犯罪，就“应当按照他在共同犯罪中所起的作用处罚”（即按主犯或从犯处罚，刑法第 29 条第 1 款）；如果教唆者与被教唆人不构成共同犯罪，其教唆行为没有引起侵害法益的事实发生，即还处于犯罪预备状态的，这属于刑法第 29 条第 2 款规定的“被教唆的人没有犯被教唆的罪”，也就是通说所指的单独教唆犯的情形。那么，上述学者认为教唆十二三岁的未成年人杀死了人，教唆者成立教唆犯的，究竟属于哪一条款规定的教唆犯？毋庸置疑，这种教唆犯肯定不属于刑法第 29 条第 2 款规定的情形，那么，是否属于第 29 条第 1 款规定的共同犯罪的教唆犯？持上述主张的学者不得不做肯定的回答。其理论根据在于：共同犯罪是违法形态，有刑事责任能力的人与无刑事责任能力的人共同实施符合构成要件的违法行为，就构成共同犯罪。[②] 但是，刑法第 25 条规定，“共同犯罪是指二人以上共同故意犯罪”。同法第 26 条、第 27 条、第 28 条接着规定了如何认定和处罚共同犯罪中的主犯、从犯、胁从犯。从这几条的规定不难看出，共同犯罪人都必须是具有刑事责任能力的人；共同犯罪中的“犯罪”是指具备犯罪成立的所有要件即构成特定犯罪的情形，即是从成立犯罪的意义上使用“犯罪”一词的，而并非仅仅是指从违法层面理解的犯罪行为（即违法行为）。从法律语言表达的逻辑关系看，先说犯罪及其成立条件，而后说对犯罪如何处罚，这就表明前面所说的犯罪必须是符

---

① 胁从犯是从犯之中被胁迫参加犯罪者，是一种特殊的从犯。

② 参见张明楷《共同犯罪的认定方法》，《法学研究》2014 年第 3 期，第 11 页。

合犯罪的所有成立条件的，这也是后面所说的要给予处罚的前提。立法者不可能意图对不具备犯罪的所有成立条件或仅具备部分条件者给予后面所说的刑事处罚。况且，根据我国刑法的规定，无刑事责任能力的被教唆者不受刑事处罚，这种被教唆者自然不可能成为主犯、从犯或胁从犯，合乎逻辑的结论是其不可能与教唆者构成共同犯罪。① 既然教唆十二三岁的未成年人犯罪者，不是刑法第 29 条第 1 款规定的共同犯罪的教唆犯，就不能将其认定为主犯或从犯。同时其又不属于刑法第 29 条第 2 款规定的单独教唆犯的情形，故对其如何处罚，似乎找不到法律依据。因为按我国刑法的规定，对共同犯罪的教唆犯是分为主犯或从犯给予轻重不同的处罚，对单独教唆犯即“被教唆的人没有犯被教唆的罪”的情形，则规定可以从轻或者减轻处罚。除了这两种类型的教唆犯之外，刑法并没有规定第三种类型的教唆犯。对唆使幼儿盗窃、指使不明真相的人帮忙拿走他人财物的，只能认定利用者间接实行了盗窃行为，从而单独构成盗窃罪，而不能将其认定为盗窃罪的教唆犯，这是按单一正犯体系所能得出的唯一结论。

第三，对有些利用他人作为工具实施犯罪的案件，按德、日刑法学中的间接正犯概念处理，实际上会使简单问题复杂化。例如，甲知道丙在某天晚上要在某地伏击枪杀自己之后，便骗自己的仇人 X 于该时赴该地，利用丙弄错侵害对象而杀害了 X。对于这种“正犯后的正犯”案件，甲是否构成故意杀人罪的间接正犯？对此，德、日刑法学界有较大争议，有的认为成立间接正犯，有的认为成立帮助犯，有的认为可能成立共同正犯、教唆犯或者帮助犯。② 我国采用德、日刑法学中间接正犯概念的学者的认识也不一致。有的认为，“如果丙当时知道来到现场的不是甲而是 X 的话，丙必定不会开枪。在此意义上，丙只不过是甲借以杀人的‘盲目’工具而已，所以，甲应成立间接正犯，属于‘正犯后的正犯’”。③ 有的认为，“甲只能认定为帮助犯，而不能认定为间接正犯”。因为从法定符合说的角度看，无论是谁的生命都在故意杀人罪的范围之内受到同等保护，既然被

---

① 参见刘明祥《论我国刑法不采取共犯从属性说及利弊》，《中国法学》2015 年第 2 期，第 298 页。

② 参见〔德〕克劳斯·罗克辛《正犯与犯罪事实支配理论》，劳东燕译，载陈兴良主编《刑事法评论》第 25 卷，北京大学出版社，2009，第 27 页。

③ 钱叶六：《共犯论的基础及其展开》，中国政法大学出版社，2014，第 58 页。

害人的死亡结果是行为人基于自己的意愿而直接引起的，则只能说他自己支配了杀人行为，而没有被别人用来作为杀人的工具。[①] 在笔者看来，之所以产生这样的分歧，是因为在上述类型的所谓“正犯后的正犯”案件中，直接实行者有完全的刑事责任能力，并对自己行为的事实情况及其违法性有认识，只是弄错了具体的行为对象，对这种直接实行者当然要认定为正犯；至于背后的利用者，由于其没有实行构成要件行为，按形式的限制的正犯概念，只能将其认定为共犯，但按共犯特别是帮助犯处罚，处罚会过轻。就上述杀人案而论，背后的甲虽然没有直接动手杀害 X，但如果不是甲骗 X 到现场，X 就不会被杀害，可见甲对被害人死亡结果的发生发挥了关键作用，因此，将其按故意杀人罪的帮助犯处罚，显然不合适。这正是承认“正犯后的正犯”的根源所在。可是，要认定背后的利用者构成间接正犯，必须证明其支配、控制了直接实行者，而是否存在支配、控制却无客观的判断标准；若从不同的角度分析、判断，往往会得出不同的结论。就上述杀人案来说，如果将刑法规定的故意杀人罪的杀害对象理解为抽象的人，那么，甲骗 X 到现场使其被误杀，对于故意杀人罪乃至既遂结果的发生，就无决定性意义。因为如果 X 不到现场，丙想杀的人也会被杀害。由此而论，否定甲支配、控制了丙的杀人行为，即否定甲成立间接正犯无疑是有道理的。如果将故意杀人罪的杀害对象理解为具体的特定人，则由于甲不骗 X 到现场，X 就不会被丙误杀，这意味着甲的行为对 X 被杀害起了决定性作用。就此而论，肯定甲支配、控制了丙杀害 X 的行为，即甲构成故意杀人罪的间接正犯，也是有说服力的。无论是采取上述哪一种主张，由于我国刑法并未出现正犯（包括间接正犯）和帮助犯的概念，如何处罚被认定为间接正犯或帮助犯的行为人，仍然是一个难题。由此可见，按德、日刑法学中的间接正犯概念来处理这类“正犯后的正犯”案件，在我国同样涉及复杂难解的问题。但是，按照我国刑法的相关规定和单一正犯体系，对上述杀人案，根据甲主观上有杀害 X 的故意，客观上有诱骗 X 到现场并利用丙将 X 杀害的行为，就足以认定其具备故意杀人罪的主客观要件，从而构成故意杀人罪。至于如何处罚，按照前述单一正犯体系的处罚规则，由于甲与丙并无杀人的共同故意，故二人不构成共同犯

① 参见黎宏《刑法学》，法律出版社，2012，第 276 页。

罪，对甲与丙应分别按单独犯的处罚规则处理。当然，按单独犯处罚时，还得考虑危害结果毕竟不是其中一人独自造成的，如果甲不诱骗X到现场，丙就不可能误杀X，如果没有丙的枪击行为，X死亡的结果也不会发生，因而还得根据甲与丙各自行为在全案中所起作用的大小，依法给予轻重适当的处罚。而在某个参与者与他人构成共同犯罪的场合，前述黑社会组织头目指使言听计从的手下杀人的案件即为适例，幕后指使者与直接杀人者构成共同犯罪，则应根据各自在共同犯罪中所起作用的大小，确定谁是主犯、谁是从犯后，依照刑法规定的主犯、从犯的处罚规则处罚。按这样的思路处理案件，既简单明了又便于操作执行。相反，如果按德、日刑法学中的间接正犯概念来处理所谓“正犯后的正犯”案件，无疑会使简单问题复杂化，诱发一些不必要的争论，从而难以保证执法的统一性，自然是得不偿失。

（四）在我国采用单一正犯体系处理相关案件具有明显的优越性

以我国刑法的相关规定为根据，在不采用德、日刑法学中的间接正犯概念的同时，运用单一正犯体系，不仅能够恰当处理与德、日刑法学中间接正犯概念相关的案件，还具有其他明显的优越性。

1. 能合理解决间接正犯概念无法应对的相关问题

如前所述，间接正犯概念是为弥补区分制的缺陷而提出来的，尽管它是区分制立法体系的一个“怪胎”，但为了延续这种体系，又不得不保留这一概念。而我国刑法采取的单一正犯体系正好能弥补区分制在定罪处罚方面的缺陷，甚至按间接正犯概念无法恰当处理的案件，按单一正犯体系也能合理解决。例如，甲想向稻草人开枪以寻求刺激，乙知道甲误将身披稻草的流浪汉丙错认为稻草人，而把自己的猎枪借给甲，随后甲开枪误杀了丙。[①] 在德国、日本，对本案中的乙无论是否按故意杀人罪的间接正犯来处理，均存在弊病。如果不认定乙为故意杀人罪的间接正犯，由于其借枪给甲的行为只是一种帮助行为，按德国刑法第27条第1款的规定，只有“对他人故意实施的违法行为故意予以帮助的”才构成帮助犯，而乙只是

---

① 参见〔德〕克劳斯·罗克辛《德国刑法学总论》第2卷，王世洲等译，法律出版社，2013，第25页。

对他人过失实施的违法行为故意予以帮助，则乙当然不能成立故意杀人罪的帮助犯。若认定乙与甲共同构成过失致人死亡罪，又明显与其主观心理状态不符，并且有轻纵犯罪之嫌。正因为如此，才不得不将乙认定为间接正犯。但正如前文所述，按德、日刑法学通说，只有在利用者支配、控制了被利用者的意思或行为的条件下，间接正犯才能成立。就本案而言，乙是应甲的请求而借枪给甲用的，显然不能说乙支配、控制了甲杀丙的行为。假设甲知道目标是流浪汉丙（不是稻草人）或者乙误以为甲知道而将猎枪借给甲杀人。对此，主张犯罪事实支配理论的学者也认为，乙仅构成故意杀人罪的帮助犯而不是间接正犯。① 由此可见，按犯罪事实支配理论，此类案件是定间接正犯还是定帮助犯，决定因素不是行为人的客观行为，而是其主观认识，这明显有主观归罪的嫌疑。并且，将乙作为故意杀人罪的间接正犯即单独犯来处罚，还存在处罚不当的问题。因为乙毕竟只是借枪给甲从而杀死了丙，这同他自己基于故意直接用枪杀死丙还是有较大差别的。对乙按间接正犯处理，不能体现出二者处罚上的差异。

但是，按照我国刑法的相关规定和单一正犯体系，能够确保对上述类型案件准确定罪、恰当处罚。如前所述，在数人参与犯罪的场合，按单一正犯体系，对每个参与者的定罪同单独犯的场合相同，即根据每个参与者个人实施的行为及其主观心理状态，确定其具备刑法分则规定的某罪成立要件时，就认定其成立某罪。上述乙借枪给甲杀丙的案件中，由于乙对甲想要枪击的对象是丙（不是稻草人）有认识，知道枪击会导致丙死亡，却仍将自己的枪支借给甲，表明其主观上对自己提供枪支给甲的行为会引起丙的死亡结果已有明确的认识，并且对这种结果的发生至少是持放任心态，即乙主观上有杀人的故意；客观上乙提供枪支的行为虽然只是一种帮助行为，但该行为与丙的死亡结果之间有因果关系。因而，认定乙的行为具备故意杀人罪的构成要件应毫无疑问。② 至于对乙的处罚，由于甲无杀人的故意，乙与甲不可能构成共同犯罪，故对乙只能单独按故意杀人罪处罚。但考虑到被害人丙的死亡结果毕竟是由甲的过失行为直接造成的，乙

---

① 参见〔德〕克劳斯·罗克辛《德国刑法学总论》第 2 卷，王世洲等译，法律出版社，2013，第 26 页。

② 刑法分则规定的故意犯罪行为并非仅限于实行行为，大多还包括教唆行为和帮助行为。因此，实施帮助行为也是实施符合刑法规定的构成要件的行为。

只是提供了帮助，综合考虑其参与犯罪的性质和程度，给予乙比普通的单独犯故意杀人罪的情形轻一点的处罚，既合乎单一正犯体系的要求，也不违背我国刑法的相关规定。

2. 处理间接正犯相关案件的规则简便易行

如前所述，间接正犯概念是为弥补区分制的缺陷而提出的，但它没有也不可能从根本上解决问题，反而冲击了区分制的根基，使相关问题变得更为复杂，引发了更多的争论。然而，按我国刑法的相关规定和单一正犯体系，在数人参与犯罪的场合，采取与单个人犯罪相同的定罪规则，即根据每个参与者自己实施的行为及其主观心理状态，确定其是否构成犯罪，而不考虑其他参与者参与的情况；对构成犯罪的参与者予以处罚时，则根据其参与行为的性质和程度，主要看其对整个犯罪及危害结果的发生起了何种作用，从而依法给予轻重适当的处罚。按这样的方式处理案件，既符合定罪处罚的基本原理，又不违背我国刑法的相关规定，并且易于操作执行。

笔者再举两例作进一步的说明。例如，A 为了杀害躲在贵重财物背后的被害人 C，唆使不知情的 B 开枪毁坏贵重财物，结果致 C 死亡。在德国、日本，有关这种利用他人有轻罪故意行为的情形，对利用者应按重罪定罪，并无异议。但对于利用者究竟是属于间接正犯还是教唆犯，则有较大争议，处罚的轻重也会有差异。争论的焦点在于，被利用者有毁坏他人财物的故意能否构成所谓“规范障碍”。[①] 对此，从不同的角度看，可能得出不同的结论。但是，若采取单一正犯体系，由于利用者主观上有利用他人开枪杀人的故意，客观上唆使不知情的被利用者开枪杀死了人，自然应认定其具备故意杀人罪的成立要件，即其构成故意杀人罪；又由于被利用者无杀人的故意，双方不构成故意杀人罪的共同犯罪，故对利用者应按单独犯处罚。又如，甲出于牟利目的利用没有牟利目的的乙传播淫秽物品。对于这种所谓利用他人有故意无目的行为的情形，能否认定利用者成立目

① 参见钱叶六《共犯论的基础及其展开》，中国政法大学出版社，2014，第 53 页。所谓规范障碍，是指在通常情况下，人在知道实情并且具有规范意识的场合，就可能形成停止实施某行为的反对动机，这种可能性就是规范障碍。规范障碍说认为，在能够期待被引诱者因具有规范意识而避免实施违法行为的场合，由于被引诱者的存在本身就会成为危险实现过程中的障碍，所以引诱行为不具有为正犯性奠定基础的法益侵害危险，从而不能成立间接正犯。

的犯的间接正犯，也有较大争议。争论的关键在于，在直接实施者有犯罪故意的情况下，能否认定幕后者支配了其行为。对此，从不同的立场也可能得出不同的结论。[①] 可是，按单一正犯体系，由于对有目的的甲与无目的的乙，均是根据各自实施的行为及其主观心理状态来分别定罪，所以，甲成立目的犯犯罪（传播淫秽物品牟利罪），乙成立普通的故意犯罪（传播淫秽物品罪），对二人分别适用刑法相关规定予以处罚。当然，对于甲和乙在犯罪过程中所起作用的大小，量刑时也得适当考虑。

需要指出的是，在数人参与犯罪，一方成立此罪、另一方成立彼罪，甚至一方构成故意犯罪、另一方成立过失犯罪的场合，双方根本不成立共同犯罪，为何还可以根据各自行为对结果发生所起作用的大小给予轻重不同的处罚？毋庸讳言，我国刑法确实只是明文规定，对共同犯罪人要根据其在共同犯罪中所起作用的大小，分别作为主犯或从犯给予轻重不同的处罚。而对数人参与犯罪，不构成共同犯罪的，并未明文规定应如何处罚犯罪参与者。但是，对共同过失犯罪（如数人的过失导致一重大责任事故发生）的，在我国的司法实践中，一直都是依据每个犯罪人的过失行为对结果的发生所起作用的大小，分清责任主次，给予轻重不同的处罚。这也是按单一正犯体系应当对所有犯罪（包括过失犯罪）参与人适用的处罚规则。德、日两国对共同过失犯罪也是采取这样的处罚规则，只不过对共同故意犯罪采取了与共同过失犯罪不同的处罚规则，因此受到了学者的质疑。[②] 而在采取单一正犯体系的我国，无论是共同故意犯罪还是共同过失犯罪，乃至一方基于故意另一方出于过失、一方构成犯罪另一方不成立犯罪的场合，都是根据构成犯罪的参与人参与犯罪的性质和程度（主要是参与行为对危害结果发生所起作用的大小），给予轻重不同的处罚。这种对所有构成犯罪的参与人均采用相同处罚规则的做法，无疑具有科学性和合理性，也是单一正犯体系的一大优越性。[③]

---

① 参见张明楷《刑法学》，法律出版社，2011，第 369 页。

② 德、日刑法对共同故意犯罪采取了区分制立法体系，对共同过失犯罪则采取单一正犯体系。参见刘明祥《主犯正犯化质疑》，《法学研究》2013 年第 5 期，第 119 页。

③ 参见刘明祥《论中国特色的犯罪参与体系》，《中国法学》2013 年第 6 期，第 120 页以下。

归责视野下共同犯罪的区分制与单一制[*]

何庆仁[**]

摘　要： 我国刑法总则"共同犯罪"一节采取的是区分制还是单一制，对此近年来学界的争论颇多。但是，这些争论大多围绕条文规定本身展开，而未深入对共同犯罪归责基础的分析。实际上，在区分制与单一制日渐趋同的今天，仅从是否区分了正犯与共犯，或者是否区分了定罪与量刑等方面，已经很难准确界定区分制与单一制。只有引入归责的视角，才能看到单一制的单独归责模式给不法概念的内涵带来的深层次问题。我国刑法关于主犯与从犯的立法采纳的是共同归责模式，并且区分了共同归责的核心人物与边缘人物。就此而言，我国刑法总则"共同犯罪"一节采取的是归责意义上的区分制。

关键词： 共同犯罪　区分制　单一制　共同归责　单独归责

众所周知，一国的刑法立法对其共同犯罪理论有着决定性的影响。我国刑法总则"共同犯罪"一节之规定，同样是我国共同犯罪理论的基础。主流观点历来认为，该节之规定对共同犯罪人采取的是以作用分类法为主、以分工分类法为辅的立场，其中区分了正犯与共犯（教唆犯、帮助犯）。并不令人意外的是，近年来，刘明祥、阮齐林、江溯等学者借鉴单一行为人体系（即单一正犯体系），对"为单一制提供了一定的想象空间"

---

* 本文原载《法学研究》2016 年第 3 期，略有修改。

** 何庆仁，中国社会科学院大学政法学院教授。

的刑法第25条至第29条[①]提出了针锋相对的解读，认为我国刑法采取的不是区分制，而是单一制。

在双方观点的争鸣中，一个令人困惑的现象是归责视角的相对缺位。归责理论的兴起是当代刑法教义学最突出的特征之一；至少在不法层面，以归责判断为中心，而不是以因果判断为中心，已经得到越来越多的支持。作为不法的一种特别形态，[②] 共同犯罪按理本应与归责理论关系密切；关于区分制还是单一制的争论，当然也无法自外于这股当代刑法思潮的影响。然而，迄今为止国内学界围绕区分制与单一制的讨论，却鲜有从归责视角加以深入展开者。笔者认为，脱离归责理论，仅仅从法条本身来争论是区分制还是单一制，可能会流于形式，难免陷入各说各话的境地，最终无益于问题的澄清。因此，下文拟先对单一制论者基于刑法法条对区分制的批判略作回应；然后，转向归责理论与犯罪参与模式的关系，展开新的探讨；最后，回归我国刑法的规定，对我国刑法关于犯罪参与模式的立场予以重新解读。

一　我国刑法采取的是区分制还是单一制

区分制与单一制是现今共同犯罪理论与立法中两种不同的体系，前者在体系论与价值论上均区分正犯与共犯；后者则相反，将全体参加者均视为行为人（正犯），仅在量刑阶段考虑各行为人作用之大小。二者的差异并非事物的本质使然，而是刑事政策以及论理上考虑之结果；也不能绝对地说何种体系天然具有合理性，而是各有千秋，亦各有不足。[③] 我国传统的共同犯罪理论一直主张，实行犯（正犯）、帮助犯等概念被涵括在主犯、从犯与胁从犯的规定之中，与刑法第29条规定的教唆犯一起构建起区分制的基础。[④] 之后，在认识到“分工分类法与作用分类法是两种不同的分类

① 参见陈兴良《共犯论：二元制与单一制的比较》，载中国人民大学刑事法律科学研究中心编《刑事法热点问题的国际视野》，北京大学出版社，2010，第154页。

② 参见张明楷《共同犯罪是违法形态》，《人民检察》2010年第13期，第5页以下。

③ 参见柯耀程《参与与竞合》，元照出版有限公司，2009，第33页以下。

④ 参见高铭暄《中华人民共和国刑法的孕育诞生和发展完善》，北京大学出版社，2012，第32页；马克昌主编《犯罪通论》，武汉大学出版社，1999，第540页。

法，分类标准有所不同，两者不能交错”的矛盾后，[①] 学界发展出一种新的模式来维护区分制在我国刑法中的地位，即主张组织犯、实行犯、教唆犯与帮助犯等概念是用来解决共同犯罪的定罪问题的，主犯、从犯与胁从犯等概念则仅仅解决共同犯罪的量刑问题。[②] 该模式的重要贡献在于，困扰传统共同犯罪理论的逻辑困境——两种不同分类方法的交错——可以借由分层而得到化解，即在定罪层面采取区分制，在量刑层面借鉴单一制的立场，看上去既吸收了二者的优点，又对各自的缺点予以了扬弃。如此，当我们通常在定罪层面言及正犯与共犯时，区分制就重新得到了坚持。

不过，单一制论者对区分制的上述立法基础提出了质疑，认为“大多数学者是在对我国共同犯罪的立法体系缺乏任何论证的情况下，想当然地认为我国采取的是以德日为代表的二元参与体系”。[③] 他们的看法是，把我国共同犯罪的立法模式概括为区分制并不妥当，我国刑法中并没有明确的实行行为概念，刑法条文也没有正犯与帮助犯的明文规定；即便是刑法对教唆犯作了规定，其重点仍然在于解决教唆犯在共同犯罪中的作用问题，而非关注教唆犯的行为属性，且教唆犯在我国是独立可罚的；从犯也不是指限制的正犯概念意义上的从属性共犯，而是指处理共同犯罪案件的量刑情节。[④] 因此，先入为主地认为我国刑法采取了类似德日刑法的区分制，未必是适切的。

在此基础之上，倾向于主张单一制的学者对我国刑法的规定作了有利于单一制的解释，认为“我国刑法关于共同犯罪的立法规定在其实质上是与单一制吻合的”。[⑤] 理由在于：一方面，单一制在构成要件层面将所有参

---

① 陈兴良：《刑法适用总论》上卷，法律出版社，1999，第 528 页。

② 参见陈兴良《历史的误读与逻辑的误导——评关于共同犯罪的修订》，载陈兴良主编《刑事法评论》第 2 卷，中国政法大学出版社，1998，第 304 页。这一观点随后得到陈家林（参见冯军、肖中华主编《刑法总论》，中国人民大学出版社，2008，第 420 页）、郝守才（参见郝守才《共同犯罪人分类模式的比较与优化》，《现代法学》2007 年第 5 期，第 66 页）以及钱叶六（参见钱叶六《双层区分制下正犯与共犯的区分》，《法学研究》2012 年第 1 期，第 126 页以下）等学者的赞同，而有成为新的主流观点之趋势。

③ 江溯：《犯罪参与体系研究——以单一正犯体系为视角》，中国人民公安大学出版社，2010，第 242 页。

④ 参见刘明祥《论中国特色的犯罪参与体系》，《中国法学》2013 年第 6 期，第 118 页；阮齐林《刑法学》，中国政法大学出版社，2011，第 168 页。

⑤ 阎二鹏：《扩张正犯概念体系的建构——兼评对限制正犯概念的反思性检讨》，《中国法学》2009 年第 3 期，第 126 页。

加者皆视为等价的行为人，不作正犯与共犯的实质划分，而我国刑法也没有区分正犯与共犯。即使按照部分区分制论者的观点，我国刑法区分了正犯与共犯，也由于该区分不解决主犯与从犯才能解决的量刑问题，因而正犯与共犯的不法内涵在价值上并无任何差异，这与强调“正犯的优越性”的区分制不相吻合。这实际上是机能单一制的立场。另一方面，单一制在量刑层面根据各参加者自己的不法与罪责，确定其在共同犯罪中的当罚性。我国刑法重视主犯、从犯、胁从犯与教唆犯在共同犯罪中的作用，从而分别量刑的做法，也相当符合单一制的立法精神。①

区分制还是单一制，这是一个值得深究的问题。但是，至少在立法层面，对单一制论者关于我国刑法相关规定与区分制之关联的质疑，是可以再质疑的。第一，我国刑法的确没有在形式上明确区分正犯与共犯，但通过对主犯与从犯的规范化理解，或者通过对正犯与共犯的实质化理解，将主犯与正犯、从犯与帮助犯合而为一，即可在实质上回归区分制。② 另外，区分正犯与共犯，其实并不是区分制的专利；单一制之下区分正犯与教唆犯、帮助犯也是可能甚至必要的，例如机能的单一行为人体系就是如此。③所以，我国刑法没有刻意区分正犯与共犯，或者说没有使用正犯与共犯的表述，这虽然是区分制的表面负担之一，却并不因此就是单一制的决定性资产。第二，我国刑法注重各共同犯罪人的作用大小与单一制的精神未必一致，甚至可能是背道而驰的。单一制之下，原则上认为所有个别之加功行为均具有等价的不法内涵，仅在刑罚裁量时依加功之程度作差别评价。而我国刑法规定的主犯、从犯等则可能不仅影响刑罚裁量，在不法程度上也并不等价。因此，不能仅关注主犯、从犯的量刑效果，而忽略其不法内涵方面可能存在的价值差异。就此而言，在体系论与价值论上均区分正犯与共犯的区分制，完全可能更接近我国刑法规定的立法精神；所需要进一步努力者，仅在于作用标准的规范化以及分工标准的实质化。第三，刑法第 29 条第 2 款是否体现了共犯的独立性在学界不无争议；通过目的论的限

---

① 参见江溯《犯罪参与体系研究——以单一正犯体系为视角》，中国人民公安大学出版社，2010，第 242 页以下。

② 参见杨金彪《分工分类与作用分类的同一——重新划分共犯类型的尝试》，《环球法律评论》2010 年第 4 期，第 47 页以下。

③ Vgl. Kienapfel, Der Einheitstäter im Strafrecht, 1971, S. 32. 只是此时的教唆犯和帮助犯不再被冠以教唆犯和帮助犯的名称。关于机能的单一行为人体系，下文另有分析，兹不赘言。

缩解释，也完全可以贯彻共犯从属性之要求，兹不赘言。退而言之，即便该款规定的是共犯的独立性，也不必然意味着对单一制的支持。因为在单一制之下，其实也有贯彻从属性立场的可能与必要，例如限缩的单一行为人体系就是如此。[①] 也就是说，从属性还是独立性的争议与区分制还是单一制的分歧，虽然在论理上有密切关联，却不一定具有逻辑上的必然联系，[②] 因此，刑法第 29 条第 2 款不能成为单一制的法律根据。总之，就以上三点而言，单一制论者以我国刑法相关规定为基础而提出的质疑是不充分的。因此，其不能断言我国刑法的规定在整体上倾向于单一制；相反，通过目的论解释，同样可以在我国刑法中维持和贯彻区分制的立场。

上述反质疑显然不构成对单一制的重要反驳，毋宁说只是从立法的角度，为区分制与我国刑法相关规定的关联保留了更大的可能性。解释过程中已经凸显出来的问题是，由于区分制与单一制内部各有不同的学说，二者间的对立似乎渐趋模糊。例如，部分区分制论者所主张的正犯与共犯概念解决定罪问题、主犯与从犯概念解决量刑问题的观点和机能的单一行为人体系的立场，即区分构成要件问题和量刑问题的看法，就极为接近。这是否说明区分制还是单一制的问题远没有那么重要？若对此暂且不表，却不得不承认的是，如果继续囿于原有的分析框架和话语体系，这场论争很可能以双方都模糊自身本来立场的方式不了了之。本文认为，区分制与单一制的对立不在于是否区分了不同的参与类型，也不在于法条用语等形式上的表现，而是植根于各自背后的归责理念。该理念的基础在传统区分制与单一制下有不同的理解，因此，以归责为视角，才能为考察二者提供更实质的契机。

二　单一制的归责基础及其困境

一旦将视角转至归责基础，我们很容易就会发现单一制关于共同犯罪

① Vgl. Burgstaller, Vollendung oder Ende der Einheitstäterschaft, ÖRZ 1982, S. 216 f. 只是此时的从属性不再是共犯对正犯的从属性，而是教唆型、帮助型行为人对实行型行为人的从属性。

② 参见周光权《“被教唆的人没有犯被教唆的罪”之理解——兼与刘明祥教授商榷》，《法学研究》2013 年第 4 期，第 186 页。

的理解是非常独特的，也能够对单一制演变历程的背后驱动力有更清晰的认识。

单一制历经三种模型。最初的形式单一制（formales Einheitstätersystem）认为，在参与形式上仅有一个行为人概念，所有加功于犯罪之人，不论全部或部分，皆当为全部不法同等负责，且无须依个别行为而为不同罪责之认定。析言之：首先，所有参加者的不法内涵均相同，因此，在构成要件层面区分不同的参加者是不必要的；其次，所有参加者的罪责也是一样的；最后，所有参加者应当适用相同的法定刑，仅得由法官在法定刑幅度内裁量其轻重。①

一般认为，形式单一制背后的归责基础是因果关系理论中的等价说，即导致结果发生的全部条件具有同样的地位，都是等价的。② 仅从“等价”一语来看，二者的确具有某种亲近性。但是，等价说更多是强调各条件在必不可少的意义上等价，而未必只能指各条件在不法内涵和价值上也等价，尤其不意味着各个条件在罪责上也没有差异，并且也不排除多个等价条件的共同结合关系。而形式单一制将每个参加者的行为单独拿出来直接与结果发生关联，并赋予所有参与行为以相同的不法内涵与罪责，这已经与等价说的立场不完全一致。可以说，形式单一制的归责基础走向的是彻底的单独归责模式，完全忽视共同犯罪归责的特殊性，将共同犯罪按照单独犯罪的方式进行归责，即在共同犯罪的场合，也只单独考虑每个人的因果关系及其不法。于是，共同犯罪的归责基础几乎被瓦解了。

由此带来的后果是，如学界所批判的那样，形式单一制在不法与罪责方面都出现了致命的缺陷。在不法层面，因为将各参加者的行为单独直接与结果相联系，构成要件的保障机能受到极大冲击；行为形式的泛化也不可避免地带来罪刑法定原则方面的疑虑；在未遂犯与身份犯领域，单独考虑各参加者的行为时，则可能导致着手时点的提前，以及致使无身份者的可罚性产生问题等。在罪责层面，认为各参加者的罪责相同，会使法官在裁量刑罚时失去依循的标准。量刑主要受罪责制约，罪责一部分来自与不法行为相对应的犯行责任，另一部分则来自影响预防考量的量刑责任。

① Vgl. Kienapfel, Das Prinzip der Einheitstäterschaft, JuS 1974, S. 5.

② Vgl. Kienapfel, Der Einheitstäter im Strafrecht, 1971, S. 32.

形式单一制一方面认为各参加者的不法内涵相同，另一方面主张各参加者的罪责也相等；如此，量刑时区别对待不同参加者的说法就显得模糊、笼统。即使认为罪责仅限于狭义的犯行责任，那么，仅依据人身危险性的预防考虑，也不足以说明不同参加者在量刑上的原则性差异，并且有滑向行为人刑法的危险。①

为了摆脱上述困境，机能单一制（funktionales Einheitstätersystem）强调指出，犯罪参与体系中行为人的定位，应依共同犯罪的结构以及刑事政策上的任务来机能性地予以确定。在共同犯罪的场合，需要解决的问题主要是各参加者是否应为结果负责以及如何负责。对于前者，依因果关系等理论，既然各参加者与结果均存在联系，则自然都是行为人；后者则属于量刑问题，由法官根据各参加者独自的不法与罪责裁量即可；前者与后者没有必然关联，是两个不同的问题，不应混同。与形式单一制不同的是，机能单一制从共同犯罪的行为结构出发，认为各参加者虽在不法实现的意义上等价，但鉴于其加功程度各有不同，故不应单型化地考虑，而仍应予以类型化，在不法与罪责上进行个别化处理。据此，机能单一制将各参加者类型化为直接行为人、惹起行为人和协助行为人三种。②

机能单一制非常有针对性地弥补了形式单一制的前述弊端。首先，将各参加者类型化之后，其中的直接行为人所实施的行为与构成要件相对应，就维护了构成要件的保障机能；其次，区分和确定各种不同的类型，可以避免形式单一制仅依条件说确定处罚范围时的不明确性；再次，可以顺利地将失败帮助等没有可罚性的行为排除出处罚范围；最后，在等价之外导入个别化思考，为单一制的量刑问题提供了实质根据。机能单一制区分了不同的参加者类型，但其仍属于单一制的理由是：机能单一制仍然认为各类型的行为人在价值上、本质上和责任上都是同等的行为人，惹起行为人和协助行为人无须从属于直接行为人，三者均与同一法定刑相关联。

从归责基础看，机能单一制在等价说之外，特别强调了各参加者在加功程度上的差异，并据此划分出不同的行为人类型。此一重大修正克服了

---

① 高桥则夫曾指出，单一制的“历史沿革表明，这一概念是近代学派所主张的，因此可以说其基础是行为人刑法或者意思刑法”。参见〔日〕高桥则夫《共犯体系和共犯理论》，冯军、毛乃纯译，中国人民大学出版社，2010，第10页。

② Vgl. Kienapfel, Der Einheitstäter im Strafrecht, 1971, S. 29 ff.

形式单一制在归责基础上的重大缺陷，即各参加者的不法内涵和罪责不再是完全一样的，而是在等价的外衣下与自己的类型化行为贡献相一致，量刑时三大行为人类型的区别对待因此获得了实质根据。但进一步的问题是，若类型化的加功程度果真如此重要，该程度差异传导至法定刑层面似乎也是完全可以想象的。质言之，三种行为人类型的加功方式表明其加工程度并不相同，这决定了其不法和罪责在个别化的名义下实质上存有差异，进而也决定了其法定刑亦应类型化地有所不同。[①] 形式单一制不区分行为人类型，尚且可以适用同一法定刑；机能单一制区分了行为人类型的加功方式，就不可以无视其对不同法定刑程度的要求。如果立法者真的为三种行为人类型分别配置了不同的法定刑，单一制与区分制的差异大概会进一步缩小，定罪也得以和量刑同步进行，所谓定罪与量刑是否分离的区分单一制与区分制的标准于是形同虚设。[②] 概言之，量刑的基础应由不法与罪责确立，机能单一制正确认识到各行为人类型的不法与罪责有必要个别化，因而朝着正确的量刑方向迈出了重要一步，但其在将不法与罪责进行个别化的同时，却无意中与单一制的本来立场有所疏离。

关于机能单一制对共同犯罪归责基础的调整，还有其他疑虑。机能单一制认为三种类型化行为的加功程度都是独立的，每个行为人只为自己的不法和罪责负责，否认惹起行为人和协助行为人对直接行为人的从属性。如此，则机能单一制与形式单一制一样，本质上仍然是单独归责模式。于是，对于前述机能单一制相较于形式单一制的优点，大概都要打上问号。例如，既然是单独归责，则惹起行为和协助行为也应是单独符合构成要件的行为，由此，构成要件的保障机能和法治国的明确性、安定性等原则未必得以确保；脱离了从属性的要求，失败的帮助也不一定可以被排除出处罚范围。

为了进一步克服机能单一制的不足，限缩单一制（reduziertes Einheits-

① 例如，奥地利刑法第 33 条、第 34 条规定惹起行为人应加重处罚、协助行为人应减轻处罚的实质根据，不外乎不法和罪责程度上的差异。那么，与其将其规定在量刑部分，和其他仅反映人身危险性的量刑情节混为一谈，然后再通过量刑个别化还原该不法和罪责程度上的差异，还不如直接在法定刑上对之予以体现。对此，详见下文第四部分和第六部分的有关论述。

② 至于不法与罪责之外影响量刑的因素，在区分制和单一制下都是在狭义量刑阶段才考虑的事情，与此处所言之“定罪与量刑是否分离”无关。

tätersystem）一方面承袭机能单一制，认为各参加者的不法内涵与罪责在法律上的评价虽然等价，但仍属不同类型；另一方面则突破机能单一制，认为三种行为人类型不仅在概念上应予区分，在价值上也有不同，即惹起行为人和协助行为人应从属于直接行为人，且惹起行为人的无价值性大于协助行为人。主张限缩单一制的布格施塔勒甚至认为，即便是直接行为人，也应当引入犯罪事实支配理论，将其划分为不同类型，并分别赋予不同的价值内涵。[①] 按照限缩单一制的此种主张，直接行为人一举确立其核心地位，机能单一制在构成要件的保障机能和法治国诸原则方面的疑虑基本上可以克服，各行为人类型的价值内涵也可以被彻底划分出等级。限缩单一制与形式单一制、机能单一制所共享而又能勉强被称为单一制的理由，就仅仅在于各行为人类型都适用同一法定刑。而这一点与其说是单一制理论上的必然要求，不如说是取决于各国刑法的明文规定。

当单一制走到这一步，可能就走到了自己的终点。因为限缩单一制显然已经背离了单一制最初的立场，在学理上与区分制近乎殊途同归。在归责基础方面，从仅依因果关系理论中的等价说确定共同犯罪各参加者的归责方法，到重视各人行为贡献在不法内涵和罪责方面的个别化，再到为了进一步明确不法内涵而承认从属性，重新将各参加者联系成一个整体，此一过程可谓对共同犯罪的归责基础逐步拨乱反正的过程。至于单一制在刑法教义学上产生的种种问题，相当大程度上是其以单独归责之视角看待共同犯罪的必然结果。需要补充说明的是，单一制也可以超越因果关系理论而和客观归责理论相结合，以划定不法的范围，从而使其处罚范围实质上保持在相对合理的限度之内。[②] 但问题是，在单独考虑各参加者行为贡献的体系下，运用客观归责理论会存在天然的障碍。因为在共同犯罪的场合，判断是否制造和实现了法所不允许的风险时，无法不考虑其他参加者的行为。

三 单一行为人、单一归责与单一不法

如上所述，单一制所主张者不只是单一行为人，还倾向于单一归责。

---

① Vgl. Burgstaller, Vollendung oder Ende der Einheitstäterschaft, ÖRZ 1982, S. 216 ff.

② Vgl. Schmoller, Grundstrukturen der Beteiligung mehrerer an einer Straftat, ÖJZ 1983, S. 337 ff.

在形式单一制下，各参加者均依自己的行为与结果的因果关系单独归责；在机能单一制与限缩单一制下，在因果关系之外，另行判断结果是否可以分别归责于各参加者。无论何者，归责判断基本上都是单独进行的，与其他参加者的行为无关，也不受其他参加者行为的制约。如此，共同犯罪在单一制下的归责判断，就与单独犯罪的归责判断一样，只需在行为人的行为与结果之间建立联系，然后独自考虑各人行为的可归责性。此种分别独自归责的做法所导致的后果之一是，数人共同犯罪而归责之情形与一人和自然力或者动物等共同作用而导致结果发生从而归责之情形，在方式上就没有了差异。正如基纳普菲尔所言，对于各参加者的归责而言，建立起自己所实施的行为与结果之间的联系就够了，“是否有另一位参加者违法地实施了行为是无所谓的”。[①] 本文认为，正是在归责时将意志自由的人与自然力、动物等相提并论这一点上，单一制完全忽视了现代归责理论区分自由律与因果律的决定性意义，并因此映射出其归责基础上的根本性问题。

自康德以来，因果律与自由律的二律背反即广为人知。康德在《纯粹理性批判》中明确指出，自由是先验的理念，不受任何时空条件的限制，在自由律中无法承认因果律；相反，主张“自然万能”的因果律认为自由毫无法则可言，自然依据因果律才自成一个有秩序的体系。康德还强调，因果律中的原因链是无穷无尽的，时间序列中的任何一环都既是原因，同时也是结果；而自由的理性能在自然世界中创设出一个新的原因链，并且自身为原始起点。[②] 康德的上述思想为刑法的归责理论指明了方向，因为若仅依无限延伸的因果链，刑法根本无法从中选择出可归责之人；只有依循自由律，赋予人的意志自由以创设新的因果链之起点的决定性地位，构成要件的实现才能找到其创造者。于是，在行为人与结果之间横亘着的是动物或者自然力，还是意志自由的人，就有了原则性的差异。

对于共同犯罪，因果律与自由律的二律背反可能产生的影响是，各参加者的行为可能成为相互的归责障碍。“只有当行为人的行为是无尽因果链中的最后一环的自治行为时，才可以将法益侵害（或危险）作为其作品而归责于他。自治的行为意味着溯责禁止。”[③] 倘若如此，共同犯罪中的各

---

① Vgl. Kienapfel, Das Prinzip der Einheitstäterschaft, JuS 1974, S. 6.

② 参见〔德〕康德《纯粹理性批判》，李秋零译，中国人民大学出版社，2004，第300页以下。

③ Renzikowski, Restriktiver Täterbegriff und fahrlässige Beteiligung, 1997, S. 50.

参加者作为自治或意志自由的主体，对于其他参加者实施的犯罪行为，为何也可以如同经由动物或者自然力而实施犯罪一般被归责，就不得不成为单一制要面对的难题。为了回答此一问题，单一制论者一方面坚持每位参加者只为自己的不法和罪责负责，另一方面认为各参加者之间的联系不过是事实上的关联性。[1] 本文认为，关于前者，疑问在于何为共同犯罪场合"自己的不法"，对此下文另有分析，兹不赘言。关于后者，将意志自由的主体之间的行为联系一律视为事实上的关联性，再一次证明了单一制在归责时不重视自由律与因果律的差异——人与动物或自然力作用共同导致结果发生时，也存在事实上的关联性。更深层次的问题是，事实上的关联性无法建构起规范性归责的基础和界限。尤其在身份犯的场合，"事实的依存性，并不能肯定非身份者的共犯的可罚性，只有将这种依存性理解为'法的'依存性，才能肯定可罚性"。[2] 因此，单一制始终没有很好地回应自由律的溯责禁止效应，反而有在"自己的不法"的名义下，使行为人为"别人的不法"负责之嫌疑。

近期另有单一制论者认为，应当放弃直接还是间接造成结果这种现象上的差异，对客观归责理论加以规范性和机能性的理解；在规范意义上，共同犯罪场合的各行为人都直接导致了结果发生，因为他人的后行为也是前行为的结果之一；如此一来，后行为人也就不会成为前行为人的归责障碍。[3] 笔者认为，所谓客观归责理论的规范化与机能化应以尊重意志自由为前提，一个自治的行为至少不能被矮化为另一自治行为的自然意义上的结果。根据如上主张，后一行为的不法归责与前一行为的不法无关，这就仍然没有直接解决自由律对归责的影响这一问题。而且，虽然可以承认共同犯罪的场合各行为人均直接引起结果发生，但未必就因此只能走上单一制的道路。笔者亦曾撰文批判过共同犯罪理论中的直接—间接区分模式，认为在规范上全体共同犯罪人均直接符合构成要件、直接侵害法益；可以说在这一点上，笔者与之完全一致。[4] 不同的是，笔者所谓的"直接"是

---

① Vgl. Kienapfel, Der Einheitstäter im Strafrecht, 1971, S. 29 ff.

② 参见〔日〕高桥则夫《共犯体系和共犯理论》，冯军、毛乃纯译，中国人民大学出版社，2010，第238页。

③ Vgl. Rotsch, Einheitstäterschaft statt Tatherrschaft, 2009, S. 423 ff.

④ 参见何庆仁《共犯论中的直接—间接模式之批判——兼及共犯论的方法论基础》，《法律科学》2014年第5期，第57页以下。

以承认共同归责为前提的，意指行为整体直接符合构成要件和侵害法益。而上述观点将整体行为分割为不同的平行部分，再主张各部分皆独自且直接地符合构成要件、侵害法益。由此可见，否认直接—间接区分模式并不必然导致采取单一制。

实际上，单一制依据单一归责思维主张采取单一行为人体系，其背后潜藏的是一种单一不法的观念。[①] 在刑法教义学上，不法是根据归责理论规范性地确定的。在共同犯罪的场合提倡单一归责，即意味着逐一考察参加者各自的不法，而否定共同不法的存在。这一点在单一制论者的表述中时有所闻。例如，柯耀程直言，在单一制之下，“各行为人行为不法的内涵，则是属于个别的、独立的判断，并不受限于他人”。[②] 黄荣坚甚至认为，犯罪永远是一个人在犯罪，“在犯罪构成的认定上，没有所谓的共同，也没有所谓的从属”。[③] 言下之意，共同犯罪无非数个单一不法的竞合，几乎与同时犯没有什么不同。若果真如此，则有必要将单一制推进至单一不法的层面，以厘清其在社会意义和不法内涵方面的本来面貌。

在社会意义层面，共同犯罪往往被刑法学理视为一种存在论上的构造，视为一种“共犯现象”;[④] 其主客观的表现形式、特点，以及由此带来的更大的社会危害性，历来是关注的重点。[⑤] 但问题在于，刑法学不是研究犯罪事实的犯罪学，而是研究如何评价犯罪事实的规范学。一旦将视野从事实问题转向规范性的归责问题，就不难发现行为在社会背景下的意义越来越成为不法评价的重要依据。鉴于今日之社会已是高度分工合作的复杂系统，审查犯罪行为的分工合作，不啻认识犯罪行为之社会意义的必经途径。本文的基本观点是，共同犯罪系各参加者以各自的方式在社会背景下共同塑造了同一个符合构成要件的行为，该行为及其结果是全体共同犯

---

① Vgl. Jakobs, Theorie der Beteiligung, 2014, S. 21.

② 柯耀程：《变动中的刑法思想》，中国人民大学出版社，2003，第194页。

③ 黄荣坚：《基础刑法学》（下），中国人民大学出版社，2009，第500页。

④ 参见〔日〕山口厚《刑法总论》，付立庆译，中国人民大学出版社，2011，第293页。

⑤ 例如，王作富曾指出，共同犯罪“和单个人犯罪相比，在犯罪性质相同情况下，前者比后者具有较大危害性，主要表现在：1. 数人共同作案，能够比单个人造成更大的危害，有些重大犯罪，只有经过多人共同协力才能完成；2. 二人以上共同策划，互相分工，紧密配合，可能更便于犯罪的实行；3. 共同犯罪人可以共同策划，如何互相包庇，毁灭罪迹，便于逃避侦查和打击”。见王作富《中国刑法研究》，中国人民大学出版社，1988，第239页。

罪人的“共同作品”；直接实施者不仅为自己，也为其他共同犯罪人实现了构成要件，所以，在归责的意义上没有直接者和间接者、自己的犯罪和他人的犯罪之分，而是数人共同实现了一个共同不法。

共同犯罪行为在社会意义上的这种共生关系，使正犯与共犯成为不法归责时不可分割的整体。若孤立地看每一个参加者的行为，则有可能借助因果关系的链条延伸，以及将其他参加者的行为物化为自然变化，或者通过种种途径忽视其他参加者行为的溯责禁止效应，也可以在参加者的行为和构成要件结果之间建立起联系，从而实现归责。但是，如此一来，每个参加者的行为所含有的其他参加者的社会意义表达就被抹杀了。犯罪是对违反社会规范的意义表达；共同犯罪中每个参加者的行为都既包含了自己行为的社会意义表达，也包含了其他参加者的社会意义表达；所有参加者的行为合在一起，才完整地表达了整个共同犯罪在规范上的不法内涵。单一制无视在规范上将各参加者联系在一起的不可分离的精神纽带，无视全体行为人缺一不可的共同的社会意义表达，人为地将共同不法割裂为数个独立的单一不法，实有违对共同犯罪行为社会意义的理解。

在不法内涵方面，因为以单一不法取代共同不法，单一制的立场接近于认为共同犯罪是多个独立不法的同时犯。[①] 由此产生了如下问题。其一，原本意义上的同时犯的单独不法和共同犯罪的单一不法存在出入。在所谓共同犯罪的单独不法中，作为最终的结论，所有人均应为即使不是自己亲自引发的结果负责；而在原本意义上的同时犯的场合，行为人却只为自己引发的结果负责。例如，甲、乙二人分别朝被害人开枪，但无法查明是谁杀死被害人时，如果甲、乙并无犯意沟通，则甲、乙均应成立故意杀人未遂；如果甲、乙有犯意沟通，则因为对方的行为也是自己行为的因果链中的一环，甲、乙均单独成立故意杀人既遂。从中可以清楚地看出，两种场合虽在单一制下同为单一不法，也同是同时犯，却在结论上有明显不同。究其原委，单一制不过是在无法彻底割裂共同犯罪的社会意义的前提下，不得不在共同犯罪的场合以单一不法之名行共同不法之实。

其二，容易造成不法内涵的相对化。在单一制看来，即便数人共同侵

① 黄荣坚认为，“过度强调同时犯与共犯的区别是没有意义的，因为事实上，从时间与空间的重叠关系来看，共同正犯本来就可能是同时犯”。见黄荣坚《基础刑法学》（下），中国人民大学出版社，2009，第488页。

害法益，也应分别认定各行为人的独立不法，似乎在共同犯罪的场合存在多个并行不悖的不法。然而，只要稍加分析就能发现，所谓数个独立不法其实指涉的是侵害法益的同一个因果流程。例如，甲、乙二人共同杀害被害人时，单一制论者认为甲、乙的行为分别被物化为对方行为的一环，是甲、乙二人的行为单独导致结果发生，从而各自成立不法。但实际上这两个不法指向的都是同一个因果流程，即甲的行为加上乙的行为共同杀害了被害人。微妙的是，姑且不论为何要对同一因果流程的不同环节反复单独论以不法，仅就每个人在自己的环节里都是不法，同时在别人的环节里被物化或者其不法意义被忽略而言，也已经是相当相对化的做法了。然而，同一个行为要么是不法，要么不是不法，并且一旦是不法就永远是不法，绝无可能在同一个时空里任意转换属性。因此，单一制在孤立地考察共同犯罪时，犯了不法相对化的错误。

其三，容易松弛构成要件的界限。上述不法内涵的相对化，也模糊了构成要件的界限。对全部共同犯罪人而言，客观上原本只有一个完整的犯罪行为，只有一个构成要件被充足且只被充足了一次。而在单一制的理解之下，则是多个行为分别多次充足同一构成要件。由于每个人的举止仅在自己的环节内具有行为的意义，在他人的环节内则被物化或者其不法意义被忽略，看上去貌似存在多个充足了同一构成要件的不同行为，同一构成要件行为也因此被割裂为多种类型，从而致使构成要件的界限有松弛之虞。尤其是提前实施的如准备工具类的帮助行为，如果行为人自行准备工具后完成犯罪的，准备工具的行为无论如何不会被视为故意杀人罪的构成要件行为或其一部分，那么，为何他人帮助行为人准备工具的，就能通过物化行为人的杀人行为或者忽略其杀人行为的不法意义，而使得该帮助行为摇身一变为杀人的构成要件行为？“如果这类预备阶段的行为也被认为是构成要件上不法的行为，那么构成要件的不法就会借由前移至预备阶段中的行为而被任意地扩张。”[①] 单一制一直被批评有违背罪刑法定原则之嫌，其缘由大概与此有关。

要说明的是，三种单一制在贯彻单一不法的思维时，程度有所差异。其中，形式单一制比较彻底地采取了单一归责和单一不法的思维，机能单

① Vgl. Jakobs, Theorie der Beteiligung, 2014, S. 13.

一制和限缩单一制则借由对刑法的机能性理解和向归责理论靠拢，单一不法的思维色彩已经有所消退，即机能单一制和限缩单一制虽然仍强调各参加者仅为“自己的不法”负责，但在“自己的不法”中涵括的可能并不限于自己的行为部分，而是将其他参加者的行为也视为自己的“作品”，所以，即使将其他参加者的行为归责于自己，也仍是对自己的不法归责。在每个参加者都要为全部参加者的不法行为负责的意义上，机能单一制和限缩单一制已经暗示了共同归责和共同不法的方向。但遗憾的是，可能囿于单一制某些立论的牵绊，二者最终还是落入了单一归责和单一不法的窠臼。理由在于：第一，从机能单一制和限缩单一制仍然坚称“自己的不法”与别人的行为无关来看，其并未建构起责令各参加者为其他参加者的行为不法负责的根据。第二，在真正的共同归责和共同不法中，可归责的不法整体才是刑法评价的对象，其中的孤立部分是没有意义的。该可归责的不法整体是全部参加者的共同作品，没有任何一个参加者可以说该不法整体只是“自己的不法”，更不能说与其他参加者无关。第三，能更清楚地表明机能单一制和限缩单一制没有坚持共同不法的例证是，单一制论者均认为，各参加者的着手均以自己的着手为着手。如果共同犯罪只有一个共同不法，只共同充足了一次构成要件，则本应只有一个着手点；只有认可数个平行的单一不法，才可能承认着手点的多样化。机能单一制和限缩单一制未曾远离单一归责和单一不法，由此可见一斑。

其实，单一制所关心者主要是共同不法内部的区分是否应后置于量刑阶段，单一制与共同不法整体本身并无内在的紧张关系。只要放弃“自己的不法”，且不再坚持分别着手的成见，单一制完全可以采取共同归责和共同不法的立场。所以，行文至此，对共同归责及其内部的区分加以探讨，成为当务之急。

四　共同归责及其区分根据

在一个被规范性地理解的社会里，犯罪不是裸的行为事实，而是一种规范性的意义表达。既然在规范的视野里，数个行为人的行为所表达的是一种共同的意义，就不应人为地割裂其社会意义上的共生关系。本文认为，与单一制的立场完全相反，共同犯罪应被视为一种共同归责的共同不法。其中，正犯决定是否实施犯罪，该决定是在和共犯一起制定的如何实现犯罪的框架内作出的；正犯的决定也是共犯的决定，共犯理应概括承受；共犯在一定程度上确定了如何实施犯罪，只是该框架必须由正犯最终确定，所以，正犯实现犯罪时也承受了共犯的意义表达。[①] 在整体意义的表达方面，正犯与共犯谁也离不开谁，将其中的任意一人从共生关系中孤立出去，共同犯罪的意义表达便不再完整。困扰单一制的自由律的溯责禁止效应，在该共生关系中不仅不再是归责的障碍，反而成为共同归责的共同不法之根据。因为正是数个意志自由的结合，才共同塑造了完整的不法意义。

由此可见，按照共同归责的共同不法来理解共同犯罪，不仅还原和尊重了其社会意义上的共生关系，也重现了共同犯罪的归责基础和不法内涵。客观上，各共同犯罪人共同制造和实现了法所不允许的危险，共同组织了侵犯他人活动领域的行为；其中的各行为环节，不是被物化为自然力或者动物的动作，从而成为他人不法行为的因果链环节，而是意志自由的主体可归责的举止。这些举止所表达的意义相互渗透、相互联结，形成一个意义表达的有机体，致使引起结果的全部行为成为一个整体。因此，结果是全体共同犯罪人的共同作品，可以共同归责于每一个参加者。至于单一不法所带来的不法相对化和构成要件泛化的问题，在共同不法这里并不存在：由于全部参加者的行为是作为一个整体而充足构成要件，且只充足一次，而不会分别考虑各行为环节的构成要件符合性，故共同犯罪和单独犯罪一样，整体行为进展至着手方为充足构成要件的开始；由于共同犯罪的场合只有一个不法，不单独考察各行为环节的不法性，不法的相对化便失去了存在空间。概言之，共同犯罪是共同归责的共同不法；构成要件可能只由部分人亲自实现，但该构成要件的实现是所有共同犯罪人的共同作品。

接下来的问题是，如果行为整体是全部参加者的共同作品，每个人都要为行为整体负责，那么，为什么还要区分正犯与共犯？应当如何区分正犯与共犯？在归责的视野下，第一个问题涉及归责理论与传统共同犯罪理论之间的紧张关系。传统共同犯罪理论是在限制的行为人概念或者扩张的

---

① Vgl. Jakobs, Beteiligung, in: Festschrift für Lampe, 2003, S. 568 ff.

行为人概念的基础上，为解决总则与分则规定之关系而以构成要件为中心论及区分正犯与共犯的理由的。其出发点是正犯行为与共犯行为都是独立的行为，然后通过从属性原理再度将二者连接在一起。如果按照本文关于共同归责的理解，传统共同犯罪理论的基础就被瓦解了。因为正犯行为与共犯行为是不可割裂的，每个参加者均须为全部行为负责；构成要件虽然在现象上仅由正犯充足，但共犯的意义表达也同时一并得以实现，所以构成要件的充足也是共犯的作品。换言之，在共同犯罪的场合，构成要件的法治国机能以及罪刑法定原则不再以正犯个体的形式实现，而是以正犯加共犯的整体形式实现。如此一来，希望通过突出正犯个体与构成要件的关联，再借由从属性原理维护构成要件的法治国机能以及贯彻罪刑法定原则的做法，就无法继续成为区分正犯与共犯的理由。

在此前提之下，仍然区分正犯与共犯就必须有其他的实质性根据。雅科布斯认为，在归责内部是没有层级的，例如，是否亲手实施了构成要件行为在归责上并不重要，亲手与否只是一种自然主义的现象。但是，这并没有排除从归责外部可以确立归责的层级，例如，通过考虑刑事政策的需求来区分归责的层级就不无可能，只是这种区分不再是归责理论本身所要解决的问题。[①] 本文借鉴雅科布斯的观点认为，正犯与共犯均为同一个犯罪行为整体不可分割的组成部分，所以二者不是不同的行为类型，而是不同的归责类型。归责类型的不同并非指归责的基础和范围不同，而是指归责的程度不同；其中，正犯是归责的核心人物，共犯是归责的边缘人物。作为一个整体，正犯与共犯的归责基础都是共同表达了违反规范或者侵害法益的意义，归责的范围是行为整体。但在整体内部，基于以下理由，有必要目的性地区分作为主要归责者的正犯和作为次要归责者的共犯。首先，源自构成要件明确性的要求。共同犯罪因其相对复杂的行为结构和意义关联，在体现构成要件明确性的要求时，不如单独犯罪那么明晰。通过类型化地区分主要归责者和次要归责者，共同犯罪的整体不法结构将更为清晰，也更容易为人所认识和接受。其次，有利于发挥刑法的一般预防机能。一般预防是刑法的重要机能，刑法区分了作为主要归责者的正犯和作为次要归责者的共犯，其直观形象对于指引公民规范自己的行为大有裨

① Vgl. Jakobs, Theorie der Beteiligung, 2014, S. 50.

益。最后，合理体现不法程度的轻重。不法不仅有有无的问题，还有轻重的问题。从有无的角度看，全体共同犯罪人是一样的，都要为全部行为及其结果之不法负责。但从轻重的角度看，则显然不是如此。根据各参加者在整体犯罪行为中的贡献，在不法层面便将共同犯罪中的不同归责类型予以区分，是目的理性地建构犯罪论体系时更为合理的选择。

正犯是归责的核心人物、共犯是归责的边缘人物的说法，很容易和犯罪事实支配理论相混同。犯罪事实支配理论认为，正犯是"具体行为事件的核心人物"（die Zentralgestalt des konkreten Handlungsgeschehens），共犯则是"边缘人物"。[①] 厘清二者的关系可以回答上述第二个问题。在归责的视野下，正犯与共犯是主要归责者与次要归责者的区别；区分主要归责者还是次要归责者的根据，不再和是否实施了构成要件行为或其一部分联系在一起，也和是否支配了法益侵害的因果流程相脱钩，而是指是否对构成要件的整体实现负主要责任。判断负主要责任还是非主要责任，首先当然必须以构成要件的具体规定为依据，如果构成要件突出了某些要素，实现了这些要素的所作所为往往就构成了共同归责的主要份额。是否有犯罪支配行为一般也有助于对主要份额的认定，因为支配犯罪的行为通常构成主要份额。但是，犯罪支配不是一个规范意义上的概念，支配了法益侵害因果流程的行为甚至未必构成刑法上的不法。所以，真正重要的还是必须规范地判断某一行为贡献所表达的意义及其在共同促成构成要件实现中的重要程度。兰珀曾指出："整体犯罪事件置身于一种系统性的关联中，各种原因和答责纠缠在一起，形成一个'网络'。具体行为贡献的社会性分量以及由此而生的个体的答责，只能在与犯罪参加者有关的'网络'中被确定。"[②] 鉴于每个共同犯罪所处的"网络"是不同的，共同犯罪人的不法归责究竟是主要的还是次要的，就必须结合具体的构成要件进行类型化的思考。

而犯罪事实支配理论并不是从归责角度来思考参加者是核心人物还是边缘人物。罗克辛认为，支配犯罪的核心人物是拥有犯罪支配行为的人；犯罪支配并不表现为单一的抽象标准，实践中有亲自实施了构成要件行为或其一部分的直接正犯与共同正犯，以及利用自己的意志支配了犯罪因果

---

① Vgl. Roxin, Täterschaft und Tatherrschaft, 8. Aufl., 2006, S. 25 ff., 108, 335 ff., 527.

② Lampe, Systemunrecht und Unrechtssystem, ZStW 106 (1994), S. 686 f.

流程的间接正犯的情形。[①] 应当承认的是，自从犯罪事实支配理论提出以后，“就正犯的构成而言，自己有没有亲自为法定构成要件之行为已经不再是重点，重点只在于有没有对于构成要件的实现具有支配关系”。[②] 但遗憾的是，犯罪事实支配理论中的支配概念仍然不是一个规范色彩浓厚的术语，没有彻底摆脱正犯与构成要件行为的关联，也没有建立起和归责理论的联系。不法以可归责为前提，而不是以是否在自然意义上支配了法益侵害的因果流程为基础。一个支配了法益侵害因果流程的行为可能连不法都不是，遑论正犯，否则所有被间接正犯利用的“工具”都将成为直接正犯。正如金德霍伊泽尔所指出的：“相关的答责领域在哪里终结，哪里支配在归责上就不重要：正犯是通过——有待答责的——犯罪行为被确定的。”[③]

类似的看法也适用于区别本文观点与区分正犯与共犯的重要作用说之不同。重要作用说一直是学理上区分正犯与共犯的主要观点之一。[④] 其根据作用大小区分共同犯罪人的做法，以及灵活判断重要作用的立场，可以说与本文的主张有一致之处。但是，该说和犯罪事实支配理论一样，缺乏明晰的规范色彩；仅仅有自然意义上的重要作用连不法都不一定能成立，更不用说构成主要的归责份额了。例如，对从大烟囱里排放浓烟污染环境的工厂追究责任时，司炉工将煤炭送进锅炉的行为显然是很重要的，但司炉工应否负责却不无争议。[⑤] 重要的是，先根据共同归责的法理，确定全体参加者是否应为不法负责，然后才有是作为正犯还是共犯负责的判断。重要作用说显然没有经历这样一个归责过程，其所谓的重要作用并不是共同归责基础上的重要作用，因此归责的核心人物与重要作用并不能画等号。

总之，和单一制的看法不同，全体共同犯罪人要作为整体为构成要件的实现共同负责。但是，基于构成要件明确性和一般预防的考虑，有必要依其行为贡献份额表达出的意义在归责中的重要程度，区分出共同归责内部不同参加者的归责份额：归责的核心人物是正犯，归责的边缘人物是共

① Vgl. Roxin, Täterschaft und Tatherrschaft, 8. Aufl., 2006, S. 126 ff.

② 蔡圣伟：《论间接正犯概念内涵的演变》，载陈兴良主编《刑事法评论》第21卷，北京大学出版社，2007，第74页。

③ Kindhäuser, Handlungs-und normtheoretische Grundfragen der Mittäterschaft, in: Festschrift für Hollerbach, 2001, S. 632.

④ 参见刘艳红《论正犯理论的客观实质化》，《中国法学》2011年第4期，第125页以下。

⑤ Vgl. Jakobs, Beteiligung, in: Festschrift für Lampe, 2003, S. 573.

犯。因此，处理共同犯罪案件时，首先必须考察各参加者的行为是否共同表达了违反规范或者侵害法益的意义，此时解决的是是否要归责的问题；之后再区分其归责份额之轻重，此时解决的是如何归责的问题。为有别于围绕构成要件来区分正犯与共犯的传统区分制，不妨将本文的立场称为归责意义上的区分制。

五　归责视野下对传统区分制的反思

引入归责的视角，不仅突显出单一制的不足，也给历来对传统区分制的理解带来了冲击。一如前述，传统共同犯罪理论尚未充分吸纳归责理论，其关于区分制的理解主要围绕着构成要件和刑法的规定而展开。由此造成的区分根据上的模糊，不可避免地给传统区分制带来了一系列问题，所以，有必要沿着前文的分析思路继续对传统区分制加以反思。

首先，传统区分制为了区分正犯与共犯，相当程度上撕裂了各参加者共同归责的基础。在共同归责的前提下，正犯与共犯虽有区分，但只是轻重类型的不同，二者的行为仍是一个整体。一旦脱离了共同归责的视角，区分正犯与共犯往往滑向一个错误的前提，即正犯行为与共犯行为是分离的，各自的行为决定了各自的不法类型。这显然有进一步滑向单一制的危险，于是，传统区分制不得不煞费苦心地创造出共犯从属性原理，以及共同正犯的“部分实行全部责任”原则，从而将正犯与共犯重新捆绑在一起。其中，从属性是共犯对正犯的单方面从属，仅仅指共犯对正犯的从属性，而不是指共同正犯对共同正犯的从属性，更不是指正犯对共犯的从属性。“部分实行全部责任”则是指共同正犯除了为自己的行为贡献份额负责之外，还相互为对方的行为负责。由此可见，传统区分制虽然最终将共同犯罪人联系在一起，共犯与正犯的联系（从属性归责）和共同正犯之间的联系（相互性归责）却有着质的区别。“对共同正犯不适用在属于教唆和帮助的情况中关键性的从属原则，而是适用对所有的以有意识的和所意愿的共同作用所做出的行为贡献予以直接地相互归责的基本原则。”①

那么，从属性归责和相互性归责，是否能实现传统区分制论者所欲实

① 〔德〕约翰内斯·韦塞尔斯：《德国刑法总论》，李昌珂译，法律出版社，2008，第298页。

现的目的？答案恐怕是否定的。一方面，所谓从属性归责和相互性归责，其隐含的前提仍然是分离的行为片段。无论是针对共犯行为和正犯行为，还是针对各共同正犯的行为，单向的从属性归责和双向的相互性归责，都是在一个行为片段和另一个行为片段之间架起桥梁，而不是把各个行为片段视为一个有机的整体。这与不分自己的犯罪和他人的犯罪之共同归责相去甚远，也扭曲了共同犯罪的行为构造和意义表达方式。另一方面，从属性归责和相互性归责并非如归责意义上的区分制那样，致力于解决归责的轻重问题，而是回答是否要为他人的行为片段负责，即归责的有无问题。在归责的有无问题上，依照“不法是连带的”之观点，分别适用两种不同的归责模式来说明共同犯罪内部的可归责性，这在形式上是有疑问的。更重要的是，以从属性或相互性来判断是否可以归责，实质上仍然是单独归责的思维。理由在于：从属性归责和相互性归责尽管不像单一制那么明确地主张单独归责，却通过把各参加者的行为先孤立再连接在一起的方式，既承认了单独归责的必要性，又弱化了共同归责的重要性。如此理解的区分制，无疑对共同归责的基础有着极强的腐蚀作用。

其次，传统区分制过度重视是否实施了构成要件行为或其一部分，以致模糊了区分的实质根据。传统区分制采取限制的行为人概念，认为实施了刑法分则规定的构成要件行为或其一部分的人是正犯，没有实施构成要件行为或其一部分的是共犯。但何谓构成要件行为，尤其是何谓构成要件行为的一部分，其实相当难以界定。因为实行阶段的部分行为（例如抢劫罪的暴力行为或取财行为）其实并不是构成要件行为本身，而且也不是任何实行阶段的行为（例如望风行为）都是正犯行为。即便在各参加者都单独实施了完整构成要件行为的并进的共同正犯（例如三人均用刀砍杀被害人）的场合，虽然各参加者自己实施的行为单独充足了构成要件，但在共同不法的整体意义上，在共同充足构成要件的意义上，其实仍然只是整体的一部分。况且，限制的行为人概念还要面对间接正犯这一理论构造上的“异物”——无论从哪个方面看间接正犯，其都没有实施构成要件行为或其一部分，以至于有学者将此一困境作为提倡单一制的重要理由。[①]

① 参见刘明祥《间接正犯概念之否定——单一正犯体系的视角》，《法学研究》2015 年第 6 期，第 98 页以下。

上述问题的形成源于传统区分制对区分根据的错误认识。在共同归责的前提下，区分的根据是归责的轻重程度。该程度由行为人所实施行为的贡献份额在整体行为中所表达的意义的分量决定，而不是由其实施的裸的行为本身决定。传统区分制对归责的规范意义缺乏体认，从而从外在的行为表现形式上区分正犯与共犯；一旦外在的行为表现形式与意义表达之间出现落差（例如，在间接正犯只是说了一句谎话，剩余的行为都由被骗者实施的场合，间接正犯表现于外的动作就与其重要意义完全不符），传统区分制就不得不陷入自我冲突的窘境。相反，如果放弃僵化的限制的行为人概念，不再拘泥于是否实施了构成要件行为或其一部分，而是回归规范化的归责程度，传统区分制饱受诟病的无法妥善区分正犯与共犯的问题，就可以得到很好的解决。放弃限制的行为人概念会损及构成要件机能的担心也是不必要的，因为在共同犯罪的场合，充足构成要件的原本就不只是自己实施了构成要件行为的人，而是共同犯罪整体；也只有将着手之后的共同犯罪整体行为视为构成要件行为，才能充分反映共同犯罪的不法内涵，从而与单独犯罪相区别。

钱叶六撰文对以构成要件为中心的传统区分制进行了辩护，认为正犯与共犯的区分关键仍在于行为人是否实行或者分担实行了符合刑法分则规定的基本构成要件的行为；至于间接正犯，则借鉴规范障碍说，被利用者在不能为法所期待不去实施不法行为时即沦为利用者的工具，利用者此时可以在实质上和规范上被评价为实施了构成要件行为。[①] 在实质化与规范化这一点上，笔者亦赞同其立场，但问题是如何实质化与规范化。一般而言，所谓实质化和规范化意指不受一些自然主义的形式要素的束缚，而置重于评价时的规范性准则。本文认为，将实行或者分担实行构成要件行为与实质化和规范化挂钩，其实是不彻底的做法。间接正犯之所以能被传统区分制实质化和规范化为正犯，并非因为放手让他人替自己实现构成要件的利用者被实质化和规范化为自己实现了构成要件，而是因为他人在自然意义上对构成要件的充足被实质化和规范化为利用者的作品。换言之，归责判断才是真正的评价准则，不补上共同犯罪的归责基础这一课，即难言

① 参见钱叶六《双层区分制下正犯与共犯的区分》，《法学研究》2012年第1期，第135页以下。

彻底的实质化和规范化。而一旦补上这一课，就不能再以是否实行或者分担实行构成要件行为这样的仍然残留自然主义倾向和形式化色彩的标准来区分正犯与共犯，因为构成要件的实现无疑也是共犯的作品。总之，对正犯与共犯的区分，应在共同不法的框架内，不受其是否亲自实施了构成要件行为或其一部分的限制，而应进一步规范性地予以认定。

最后，传统区分制执着于存在论和物本逻辑的方法论基础，影响了共同犯罪理论的规范化进程。缺乏归责理念的传统区分制一贯认为，正犯直接充足了构成要件、直接实施了实行行为、直接侵害了法益，共犯则间接充足了构成要件、间接与实行行为具有关联、间接侵害了法益。这种直接—间接区分模式符合直观的认识观念和朴素的正义情感，契合存在论倾向和物本逻辑。但是，这一区分模式不仅与间接正犯、共同正犯、义务犯和未遂犯等理论冲突不断，还间接催生了共同犯罪理论中的主观说和单一制等诸多观点。此外，按照该模式，直接侵害法益、直接充足构成要件与间接侵害法益、间接充足构成要件的区分是如此直接明了，以至于在直接—间接区分模式的基础上另行开展规范性的归责判断，似乎变得可有可无，从而阻碍了归责理念在共同犯罪理论中的贯彻。①

六　我国刑法采取的是共同归责意义上的区分制

经过了以归责为视角的条分缕析，回头再看我国刑法的相关规定，可以发现我国刑法采取的不仅是区分制，而且是归责意义上的区分制。关于这一点，不妨先从以归责为视角简要评析国内学界单一制论者的观点开始。

我国学者提倡的单一制主要有形式单一制与机能单一制。刘明祥认为，所有参与犯罪或者为犯罪创造条件的人都是共同犯罪人；并且，所有参与犯罪的人成为共同犯罪人的条件都是完全相同的，即只要其行为与侵害法益的结果之间有因果关系，或者说其行为为侵害法益创造了条件，就足够了；另外，所有共同犯罪人适用的法定刑是一样的。② 该观点相当接

① 参见何庆仁《共犯论中的直接—间接模式之批判——兼及共犯论的方法论基础》，《法律科学》2014 年第 5 期，第 57 页以下。

② 参见刘明祥《论中国特色的犯罪参与体系》，《中国法学》2013 年第 6 期，第 119 页。

近形式单一制的立场。江溯则接受了机能单一制，认为单一制区分了犯罪参与的外部界限问题与内部界限问题，前者是构成要件层面的问题，后者是量刑层面的问题。江溯认为，“犯罪参与二重性理论正确地揭示了犯罪参与的特别归责结构。毫不夸张地说，这是迄今为止犯罪参与论中最为重要的理论”。[①] 此外，也有观点站在机能单一制的立场上指出：“单一制与区分制的区分标准并不在于不法层面是否区分参与形态，而在于定罪层面与量刑层面是否分离：将两者予以分离的是单一制，而将两者合二为一的是区分制。”[②]

刘明祥虽然认为只要行为人的行为与法益侵害结果之间存在因果关系即可，却并不意味着他放弃了共同犯罪的归责判断；该判断只是被冠以因果关系之名而已，并通过因果关系概念的不断规范化而逐步接近归责判断之实。相较而言，接受了归责理论的机能单一制仍然不肯放弃单一归责，这似乎更加令人难以理解。除了前文已经提及的“自己的不法”和着手方面存在的疑问，区分构成要件问题和量刑问题的所谓二重性理论同样问题重重。一方面，构成要件问题天然就是量刑问题，是量刑的基础和核心，二者无法彻底区分；另一方面，即使区分了构成要件问题和量刑问题，也不必然得出在构成要件层面只能采取单一行为人和单一归责立场的结论，更不能在共同犯罪的场合推行单一不法的思维模式。

至于形式单一制和机能单一制都反复强调的单一制在量刑上的优点，则更多是一个实定法问题。如果立法者不区分行为人类型，为所有共同行为人配置同一法定刑，自然只能对全部共同行为人均在该幅度内综合考虑量刑问题。如果立法者区分不同的共同行为人类型，并分别配以不同的法定刑幅度，则必须分别考虑各自的量刑。前者胜在更为灵活，后者则有诸如一般预防等刑事政策上的原则性考虑。两种立法模式孰优孰劣在学理上可以争论，但从更好地发挥刑法机能的角度，在不法层面即予以区分，而不是等到量刑阶段才进行个别化，可能更为有利。所谓单一制的灵活量刑完全着眼于事后的综合量刑判断，不同行为类型和累犯、自首等量刑情节混杂在一起，不利于构成要件事前机能的发挥。而区分共同行为人类型就可以事前明确行为类型及其不法程度（不是不法的有无和范围）上的差

---

① 江溯：《犯罪参与的二重性》，《中国刑事法杂志》2011 年第 6 期，第 12 页。

② 本刊编辑部：《中国刑法学发展评价（2012—2013）——基于期刊论文的分析》，《中外法学》2015 年第 2 期，第 334 页。

异，这样能使构成要件的界限更为明晰，一般预防的导向性也更为明确。因此，所谓单一制利于灵活量刑的优点，其实在某种程度上是以刑法机能的限缩为代价的，未必值得追求。

那么，我国刑法究竟是如何规定共同犯罪的量刑的？本文认为，首先，我国刑法规定的共同犯罪条款并非仅仅旨在解决量刑问题。历史地看，1997 年修订刑法时，立法者已经删除了主犯从重处罚的条款，因此，认为关于主犯、从犯的规定旨在解决量刑问题的观点于法无据。而在体系上，刑法第 25 条至第 29 条被规定在总则第二章“犯罪”中，不能无视立法者赋予共同犯罪的不法内涵。单一制论者可能反驳说，只有第 25 条是用来解决构成要件问题的，其余条文则是解决量刑问题的。但是，这一辩解难以成立。不妨设想，若果如所言，立法者应该像奥地利刑法那样，将二者分开规定——奥地利刑法第 12 条规定的是构成要件问题，第 33 条（特别的加重事由）、第 34 条（特别的减轻事由）则规定量刑问题。其次，既然我国刑法并未像奥地利刑法第 33 条、第 34 条那样，将主犯与从犯规定为单纯的量刑情节，主犯与从犯的法定刑就并不相同，这反而和分别为正犯与共犯规定了相对独立法定刑幅度的德国刑法高度一致。

除了量刑问题方面的理由，支持我国刑法采取的是共同归责意义上的区分制的更实质的根据在于：其一，我国刑法明文规定的是主犯和从犯等概念，而并未使用正犯和共犯的表述，因此不必像德日刑法理论那样，紧紧围绕是否实施了构成要件行为或其一部分来区分二者。从文意上看，只要在共同犯罪中起了主要作用就是主犯，是否亲自实施构成要件行为或其一部分可能是重要的参考指标，但不一定就是区分准则本身。所以，将主犯和从犯理解为共同归责的核心人物和次要人物有着充分的可能性。其二，主犯与从犯的分类与共同归责的理念暗相契合。归责意义上的区分制的前提是，承认所有共同犯罪人首先应当作为整体对构成要件的实现共同负责；在是否要负责这一点上，全体共同犯罪人不分彼此；只是在不法归责的轻重上，才划分出核心人物和边缘人物。主犯与从犯的分类和上述前提几乎完全一致，因为所谓主从既意味着各方行为人是一个整体，否则无所谓主从，又意味着在同一个整体内有进一步区分主次的必要。

我国刑法学界之所以在区分制还是单一制的问题上争论不休，其根源之一在于形式地理解了作用分类法和分工分类法，并分别赋予两种分类法以不同使命。相反，如果不拘泥于正犯与构成要件行为的关联，两种分类法的距离或许并没有那么遥远。经由作用分类法的规范化和分工分类法的实质化，二者完全可以在共同归责的意义上达成一致：对构成要件的整体实现在规范意义上起主要作用的是主犯，否则是从犯；其中，所谓的主要作用并不局限于实施构成要件行为或其一部分，而应根据具体行为在共同归责中的意义份额规范地予以认定。[①]

与笔者的上述立场不同，丁胜明批评指出，只能将正犯解释为主犯，而不能将主犯解释为正犯。[②] 如果仍然认为作用分类法和分工分类法是截然对立的，该批评是有道理的。不过，如果认为是否成立正犯可以与是否实施构成要件行为或其一部分相脱钩（对此，丁胜明也是同意的），那么，是将正犯解释为主犯还是将主犯解释为正犯，就只是用语上的不同，而没有必要肯定前者却否定后者。刘明祥站在单一制的立场上，也对主犯正犯化的倾向提出质疑，认为其背后是对单一制的不自信，从而勉为其难地引入区分制，如此将造成非常严重的隐患。[③] 应当承认的是，刘明祥的分析是自成一体且一以贯之的，其担忧亦非全无根据。德日共同犯罪理论中的传统区分制的确存在很多问题，不能盲目地将其和我国刑法的规定结合在一起。不过，本文的分析业已表明，我国刑法的规定与单一制实不相符，并且笔者并非照搬传统区分制，而是在我国刑法规定的基础上，致力于贯彻归责意义上的区分制。或者说，本文旨在规范性地重新界定主犯和从犯，不仅不认为主犯应当正犯化，反而认为德日刑法理论中的正犯有必要如同我国刑法的规定进行主犯化改造。

除了以上异议，反对本文主张的学者可能会根据我国刑法的规定提出以下质疑。第一，我国刑法第 25 条只是规定，二人以上共同故意犯罪的是共同犯罪，而没有明文规定共同正犯。第二，没有实施构成要件行为的首要分子也被刑法第 26 条规定为主犯，因此主犯不等于正犯。第三，刑法第 27 条对从犯规定了次要或者辅助作用这两种类型，这表明从犯不限于帮助

① 参见何庆仁《我国共犯理论的合法性危机及其克服》，载陈泽宪主编《刑事法前沿》第 6 卷，中国人民公安大学出版社，2012，第 178 页以下。

② 参见丁胜明《共同犯罪中的区分制立法模式批判——以正犯、实行犯、主犯的关系为视角》，《中国刑事法杂志》2013 年第 2 期，第 46 页以下。

③ 参见刘明祥《主犯正犯化质疑》，《法学研究》2013 年第 5 期，第 113 页以下。

犯。第四，刑法第28条规定了区分制中不存在的胁从犯，这表明我国刑法没有采取区分制。第五，刑法第29条规定的“按照他在共同犯罪中所起的作用处罚”表明，教唆犯是可以分属于主犯或者从犯的，其不能与主犯、从犯相提并论。

上述可能的质疑并不难回答。第一，“我国刑法第25条关于共同犯罪定义中的犯罪，当然是指刑法分则所规定的犯罪”，[①] 因此，“二人以上共同故意犯罪”至少包含了共同正犯在内。没有特意规定共同正犯，并不是区分制的重要障碍。第二，实质化以后的正犯不再要求亲自实施构成要件行为或其一部分，起组织、领导作用的首要分子在归责意义上的区分制中毫无疑问是主犯。第三，“次要”与“辅助”可能是无意义的重复。一如张明楷曾建言的那样，“关于从犯的规定宜取消其中的起‘辅助’作用的规定，即仅规定‘在共同犯罪中起次要作用的，是从犯’”。[②] 在现有立法之下，笔者认为，起“次要作用”和“辅助作用”的不应解释为次要实行犯和帮助犯，“次要作用”和“辅助作用”分别解释为有形帮助和无形帮助也许是更好的选择。第四，胁从犯的规定并没有从整体上破坏区分制的体系，它只是帮助犯内部的一种轻微形态。也只有将胁从犯理解为被胁迫的帮助犯，而不是也包括被胁迫的实行犯，才能合理说明为什么对胁从犯应当减轻或者免除处罚。第五，“按照他在共同犯罪中所起的作用”虽然是针对教唆犯而言的，但是，考虑到紧随其后使用的“处罚”一语，这里的“作用”应当仅指法律后果，而与是主犯还是从犯的性质本身无关，也不意味着教唆犯就是主犯或从犯。正如黎宏所指出的那样，“教唆犯依其在共同犯罪中的作用处罚，最终也不过是依照上述三种不同的犯罪的刑罚处理而已，这种情况和国外刑法当中规定，教唆犯比照正犯之刑处罚，实际上是一回事情，二者都是规定教唆犯的处罚原则”。[③]

七 结语

在不断的学术争鸣中，区分制还是单一制的问题，逐渐变得没有那么

① 陈兴良：《教义刑法学》，中国人民大学出版社，2010，第638页。

② 张明楷：《简论共同犯罪的立法完善》，《政治与法律》1997年第1期，第11页。

③ 黎宏：《刑法总论问题思考》，中国人民大学出版社，2007，第513页。

尖锐，甚至出现立场趋同的现象。反映在立法上，各国刑法典关于共同犯罪的规定或多或少都分别体现出二者的特征，以至于“目前已经无法找到完全采纳一元性或者二元性理论的共同犯罪制度了”。[①] 区分制与单一制均能从我国刑法的规定中找到一定的养分，因此就是完全可以理解的事情。但是，区分制与单一制的这种交融并未有助于相关问题的澄清，反而模糊了不法归责的本质。如果不形式地理解条文用语，不自然主义地理解共同犯罪现象，而是规范性地触及共同犯罪的归责基础，我国刑法显然承认的是共同归责而不是单独归责，并在共同归责的前提下，区分了归责的核心人物与边缘人物。就此而言，我国刑法所规定的既不是不承认共同归责又放弃在不法层面区分不同程度的归责者的单一制，也不是未能彻底贯彻共同归责又僵化地围绕构成要件区分不同归责者的传统区分制，而是本文所提倡的归责意义上的区分制。

① 王世洲：《现代刑法学（总论）》，北京大学出版社，2011，第242页。

图书在版编目(CIP)数据

中国共犯理论的研究进展 / 钱叶六主编. -- 北京 : 社会科学文献出版社, 2020.7
(《法学研究》专题选辑)
ISBN 978 -7 -5201 -6877 -9

Ⅰ.①中… Ⅱ.①钱… Ⅲ.①同案犯 - 研究 - 中国 Ⅳ.①D924.04

中国版本图书馆 CIP 数据核字(2020)第 121964 号

《法学研究》专题选辑
中国共犯理论的研究进展

主　　编 / 钱叶六

出 版 人 / 谢寿光
组稿编辑 / 芮素平
责任编辑 / 单远举

出　　版 / 社会科学文献出版社 · 联合出版中心(010)59367281
　　地址：北京市北三环中路甲 29 号院华龙大厦　邮编：100029
　　网址：www.ssap.com.cn
发　　行 / 市场营销中心(010)59367081　59367083
印　　装 / 三河市龙林印务有限公司

规　　格 / 开 本：787mm × 1092mm　1/16
　　印 张：25.5　字 数：416 千字
版　　次 / 2020 年 7 月第 1 版　2020 年 7 月第 1 次印刷
书　　号 / ISBN 978 -7 -5201 -6877 -9
定　　价 / 138.00 元